贾志刚 著

说戰國

一

变法图强

广西师范大学出版社

GUANGXI NORMAL UNIVERSITY PRESS

·桂林·

图书在版编目（CIP）数据

说战国：变法图强 / 贾志刚著. 一桂林：广西师范
大学出版社，2016.8（2023.2 重印）
　ISBN 978-7-5495-8489-5

　Ⅰ. ①说… Ⅱ. ①贾… Ⅲ. ①中国历史－战国时代
Ⅳ. ①K231

中国版本图书馆 CIP 数据核字（2016）第 159838 号

广西师范大学出版社出版发行

（广西桂林市五里店路 9 号　邮政编码：541004）
　网址：http://www.bbtpress.com
出版人：黄轩庄
全国新华书店经销
广西瑞丰印务有限公司印刷
（南宁市望州路北四里 2 号　邮政编码：530012）
开本：720 mm × 990 mm　1/16
印张：23.25　　字数：389 千字
2016 年 8 月第 1 版　　2023 年 2 月第 4 次印刷
定价：49.00 元

目 录

第三季　商鞅变法 (271)

前 言

历史是不能割裂的。

历史就像一辆破车,有时前进,有时后退,有时停顿,甚至有时会掉到沟里。但是不管怎样,都是有前因后果的。

不懂得春秋,何以说战国?

历史就是现实,当然,历史就是历史。

所以,用历史可以印证历史,用历史也可以照见未来。

请记住,仇恨,是变法的最强有力的驱动力,而其结果也将最为震撼。

请记住,任何成功的变法,最终一定会演化为侵略扩张。

历史如此,现实如此,未来同样如此。

现实就是历史,当然,现实就是现实。

秦始皇焚毁了其他国家的历史,项羽则焚毁了秦国的历史。于是,战国的历史都成了灰。

所有有关战国的历史记载都不过是片段,而且是并不准确的片段。

好在,历史是持续的,我们可以还原它的大概面貌。

好在,我们不是在考古,我们是在讲述故事。

好在,我们可以用现代的思维模式去解读历史。

好在,现实就是历史。

春秋打破了旧的秩序和规则,而战国则试图建立新的秩序和规则。这,是二者的根本区别。这,也注定了战国比春秋要残酷得多。

变法,就是在建立新的规则。但是综观战国各国的实际情况,又会发现变法的环境不同,变法的目的不同,变法的迫切性也不同。所以,单就变法而言,有的国家需要大变,有的国家需要小变,有的国家甚至根本不需要变。

该变不变是不对的,不该变乱变也是不对的。

成功的变法,一要抓住要害,二要循序渐进,掌握好节奏。

而失败的变法则恰好相反,为了变法而变法,条件不成熟强行变法,其结果很可能是要命的。

更加糟糕的是变态的变法,而更更糟糕的是变态的变法竟然成功了。

奶霸的教训

　　春秋就是一场破坏,就是一种坍塌,就是秩序的丧失,就是礼崩乐坏。

　　春秋的霸主们所做的不过是试图扶大厦之将倾,挽狂澜于既倒。他们妄图维持秩序,妄图以霸业扶持王业。春秋的先贤们则致力让历史倒退,重新回到那传说中的美好世界。

　　然而,大厦最终轰然倒塌,人们渐渐认识到重回过去已经不再可能,旧的秩序注定成为历史。

　　于是,到了战国,人们不再眷恋过去,而是试图清理废墟,建立新的秩序。

　　周元王元年(前476),战国开始。因此,这里将周元王元年定为战国元年。

　　春秋的最后一堵墙即将倒塌。

第 一 章

战国第一霸——奶霸

月光笼罩大地。

赵无恤喜欢在睡觉之前喝一盅,这是三年前养成的习惯,因为只有这样他才能安然入睡。

一个婢女很熟练地将酒器里的酒倒进了酒樽,然后放在几案上。赵无恤摆摆手,示意她可以走了。婢女笑笑,转身扭着屁股走了。

赵无恤对婢女很好,几乎从来不训斥她们,即便她们做错了事,也不会惩罚她们。至于原因,很简单:俺娘当年就是婢女。

目送着婢女的屁股,赵无恤在想象当年自己的娘是怎样被自己的爹推到床上的,是不是因为爹喝酒之后受到了娘的屁股的诱惑呢?爹没有说过,赵无恤自然也没有问过。赵无恤很想找到答案,所以每个月月圆的三天里他都会自己睡觉,顺便看看婢女的屁股会不会吸引自己。

可是,赵无恤很失望,直到现在他还没有把某个婢女抱上床的冲动。

看来,自己的身世永远是个谜了。

婢女的屁股看完了,赵无恤的注意力回到了酒樽上,又立即转移到了一个盛酒的酒器上。

一般来说,赵无恤这样的人会使用铜制的酒器,或者使用精美的陶器。可是,赵无恤的酒器既不是铜器,也不是陶器,而是骨器。

这是一个头盖骨,人的头盖骨。看上去,这个头盖骨的主人一定长着一颗大头。并且,无论从哪个角度看,这都是一个不错的头盖骨,显示着这个头盖骨的主人生前一定是一个高大英俊的人物。

望着头盖骨,赵无恤的眼神中流露出一丝恐惧,继而是仇恨,合在一起则成为一种敬畏。

"他老娘的。"赵无恤摸摸自己的脑袋,头上竟然有冷汗出来。

还好，有冷汗的脑袋至少比头盖骨好，头盖骨是不会有冷汗的。

赵无恤端起几案上的酒樽，一仰脖子喝了下去。

酒壮人胆，赵无恤这个时候再看头盖骨，眼神中的恐惧没有了，只剩下仇恨。

"你老娘的。"赵无恤将头盖骨随手扔到了地上的陶盆里，那是用来装尿的。

头盖骨在陶盆里转悠晃动了一阵，终于稳住了。

"你活着的时候，我不尿你。你死了，我尿你。"赵无恤略有醉意地对头盖骨说，然后上床睡觉去了。

夜里，这个头盖骨就是赵无恤的尿器。

月光笼罩大地。

——

首先介绍一下战国初期的国际形势（吴越故事归入春秋，此处略）。

理论上说，战国初期的形势就是春秋末期的形势。但是，站在不同的高度，两者又是有区别的。就如老张还是那个老张，可是在他父亲眼里和在他儿子眼里，他一定不是同一个人。

先来说说晋国。还有晋国吗？对于晋国以外的人来说，还有晋国。可是对于晋国人来说，晋国就只剩下了一个传说。晋国人把自己分成四类人：智家的人，赵家的人，韩家的人，魏家的人。如果你说谁是晋国人，那就是对他最大的侮辱，他一定会说："你才是晋国人，你全家都是晋国人。"

再来说说楚国人。事实上楚国人也不认为自己是楚国人了，你问他是哪里的，他一定会说"俺是沈的"、"俺是申的"、"俺是江夏的"等等。楚国对于大家都是很遥远的概念，九成以上的楚国人不知道楚王是谁。

再来说说齐国……还是算了，以后慢慢说罢。

总之，世界危机重重，但是机会从中孕育。大的变局就要来到，新的时代随时揭开幕布。

首先开始变局的是晋国。

经过上百年的血腥权力斗争，晋国只剩下了四大家族，这四大家族是智家、赵家、魏家和韩家（排名不分先后）。智跞为上卿，赵鞅（赵简子）、魏侈、韩庚为卿。

名义上,智跞为中军元帅。但是事实上,晋国的上中下三军早已经不存在,只存在智家军、赵家军、魏家军和韩家军。所以,大家都互称元帅。

智跞虽然名义上官衔最高,实际上也并不具备对其他人发号施令的权力。所谓上卿,也就是个酒会召集人。有什么事情,大家商量着办。

四个卿之间,表面上和和气气,暗地里都在使劲捞,使劲笼络人才。大家都知道,晋国迟早是要被瓜分掉的,有没有资格分、怎么分、分到多少等,需要实力说话。

智跞对赵鞅很有些忌惮,因为这个人很强,这一点,《说春秋》第五部有详细介绍。而赵鞅对智跞很仇恨,因为自己最倚重的家臣董安于就是被智跞逼死的。同时赵鞅也很忌惮智跞,因为智家的地盘最大、人口最多、实力最强。所以,尽管满怀仇恨,表面上还要客客气气。

魏家和韩家实力略逊,都保持低调,等待时机。

从韩厥开始,晋国中军元帅一职实行轮流坐庄制,六家轮流担任中军元帅。韩厥、荀罃(智罃)两任中军元帅都还是克己奉公,不谋私利。但是之后,从荀偃(中行偃)开始,就进入贪污腐败假公济私的节奏,每一任中军元帅都要借着手中有权的机会来扩张家族势力,荀偃、士鞅(范鞅)、赵武、韩起、魏舒直到智跞,无一不是如此,因此六家的实力才越来越强。每一次对外战争,实际上都是为时任中军元帅的利益,而不是为了国家利益。如果某件事对每个家族都没有好处,而对国家有好处,这个事情肯定是不会有人去做的。

智跞在任上没有少捞,但是他总觉得自己捞得太少。

在灭掉中行家和范家之后,作为中军元帅,智跞给自己分了最多。当然,赵家凭借实力也占领了很多,魏韩两家就有些落伍了。

基本上,赵家的地盘在晋国的东北部,大本营为晋阳(今太原),这是个非常偏远的地方。此外,赵家占领了邯郸以及邯郸附近范家和中行家的地盘。算起来,就是今天山西东部和河北西南部。

智家的地盘原本集中在晋国西部,也就是山西西部和陕西东部一部分。但是如今分取到了中行家和范家的一部分地盘,就占有了晋国东南部,也就是今天河南东部和少部分山东西部的地盘。这样,智家的地盘分成东西两个部分,地盘最大,人口最多。

魏家的地盘集中在晋国的南部,也就是山西南部和河南中部。魏家地盘主要是魏舒担任中军元帅时瓜分的羊舌家和祁家的地盘。韩家的地盘最小,

集中在晋国的西南部,也就是如今的河南西部。韩家的地盘靠近楚国,在吴灭楚期间原本晋国可以顺势瓜分楚国方城山以北的地区,但是这部分地区靠近韩家,拿下之后等于便宜了韩家。所以,包括中军元帅智跞在内的其余五家(包括中行家和范家)都反对,韩家只能干瞪眼,看着千载难逢的机会就这么溜走了。

到中军元帅智跞去世,儿子智申(智宣子)接掌智家。按照轮流坐庄的原则和顺序,中军元帅原本应该轮到中行家,接着是范家,然后才是赵家。可是中行家和范家都被赶走了,于是赵家就因此获利,赵鞅成为中军元帅。

赵鞅是个很强势的人,一旦成为中军元帅,就开始想方设法排挤另外三家,而另外三家在性格上都比较弱,被压迫得很不爽。原本韩家和赵家关系不错,此时也走得疏远了。而最惨的是智申,因为父亲当初在董安于的问题上让智家跟赵家结了梁子,赵鞅算是趁机报复。

"姓赵的,风水轮流转,你欺负我,总有一天,我儿子要欺负你儿子。"智申在自己家里这样说,算是自我安慰。不过,除了自我安慰,他也在精心物色接班人,要找强势的儿子接班,不能让像自己这么窝囊的人接班。

功夫不负有心人,智申真发现了一个可以替他出气的儿子。

二

智申有六个嫡生儿子,嫡长子是智宽。智宽的性格与他的名字很配,为人宽厚,性格温和,很像智罃。可是智申很不喜欢这个大儿子,常常说他太傻太天真,无法执掌这个家族。

四儿子名叫智瑶,这个儿子从生下来就与其他儿子不同,呱呱落地的时候,光屁股重量就有九斤七两。不仅体重惊人,奶量也非同一般,吃奶的时候,嘴里含一个手按着另一个,动不动还要抢旁边兄弟的那两个。所以别的兄弟是一个奶妈,他要两个才够。就因为这个,智家的人都称他为"奶霸"。

智瑶长大之后,不仅人长得高大英俊,身材健壮,而且头脑聪明、个性自信,有远大理想。晋国的姑娘们做梦都想嫁给他,想方设法都要见见他,因此,"奶霸"的名声越来越响。

从小就抢奶吃的智瑶有一种天然的霸气,还有一种为达到目的不择手段绝不放弃的坚韧。最重要的,是智瑶超强的占有欲。一旦他看上什么,不夺到手中绝不罢休。

不仅在家里的兄弟们中间,就是在四大家族的同辈子弟中,智瑶也是鹤立鸡群,令人生畏,走到哪里都是天然的领袖。

智申决定废了智宽,改立智瑶为智家的太子。

智宽默默接受了,这是他的个性。可是,有人不愿意默默接受,要来为智宽讨个说法。谁？智宽的叔叔,也就是智申的弟弟智果。

就在智申宣布改立智瑶的当天,智果来找他了。

"哥哥,不能立智瑶,智宽比他合适。"智果开门见山地说。智申知道,智果和智宽的关系一向比较好。

智申瞥了智果一眼,兄弟两个平时的关系就很一般,偶尔会为了家族的事情有些争执。

"智宽比智瑶合适？相貌堂堂,仪表不俗,这点上智宽比智瑶强吗？"智申问。

"智宽不如智瑶。"

"勇猛善战,驾车射箭,这点上智宽比智瑶强吗？"

"智宽不如智瑶。"

"才艺双全,见多识广,这点上智宽比智瑶强吗？"

"智宽不如智瑶。"

"文采出众,口才不凡,这点上智宽比智瑶强吗？"

"智宽不如智瑶。"

"坚毅果敢,从不认输,这点上智宽比智瑶强吗？"

"智宽不如智瑶。"

"这不就对了吗？这五条智宽都不如智瑶,难道不应该让智瑶取代他吗？"智申反问智果,他有些生气。

"哥哥,才能固然很重要,可是智瑶生性贪婪,这很危险,你难道不知道人们都叫他奶霸吗？"眼看自己的意见在才能上站不住脚,智果转而说到了性格。

性格决定成就,这也对。

"奶霸？哼,一奶不能霸,何以霸天下？什么是贪婪？你这个当叔叔的怎么这样说话？智瑶这是有追求,不断地追求新的目标,是锐意进取。我问你,这是个谦让的年头吗？要不是明抢暗夺,贪得无厌,哪来的四大家族？咱老爷爷谦让,当了那么多年中军主帅,给咱们留下了什么？照你的话说,智宽很谦让。谦让怎么样？到最后什么都要被那几家抢走了。"智申有些恼火,智瑶

的优点被说成缺点,这让他最难以忍受。

"好吧,就算他锐意进取。可是,他傲气凌人,喜欢欺负人、羞辱人,这样会树敌太多,非常危险。"智果又找出另外一个理由。

"傲气凌人,那是霸气,那是因为他能力强;欺负人,那是因为他能力强;羞辱人,那是因为他能力强。这么说吧,智瑶的能力比别人都强,别人不服不行。总之,我告诉你,你所说的智瑶的缺点,在我眼里都是美德。"智申的语气更加生硬,他就喜欢智瑶身上那股霸气。

"哥哥,如果智瑶继承了智家,智家恐怕难逃灭门的命运啊。"智果有些理屈词穷,情急之下,竟然冒出这么一句来。

"胡说,我们智家还要靠智瑶发扬光大呢。"智申说完,摆摆手让智果走开,不想再听他说话。

战国二年(前475),智申去世,智瑶接班。于是,智瑶成了第一个新时代领导人。由于身居帅位,并且人长得帅,因此渐渐地人们不再叫他奶霸,而称他奶帅。

每个人都有一个成长过程,新时代领导人也是一样。

智瑶接掌了智家,他认为自己不仅仅是接掌了智家,而是接掌了晋国。就像当初吃奶一样,他现在掌管着智家,眼里还瞄着另外三家。

中军元帅赵鞅德高望重,智瑶在表面上对他还算尊重,心里则一点也不服气。

战国五年(前472),赵鞅组织了新年酒会。每年的初春,中军元帅都要组织这样的活动,以便大家增进了解,加深感情。

说到感情,先说说四家的联姻情况。除了赵家,另外三家都是姬姓,因此这三家无法联姻。而赵家可以任意与另外三家联姻,反而具有优势。原本,赵家和韩家关系非同一般,韩家靠赵家起家,赵家靠韩家起死回生。韩赵两家有世代联姻的基础,无奈早年韩厥为韩家定了规矩:不与其他的卿联姻。因此,韩赵不能联姻,感情也已经疏远了。而赵家与魏家和智家一向都比较疏远,因此也没有联姻。

现在,四家互相没有裙带关系,相互的关系倒是清清白白,省了很多钩心斗角的事情。

后来历朝历代,但凡高官之间裙带相连的,一定都是朝纲混乱,结党营私,乌七八糟。

酒过三巡,渐渐地大家的身子暖了,心情也就轻松起来,于是气氛也轻松起来,话题就多了起来。

"赵元帅,齐国人这些年来总在我们的身后搞鬼,不久前又暗中联合卫国和郑国,妄图攻打我国,是可忍孰不可忍啊。我建议,攻打齐国。"智瑶建议道。自从接掌智家之后,智瑶一直憋着劲要做点事情给大家看看。

"这个,啊……"赵鞅心说你吃饱了撑的?没事打人家齐国干什么?有什么好处吗?没有啊。"我看还是算了吧,齐国人也就是说说,满足一下虚荣心而已,不必跟他们较真。"

"不,齐国人一贯喜欢趁火打劫,不给他们点厉害看看,他们就不知道马王爷三只眼。"智瑶坚持。

"智元帅说的也不是没有道理,这样吧,老夫我最近几年身体都不是太好,腰酸肚子疼腿抽筋什么的。不如智元帅领衔攻打齐国,我们在这里提防郑国和秦国的入侵,如何?"赵鞅老奸巨猾,心说你愿意打你去,反正我们不去。

魏侈、韩庚看得清楚,也都附和:"赵元帅说得对,智元帅出马,齐国人根本不堪一击啊。黄河后浪推前浪,我们几个老东西就在后方给智元帅呐喊助威,摆接风酒就行了,哈哈哈哈。"

"既然几位元帅信得过,那我智瑶恭敬不如从命,今夏讨伐齐国。"智瑶喝多了,当场应承下来。

其实,就算不喝多,他也会应承下来,因为他早已经决定要攻打齐国,为自己立威,让另外三家口服心服。

"哈哈哈哈……"所有人都笑了。

"作为奶霸,他行。作为政治家,这小子还太嫩了,嘿嘿。"赵鞅、魏侈、韩庚心想。

第 二 章

霸气逼人

自从晋国到了六大家族时期,就已经很少跟外国打仗了。为什么?其实原因很简单。

每家都在算自己的账:打仗对我家有没有好处?

六家在算账,其结果就很容易想象:没有任何一件事情会对六家都有好处。

那么,六家达成一致不容易,一家或者两三家合起来发动对外战争不行吗?于是,大家又算另一笔账。

这笔账是这样的:如果我一家出兵对外侵略,打赢了,会招来其余五家的眼红嫉妒,合不合算?打输了呢?后果不堪设想。

账,大家都算得很清楚。所以,大家都闷在家里练内功,等着别人犯错误。

就因为如此,晋国把霸主地位拱手让给了吴国和越国。

智瑶有自己的想法,他觉得自己比其他人都强,自己需要一个展示能力的地方。他也算过上面的两笔账,可是算来算去,觉得自己一定能取胜,并且,他不怕其余三家羡慕嫉妒恨,甚至很希望被羡慕嫉妒恨。

其余三家一边在暗地里嘲笑智瑶是个不懂政治的傻帽,一边祈祷他不要取胜,一边担心他会取胜。

要出兵打仗,智瑶很累。另外三家其实也很累,心累。

三

四家都养了很多门客,所谓门客,就是那些因为才能而被卿大夫收罗到门下的士们。他们有的能文,有的能武,拿卿大夫的俸禄,也只忠于卿大夫。

每一家中都有出色的门客,他们就成为这家的主要谋士。但凡重大决策,他们都会参与其中。

关于讨伐齐国的事情,智家的谋士们并不赞同。或者说,是反对声一片。

"元帅,齐国是赵家的仇敌,我们何苦替他们出头?"谋士范成说。确实,赵家的地盘紧接着齐国,齐国当年攻打的也是赵家的地盘,两家因此而结仇。

"元帅,万一战败,后果不堪设想啊。"谋士董昕说。

"元帅,就算取胜,我们也没有什么油水啊。"谋士屠丙说。

……

智瑶看看他们,并没有反驳,也没有不耐烦的意思,他对门客们历来都是很客气的,不管他在心里是否瞧得起他们。按照智瑶自己的说法:只有低能的人才会对反对意见不高兴。

"郗疵先生,你怎么看?"智瑶问郗疵。郗姓出于郤姓,当初三郤被灭之后,郤家的人纷纷改姓,有的改姓谷,有的改姓郗。郗疵是智家的头号谋臣,智瑶对他也很尊重。

"我看,元帅的对手在晋国,如今却要攻打不相干的齐国,徒然增加一个敌人,恐怕不是上策啊。"郗疵的话比较委婉,可是意思很清晰:反对。

智瑶笑了笑,心中暗想:这帮人都是老爹的手下,谨慎过头啊。

"各位先生,你们的担心,我又何尝不知道。可是,如今晋国是四家分立,实力不相上下。谁要是示弱,必然被另外三家瓜分。若要占据先机,就要表现出强大的实力。一只老虎若是不展示爪牙,必然被蔑视,那么两头水牛也能顶死老虎。只有当老虎展示实力之后,万兽才会从内心中对它敬畏,根本不敢与它对抗,这个时候,一只老虎就能追逐一群牛羊,就能称霸整个山林草原。讨伐齐国,不是为了眼前的好处,而是要展示实力。如果连战胜齐国的实力和信心都没有,又如何对付我们的三个对手呢?"智瑶一番话说出来,众人都没有话说了。

是狂妄,还是霸气?是缺心眼,还是高瞻远瞩?

众人心里其实也没谱。

到了六月,智瑶率领晋国军队讨伐齐国。主力部队是智家军,其余三家都派了少量人马应景,算是助威考察,打胜了叫好,打败了先跑。

齐国此时的国君已经是齐平公,但是大权都在田常的手中。对于晋国人来犯,齐国人都有些惊讶,特别是晋国来的竟然不是赵简子,而是智瑶。

"智瑶来干什么?"大家都猜不到,就觉得事情有些蹊跷。没错,齐国这些年来是专门跟晋国作对,可是,说是跟晋国作对,实际上都是在跟赵鞅对着

干,占领的也都是赵家的地盘,跟智家狗屁关系都没有。

不管怎样,兵来将挡,水来土掩。田常派了高无丕挂帅,迎战智瑶。晋齐两国军队就在齐国的犁丘(今山东禹城)对垒,两国军队实际上都很久没有打仗了。

从内心里,齐国人是比较忌讳赵鞅的,对智瑶的了解基本上就是他抓奶的故事以及他的外号——奶帅。

这是智瑶第一次率军出征,只许胜不许败。

顶着晋国第一高富帅的帽子,智瑶并不是一个只有花架子的草包。他研究过晋国历史上的所有战例,训练过上万人的军队,并且精通各种武艺。对于他来说,战争令他兴奋,而不是畏惧。就在齐军扎营的当天,智瑶亲自率领亲兵卫队前去探营。

"元帅,亲自去?"车右豫让问,因为他知道探营这样的事情通常不需要主帅亲自出动。

"嗯。"智瑶点点头。

智瑶上了战车,豫让也只好跟了上去。

"打上中军大旗。"智瑶下令。

"元帅,不要吧?万一被齐军发现……"豫让急忙阻止,探营也就罢了,打上中军大旗,这不是故意让敌人看到吗?

"怕什么?晋国和齐国交战,历来都是大获全胜,齐国人见到我们就像老鼠见了猫,难道猫去看老鼠还要躲躲闪闪?我们就是要大大方方去,让他们看见,让他们知道我们根本不以他们为对手。"智瑶打断了豫让,他不仅是去探营,而且是要打心理战,让齐国人未战先怯。

豫让不再说话,他知道这是智瑶的性格。

主帅有信心,手下将士们自然也就不害怕。于是,智瑶在卫队的簇拥之下,打着智瑶的帅字旗,驱车前往齐军大营。

豫让有些紧张,可是智瑶很放松,一路上还开着玩笑。豫让不知道他是装的,还是真的没当回事。豫让是打过仗的人,还从来没见过智瑶这样面对战争的主帅。

前面就是齐军大营,御者拉住马,晋国人就远远地瞧着。远处,齐国人在敌楼上也发现了晋国人,立即派人报告给主帅高无丕。

"元帅,咱们出击吧。"有人建议。

"他老娘的晋国人，这肯定是设好了圈套等我们钻啊。"高无丕连脑子都没过，就判断这是晋国人在搞鬼，一来是吃晋国人的亏太多，二来是这么大张旗鼓来探营，不是有诡计是什么？"传我军令，营门紧闭，谁也不许出战。"

看来，智瑶的判断是正确的。

一边看，智瑶一边指指点点，时不时与豫让交谈几句，看得差不多了，正要下令回头，就在这个时候，发生了一件意想不到的事情。

一条野狗，也许是野狼，也许是狼狗或者狼与狗的杂种，不知道从哪里窜了过来，就从智瑶的战车前横冲过去。

马惊了。

受惊的战马一声长嘶，然后不顾一切地开始狂奔。一匹马跑起来，其余的三匹马也都跟着跑。

"吁——"御者急忙要拉住马，但哪里拉得住。

智瑶的战车冲向了齐军大营，变起突然，御者有点惊慌失措。这个时候，也许王良会有办法，可惜王良是赵简子的人，不是智瑶的人。

车上的两个乘客倒很沉着，豫让千钧一发的生死关头都经历过，这算不了什么。

"不要慌，拉右边的马，改变方向向右跑。"豫让大声说。是的，马虽然拉不住，但是方向是可以控制的。

御者此时总算回过神来，正要调整缰绳改变方向，智瑶说话了。

"不要动，就往前面跑。"智瑶大声下令。

豫让忍不住看了智瑶一眼，发现智瑶不仅不紧张，甚至还有些兴奋。

"他要干什么？"豫让实在想不通，不过他没有问。

元帅下令，御者只能听从，于是，智瑶的战车奔向了齐营。身后，整队人马也只好紧跟着智瑶的战车，杀向齐军大营。

原本齐军就在小心翼翼把守军营，谁也不敢出战。等到看到智瑶的战车冲过来，齐军更是相信这是晋国人的诱敌之计，似乎智瑶的身后就埋伏着百万晋军。

"看见没有，看我们紧闭营门，又来诱惑我们了。嘿嘿，傻眼了吧？我们就是不上当，我们就是不出去，看你们能把我们怎么样！"齐军纷纷议论，为自己主帅的英明判断而自鸣得意。

齐国人万万没有想到这是晋军主帅的马惊了，如果他们果断出击，后面

的仗都不用打了。

智瑶的战车迫近齐军大营，贴得很近才转向，沿着齐军大营狂奔而去，身后是整个卫队。齐国人非常紧张，生怕晋国人杀进来，看到晋国人绝尘而去，这才松了一口气。

晋国人其实也非常紧张，直到远远离开齐军大营，也才松了一口气。

"元帅，刚才马惊，为什么不转向，反而向齐军大营跑？"豫让松了一口气，不解地问。

"哈哈哈哈，两军相逢勇者胜，打仗实际上就是打的气势。如果我们回头狂奔，齐国人一定认为我们是害怕逃跑，就会瞧不起我们，士气上就占了上风；所以，即便冒着风险，也不能示弱。"智瑶解释，竟然一点也没有后怕的意思。

从不示弱，智瑶就是这样的人。

"那，元帅觉得齐军怎样？"豫让问。对智瑶的霸气他始终有所怀疑，以为这不过是一个世家弟子的骄纵蛮横，真正到了要紧的时候，就会慌了手脚，就像中行寅和范吉射。可是，从刚才发生的事情看，智瑶绝不是个纸老虎，他的霸气是在骨子里的。

"哼。"智瑶回头看看齐军大营，露出轻蔑的笑容。

次日，两军决战。

列阵之前，家臣长武子请求占卜。

"占什么卜？"智瑶摆摆手，说道，"我们出征之前，国君就已经在宗庙中用宝龟占卜，得了吉卦。还有，我们已经上报周王，此次攻打齐国是名正言顺。再者，齐国人此前侵占我们的英丘，我们是正义之师。有这些了，还占什么卜？"

智瑶精通兵法，他很清楚在这个时候占卜只有坏处没有好处，万一占卜的结果是凶卦，必然影响军心。

两军列阵完毕。

"擂鼓，冲锋。"智瑶下令。

"擂鼓，冲锋？"掌旗官反问了一句，因为擂鼓不等于冲锋，按着规矩，本方擂鼓之后，要等对方也擂鼓之后再冲锋。

"擂鼓，冲锋。"智瑶重复了一遍，眼里露出杀气来。

掌旗官不敢再问，一通战鼓之后，直接挥了冲锋旗。

智瑶的战车第一个冲了出去，身后，晋军见到主帅先冲，无不振奋，不要命一般冲向齐军。

齐军本来就很惧怕晋军，此时看到晋军不等本方擂鼓就开始冲锋，明显没有把齐军放在眼里。面对饿狼般冲过来的晋军，齐军甚至连战鼓都来不及擂，就不战自溃了，高无丕第一个逃跑，齐军随即全线崩溃。

就这样，智瑶出山第一战大胜齐军，并亲自活捉齐国大将颜庚。

四

经此一战，智瑶威名大震。另外三家人对智瑶的表现感到震惊，原先准备好的羡慕嫉妒恨都变成了敬畏。

"元帅威武。"智家的谋士们在事实面前也不得不佩服智瑶的胆识，至于那些跟随智瑶冲锋陷阵的勇士们，更是对智瑶佩服得五体投地。

智瑶的军事才能现在得到了公认，晋国人甚至开始把他与先轸相提并论。

智瑶的军队凯旋，赵鞅率领三卿设了接风酒会为智瑶庆功。

"智元帅，牛啊。齐国人折腾我们好多年了，老夫早就想打他们，可是一直觉得没把握。如今智元帅出马，不费吹灰之力打得齐国人满地找牙，真是解气。有智元帅这样的军事天才，是晋国之福啊。"赵鞅说得很好听，一半是吹捧的客气话，另一半则是出于真心。

"是啊是啊，智元帅的才能，怕是直追先轸了。假以时日，成就一定会在先轸之上。"另外两位也都附和，各表敬佩之情。

先轸是什么人？春秋战神啊，晋国的传奇人物，也是晋国称霸的第一功臣，历来还没有任何人敢于与先轸相提并论。

"哈哈哈哈，那是必须的。"智瑶很不客气地接受了这个恭维。

当晚，智瑶尽醉而归。

"奶奶的齐国，小儿科，明年还打他们。"临回家之前，智瑶摇摇晃晃，将醉就醉，表态还要打齐国。

尽管是醉话，智瑶说话是算数的，第二年再次攻打齐国。

"大家有什么看法？"照例，行动之前智瑶又召开了谋士会议。

"我们没有看法。"谋士们基本上表达了这个意思。

"大家有什么建议？"智瑶又问。

基本上，大家也没有什么好建议的。

当大家都没有建议的时候，智瑶决定给自己一个建议。

"为了扩大国际影响，我看我们应该带上晋国国君，同时邀请鲁国共同出兵,大家认为怎么样?"

"太好了,太妙了。"谋士们纷纷感到惭愧,这么好的建议竟然不是大家想出来的,都不好意思领薪水了。

智瑶倒没有瞧不起大家的意思,按他的想法:要是要求谋士们都能想出比我高明的主意,那我就一个谋士也没有了。

一切都在预料之中,由晋国和鲁国两国国君亲自坐镇,智瑶亲自指挥的晋鲁联军一举占领了齐国的廪丘。齐国甚至没有组织正面的抵抗,仅仅布置坚壁清野,据城死守。

"继续前进。"首战告捷之后,智瑶下令。

这一次,有人反对了。

"元帅,见好就收吧。"郗疵劝阻。

"那怎么行? 我是那种人吗?"智瑶自然不肯,他的词典里,就没有"见好就收"这四个字。

"元帅,你听我说。攻打齐国,目的是什么? 是建立您的威信。如今两次出兵都取胜,震慑了对手,树立了国际威信,已经够了。齐国并非小国,我们两次都取胜,也算是运气不错。如果继续打下去,除非一举灭了齐国,否则不管是战败还是长期对峙,元帅想过后果没有?"郗疵的话说到了这里,他知道不用再说,智瑶是个聪明人,如果他还不明白,再说什么也没有用了。

"哈哈哈哈。"智瑶大笑起来,笑得郗疵有点愕然。"先生说得对。其实,我的想法跟你的是一样的,之所以说要继续前进,就是要看看这么多谋士有没有人能看出问题来。"

郗疵也笑了,他知道这就是智瑶的性格,他永远不会认输或者认错。至于智瑶是真的只是说来测试大家的,还是临时说了个谎,这倒不重要了。

不管怎样,智瑶听从了郗疵的劝告。

"撤军。"智瑶下令,赔钱赚吆喝的历史就此结束了。智瑶决定,不仅现在要从齐国撤军,今后也坚决不碰齐国了。

不碰齐国,碰谁? 智瑶不会让自己闲着。

第 三 章

赵鞅的烦恼

智瑶很清楚,自己的威望已经通过两场战争树立起来了,智家对其他三家,特别是魏韩两家的心理优势已经建立。从现在开始,可以全力捞干货了。

地图显示,智家的地盘除了跟赵魏韩三家相邻之外,还跟四个国家相连,分别是秦国、郑国、卫国和一个北狄国家厹繇(音求由)。要向外扩张,必须要在这四个国家身上打算盘。

秦国首先被排除,这个国家比齐国还难对付,招惹他们并不明智。所以,要先从剩下的三个国家下手。

"奶奶的,郑国、卫国、厹繇,我都要把他们吃掉。"智瑶指着地图,对谋士们说。

"怎么个吃法?"谋士们也都知道智瑶的性格,只要他看中的,千方百计都要弄到手。如今瞄准了这三个国家,当然就不会放过他们。

"当然一个一个吃,就像吃奶,吃着一个,捂着一个,还盯着一个。"智瑶说到这里,众人哄堂大笑,智瑶自己也笑了,笑完接着说,"三国之中,郑国最强,卫国其次,厹繇最弱。目前来看,郑国有齐国撑腰,而卫国是赵家的菜,赵鞅盯着,我们不太好出兵。至于厹繇,这个北狄国家倒是方便下手了,因此,先吃厹繇。"

五

对于智瑶要拿下厹繇的想法,谋士们的意见有很大分歧。一部分人赞同,另一部分人反对。

赞同的人的理由很简单,厹繇是个北狄国家,攻打他们不会背负任何道义责任,甚至会得到整个华夏天下的共同支持。

"元帅高明。"支持的人一齐叫好。

"嘿嘿,"见多数人叫好,智瑶得意起来,"先拿下仇繇;下一步,再拿下卫国和郑国;再下一步,拿下魏赵韩;再下一步,吞并齐国;再下一步,哈哈哈哈……"

智瑶的话没有说完,就笑了起来,大家知道,以智瑶贪得无厌的性格,他恨不得把整个天下都拿下来。

"哈哈哈哈……"大家也都跟着笑起来。

"可是,元帅,我认为不妥。"就在大家都兴高采烈的时候,豫让突然打断了大家。"晋国与仇繇之间隔着山,战车无法通行。如果我们削山开路,一来耗费人力物力,二来暴露目标,仇繇要么据险扼守,要么举国迁逃,到时候我们拿下一片空地,岂不是毫无意义?"

豫让的话说得有理,仇繇地处晋国以北,放牧为生。仇繇的地盘对于智瑶来说没有什么意义,有价值的是仇繇的马匹和人民。如果仇繇举国迁逃,智瑶就将一无所获。

"我赞同豫让的看法,一旦我们讨伐仇繇不能成功,赵家就有可能占据通道,断了我们的退路,其危险程度远远大于讨伐齐国。"郗疵也支持豫让,他的心中,始终是希望智瑶集中精力对付赵韩魏三家。

所有人的目光都看着智瑶,因为他们知道,豫让和郗疵正是智瑶最倚重的两个人,现在两人同时反对,智瑶会不会动摇?

"也许,没有你们想象的那么难。"智瑶笑了,他知道豫让和郗疵说得有理,可是他也知道豫让和郗疵并不了解自己有多么高明。

第二天,智瑶下令铸造一口大钟,这口大钟仅次于当年周王铸造的无射大钟。

"智瑶一夜之间成音乐发烧友了?"人们都感到奇怪,当前形势这么复杂,他竟然还有心思玩音乐,这不就是不务正业吗?

大钟铸成之后,智瑶派遣使者前往仇繇,表示为了两国之间的传统友谊,特地制造了一口晋国第一、世界第二的大钟赠送给仇繇。

"太好了太好了,感谢啊感谢啊,我们对中华文化仰慕已久啊。"面对飞来横财,仇繇国君喜出望外。

其实,仇繇国君对中华文化没什么兴趣,对这口大钟也没什么兴趣,不过,他对制造大钟的材料感兴趣,拉回来之后敲碎了打烂了,然后用来做弓箭的箭头不是很好?

主意不错,想法也挺好。于是,仇繇国君派使者前往晋国,一来是回赠些礼物，大致就是宝马若干牛羊若干，二来就是把大钟给运回来。

当然，也有人质疑说中原人狡猾，说不定就是黄鼠狼给鸡拜年。可是仇繇国君认准了这是老天对自己的眷顾，再说了，晋国是个大国，人家大国看得起咱们，咱们还能给脸不要脸？

就这样，仇繇使者来到了晋国，献上好礼之后准备提货。这个时候才发现这货不是这么好提的。

大钟是真的，而且造得相当精致，看上去就让人喜欢。问题是，太重了。

"我们特地建造了一辆车来运这口大钟。"智瑶告诉使者，大车很宽很大，八个轮子，八匹马拉。

使者看了，要把这口大钟拉回去，还真要这样的车。心说拉回去也是砸烂，要是能在这里砸掉，就好运了。想是这么想，可是不能这么说。看看钟，再看看马车，都是好东西。问题是，这辆车在晋国境内没问题，路够宽，可是到了仇繇境内，翻山越岭的，哪里有这么宽的路呢？

没办法，仇繇使者只好先回去向国君汇报。

"那肯定要拉回来啊，如果不拉回来，不仅损失了钟，连咱们送过去的牛马都算白搭了。不行，一定要拉回来。"国君算了算账，还是决定要把钟弄回来。

于是，仇繇进行了全国动员。干什么？修路。

要致富，先修路，这口号就是那时候来的。

从晋国边境开始，仇繇百姓一路上劈山填沟，就为了能把大钟给运回来。

终于，路修通了，大钟顺利运回了仇繇首都。

仇繇国君举行了一个盛大的迎钟仪式，之后下令：砸钟。

仇繇人开始砸钟，咣当声震耳欲聋，以至于他们完全听不到晋国人越来越近的车马声。当钟被砸烂的时候，智瑶率领的晋国大军已经杀到了面前。

此处省略七十二字。

智家的谋士们和将士们再一次见识了智瑶的强大，从两次战胜齐国到这一次智取仇繇，智瑶的智勇双全已经展现得淋漓尽致了。

"我们真的服了，跟着智瑶，我们总算跟对人了。"谋士们都这样想，干革命要跟对人，其实跟对人比干革命更重要。

照例，庆功大会。

庆功会上，智瑶首先奖赏了豫让和郗疵，理由是他们考虑到了困难，看得

比大家长远。大家都很佩服，认为智瑶确实有大将风度。当然，这也说明智瑶比豫让和郗疵站得更高。

"为什么我们能够这样轻易灭掉仇繇?"颁奖之后，智瑶问大家。

其实，他早就有答案了，而大家也知道他早就有答案了。但是，即便如此，大家还是要踊跃回答问题。

"他们太笨太傻。"有人说。

"元帅太高明。"有人说。

"我们实力强大。"有人说。

……

说什么的都有，但是说到点子上的人并不多。

"贪婪是他们被灭的根本原因。"最后，还是郗疵看问题透彻一些。

众人都笑了，因为智瑶就是一个贪婪的人，所以人们尽量不去说"贪婪"这两个字。

智瑶也笑了，因为他知道大家在笑什么。事实上他是一个不太在意别人说什么的人，他认为只有没有自信的人才在意别人的影射或者讽刺，当你有足够自信的时候，你会觉得所有人都很真诚。

"其实，贪婪并不是问题的根源，因为人性本身就是贪婪的。问题的根源在于，贪婪而又相信天上会掉馅饼。"智瑶总结说。

世上没有无缘无故的爱，但凡被骗的，多半是想不劳而获的。

只要你不贪，骗子就无从下手。

国家之间如此，人与人之间也是如此。

六

智瑶是晋国政坛上冉冉升起的明星，实际上，他不是冉冉升起，而是一飞冲天。智瑶所表现出的能力和气魄令其余三家都感到胆寒，如果说在当初智跞确定智瑶为智家太子的时候，其余几家都还在观望并抱有侥幸心理，那么现在，他们都不得不为自己的子孙捏一把汗了。

韩家和魏家在惊恐之余还能找到一点心理安慰，他们告诉自己：从前是赵鞅一手遮天，现在来了个更狠的智瑶，二虎相斗，我们说不定还能浑水摸鱼呢。

可是对于赵鞅来说，他实在没有这种自我安慰的资本，并且他也不是一个擅长自我安慰的人。他很清楚，智瑶心中的头号对手就是赵家。如果说自己还能凭借老奸巨猾对抗智瑶，那么在某一天自己鞠躬尽瘁之后，赵家的好日子恐怕就要一去不复返了。

赵家的太子是赵鞅的嫡长子伯鲁,赵鞅自己暗中做了对比,很容易就发现伯鲁根本不是智瑶的对手。无论从能力、性格还是外貌来说,伯鲁都无法与智瑶相提并论。

"我们家怎么就没有一个奶霸呢?赵家要完蛋了。"在没有月亮的夜晚里,赵鞅常常对自己说,自己一旦死了,赵家很快就会被从晋国的版图上抹掉。

更让赵鞅绝望的是,这么多儿子,没有一个能够让他看得上眼的。

"怎么办?"赵鞅发愁,很发愁。

家家都有一本难念的经啊。

在四家当中,赵家是对自己的百姓最好的,因此赵家的百姓最富裕。可是,百姓富了,赵家的钱财就少了,赵鞅能够给手下的薪水也就比其他三家都要少。

按常理来说,在这样的情况下,赵家的人才应该最少最差。可是事实上却不是这样,赵家的人才确实不多,可是质量远远高过其他三家。为什么会这样呢?因为赵鞅会用人,能够用人的长处,并且赵鞅很尊重手下的谋士们,能让他们觉得自己很有价值。赵家的谋士们看中的不是眼前的待遇,而是长期的发展,他们认定了赵家的远景,期待着自己的期权能够兑现。而其余三家的谋士虽然多,却多数是为了待遇去的,普遍质量不高不说,还人多嘴杂,矛盾横生。

早前,赵家的头号谋士是董安于。董安于死后,赵鞅任命张孟谈为首席谋士。

说起来,张孟谈还是晋国的公族,他的祖上是晋国的公子,被封在解,后来就以解为姓,春秋时期有个解张为大夫,解张的孙子以张为姓,名叫张侯,又叫张老。张孟谈就是张老的孙子,如今沦落为一个普通的士,投身于赵家。

张孟谈也是张姓的得姓始祖之一。

赵鞅把自己的烦恼告诉了张孟谈,希望他能有什么好主意。

"这个,我觉得公子们都不错啊。"张孟谈故意这样说,显示自己并没有过多关注赵鞅家的家事。

"孟谈先生,真是不行啊,我还看不出来吗?唉。"赵鞅叹口气。

"会不会是主公要求太高?您用自己的标准要求他们,那他们肯定不行了。不过要说能够保守家业,善待百姓,伯鲁就不错啊。"张孟谈继续装傻,不过伯鲁的品性也确实不错。

赵鞅苦笑了一下,他对这个马屁还是有一点受用,不过现在显然不是接受马屁的时机。

"孟谈先生,伯鲁确实不错,可是,这要看对手了。智瑶如此强横,伯鲁万万不是他的对手。我现在想找的,是一个能够对付智瑶的人,而不是一个品性好的人。"赵鞅说。他已经无法说得更清楚了。

张孟谈假装刚刚领会领导的意图,于是一边点头一边眨眼一边抠脑袋。然后,假装突然有了什么想法。

"主公,您看这样行不?我认识一个人,这个人善于相人,据说神准。不妨请他来给公子们看看相,看谁比较有潜力接班。"张孟谈终于提出了这个建议,憋了半天了。

"那,那就试试吧。"赵鞅也知道有人善于相人,他不太相信这一套,他的印象中,张孟谈似乎也不太相信这一套。可是事到如今,也只好死马当作活马医了。

张孟谈推荐的这个人不是晋国人,而是郑国人,名叫姑布子卿。姑布子卿擅长相面,根据人外观相貌推测此人的吉凶前途,非常准确,一时间很有名气。《荀子·非相篇》就有如下记载:"相人,古之人无有也,学者不道也。古者有姑布子卿。"

春秋之前,是没有相面这个行当的。所以,姑布子卿也被称为相面的祖师爷。

《韩诗外传》中记载,孔子当年在郑国,姑布子卿曾经给他相面。不过从记载来看,可信度不高。

原文如下:

孔子出卫之东门,逆姑布子卿,曰:"二三子引车避。有人将来,必相我者也。志之。"姑布子卿亦曰:"二三子引车避。有圣人将来。"孔子下步,姑步子卿迎而视之五十步,从而望之五十步,顾子贡曰:"是何为者也?"子贡曰:"赐之师也,所谓鲁孔丘也。"姑布子卿曰:"是鲁孔丘欤?吾固闻之。"子贡曰:"赐之师何如?"姑布子卿曰:"得尧之颡,舜之目,禹之颈,皋陶之喙。从前视之,盎盎乎似有(王)[土]者。从后视之,高肩弱脊,此惟不及四圣者也。"子贡吁然。姑布子卿曰:"子何患焉?污面而不恶,葭喙而不藉,远而望之,赢乎若丧家之狗。子何患焉?"子贡以告孔子。孔子无所辞,独辞丧家之狗耳,曰:"丘何敢乎?"子贡曰:"污面而不恶,葭喙而不藉,赐以知之矣。不知丧家狗,何足辞也?"子曰:"赐,汝独不见夫丧家之狗欤? 既敛而椁,布(器)[席]而祭。顾望无人,意欲施之。上无明王,下无贤(士)方伯,王道衰,政教失,强陵弱,众暴寡,百姓纵心,莫之纲纪。是人固以丘为欲当之者也。丘何敢乎!"

——《韩诗外传》第九卷

意思大致是这样的:

孔子出卫国东门,正遇上姑布子卿走过来。孔子对弟子说:"下车步行吧,有高人将会来给我相面,你们要记下高人对我的看法。"姑布子卿也对自己的徒弟说:"下车步行,有圣人来了。"于是,两人都下车步行,表示礼让。

两人之间相距大概一百步,迎面走过,擦肩而过。然后姑布子卿转过身来,又从后面看孔子。这样算来,姑布子卿迎面看了孔子五十步,又从后面看了孔子五十步。这时候,子贡从后面走上来,他就是负责记录的,估计赶车的该是子路。看到子贡,姑布子卿问他:"喂,前面那伙计是谁啊?"子贡说:"我叫端木赐,前面那伙计是我的老师,来自鲁国的孔丘是也。"姑布子卿说:"哦?鲁国的孔丘,我听说过。"子贡于是问:"哎,你觉得我老师怎么样?"姑布子卿想了想说:"你老师嘛,额头像尧,眼睛像舜,脖子像大禹,嘴巴像皋陶,从前面观看,相貌过人,好像是卿大夫的架势。但从身后观察,却是肩高耸,背瘦弱,从这点看比不上四圣。"

子贡听了有些失望。姑布子卿接着说:"不要伤心,你老师虽然脸黑了一点,可是气色不错;虽然嘴长得跟猪一样,看上去还顺眼。只不过远望有些疲惫,像丧家之犬罢了。你不要这样。"

子贡把姑布子卿的话转告给了孔子,孔子一直点头,只是说到丧家之犬的时候孔子表示"我哪配得上啊?"子贡很惊讶,问:"老师怎么这么说?"孔子说:"你见过丧家之犬吗? 主人死了,收敛进了棺椁,地上铺了布给客人们来祭祀。丧家之犬呢就守在棺椁的一旁,看不到自己的主人,想要把自己的主人救出来。如今礼崩乐坏,天下动乱,人们以为我想要挽救这个世界,可是我哪里有这样的能力和决心呢? 所以,我比不上丧家之犬啊。"

第 四 章

没奶的孩子

对于赵家的继承人问题，张孟谈比赵鞅想得还要早。

张孟谈早已经为赵鞅的儿子们甚至侄子们都做了档案，一一进行比照。最后，他得到了一个惊人的结论：只有一个人可以救赵家，而这个人不在赵鞅心目中的候选人名单中。

可是，张孟谈知道，不管自己如何被赵鞅信任，也不管赵鞅是如何宽厚，有一点是绝对不方便自己说的，那就是赵家的继承人问题。因为，这是家事，赵家的家事，过问君主的家事会被怀疑有野心。

所以，即便张孟谈有想法，也绝对不会主动提出来。

在这一点上，张孟谈的谨慎是正确的。后世无数的事实证明了这种谨慎的道理，两个典型的例子可以佐证。三国时期，曹操在立太子的问题上举棋不定，去问贾诩，结果被誉为三国时期最睿智的贾诩并不正面回答，而是假装思考，之后曹操问他在想什么，他说他在想袁绍和刘表父子。曹操哈哈一笑，确定立曹丕。这就是贾诩的聪明之处，没有正面回答，却把意思表达了。

一个反面的例子则是岳飞，文武双全忠勇善战并且救过宋高宗命的岳飞为何被杀？主战只是次要的方面，最主要的原因是他过问了宋高宗立太子的事情，这令宋高宗十分忌恨猜疑，最终痛下杀手。

张孟谈不说，他知道，赵鞅迟早会来问。而且，即便是赵鞅来问，他也不会直截了当地说。

七

姑布子卿来了。

自然是张孟谈请来的，也自然先见了张孟谈，然后在张孟谈的带领下来见赵鞅。

不管信与不信,赵鞅还是把所有的儿子都召集来了,等着姑布子卿来看。姑布子卿在张孟谈的陪同下准时来到,就在中堂上与赵鞅并肩而坐。

"来啊,都进来,让先生看看。"赵鞅下令,于是儿子们呼啦进来,排成一排,让姑布子卿看。

姑布子卿眼神不太好,站起身来到赵鞅儿子们的面前,凑近了没鼻子没眼这么看,脑袋左右摆动着,跟扫描一样。

儿子们都很不舒服,不知道父亲从哪里找了这么个相面先生,这么直勾勾地看,好像夜总会选小姐一样。

看了半晌,姑布子卿总算看累了,归了位。

赵鞅心想:"这小子水平怎么样不知道,至少还挺敬业。"

"先生,怎么样?"赵鞅小心地问,他有点紧张。

"让他们都下去吧。"姑布子卿说。不知道是不想得罪人,还是这事情不能公开说。

赵鞅摆摆手,儿子们松了口气,退潮一般下去了。

这时候,赵鞅再看姑布子卿。

"先生,怎么样?"赵鞅问,语气似乎还略有些紧张,又好像还有所期待。

"元帅,你看我的眼睛。"姑布子卿看着赵鞅,指着自己的眼睛说。

赵鞅看姑布子卿的眼睛,姑布子卿也看着赵鞅的眼睛,两人大眼瞪小眼,好像要拼命,又好像互相相面。

看了一阵,姑布子卿问:"元帅,看见什么没有?"

"没,没有啊,眵么糊(山西方言:眼屎)?"赵鞅什么也看不出来,他毕竟不是相面的。

"有没有看见我眼前一亮?"姑布子卿问。

"没有啊,就觉得有点老眼昏花。"赵鞅不太喜欢这样的拐弯抹角,所以有点没好气。

"对了,元帅,恕我直言,虽然您神武英明,可是您这几个儿子,一个也没有让我眼前一亮。我仔细看了,没有一个有元帅的命。"说来说去,姑布子卿总算回了正题,把赵鞅的儿子们全盘否定。

赵鞅点点头,他没有生气,看来自己虽然不是相面的,但也没有看走眼。

不行就是不行,再好的相面大师来看,也不能把你看行了。

"唉,这么说来,我们赵家没戏了?"赵鞅弱弱地问,没什么底气,语气中带着失望。

张孟谈一直在旁边，看到赵鞅脸色不好看，急忙安慰："主公，情况也许没有那么糟糕，谁都有看走眼的时候。"

赵鞅看了张孟谈一眼，知道他在安慰自己，没有说话。

姑布子卿也看张孟谈一眼，好像对这话有点不满意，这不是在诋毁自己吗？之后，索性闭上了眼。

"姑布先生，有没有看错啊？"张孟谈又问姑布子卿，不过语气上很是客气。"难道我们元帅府上，就没有你看得上眼的？"

姑布子卿的眼珠在转，即便是闭着眼睛，也能够看出来。

突然，姑布子卿睁开了眼，并且眼前一亮。可惜，赵鞅没有注意到。于是，姑布子卿眼前又亮了一次，这次，赵鞅看到了。

"哦？"赵鞅似乎看出了什么。

"不瞒元帅说，在进来之前，我倒真看到了一个让我眼前一亮的人。不过，不知道是不是元帅的儿子。"姑布子卿好像是突然想起的样子，声调提高了很多。

"谁？"赵鞅也兴奋起来，急忙追问。

即便同是儿子，儿子和儿子也不一样。

公卿大夫的儿子，往往分为三类。

第一类，嫡生，也就是夫人所生。这一类儿子身份最高贵，继承人首先从他们之中产生。第二类，庶生，也就是妾所生。这一类儿子地位低于第一类，但是有继承权，也有竞争继承人的资格。第三类，野生，也就是与没有名分的女人所生的儿子。叔孙豹生牛，叔梁纥生孔子，都属于野生。野生的儿子是没有名分的，没有继承权，也没有竞争继承人的资格，就是个普通的士。他们通常成为家臣，与其他兄弟不是一个阶层。

主人与女仆所生的儿子，在外面一夜情的儿子，都属于野生。当然，如果野生儿子的母亲得宠，那野生的儿子也能提升到庶生甚至嫡生的地位。总之，看娘的本事了。譬如，叔孙豹野生的儿子牛后来就当上了叔孙家的管家，地位仅次于叔孙家的继承人。

"刚才我来的时候，在门口看到一个挑着柴的小伙子，不知道是不是您儿子？"姑布子卿眯着眼睛说，似乎在回味。

"挑柴的？谁？"赵鞅有点发愣，他不知道是谁。

"谁？"张孟谈也在一旁问。

家臣们一阵忙活，终于有人想起来了。

"是无恤。"一个家臣说。

"无恤？"张孟谈脱口而出。

"无恤？无恤是谁？"赵鞅问。不过他立即想起来了，于是摆摆手，让家臣不要解释了。不错，无恤是他的儿子，可是长什么样他已经记不清楚了，因为这个儿子平时根本没有资格在他面前晃悠。"是他吗？"

家臣们不太敢确定，因此一时没有回答。

"这个简单，去把无恤叫进来给先生看看就知道了。"张孟谈说完，也不等赵鞅回答，直接下了命令，"去，把无恤找来。"

赵鞅点点头，算是事后批准。

赵无恤进来了，有些不知所措。从衣着上看，比刚才那帮兄弟要差不止一个档次。

"元帅。"赵无恤急忙跪拜在赵鞅的面前，他没有资格叫爹，只能叫元帅。

"无恤，站起来，让这位先生看看。"张孟谈再次下令，这种命令他不用请示。

赵无恤不知道发生了什么，懵懂无知地站了起来，有些惶惑，但是竭力让自己镇定下来。

赵鞅正要问姑布子卿，却突然发现不用问了，因为姑布子卿的眼神和表情已经告诉了他。姑布子卿近距离看了那帮儿子半天，脸上也没有过笑容，可是远远地看了赵无恤一眼，就已经眉开眼笑了。

"此真将军矣。"姑布子卿情不自禁说了出来。《史记》上就这么记载。

赵鞅皱了皱眉头，心说没看出这小子有什么过人的地方啊。

"不瞒先生，这个儿子的母亲是个仆人，出身低贱，不能继承家业。"赵鞅说，实际上也解释了刚才为什么没有让他来选秀。

原来，赵无恤的母亲是北狄人，赵家劫掠北狄，抓了许多俘虏，赵无恤的母亲被抓到赵家做了仆人。一天，赵鞅喝了些酒，恰好看这个女仆有几分姿色，因此临幸了她，结果一枪中的，女仆怀上了孩子。生产的时候，母亲因难产而死。

娘本来就没有名分，而且还死了，这孩子也够可怜。基本上，奶娘是不安排给他了，也就安排了个把婢女养他，有一顿没一顿的，别的孩子吃奶，他只能喝粥，从小就不知道奶是什么滋味。

因为是野生，连名字都起得随意，索性就叫了无恤。恤，救济、抚养的意思，无恤的意思，就是这个孩子没娘养。

无恤属于野生，因此按家臣待遇，无论吃住条件都比正宗出身的兄弟们差了许多。长大之后，尽管也接受教育，但是要干很多由家臣甚至仆役干的活。也正因为如此，无恤的忍受力特别强。

赵鞅对这个野生的儿子完全没兴趣，只是知道有这么个儿子，其他的就完全不知道了。

"哎，老天要让一个人富贵，出身低贱又有什么关系呢？看看无恤，天庭饱满地阁方圆，骨骼奇异气宇不凡，这是文武全才的坯子啊。元帅，赵家的兴盛就靠他了。信不信由你，反正我是信了。"

姑布子卿说得坚定，吐沫星子横飞，让赵鞅不得不有些心动。再看无恤，似乎顺眼了一些。

"这个……"赵鞅看看姑布子卿，再看看张孟谈。

"主公，您曾经说过英雄不问出处啊。"张孟谈淡淡地说。

赵鞅点了点头，没有说话。

"无恤，上前拜谢元帅。"张孟谈继续下令。

为什么要拜谢？无恤还是不知道。不过，肯定不是坏事。无恤向前一步，拜倒在地。

"赵无恤谢过元帅。"无恤高声说。他很想叫一声父亲，可是他没有资格，他也不敢。

"从今天开始，叫父亲。"赵鞅说。他就是这样的人，在决定之前他会犹豫，一旦决定，就毫不犹豫。

"多谢父亲。"无恤立即就叫了出来，这是他期待的时刻。那一刻，无恤的眼中泛着泪光。

赵鞅笑了，从无恤的迅速反应来看，这小子第一不怯场，第二非常机敏。看来，过去是忽视了他。

赵无恤过了第一关，但是要成为赵鞅的继承人，远远不是这么简单。

八

一切都在张孟谈的掌握之中。

张孟谈早就发现了这个野生的赵无恤非常出色。

赵无恤的性格从容镇定，不卑不亢，又谦虚好学，尽管地位低，但并不会感觉自卑。尽管为人低调，但不是没有原则。张孟谈知道，这个小子不是一般人。

张孟谈和姑布子卿是老相识，请姑布子卿来到晋国之后，张孟谈就特地向他交代了自己的目的，商量好了怎么做。同时，派人安排了第二天赵无恤的活，以便姑布子卿能够见到他。

"怎么样？赵无恤怎样？"张孟谈在送行的路上问姑布子卿。

"其实，就算你不提醒，我也看好赵无恤，这个人前途无量。"姑布子卿笑了，钱挣了，名声还会更大，来晋国这一趟算是赚大了。

姑布子卿的这次相面因为被记载进了《史记》，成为相面这个行业的经典，被称为"千古一相"。其实，这不过是张孟谈的一个小小伎俩。

后来说书的说到某个宰相如何高明，往往称之为"千古一相"。其实，真正的千古一相就是相面。

凭借这次相面，赵无恤正式成为赵家的公子，与兄弟们平起平坐了。换房、换衣服、配车等，待遇立即上去了。

赵无恤并没有表现得特别高兴，依然低调谦恭、宠辱不惊的样子。当然，兄弟们还是瞧不起他，没什么人愿意跟他往来。

赵鞅是一个行事有规划的人，他一向如此。相面先生的话只能让他改变赵无恤的地位，但是，赵无恤是不是具备继承人的能力，这就不是相面先生说了算，而要自己考察了。

对于赵无恤，赵鞅计划分三步进行考察。

第一步，面试。

赵鞅分别找每一个儿子进行谈话，之所以每一个都找，是担心以貌取人，错漏了人才。

谈话的内容大致相同，谈人生谈理想，谈家庭谈国家，谈打仗谈治国，谈道德谈为人。所有嫡生庶生甚至野生的儿子都谈过一遍之后，赵鞅发现无恤确实与众不同。无恤很清楚自己的长处和短处，很清楚自己想要做什么，同时很低调也很有耐心。

"如果我派你带兵去征讨北狄，遇上了兔子和梅花鹿，你是去捉兔子还是捉梅花鹿？"赵鞅问。每个儿子都被问到这个问题，儿子们有捉兔子的，有捉梅花鹿的，还有两个都捉的。

"捉狄人。"赵无恤回答，坚定而迅速。

赵鞅笑了,嘴上不说,心里在说"不错"。

面试的结果是赵鞅对无恤最满意,不过,仅仅凭一个脑筋急转弯是不够的。因为,说起来是一回事,做起来可能是另外一回事。

第二步,态度。

赵鞅总结了一套人生心得,他把这些心得刻在竹简上,每个儿子发了一套。发给他们干什么,没说。

一年之后,赵鞅把儿子们叫来,也没告诉他们要干什么。

"一年前发给你们的竹简,谁能背诵下来?"赵鞅问。

儿子们大眼瞪小眼,早都忘了还有个什么竹简了。

"父亲,我能。"无恤朗声说,站了出来。

"切。"兄弟们一片哗然,当然,都在心里,在父亲面前,谁也不敢胡乱出声。

"背吧。"赵鞅说,不动声色。在心里,他有些惊讶,看来姑布子卿是有眼力的。

无恤开始背诵,一个字也不差。

"你们的竹简在哪里?"赵鞅再问。

又是大眼瞪小眼,谁都想不起来扔到哪里去了。

"父亲,我的在这里。"无恤从袖子里取了出来,从颜色和上面的线来看,无恤是经常阅读的。

"哇。"这一次,兄弟们的惊叫声发了出来。这确实令他们惊讶。

"他每天带在身上吗?"赵鞅自问。也许是,也许不是。如果不是,那只能说明他很有心机,懂得把竹简打磨做旧,并且推测到了今天父亲可能会问到这个竹简。所以,赵鞅可以确认的是,这个儿子不寻常。

态度决定一切,赵鞅对无恤的信心更进了一步。事情到这里,似乎可以做出决定了。可是赵鞅认为仅仅如此是不够的,这只能说明无恤做事的态度很严谨,不能说明他的远见。要对付智瑶,这远远不够。

所以,赵鞅决定继续考察。

经过两次考验,赵鞅已经认可了赵无恤,毫无疑问这是自己最出色的儿子。然而,如果仅仅如此,也只能说明这个儿子能够保守家业,至于是否能够进取,依然是未知数。而在晋国,如果仅仅能够保守家业,是远远不够的。

有一点赵鞅早早就可以确认的是,以个人能力来比较,任何人都不是智瑶的对手,赵无恤同样不是。因此,必须要有特别的长处,才有可能抗衡智瑶。

所以,必须要有不同寻常的考验方法,才能看出无恤是否能让自己放心。

第三步,抱负。

"我在常山上藏了宝,你们去找一找,先找到的为优胜。"赵鞅对儿子们说,至于什么宝,他不说,儿子们也不敢问。

于是,儿子们分头去了常山。常山,就是今天的北岳恒山。从赵家的大本营晋阳出发,一路向北。常山以南,是赵家的地盘。常山以北,则是一个北狄国家——代国。

儿子们分头而去,也分头回来。

常山可不是一座小山,漫山遍野,怎么找这个宝?

有的儿子找了一圈,累得个半死,什么都没找到,实在没信心了,硬着头皮空着手回来了。

"去吧,吃点好的。"对这样的儿子,赵鞅直接让他们去吃饭,这就是吃才,赵鞅对他们根本不抱希望。

聪明一点的儿子,费了九牛二虎之力,好歹找了点什么回来,譬如找到一块好石头,挖到一株灵芝草之类,尽管不是父亲藏的宝,也算是不虚此行,有点收获的。

"嗯,辛苦了。"赵鞅安慰一下,依然打发他们去吃饭,心里还是失望。

赵无恤回来时,两手空空,但是掩饰不住他的兴奋。

"无恤,你找到宝了吗?"赵鞅问,心里其实很紧张。如果这个儿子也不能给出正确答案,赵家就完了。

"找到了。"

"说来听听。"赵鞅瞪大了眼睛。

"我登上了常山的山顶,从常山上向北看就是代国,那里茫茫草原,骏马成群。我想,如果我们下常山拿下代国……"无恤说,尽量平静。

"好了。"赵鞅一下子站了起来,高声打断了他。

不需要再说了。

代国出产名马,就是中国历史上鼎鼎大名的代马。代马远远比中原的马要好,赵鞅早就盯着代国了。赵鞅说的宝,就是代国。

现在,赵鞅知道,赵家的昌大就要靠眼前这个儿子了。

关于代地的马,有一个成语。

《后汉书·班超传》里班超上表请求退居二线,从西域回家,曾经这样写道:"臣闻太公封齐,五世葬周。狐死首丘,代马依风。"意思是姜太公虽然封在了齐国,但是连续五代死后都葬在周地,以表达自己对周朝的依恋和忠诚。狐死首丘,意思是狐狸死的时候,头一定是朝着自己巢穴的方向;代马依风,是说代地的马被带到了南方,每当北风起的时候,就会表现得很依恋。

狐死首丘,代马依风,这两个成语比喻非常怀念家乡,后世常常用到。

第 五 章

信谁别信小舅子

"我要废掉伯鲁,立无恤为继承人。"赵鞅终于决定了,于是找来张孟谈商量。

"啊?无恤好像没有什么才能啊,行不行啊?"张孟谈心中暗喜,表面上还要装模作样,也是想试探一下赵鞅的决心。

"无恤能够忍辱负重,目标明确内心坚定,在这个时候,这就是最大的才能了。"赵鞅算是看得明白,他很清楚什么样的情况下需要什么样的性格和才能。与智瑶比才能比霸气,那是以短击长,以卵击石。唯有以柔克刚,才有可能抗衡智瑶。

第二天,赵鞅宣布废去伯鲁,立无恤为赵家太子。

这件事情震动了整个晋国,没有人知道为什么赵家会立一个野生的儿子为太子,只有赵鞅和张孟谈知道。

出身并不决定一切,还有运气。遇上张孟谈,是赵无恤的运气,也是赵鞅的运气。

智瑶 VS 赵无恤,奶霸对抗奶盲,这就将是晋国跨时代领导人的对决格局。

九

当智瑶灭了夻繇大胜而归,他再次成为晋国的英雄,有勇有谋、机智勇敢的形象深入晋国人民的心。

赵鞅酸酸地又搞了一次庆功宴,他的身体已经很糟糕,因此面对春风得意的智瑶,赵鞅也只能挤出一点笑来——一个强大的智瑶对于他来说绝对不是一件好事。

魏侈和韩庚都已经去世了,接替他们的是魏驹和韩虎。魏驹是魏侈的孙

子,因为作为太子的父亲已经去世了,所以直接传位给了他。

庆功宴上的智瑶非常得意,面对老迈的赵鞅和略显稚嫩的魏驹和韩虎,智瑶感觉没有人能够与自己分庭抗礼了。

"智元帅神机妙算啊,有智元帅,真是国家之福啊。"赵鞅酸溜溜地说,明显言不由衷。

"是啊是啊,智元帅是我们的偶像啊。"魏驹和韩虎也跟着拍马屁,他们是真的对智瑶感到敬畏。

"三位元帅过奖了,北狄没什么文化,收拾他们是小菜一碟,算不得什么,哈哈。"智瑶假装谦虚了一回,用眼角扫视了眼前的三个人,明显没有把他们放在眼里。

"智元帅,下一步有什么打算?"赵鞅问。他比较老奸巨猾,想要探听智瑶的下一步动作。

"下一步?我建议打郑国。"智瑶也没客气,他知道赵鞅的意思,不过他并不怕泄露自己的计划,并且,他还要拉他们一起下水。"三位元帅,郑国这些年来跟齐国勾结在一起,屡次三番与我们作对,还帮助中行家和范家对抗我们,赵元帅几乎就死在郑国人手下。对郑国,要坚决打击决不手软,为赵元帅报仇。"

提起郑国,赵鞅也有气,不过他清楚,打郑国最大的受益者是智家。

"该打,该打,智元帅出马,一定马到成功。"赵鞅很狡猾,直接一句话把这件事情分配给了智瑶,要打让他自己打去。

"是啊是啊,智元帅出马,吓也吓死他们了。"另外两位也赶紧拍马屁,实际意图是把自己给撇清。

智瑶就觉得好笑,心说你们都跑不了。

"赵元帅,恭敬不如从命,那我就挂帅南征了。不过,郑国不比仫翛,国家虽小战斗力极强。上次赵元帅跟他们交手,不是已经领教过了吗?所以,靠我一家去打郑国是没有把握的,必须四家出兵。"智瑶没有躲闪,把问题直接提到了桌面上。

其实,智瑶话中有话,因为当年赵鞅与郑国交战打得十分狼狈,差点被郑国人活捉(事见《说春秋之六·圣贤本色》)。智瑶的意思是,你干不动郑国人,我干给你看看。

赵鞅当然听出智瑶的一语双关来了,心说你是哪壶不开提哪壶啊。不过赵鞅并没有表现出不高兴来,想了想说:"老夫已经老了,不能随智元帅出兵了。这样吧,我让无恤率领赵家军听从智元帅的差遣吧。"

赵无恤,赵鞅的太子。赵鞅是要看一看,无恤是否能够对抗智瑶。

赵鞅表了态,另外两家也只能跟着响应了,于是都答应派人带兵随同智瑶南征。

这一次,智家内部再也没有人反对智瑶的决定了。

"大家有什么意见?"谋士大会上,智瑶问。

没人有意见。

"尽管说,说了有赏。"智瑶再说。

有赏也没人有意见,是真没意见。

于是,智瑶率军南征了。

智瑶率领的晋军在郑国完全没有遇到抵抗,直接包围了郑国首都荥阳。一来是智瑶名声太响亮,郑国人被震慑了;二来郑国人的传统打法就是这样,不正面交锋,全力守城。与此同时,郑国派出大夫子般前往齐国求援。

名义上是四家联军,实际上还是智家的人在卖命,另外三家都是虚张声势。郑国人十分顽强,守城又很有心得。因此,晋国军队连日攻城,毫无进展。

这一边,子般已经到了齐国,田常毫不犹豫,立即动员军队前来援救郑国。为了确保这一战战胜晋国人,田常采取了激励的办法。

"孩子,你爹被晋国人杀害的那块地盘就封给你了,这一次要替你爹报仇啊。"田常这样激励颜庚的儿子,颜庚就是在上一次与晋国人的战斗中被智瑶活捉的。

"我,我跟他们拼了。"颜庚的儿子泪流满面,感动和仇恨交织在心头,恨不得飞到郑国去替父报仇。

当初阵亡的所有人的父兄子弟都得到类似的激励,于是整个齐军进入亢奋状态。

齐军一路急行,杀奔郑国。到濮地的时候,天降大雨,军队不肯过河,田常亲自手持长戈,严令必须渡河。于是,齐军在大雨之中渡过濮水。

智瑶万万没有想到齐军火速前来救援,在得知齐军冒雨渡河之后,智瑶知道齐军不仅仅是来救郑国的,他们是来跟自己拼命的。

以晋国的军力,足以对付齐郑联军。问题是,以智家一家的军力要对付齐郑联军就很吃力,就算取胜,也是"杀敌一千,自损八百",如果再有另外三

家趁火打劫，智家就危险了。所以，这仗不能打。

撤军看来是不得不做出的选择了，不过智瑶决定在撤军之前进行最后一次攻城，试试运气。

晋军兵临城下，城头上郑国军队严阵以待，没有丝毫懈怠。

"今天一定要拿下。"智瑶说，特地说给身边的赵无恤听。

赵无恤"嗯"了一声，没有说话。

"怎么样，这个光荣给你们赵家了，何不率领你的队伍冲上城头呢？"智瑶对赵无恤说。他很瞧不起这个沉默寡言的家伙。

"有主帅您在，我怎么敢争功呢？这个光荣还是留给智家军吧。"赵无恤说，面无表情，不知道他是害怕还是真心这么想。

智瑶愣了一下，他实在没有想到这小子敢于这样说话。

"哼，又丑又胆小，不知道你爹怎么看上了你。"智瑶轻声说，一点面子也不给赵无恤留。

赵无恤面无表情，没有说话。

"撤。"智瑶竟然拿赵无恤没有办法，于是一声令下，撤军了。毕竟，智瑶这个时候还没有跟赵鞅对抗的信心。

赵无恤依然面无表情，指挥赵家军撤退。

"将军，智瑶这样羞辱你，你竟然能够忍受？"赵无恤的车右大声问。他刚才已经拿起武器，准备赵无恤一声令下，就跟智瑶拼命了。

"我父亲之所以选定我为继承人，就是因为我能忍辱负重。"赵无恤轻声说，依然面无表情。

✚

战国二十年（前457），晋国中军元帅赵鞅终于鞠躬尽瘁，按照当初的轮流顺序，就该轮到韩家担任中军元帅了。

"人贵有自知之明，我放弃我放弃。"韩虎知道自己家实力最差，自己能力也不行，这个中军元帅就算当上了，也没什么意思，徒然被智瑶忌恨。

韩虎放弃，就该轮到魏驹。

"我也不行啊，我也放弃。"魏驹也主动弃权了，他也知道这是烫手的包子。

前面的两个人都放弃，就该轮到智瑶了。

"当此世界动荡，国家危难之际，我怎能退缩？"智瑶不会客气，他本来就觉得应该是他的。

于是,智瑶接任中军元帅。

为了国家,韩虎让贤,魏驹让贤,智瑶勇挑重担。一时间,在晋国传为佳话。

"哈哈哈哈,两个胆小的,一个贪婪的,竟然都成了道德楷模。"赵无恤忍不住笑,这场闹剧独独没他的事。

虽然没他的事,不等于他没事。

赵鞅去世之前,曾经分别跟张孟谈和赵无恤有过一次对话。其中,和张孟谈的对话长一些,和赵无恤的对话则只有一句。

"孩子,你不能像我一样心慈手软啊。"临死前,赵鞅这样嘱托赵无恤。

赵无恤点点头,他知道父亲是什么意思。

"唉。"赵鞅叹了一口气,这也是他人生的最后一口气,然后就闭上了眼睛。

赵鞅其实也不是一个心慈手软的人,譬如他灭掉同宗的邯郸家族一点也没有手软。但是,赵鞅终究还是心慈手软的,譬如他很想吞并卫国,并且完全有能力吞并卫国,可是他始终下不了手,就因为卫国有十个著名的贤人,赵鞅很尊重他们,担心他们骂自己。

说来说去,赵鞅是个很在乎名声的人。

赵无恤知道父亲所说的不要心慈手软是什么意思,并不是指卫国的事情。从目前的情况看,赵无恤也不敢动卫国,因为外有齐国为卫国撑腰,内有智瑶虎视眈眈。

那么,赵鞅的话是什么意思呢?

按着周礼,赵鞅应该停丧三个月后下葬。不过到了这个年代,大家都嫌时间太长,死人等不了,活人也等不了,所以差不多就下葬了。赵鞅停丧二十五天下葬,其实当时晋国的规矩是停丧十五天下葬的。

为什么多停了十天?因为赵无恤在等一个人,谁?姐夫。姐夫是谁?代国国君。翻山越岭而来,那是需要一点时间的。

老丈人死了,小舅子派人来请,去不去?肯定要去。代国国君什么也没多想,带着丧礼和随从就南下晋国了。

赵无恤热情接待了姐夫,设宴款待。

"姐夫,爹死了,呜呜呜呜……"赵无恤搂着姐夫伤心地哭了,其实,他跟姐夫一点也不熟,这还是第一次见面。其实,他跟姐姐也不熟,姐姐嫁到北边去的时候,他还没资格叫姐姐呢,那时候他还是个野生的孩子。

"舅子,节哀顺变,节哀顺变啊。"姐夫急忙安慰小舅子,说些人死不能复活,爹他老人家永远活在我们心中之类的套话。这些话其实都是他老婆教他的,要是按照北狄的做法,爹死了就是扔到野地里喂狼了事,该干什么还干什么。

哭过之后,开始喝酒。喝的什么酒?汾酒。当然,那时候不叫汾酒,不过那是用汾水酿造的酒。

三杯下肚,悲伤就都融化在酒里了。

"我姐姐好吗?"赵无恤问。

"好,牙口好,胃口就好。"姐夫说着,喝了一杯,他喜欢喝酒,而且一喝就醉。就算一喝就醉,他也喜欢喝酒。

"外甥们也都好?"

"都好,小兔崽子们都好。"姐夫说,又喝了一杯。

转眼喝了不少,两人有一搭没一搭地说着话。

"那什么,姐姐的老寒腿怎样了?"赵无恤问。其实姐姐的腿什么毛病也没有。

"很好很好,都好了。"姐夫说,又喝了一杯。

眼看喝得差不多了,赵无恤决定去上趟厕所。

"舅子,走路注意啊。"姐夫还挺关心小舅子,说完,又喝了一杯,他还等着小舅子回来接着喝呢。遗憾的是,他永远等不到了,不是小舅子永远不回来了,而是小舅子回来的时候他已经去见老丈人了。

赵无恤安排了一百名精兵在外,等到他借口上厕所出去的时候,精兵们就进去了。精兵们并不负责解决代国君主,他们只负责解决代国君主的随从,这些随从也喝了不少,因此只有等死的份。

代国君主死得最没有面子,因为杀他的任务布置给了一个厨子,或者确切地说布置给了一个端菜的服务员。更没面子的是,服务员竟然都没有用武器,而是用装酒的金斗;最没有面子的是,代国君主竟然不知道自己是怎么死的,因为服务员用金斗直接敲碎了代国君主的后脑勺。

代国君主不知道的是,老丈人将女儿嫁给他之后,就一直在物色打烂他脑袋的人选。换句话说,尽管是赵无恤打烂了姐夫的脑袋,实际上不过是完成了父亲的愿望。

可怜的代国君主，他曾经因为成为赵鞅的女婿而兴奋得三天没睡觉，他以为那是他的人品好，却不知道赵鞅根本不关心他的人品。

后面的故事变得简单，赵无恤派人装扮成代国国君，就用代国国君的车辆和旗帜回了代国，赵无恤则亲自率领赵国大军跟在车辆的后面，翻过常山，一举灭了代国。

就这样，代国再也没有了，赵国的地盘扩大了许多，同时拥有了大批优良的代马。

在凯旋的路上，赵无恤专门去他当年曾经眺望代国的那个山头上，好好地凭吊了老爹一把。

姐夫没有了，姐姐也就该回娘家了。

赵无恤派人把姐姐接回老家，好歹是自己的姐姐啊。还有外甥们也都一并接回来，小兔崽子们要看好了。

姐姐很伤心，也很绝望。当年父亲把她嫁到代国去的时候她就很伤心很绝望，觉得那就是把自己往火坑里推，那时候她就发誓再也不回晋国。可是后来发现自己的男人对自己还不错，而且生活了这么多年之后已经适应了代国那种风吹草低见牛羊的原生态生活，可是……

男人们真是什么卑鄙事情都做得出来，自己的幸福就这样被自己的弟弟毁灭了。

一路走，姐姐一路在磨自己的簪子，在进入晋国境内之前，姐姐用磨得锋利无比的簪子结束了自己的生命。如今，河北省涞源县境有摩笄山（又名"鸣鸡山"），就是当年赵无恤姐姐自杀的地方。

"爹，我完成了您的遗愿。"赵无恤对着父亲的墓地说。姐姐的幸福是父亲不忍心亲手断送的，这就是父亲所说的心慈手软。

赵无恤灭代让整个晋国震动，人们纷纷表示："看不出来啊，表面上老实巴交，下起手来又准又狠。""会叫的狗不咬人，不叫的狗才咬人哪。""臭屁不响，响屁不臭啊。"

这件事情在赵家内部的影响也非常大，原本，嘴上不敢说，赵家的人心里对赵鞅把家族传给赵无恤都是不满意的，尤其是兄弟们明里暗里都不服气。赵无恤看在眼里，都是假装没看见。现在，赵无恤灭了代国，大家都闭了嘴，

兄弟们一个个老实得服服帖帖，一是真心佩服，二是真心害怕。

不过令人有些意外的是，被废掉的大哥伯鲁一直以来并没有什么怨言，还常常帮着无恤说话。他是个实在人，并且很清楚自己的能力。能够卸掉担子，他是感到庆幸的。

也正因为如此，无恤对这个大哥一直心存感激。只不过，他从不表现出来。

韩虎和魏驹得知消息之后，感到后背一阵阵地发凉，一个明火执仗的智瑶就够受了，现在又多了一个背后下毒手的赵无恤。看来，这日子是越来越艰难了。兄弟两个暗中聚了一次，结果喝了一晚上闷酒，相顾无言。

智瑶也有些惊讶，他实在没有想到赵无恤还有这一手。

"奶奶的小兔崽子，看不出来啊。"智瑶难免发了句感慨，不过，这点小伎俩并没有在他眼里。他现在意识到赵无恤将是最难缠的对手，不过他依然坚信赵无恤与自己比根本算不了什么。

他原本想召开一个元帅会议，批评一下赵无恤在没有取得另外三家特别是中军主帅同意的前提下就发动对外战争。不过想一想，自己当年攻打夵繇也没有知会另外三家，所以也就算了。

第 六 章

虎狼论

不管怎样，赵家拿下了代国，智瑶就感觉自己也要有所表示才行。智瑶就是这样，他要在任何方面任何时间和任何地点都压迫自己的任何对手，不给他们任何自豪或者不服气的机会。

环顾天下，智瑶决定打卫国的主意，为什么选择了卫国呢？首先，赵鞅已经死了，不必再有什么忌讳了。其次，卫国一向被赵家看成自己的菜，如果拿下卫国，就是警告并羞辱赵无恤。再次，卫国是天下的要道和主要的商业枢纽，拿下这里，财富将大大增加。

主意是个好主意，谋士们也都纷纷赞成。

如何拿下卫国呢？智瑶拍板：闪电战。为什么要采取闪电战的方式呢？

首先，卫国是个小国，军队不够强大，但是警惕性和防守都很强，正面攻击并不容易，这一点类似于郑国，有了攻打郑国的教训，智瑶自然不想再犯同样的错误；其次，缺乏攻打卫国的合理理由，这一点跟攻打北狄又不一样，攻打北狄是不需要理由的；最后，一旦出兵讨伐卫国，齐国一定会救，赵家也一定会明里暗里与智家作对，甚至公开翻脸。

所以，要拿下卫国，只能采取闪电战的方式，迅速解决问题，等到齐国和赵家反应过来的时候，生米早已经煮成稀粥。

那么，如何发动闪电战呢？

机会很快就来了。

十一

越国派遣了使者吴赤市来出使晋国，自然，中军元帅智瑶主持接待。恰好，吴赤市是借道卫国而来，于是免不了聊聊卫国。

"卫国人很热情啊。"吴赤市说，他是个直率人，因此什么都说，说在卫国

43

受到热情款待,而且临走的时候卫国人还赠送了三百匹卫国产的绢。"又吃又拿的,我都不好意思啊。"

"卫国人是很好客啊,不过,我们晋国人也很有大国风范呢。"智瑶笑了,他突然想起一条妙计来。

晋国人的大国风范是什么呢?吴赤市很快知道了。

在晋国的公干结束之后,吴赤市准备回越国了。智瑶送了不少礼物,不过这算不上是大国风范。

按照原路回国,吴赤市还要经过卫国,顺便把卫国人赠送的绢捎上。从晋国到卫国,中间隔着黄河。来到黄河岸边的时候,吴赤市吃了一惊,因为他看见晋国人正在用很多条船搭浮桥。吴赤市虽然是越国人,可是越是荒蛮的地方,就越是研究先进文化,所以他对周礼的相关规定非常熟悉。按照周礼,接待天子的时候,要"造舟为梁",也就是要建造大船,然后以大船为桥梁,搭成桥给天子过;接待诸侯的时候,是"维舟为梁",也就是把船绑在一起当桥用;接待卿大夫的时候,是"方舟",也就是两条船绑在一起,摆渡过去。

"我这级别,也就是方舟啊。"吴赤市很清楚自己应该受到的待遇,眼前的这个待遇超过了自己的级别了。

"不能这么说啊,你看你远道而来,这么不容易,我们晋国怎么也要体现大国风范啊。"智瑶解释,这就是他所说的大国风范了。

"这不太好吧?这要是越王知道了,也不好啊。"吴赤市说。这倒是实话,要是越王知道他在晋国享受到了这样的待遇,越王会怎么想?

"嗨,这有什么?你不说我不说,越王怎么会知道?"

吴赤市感觉有些奇怪,对于智瑶这个人他早就知道,这个人贪得无厌,目中无人,诡计多端,眼下对自己的超规格待遇肯定不是这么简单,绝对另有图谋。

既然起了疑心,吴赤市便悄悄派了手下出去侦察,结果发现智瑶的大军就跟在后面。

"果然是没安好心呢,这是要以送我为幌子,悄悄地运兵过河,趁机袭击卫国啊。"吴赤市恍然大悟,果然智瑶包藏祸心了。

怎么办?吴赤市想起自己在卫国受到的热情款待,想起了那三百匹绢,他很喜欢卫国人,感觉他们热情有礼,一个个都很真诚。

"不行,我不能让卫国因我而受难。"吴赤市决定要回报卫国人的热情。

当天晚上,吴赤市心绞痛就犯了。当然,痛不痛他自己知道。但是不管怎样,心绞痛犯了,肯定不能上路了。

与此同时,吴赤市悄悄派人过了黄河,将智瑶的阴谋通报给了卫国人。卫国紧急加强了戒备,并且在上游布置了人马,一旦发现晋军过河,则从上游释放火船,烧毁晋国的船桥。

智瑶在卫国早已经布置了特务,于是卫国的举动迅速传到了智瑶这里。

"狗日的卫国人,真是狡猾。"智瑶恨恨地骂了一句。既然人家已经有了防备,失去了袭击的可能,没办法,只能取消计划了。

智瑶拆除了船桥,最终用双船把吴赤市摆渡去了卫国。

智瑶看中的,是绝对不会轻易罢手的。

一计不成,再生一计。

吴赤市走后不久,智家出了大事了,什么大事?智瑶的太子智颜不知道为了什么跟父亲闹翻了,于是前往卫国政治避难。

当然,智颜不是单人前往的,而是带领了自己的人马,战车若干辆,勇士若干人。并且,已经渡过了黄河。

这下,卫国人有点为难了。

如果不让智颜来避难吧,违反国际政治避难规则,至少国家形象会受到损失;让他来吧,又担心这是智瑶的诡计,智颜带这么多人来,到时候里应外合,直接就把卫国给灭了。怎么办?

分析来分析去,卫国人认为这件事情非常蹊跷,怎么也觉得智颜没有出逃卫国的理由。再加上上次的事情,卫国人判断,这又是智瑶在搞鬼。既然确定了这一点,卫国人也就有了应对的办法。

"我们欢迎智颜来政治避难,接受智颜是我们的国际义务。但是,只允许智颜带领随身的五乘车进入卫国,其余人员恕不接纳。"卫国人这样答复智颜的避难请求。

与此同时,卫国全国戒备。

"这还避什么难啊?算了算了,别演了,回家吧。"智颜明白卫国人已经识破了老爹的计谋,已经没有玩下去的必要了。

两次图谋失败,智瑶感觉到卫国人的警惕性很高,于是他决定故伎重施,用对付仇繇的办法来麻痹卫国人。

智瑶派人送了四匹野马和一块绝世白璧给卫国国君,表示晋卫两国为兄

弟之国,一衣带水血浓于水等等,今后要互助互利友谊长存之类。卫国国君十分高兴,召集群臣大宴,意思是说今后可以高枕无忧了,晋国人主动来表示友好了。

卿大夫们照例又是一顿马屁,大家都很高兴。

"主公,醒醒吧。我只听说小国给大国送礼的,没听说过大国给小国送礼的,这摆明了是黄鼠狼给鸡拜年,只要等着咱们自己懈怠,然后就趁机袭击我们了。难道,厹繇的教训还不够吗?"南文子算是唯一一个清醒的,说话也没客气。

"不对啊,厹繇那是北狄啊,可是咱们和晋国那是兄弟啊,血浓于水啊,怎么会忽悠我们?"大家伙都表示不同意南文子的看法。

"那,代国呢?跟赵家血浓于水吧?晋国人就喜欢坑熟,不知道吗?假途伐虢的事情忘了吗?"南文子大声说起来。

"哎,你说得有道理。"卫国国君有点猛醒的意思,大家也就都有点猛醒了。

于是,卫国人立即派人前往晋国侦察。果然,智瑶已经在暗中调动部队,准备偷袭了。

卫国于是紧急布防,修建城池,并且把智瑶的礼物给送了回去。

"唉,卫国有贤人啊。"智瑶叹了口气,决定暂时放过卫国。

十二

智瑶是一个很聪明的人,因为他是一个有理论的人。

智瑶有一个著名的理论在智家流传,这就是"虎狼理论"。

"在草原上,狼的数量远远多过老虎。可是,为什么老虎是百兽之王,而狼不是呢?成群的牛羊被老虎追赶,却不敢与老虎搏斗,为什么呢?"每次提到自己的理论,智瑶都会先提出这个问题。

之后,智瑶会自己来回答这个问题。

"一只老虎面对三只狼,从实力来说,如果三只狼齐心协力,老虎就不是对手。一只狼对付上百的羊,只要羊齐心协力,狼一定会被顶死。所以,狼之所以不是虎的对手,在于狼在内心恐惧老虎,根本没有对抗老虎的胆量,只能一个个被老虎吃掉。同样,羊之所以被狼吃掉,也是因为它们内心的恐惧。所以,老虎之所以为百兽之王,在于它们对百兽的震慑,震慑比实力更管用。"智瑶说。他说得对。

智家的实力固然强,但是如果另外三家联合起来对付他,他一定落在下风。所以,维持震慑力是正道。

这,就是智瑶的"虎狼理论",并且,他一直在这个理论的指导下实行自己的计划。

连续三次偷袭卫国失败让智瑶很恼火,对他来说,还没有过这样千方百计想得到却得不到的经历。而这三次失败也招来晋国人的暗中嘲笑,尤其是另外三家,都在幸灾乐祸。

"没有攻下卫国问题不大,威望降低,这问题就大了。"智瑶很清楚,一城一池的得失本身并不重要,保持对其他三家的心理威慑才是最重要的。

"元帅,尽管三次计划都夭折了,至少一切都在我们控制之中,并没有造成损失。所以,元帅也不必过于自责。"郗疵赶紧安慰,倒不是他认为智瑶是需要安慰的人,而是听出了智瑶的话外音,他担心智瑶又要搞什么事情出来。

"哈哈哈哈。"智瑶笑了,果然,他根本不需要别人安慰,他永远认为自己比所有人都高明。"自责什么?卫国就是我的菜,早晚而已,反正他们也跑不掉。不过,目前卫国倒不重要了,赵魏韩三家才应该是我们关注的重点啊。"

对于智瑶最后的这句话,郗疵倒是认同的。不论是卫国、郑国,还是齐国、秦国和楚国,他们都对智家构不成威胁。相反,赵魏韩三家才是真正的对手,特别是赵家。

"元帅说得太对了,不过,不知元帅准备怎样对付他们?"

"震慑,郗疵先生。"智瑶说,却没有说出他将要有什么样的行动。

郗疵当然知道智瑶是对的,并且,智瑶身上的霸气可以支持他的震慑力。问题是,在度的把握上,他对智瑶并不放心。

什么样的震慑度是最恰当的?让对方惧怕你,感觉对抗你就是死路一条。但是,仅此是不够的,你还要让他感觉顺从你就会安全;但是,这还不是最好的,最好的是让他感觉顺从你不仅有安全感,还能受到尊敬。在这一点上,人类和虎狼并不相同。

而目前智瑶做到了第一点,他让其他三家都从内心恐惧,尤其是魏韩两家,简直到了战战兢兢的地步。可是,三家没有安全感,更没有受到尊敬的感觉。

"元帅,你说得对。可是,我认为你应该给他们必要的尊敬。"郗疵提出自己的看法。智瑶这一点好,虽然他对外强横,但是对自己的人不错,大家可以畅所欲言,不必担心他会不高兴。

"哈哈,郗疵先生,如果你以为老虎应该把猎物分给狼一些,那就错了。与你说的恰恰相反,我必须给他们更大的震慑,让他们从骨子里害怕。"智瑶不同意郗疵的看法,但是态度很友好。

"既然这样,那么我建议区别对待他们,有打有拉,这样就不至于会被孤立。"郗疵见自己不能改变智瑶,转而提出另一个建议。

"郗疵先生,对他们没有必要。魏韩两家都已经老老实实了,我们要对付的就是赵家而已。我现在全力去震慑他们,等到需要的时候,只要给他们一点小小的恩惠,或者小小的尊重,他们就会感恩不尽,乖乖地跟着我干赵家。"智瑶的算盘是这样的,在心理上他要彻底摧垮魏韩两家。

从战略的角度说,智瑶是没有问题,他在竭力地发挥自己的长处,把自己的优势发挥到极致。

郗疵知道自己不能说服智瑶,于是不再说了。

对于智瑶的"虎狼论",智果一向都不赞同。尽管他和智瑶的关系很一般,可是作为叔叔以及智家的一员,他觉得自己有资格也有责任去奉劝一下智瑶。

"要小心提防啊,赵魏韩三家表面上不敢说什么,暗地里一定在谋划什么,准备来收拾我们智家。"智果对智瑶说。

"叔啊,我不收拾他们就算不错了,他们想都不敢想来收拾我们,你就放一百个心吧。"智瑶不以为然,他对智果倒也没有什么怨恨,只是觉得这个叔叔胆子太小。

"不要忘了历史教训啊,最强大的家族被灭在晋国历史上还少吗?郤家、赵家、栾家,还有中行家和范家的联盟,哪一个在被灭之前不是呼风唤雨的,结果怎么样?"智果还在苦口婆心地做努力。

"叔啊,你是只知其一,不知其二。不错,这些家都被灭掉了,可是,郤缺在的时候谁能动郤家,赵盾在的时候谁敢动赵家?栾书在的时候谁敢动栾家?士燮和中行吴在的时候,谁敢动范家和中行家?这些家族之所以被灭,不在于他们是不是嚣张跋扈,而是因为他们没有压得住阵的人,他们对其他家族的震慑力已经不存在了。"智瑶随口反驳,说得有理有据,显然,他并不是没有思考过这个问题。

智果哑口无言,他确实辩不过智瑶,可是他认为智瑶就是错的。

"唉。"智果叹了一口气,摇摇头,走了。

智瑶认为智果和郗疵都属于胆小怕事的一类人,自己跟他们没有什么共同语言。相反,他喜欢豫让这样剑客出身的人,这样的人更有胆略。所以,有事没事,他喜欢和豫让交流。

"当今的晋国,国君已经名存实亡,四大家族实际上掌控着这个国家。晋国迟早要被瓜分或者取代,而这个过程在加速,我们该怎么办?"一次,智瑶问豫让。

"怎么办?"豫让一愣,他没有考虑过这个问题。"瓜分吧,咱们虽然比其他三家都强,可是也强不了多少啊。"

"不,我们看看晋国的历史。每一个家族都有强盛的时候,都有衰微的时候,如果强大的时候不趁机为子孙奠定基础,到了子孙衰微的时候,就会被灭掉。狐家、先家、栾家等,都是这样。如今晋国四大家族实力相当,但是所幸另外三家的首领都比较弱势,如果不趁我还在的时候彻底剪除后患,等到下一辈,说不定谁家冒出一个英雄来,我们家就完蛋了。"智瑶说。他说得有道理。

"这么说,元帅的意思是要独占晋国?"豫让有些惊讶,这个计划太宏大了,怪不得大家都说智瑶贪得无厌。

"很多人说我贪得无厌,"智瑶说,似乎他看透了豫让的心思,"那是因为他们没有能力贪,能贪的时候尽量贪,等到子孙没有能力贪的时候,才能不至于饿死。"

豫让没有说话,他暂时没有想明白。

"范家和中行家为什么败亡了?因为在家族兴盛的时候没有进一步壮大,到了范吉射和中行寅这两个草包的时候,恰好遇上了赵家在赵鞅手中,所以就倒霉了。"智瑶见豫让还有些不理解,接着说。

现在,豫让终于明白了。

智瑶所说的,确实有道理。

第 七 章

新年酒会

转眼又是新年到,这一次的新年酒会可就是中军元帅智瑶召集了。

为了这个新年酒会,智瑶做了充足的准备。在平时,他已经采取各种方式来欺压其余三家,目的就是要震慑他们。而新年酒会,则是强化这种震慑的最佳机会。

智瑶知道每个人的弱点,也知道应该怎样利用这些弱点,他也知道应该拿谁开刀。

十三

四卿聚会,与往年一样,面子上都还要过得去。除了四卿,四卿手下的心腹谋士们也都参加。

自然,谁召集,就在谁家开,而所有的程序也都按照召集者的安排进行。

智瑶摆出老大的架势来,一点也不客气,在宴会上吆三喝四,指指点点,另外三人知道他的德行,都很小心,爱听的听,不爱听的就当没听见。

酒,是好酒;可是,宴,不是好宴。

智瑶拼命地劝酒,与其说是劝酒,不如说是灌酒,酒喝多了好说话。

四个人的酒量,除了韩虎差些,其余三人基本相当。智瑶尽管霸道,但是非常傲气,并不赖酒,要喝大家一起喝,在气势上要压倒大家。其余三人拼着老命跟他喝,大家都知道,一旦跟不上,必然要倒霉。

渐渐地,大家都喝了不少,韩虎酒量不济,脸色变得惨白,实在不能再喝。

"来来来,三位元帅,干了这碗。"智瑶还在劝,实际上,他也有点喝多了。

"智元帅,韩虎酒量不够,恕不敢再陪了。"韩虎在酒桌上求饶了,对智瑶他是从心里有些畏惧,在酒桌上甘拜下风。

"哎,不行啊韩元帅,大丈夫宁可死在酒桌,不能退却啊。喝,干了这碗。"

智瑶知道韩虎的酒量一向不行,但是不肯放过他。

韩虎感觉酒已经冒出了胃,到了喉咙的位置,实在是喝不下去,因此端着酒樽不肯喝,一脸愁容。

"好,韩元帅不喝,我们先喝。"智瑶一口干掉了自己的酒,赵无恤和魏驹也都干了自己的酒。

韩虎面露难色,不喝吧,人家都喝了,都盯着自己呢;喝吧,实在喝不下去。

智瑶不管这些,手里拿着空酒樽不放下来,直勾勾地盯着韩虎看,意思是说:你不喝,我这酒樽就不放下去。

韩虎心中后悔极了,早知如此,不如厚着脸皮撒个痔疮发作之类的谎不来了。

场面有些僵持,气氛则变得有些紧张。整个宴会大厅一片沉寂,无人敢再说话。

韩虎的首席谋士段规看不过去了,是该挺身而出替主人解围了。

段规从一旁的桌子旁跪了起来,直起了身子。

"智元帅,我家主公一向酒力不济,段规请求为主人代饮。"段规说。他也不知道会发生什么。

智瑶斜视着段规,似乎没有料到竟然有人敢提出这样的请求。

鸦雀无声,没有人敢说话,甚至没有人敢发出声音。

"啪!"智瑶把手中的酒樽重重地砸在了酒案上,吓了人们一跳。

"混账东西,也不撒泡尿照照自己是个什么东西。你有什么资格代替韩元帅喝酒?要不是我今晚高兴,直接把你推出去斩了。"智瑶终于爆发了,一顿怒骂。

段规尽量做到不卑不亢,不过他的腿有些发抖,他是真的害怕了。

"坐下!"智瑶大喝一声,段规吓得一个哆嗦,急忙坐了下来。

智瑶转过头来,看着韩虎,露出微笑,一种蔑视的笑。

韩虎很可怜很无助地举起了手中的酒樽,勉强地送到自己的嘴边,可是,嘴唇刚刚碰到酒,就感到一阵恶心,急忙移开了酒樽,干呕了几下,总算是没有呕出来。

赵无恤实在看不下去了,他觉得自己应该说几句话。

"智元帅,今天大家高兴,就别勉强韩元帅了,韩元帅的酒量不行,今晚已经算是喝得不少了。"赵无恤说。他觉得智瑶太过分了。

"是啊,韩元帅确实是喝不了了。"魏驹见赵无恤先开了口,急忙附和。

段规的面子可以不给,如今赵无恤和魏驹的面子还是要给的。

"既然两位元帅都替韩元帅求情,那就算了,哈哈,韩元帅就别喝了。"智瑶总算放过了韩虎,韩虎也松了一口气。

可是,事情没完,智瑶不会这样轻松地就让事情结束,这是他的性格,他不会轻易放过任何人。

"不过,韩元帅的酒不能留下。既然韩元帅喝不了,那么,段规替他喝了吧。"智瑶又把段规扯了进来,这倒让大家没有想到。

"多谢智元帅。"段规立即跪了起来,准备替韩虎喝酒。

可是,事情没这么简单。

"慢着,主人的酒不是这么容易喝的。我们知道,世上最忠诚的就是狗了。段规,你要学三声狗叫,才能喝韩元帅的酒。"智瑶提出了一个苛刻的条件,令在场所有人大吃一惊。

段规没有想到智瑶会这样,那一刻他有些犹豫。俗话说:士可杀不可辱。段规考虑过当场自杀,以避免受辱。可是再想想,如果自己受辱能够让主公脱离屈辱,是不是更有意义?

段规在众人的注视中做出了抉择。

"汪,汪汪。"段规叫了三声,之后不等智瑶再说话,从韩虎手中接过了酒樽,一饮而尽。随后,坐了下来。

韩虎的脸变得惨白,还好,他的脸原本就是惨白的。

酒,是已经没法喝了。

赵无恤、韩虎、魏驹都盼着早点结束,谁也不愿意在这里待下去。可是,谁也不敢说要回去。

智瑶当然知道大家的心思,可是大家越是想走,他就越是不会让大家走。后面,他还有节目呢。

"三位元帅,这酒喝得意犹未尽啊,韩元帅下次要提高酒量啊。酒就这样了,下面咱们到后面去射几箭,比试比试。"智瑶要比射箭,这是下一个节目。

魏驹的脸色一下变得非常难看,论起喝酒,四个元帅中韩虎最差;可是论到射箭,魏驹就明显比其他三个差了一节。看来,韩虎之后,该轮到魏驹受罪了。

大家尽管一百个不愿意,可是谁也不敢说不去,只好假装欢天喜地,一伙人吵吵嚷嚷,去了后院的射箭场。

靶子在五十步之外,每人一个,一共是四个。四大元帅的弓箭都已经备好,上乘的弓箭,四个人试着拉了拉,手感不错。

"三位元帅,干射箭没什么意思,咱们要来点惩罚才有趣。"智瑶说话了,另外三位知道肯定是这个套路,都点点头。魏驹心里打鼓,不知道智瑶会出什么花招。

三个人谁也不问怎样惩罚,都怕自讨没趣。

"这样吧,咱们各射一箭,如果谁没有射中,罚他跑过去把箭拿回来,怎么样?"智瑶的建议听上去还不错,比大家想象中容易接受。

三个人感觉轻松了很多,都说"好"。

"还有,必须在三通鼓之内捡回来。否则,学狗叫。"智瑶见三人有点得意,又加了条件。

不管另外三个人是否同意,就这么办了。

智瑶是中军元帅,先射。

智瑶在晋国也是著名的射手,一箭出去,又准又狠,箭穿过了靶子,落到地上。众人看见,一阵欢呼惊叫。另外三家的人脸色都很难看,智瑶太强了。

赵无恤、韩虎和魏驹先后都射了,还好,都命中靶心。

"靶子移到一百步之外。"智瑶下令。现在,射程提高一倍。

依然是智瑶先射,又是一箭命中靶心。

一百步确实是一个够远的距离,赵无恤憋了一口气,拉满弓,一箭射出,总算也射中了靶子,长出一口气。

韩虎酒量不行,但射术仅次于智瑶,此时不敢怠慢,小心翼翼拈弓搭箭,瞄了个准,一箭射出,稳稳扎在靶子上,也出了一口气。

魏驹硬着头皮,用了吃奶的力气拉开了弓,闭着眼睛把箭射了出去。箭在空中划了一道很难看的弧线,在离靶子还有十多步的地方斜插进了地上。

"哗。"众人一片叫声,智家的人兴高采烈,赵家和韩家的人幸灾乐祸,魏家的人则是失望哀叹。

"哈哈哈哈……"智瑶大笑起来,这是他要的效果。

再看魏驹,垂头丧气。赵无恤和韩虎面无表情,不过两人的心情并不一样,赵无恤对智瑶充满了厌恶,而韩虎则是庆幸。

"魏元帅,准备吧。"智瑶说,实际上是下了命令,旁边,鼓手已经准备好了擂鼓。

"好,好吧。"魏驹只得接受,说完之后,试着跑了两步,结果引来一阵

大笑。

酒喝了太多，魏驹跑步都跑不到直线上了。看这架势，学狗叫是学定了。

"主公，让我来替你跑。"关键时刻，魏家的首席谋士任章站了出来。

"你？"智瑶瞪着任章，他有些生气，"你有什么资格替魏元帅跑？"

"智元帅，做事要公平。刚才韩元帅饮酒，段规可以代饮。魏元帅跑步，为什么我就不能代跑呢？我不仅代跑，还学狗叫，行不？"任章并不害怕，大声争辩。

智瑶是个讲道理的人，至少他自己这么认为。任章的话句句在理，智瑶并不准备反驳他。

"既然这样说，那我就准你代跑。学狗叫就免了，不过，必须裸体代跑。"智瑶提出了一个新的条件，更加苛刻。

任章犹豫了一下，他显然没有想到智瑶还有这样的条件。不过随后他就开始脱衣服，脱得精光。

天气还很寒冷，任章不等智瑶下令，光着屁股迈开大步跑了出去，捡到了魏驹的箭，再跑回来交给魏驹，然后穿上了衣服。

这个过程，没有人说话。

其实，四家的门客之间的关系不错，尽管是各为其主。任章是个好人，平时口碑不错，看到他受到光屁股跑步的羞辱，大家都很无言。

智瑶很得意，他要的就是这种效果。

韩虎和魏驹都有点惊弓之鸟的感觉了，可是赵无恤比他们更紧张，因为按照智瑶的安排，下一个一定是自己了。不过，赵无恤并没有表现出紧张来，他竭力让自己表现得镇定。

赵无恤没有猜错，甚至智瑶今天的主要目的就是要羞辱他。让智瑶略有些失望的是，前面的两个项目中韩虎和魏驹表现得太草包，客观上掩护了赵无恤，智瑶就算再强横，也不可能在一个项目上羞辱两个人。

智瑶确实安排了三个项目，除了喝酒、射箭之外，还有歌舞表演，在表演的过程中搞一个赛诗会，借机羞辱其中的某个人。不过在完成前面两个项目之后，智瑶倒有些信心不足了，万一最后一个项目还是无法羞辱赵无恤呢？岂不是很无趣？

智瑶的眼光扫视着众人，最后停留在一个人的脸上。

谁？张孟谈。

张孟谈倒很坦然,他并不害怕受到羞辱,唯一让他有些担心的是事情发展下去,赵无恤是不是能够忍得住。所以,他决定主动把压力提前引到自己这里来。

"智元帅,下面是什么?"张孟谈笑了笑,问,他准备好了脱裤子学狗叫驴打滚。

"孟谈先生何出此言?"智瑶假装没有听明白。

"以智元帅的神武,晋国无敌天下无双,韩元帅、魏元帅都已经受罚了,想来我家赵元帅也快了。既然如此,就请智元帅给我家主公留个面子,该怎么罚,我张孟谈直接领了,行不?"张孟谈故意把话挑明了,反而显得不卑不亢。

"哦?孟谈先生这样说,难道是我有些过分,让韩元帅和魏元帅难堪了?嗨,智瑶实在没有这个意思啊,不过是要搞搞气氛,让大家轻松快乐一下罢了。"智瑶是个聪明人,他也知道张孟谈的学问在自己之上,有张孟谈在,恐怕赛诗会自己占不到什么便宜。所以,他哈哈一笑,决定临时取消歌舞表演和赛诗会。"算了,时候也不早了,我就不留大家了。"

智瑶一表态,另外三家的人都是如蒙大赦,松了一口气。

大家正要离去,突然智瑶又说话了。

"大家等等。"智瑶说,于是大家的心又提了起来,不知道他又要出什么幺蛾子。"今天段规先生和任章先生的表现十分抢眼,为了自己的主人甘心出丑,这样的忠勇之士真是令人敬佩啊。来人,给两位先生各赏白璧一对,绢十匹。"

出乎人们的意料,智瑶竟然要奖赏段规和任章,段规和任章面面相觑,不知说些什么。刚才他们还在暗中咒骂智瑶,此时却不由得有些感激。

"多谢智元帅。"段规和任章异口同声地说,声音中充满了敬畏。

其余的人则以羡慕嫉妒恨的眼光看着段规和任章,后悔自己刚才没有挺身而出。

"哈哈哈哈……"智瑶一阵大笑,他觉得这个酒会是一个成功的酒会,对魏韩两家先打后拉,效果不错,同时又对赵家杀鸡给猴看。

酒会在欢快的气氛中结束,这一点倒在人们的意料之外。

十四

不管怎样,一个晚上,智瑶羞辱了韩魏两家。

"主公,恐怕三家都已经痛恨您了,要有所防备了。"郗疵来对智瑶说,他

明显地感到三家对智家的恐惧和仇恨，因此他觉得自己有必要来提醒智瑶。

"你觉得我做得过分吗？"智瑶问。

"是。"郗疵也不隐瞒自己的看法。

"我是故意的，不是酒后乱来。我这样做，是要彻底打掉他们的自尊心，从心理上摧毁他们。你看到了他们的仇恨，我看到了他们的恐惧。当他们从内心恐惧的时候，仇恨就微不足道了。就像奴隶，他们很仇恨我们，他们也有很多机会来杀死我们，可是他们不敢，因为他们从内心恐惧。所以，不用担心，担心的是他们，他们害怕我随时消灭他们，哪里还有心思去想找我报仇。"智瑶很自信地说着，他执迷于老虎和狼的逻辑。

郗疵又无话可说了，他只能向老天祈祷智瑶的话是对的。

段规和任章的事情只是一个开始，此后，智瑶以种种办法来欺压另外三家，要让他们习惯被欺压，要让他们一天不被智瑶羞辱就感到不舒服，要让他们从心理上彻底崩溃。

当然，智瑶也会偶尔扔给他们几颗甜枣，让他们在恐惧中感到一丝安慰。

智家的谋士们一开始并不赞同智瑶的做法，但是渐渐他们发现，智瑶的做法并不一定是错误的。以智瑶的霸气和才能，盛气凌人反而很容易被接受。

"哈哈，以我的性格，如果我对他们和善谦恭，他们会感到安全吗？"智瑶有时候这样反问谋士们，谋士们往往无话可说。

换言之，不同的人应该采取不同的策略，智瑶的策略似乎适合于他。

看着另外三家越来越小心越来越顺从，郗疵越来越没有办法去劝说智瑶了，甚至他也在某种程度上认同智瑶了。不过他始终觉得，任何事情都要有个恰当的度，如果太过分了，兔子也会咬人的。

不管怎样，另外三家越来越卑微，智瑶越来越跋扈，甚至他的家臣们也开始在另外三家面前无所顾忌了。

终于，摊牌的时间到了。或者对于智瑶来说，收网的时间到了。

第 八 章

摊牌

此时的晋国国君是晋出公,尽管名义上是国君,实际上手中只有新绛和曲沃两块地盘,四家都不把他放在眼里。

当初四家灭范家和中行家的时候,他还幻想着能把这两家的地盘收归国有,或者至少拿回来一部分。可是令他失望的是,所有的地盘都被四家瓜分了,一亩地也没有给他留下。而且更糟糕的是,当初六家的时候,大家好歹还拿他做做样子,过年过节来问个好什么的。可是到了四家的时候,他的利用价值已经归零,谁也不尿他了,仿佛他不存在。

到这个时候晋出公总算明白,四家都是虎狼,而自己不过是他们眼中的绵羊。

晋出公很郁闷,更郁闷的是想找个帮忙的人都找不到,可以说是举目无亲,好像自己是连续多少代的独生子。最近的日子难熬,家里那几块自留地都歉收,口粮勉强够,可是老婆孩子制备新衣服的钱都没有。怎么办?跟四家去借。

"没有。"这是四家的标准答案,谁也不比谁良心多一点。

晋出公很愤怒,越想越愤怒,越想越愤怒,最终愤怒到下定决心要驱逐四家的地步。可是,光有决心不行,没实力啊。

晋出公决定向齐国和鲁国求援,请求两国出兵帮助自己重掌国家大权。于是,晋出公偷偷派人前往齐国和鲁国。

晋出公老婆孩子没新衣服穿没人关心,可是派人出使齐国和鲁国的事情立即就被报告给了四家。

"这不是里通外国,出卖祖国吗?这不是卖国贼吗?"四家一商量,给晋出公定了个卖国求荣的罪名,搞笑的是,这国家是人家的,怎么你们定人家的卖国罪名呢?

卖国是什么罪？死罪。

好在四家谁也不愿意自己动手，以免今后成为把柄，于是大家同时放了风声，说是要杀死晋出公。晋出公怕得要死，连老婆孩子也顾不上，连夜翻墙逃往齐国去了。

如果让晋出公逃到齐国，那就是国际丑闻了，四家当然不会干。所以，四家各派了人组成联合行动小组，半路上把晋出公给杀了，对外就说是被强盗所杀。

这边，智瑶从国外找来了晋昭公的曾孙姬骄为国君，就是晋哀公。

明知道回来是挨宰的，还要回来，你说这姬骄也是够可怜的。

十五

轻轻松松搞定了晋出公，大家都确信晋国公室已经可以彻底忽略了。换句话说，瓜分这个国家甚至取代国君都是可行的目标了。

"我们分了这个国家吧？"四卿会议上，韩赵魏三家都隐晦地表达了这个意思。

"这不行，国家要统一啊，怎么能分裂？"智瑶旗帜鲜明地反对。

韩赵魏三家想分，是因为他们都不能独占；智瑶不想分，是因为他想独吞。

所以，强势的人总想把大家的东西聚在一起，这样就能占有别人的；弱势的人则喜欢私有，这样至少能保障自己的那一部分。

智瑶知道，在另外三家急于瓜分晋国的情况下，自己必须要加快行动了。等到另外三家在瓜分晋国的问题上达成一致的时候，也就意味着他们结成了联盟，那时候再动手，就真是黄花菜都凉了。

智瑶召集了一个小范围的会议，这样的会议只有心腹之人能参加。

"另外三家都希望瓜分晋国，大家怎么看？"智瑶问。

"这怎么行？我们坚决不同意他们分裂祖国的行为。"一个谋士说，还是套话。

"行了，这样的话去外面说吧。咱们关起门来，就别说这种话了。"智瑶叫停了他，这种话简直是浪费时间。

"他们实力不足，当然想要瓜分。而我们要阻止他们，因为我们有实力独占。"另一个谋士说。

智瑶点点头，表示赞许，不过心说这也是废话。

"这么说来,现在我们是一对三?"又一个谋士说。

"不,是一对一对一对一。"智瑶看了他一眼,接着说,"他们三家之间也互相猜忌,并不会联合起来对付我们。"

谋士们不说话了,因为智瑶总是比他们高明,他们只需要在智瑶的决策出来之后提出些微的补充就行了。每次开这样的会,实际上都是智瑶用自己的正确观点批驳谋士们错误观点的会。对于谋士们来说,开这样的会其实很轻松,因为大家的任务就是发言,而结论早已经有了。

"赵家是最大的对手,我觉得我们应当联合韩魏两家,首先灭掉赵家。"作为首席谋士,别人不说话可以,郗疵是要说话的。

"不,我要同时吃掉他们。"智瑶说,很自信的样子。

所有人都吃了一惊,智家的实力,并不足以同时对付三个对手。

"元帅。"豫让想说什么,可是终于没有说出来。

"当然是一口一口吃,不是一个一个吃。"智瑶笑了,看看郗疵,说:"郗疵先生,狼吃羊是不需要跟其他的羊联合的。"

郗疵也笑了,他在想象智瑶小时候吃奶的样子,大概也是几个奶轮流着各吃一口。

大家都笑了,大家也都在想象智瑶当年吃奶的样子。

"就像吃奶。"智瑶似乎看透了大家的心思,冒出这么一句来,于是,哄堂大笑。

一口一口吃,每人吃一口。

智瑶派人去见韩虎,他觉得从韩家开始吃比较合适,因为韩家早已经被他吓破了胆。

"啊,智元帅有什么吩咐?"韩虎有些惊恐,智瑶派人来就没有过好事。

"是这样的,我家元帅说了,做人要懂得感恩,我们四家世受国恩,如今国君穷得叮当响,生孩子都没有奶水,可怜哪。因此,我家元帅决定四家各出一万户的封地,总共就是四万户,收入都归国君,就算是给国君的奶水钱。我们智家多出点力,这四万户我们就都帮国君代管着,所以,你们那一万户直接交给我们就行了。"智家的人说了一通,实际上就是一句话:给我们一万户的地盘和人口。

国君都被他杀了,他还打着救济国君的旗号,其实谁都知道这是智瑶自己在明目张胆地要地。直接上门要,就算是欺负到家了。

给，还是不给？

"我，我考虑下。"韩虎一时没有答应，但是也不敢不答应。

使者走了，韩虎急忙把头号谋士段规找来，把刚才的情况说了一遍。

"给，还是不给？"韩虎很纠结，不想给，可是还不敢不给。

"给。"段规没犹豫，接着解释说："智瑶这人心黑手狠，实力又比我们强大，我们不给，必然来攻打我们，我们就很危险了。不如我们给他们，他一定会去向另外两家要地，如果他们不给，智瑶一定会打他们，那我们就可以坐山观虎斗了。"

段规说得有道理，不过内心里还是很怕智瑶。说来说去，天塌下来让大个子去顶。

韩虎想想，也真没别的办法，给吧。

第二天，也不等智瑶再派人来催，韩虎主动让人上门奉上了一万户的地图和户籍，随时转让。

"哈哈哈哈，韩虎韩虎，就是一个含糊啊。"智瑶很高兴，看来，震慑力起了作用，心理摧毁法很见效。

韩家乖乖就范了，下一个目标是魏家。

"是这样的，我家元帅说了，做人要懂得感恩，我们四家世受国恩，如今国君穷得叮当响，生孩子都没有奶水，可怜哪。因此，我家元帅决定四家各出一万户的封地，总共就是四万户，收入都归国君，就算是给国君的奶水钱。我们智家多出点力，这四万户我们就都帮国君代管着，所以，直接交给我们就行了。顺便说说，韩家已经交给我们了。"智家的人还是那通话，这次说给魏驹听。

"狗日的，这不是明目张胆来讹我吗？"魏驹想这么说，可是没敢说出来。

看着魏驹难受的样子，使者都有点替他难受。

"这个，你先回去，我考虑考虑。"魏驹也跟韩虎一样，想拒绝，可是还不敢。

使者走后，魏驹赶紧把谋士们请来商量这件事情。

魏家比韩家的实力强一些，底气稍足一些，所以魏驹更犹豫一些。

"这个臭不要脸的，把我们当傻瓜啊。"魏驹大骂智瑶，至少在这一点上他比韩虎要强一些，韩虎在背地里也不敢说智瑶一个不字。

"我看，给吧，韩家都给了，咱们不给，肯定打咱们。给了之后，他一定还会朝赵家要，赵家不给，他们就打起来，咱们坐山观虎斗。"谋臣赵葭建议给，理由跟段规一样。

说起来,赵葭原本是赵家的人,不过是疏族,在赵家也没得混,所以来投靠了魏家。四家当中,其实很多这样的例子,这年头谁也不讲什么五百年前是一家这样的屁话,十五年前是一家都没用。

"可是,这太没面子了。而且,以后再要怎么办?"魏驹不想给,就因为他比韩虎的实力强一点。

"我建议给。"首席谋臣任章说,"我们和韩家都给他,智瑶轻易地达到目的,一定会骄傲而放松警惕。后面他还会向赵家要地,赵家一定不给,那时候智家一定轻敌,很可能就会败。《周书》里写道:将欲败之,必姑辅之;将欲得之,必姑与之。你要败坏他的事,就先帮助他。你要得到他的东西,就先给他。不妨先给他,而不必由我们来对抗他们。"

"将欲得之,必先与之",这个成语就源于这里,见《战国策》。

魏驹想想也是,就算死,也没有必要自己去打头啊。

"给。"魏驹忍痛做出了决定。

说到底,韩家和魏家对智瑶都是从骨子里害怕。他们所想到的也就是把祸水引给别人,根本不敢去想联合起来对抗智瑶。

十六

"哈哈哈哈,哈哈哈哈,魏驹魏驹,就是畏惧啊。"智瑶更加得意,这两口咬下去,着实咬下来两块肉。韩魏两家这次给了,下次再要又怎敢不给?过一段时间要一次,再过一段时间再要一次,逢年过节要,婚丧嫁娶要,用不了几年,用不着动手,就都是自己的了。"不战而屈人之兵,靠威慑力取胜,就是这样了。"

韩魏都给了,赵家敢不给吗?

智瑶觉得,赵家不敢。

"是这样的,我家元帅说了,做人要懂得感恩,我们四家世受国恩,如今国君穷得叮当响,生孩子都没有奶水,可怜哪。因此,我家元帅决定四家各出一万户的封地,总共就是四万户,收入都归国君,就算是给国君的奶水钱。我们智家多出点力,这四万户我们就都帮国君代管着,所以,直接交给我们就行了。顺便说说,韩家和魏家已经交给我们了。"智家的人还是那通话,这次说给了赵无恤听。

"去你妈的,滚你妈的,操你妈的。"赵无恤一听就暴跳起来,他早就恨透

了智瑶,如今无缘无故来要地,太不要脸了。"少忽悠我,如今这个世道,谁也不比谁傻多少。说什么给国君的,国君朝你家借钱你借了吗?暗杀国君你们家没派人吗?明说就是来要地就行了呗,遮遮掩掩干什么?告诉你家主人,要命有一条,要地,门也没有。"

一通臭骂之后,赵无恤把智瑶的使者赶了出来。

赵无恤不怕智瑶吗?怕,其实他也怕。可是他看得清楚,如今韩魏两家都吓破了胆,如果自己也服软的话,那晋国就真的归智瑶的了。

"这两个怂蛋。"赵无恤顺便也把魏驹和韩虎骂了一顿,他知道这两个软蛋指望不上,这下和智瑶撕破了脸皮,要靠自己的力量来对抗了。

"什么?"这次,智瑶不笑了,只能咬牙切齿。"赵无恤,给脸不要脸,我看你是活腻了。"

智瑶得不到,是绝对不会善罢甘休的。

攻打赵家是绝对的,但是智瑶也没有冲动到立即动手的地步,毕竟赵家也不弱,而且韩魏两家如果帮助赵家,那还麻烦。

所以,智瑶决定先拉拢韩魏两家,再动赵家。在这一点上,智瑶也是明白,虎虽然凶猛,但是一定要冲到狼群里逼着狼们跟你拼命,那绝对是缺心眼的表现。

"我们要给点好处了。"智瑶对自己的谋士们说,其实他总觉得自己才是谋士。"从前我说过,首先让他们内心恐惧,之后再给他们一点好处,他们就会感恩不尽了。"

事实证明,智瑶是对的,智瑶总是对的。

智瑶亲自拜会了韩虎和魏驹,表示"赵家忘恩负义,不讲道义,应该被铲除。智家和韩魏两家关系融洽和谐,具有共同的理想和目标。我建议,我们三家联合起来消灭赵家,然后把赵家的地盘平分,你们认为怎样?"

韩虎和魏驹觉得这是个好建议,觉得智瑶很尊重自己,自己不能给脸不要脸,敬酒不吃吃罚酒。于是,两家都表示赞同。

"啊,对了,那一万户还给你们,孝敬国君的事情我们一家来做就好了。"智瑶又给了一个糖块,让两家喜出望外。

"哼,看见没有,对待这两个货,就别把他们当人,就当猴子耍就行了。"一切妥当,智瑶得意地对自己的谋士们说。

"元帅高明。"大家都说,心悦诚服。

后世有胡萝卜加大棒政策，其实，这样的提法是错误的。正确的提法是大棒加胡萝卜，首先是用大棒制造威慑力，之后再给一点胡萝卜，对方就会感恩涕零。如果反过来，先喂饱了胡萝卜，你再用大棒，对方就会怨恨你。

所以，智瑶的思路是正确的，效果也都在掌控之中。

赵无恤不是不知道得罪智瑶的后果，可是他更知道，如果这次给了地，那就还有第二次第三次，到最后不用智瑶动手，自己就要乖乖地去摇尾乞怜了。而韩魏两家都靠不住，他们都已经被智瑶吓得噤若寒蝉了。

所以，即便是明知道智瑶不会善罢甘休，赵无恤也决不低头。所以，就算从前什么都忍了，到了土地的事情上，是绝对不能退让的。

"赵家地盘虽大，没有一寸是多余的。"赵无恤这样对自己的谋士们说。

赵无恤实际上早已经预料到了会有这样一天，父亲在世的时候也已经告诉过他这样的话："孩子，你就是为智瑶准备的。"所以，赵无恤有的时候会感激智瑶，如果没有智瑶，自己现在还不知道在哪个角落里混日子呢。

但是，赵无恤还是没有料到事情竟然来得这么快，他并没有做好准备。

如何应对，就是眼下最迫切的事情了。

赵家的谋士们一边倒地支持赵无恤的决定，真是有什么主人就有什么样的部下。

赵家保持高度戒备，随时侦察智家的一举一动。根据情报，智家与韩家和魏家联系密切，似乎在谋划什么。

"主公，我们也应当想办法联合韩家和魏家。"有人提出来。

"不要想了，他们是披着狼皮的羊，他们不敢和我们联手。别说联手，现在连跟我们来往都尽量避免。所以，别指望他们。"赵无恤看得很清楚，希望不能寄托在任何人身上，只能靠自己。

怎么办？靠自己。

靠自己，怎么办？

第 九 章

水灌晋阳

根据线报,智韩魏三家已经在暗中调动兵力,准备动手了。

"我们不能在这里等着,这等于等死。"赵无恤决定离开新绛,那么,去哪里?两个选择:邯郸,或者晋阳。

"邯郸吧。"谋士们纷纷建议,这有道理,因为邯郸仓库充实,城墙坚固,利于防守。并且,还方便向齐国求救。实在不行了,还能逃亡齐国,说不定在那里还能碰上范家和中行家的人。

总之,去邯郸是比较稳妥的方案,守得住就守,守不住就逃。

"孟谈先生,你怎么看?"赵无恤问张孟谈,这个时候,他最相信的就是张孟谈。

"不要去邯郸,邯郸经历战事多年,当地守官搜刮民脂民膏,所以库府充足,可是百姓怎么会与我们同心?晋阳不同,当年董安于经营晋阳多年,对当地百姓十分宽厚,后来尹铎治理晋阳,沿袭董安于的做法,所以当地百姓安居乐业,生活幸福,他们一定会与我们同心协力。依我看,晋阳是唯一选择。"张孟谈的观点与众不同,更注重人民的因素。

晋阳是用来守的,邯郸是用来逃的。张孟谈原本想说这样的话,可是看看赵无恤的眼神,他知道不用说了。

"好,立即撤往晋阳。"赵无恤赞同张孟谈的看法,立即布置转移。

事实上,当年董安于治理晋阳,就是要把这里打造成赵家的大本营,中行家和范家联手攻击赵家的时候,赵鞅就是退守晋阳。想不到,这次还要退守晋阳。

所以,经营好自己的大本营,才能进可攻退可守。

十七

赵无恤先安排家属撤离,自己亲自断后,整个赵家安全撤到了晋阳。

智瑶原本是有机会追击或者拦截赵家的,不过他觉得没必要,他要堂堂正正地干掉赵无恤,然后让韩虎魏驹五体投地。

到了晋阳,赵无恤傻眼了。

战争需要什么?人、粮食、城墙、武器。

晋阳是有很多人,可是都是安居乐业的人,人人都很礼貌,街上连个打架的都没有,这样的人民怎么能打仗?

还有,仓库里空空荡荡,余粮也没有多少,没有粮食,怎么守城?

城墙破破烂烂,根本不堪防守。

兵器库里也是空空荡荡,这怎么武装士兵?

看到这些,赵无恤心凉了半截,心说张孟谈这不是忽悠我吗?在这地方守城,三家联军一个冲锋就拿下了。看来,要准备流亡了,去齐国还太远,只能流亡北狄了。这怎么办呢?

就在这个时候,张孟谈来了。

"老张啊,不是那么回事啊。"赵无恤说话的称呼都变了,语气也有些生硬,接着把自己看到的情况说了一遍。

"怕什么?圣人治国,藏富于民,而不是藏富于国库;圣人治国,依赖的是人心,而不是城墙。我们藏富于民而且得到民心,还有什么搞不定的?请主公这就下令,各家留下够自家三年用的粮食,其余的都交到国库来;留下够三年用的财帛,其余的交到国库来;甲胄兵器,如果不是家里用的,也都交到国库来;另外,除去务农的劳动力,其余的都来修城墙。"张孟谈不慌不忙,交代了怎样去做。

现在,赵无恤心里稍微镇定了一些,不过依然有些没底。

当晚,赵无恤按照张孟谈的建议发布了命令。

第二天,国库门前门庭若市,人来人往,都是来交粮交布交武器的,到了晚上,国库全部装满。

修城墙的人络绎不绝,有的是暂时没有农活来干活的,有的是干完了农活来帮忙的。五天之后,城墙已经修得坚固无比。

"啊,我现在总算知道什么是藏富于民了,总算知道为什么要藏富于民了。"赵无恤一通感慨,同时也佩服张孟谈的高瞻远瞩。

晋阳百姓为什么如此卖力?很简单,因为大家过的都是好日子,一旦赵家被消灭,换了别人家来统治这里,还有这样的好日子?保卫晋阳,也就是保卫自己的幸福生活。

所以,谁好谁不好,老百姓心里最清楚。

各种储备已经没有问题,甚至兵源也没有问题,晋阳百姓都很踊跃保卫家乡,尽管这里民风平和,但是军事训练并没有落下,战斗力不差,只能说明教化做得好。

兵源足够,但是还有欠缺。

"孟谈先生,现在我们兵源足够,甲胄足够,城墙坚固,各种防守设施齐备。可是,守城需要大量的箭,我们却不够,怎么办?"赵无恤是个很细心的人,考虑得很周全。

"主公,我听说董安于治理晋阳的时候,卿大夫家的围墙都是种植芦荻、秸秆、楛秆、荆条围成的,有的如今已经一丈多高,主公不妨取来做箭杆。"张孟谈似乎早有准备,随口答来。

赵无恤立即派人去查看,果然如张孟谈所说,把这些材料取来,发现都是很理想的箭杆。

"可是,箭头呢?只有箭杆没用啊。"赵无恤又提出一个问题。

"我听说董安于治理晋阳的时候,官府和卿大夫家里的厅堂柱子都包了一层铜,不妨取来用。"张孟谈还有办法,就好像当初他是跟董安于在一块一样。

赵无恤立即派人去查看,果然如此。

于是,赵无恤下令将这些铜剥下来,融化之后制作成箭头。

现在,守城的箭已经足够了。

"董安于,牛啊。"赵无恤不禁感慨,父亲在的时候就常常提起董安于,对董安于崇拜得五体投地。如今看来,真是了不起。

张孟谈没有说话,董安于确实很牛,可是,张孟谈不想做第二个董安于。

虽然张孟谈没有说话,赵无恤的心里已经知道张孟谈比自己高明太多了。

"老张牛啊,怪不得父亲生前那么器重他,怪不得智瑶独独对他那么客气。"赵无恤心想,只不过没有当面说出来。

十八

智瑶眼看着赵家去了晋阳,有谋士建议不要放虎归山,不如在新绛就动手。

"不,我们没有动手的理由。"智瑶否定了这个提议,新绛毕竟狭小,而且韩魏两家和赵家也容易勾搭在一起。

直到赵家撤去了晋阳，智瑶开始大造舆论，说赵家勾结北狄图谋叛乱，败露之后仓皇逃走。这个时候赵家完全没有发言权，智瑶怎么说都是对的。一时间，很多人也就相信了。

之后，智瑶让晋国国君下令剿灭赵家，委任自己为元帅，统领三家军队北上攻打晋阳。

名正言顺，实力强大。

智瑶相信，这一次，赵家是在劫难逃了。

战国二十三年秋（前454），智家、韩家和魏家三家组成了联军，浩浩荡荡北上晋阳，讨伐赵家。

"消灭了赵家，我们三家平分他们的土地。啊，这块是你的，这块是你的，这块是我的。"出发之前，智瑶郑重许诺，并且拿出地图来，把瓜分方案给韩虎和魏驹描述了一番，听得这两个也有点心花怒放的意思。

其实，不管是不是心花怒放，这两家现在也没有别的选择了。就像两条狗跟着老虎混，万一老虎吃饱了还有得剩呢？

三家联军兵不血刃，一路上没有遇到任何抵抗，直接杀到了晋阳。晋阳城里，早已经布置好了防守。

攻城开始了，智家军攻南门，韩家军攻西门，魏家军攻东门。

赵家的主要防守兵力放在了南门。

攻城大战进行了三天，南门战斗激烈，城头城下死伤枕藉，智家军和赵家军伤亡惨重。但是，城门不失，赵家军防守成功。东门和西门战事平静，韩家魏家都是虚张声势，攻城浅尝辄止，守军守得相当轻松。

"这样不行。"智瑶不是傻瓜，他看出来韩家和魏家根本不卖力，因此赵家的精锐都拿来对付自己了。这样下去，就算攻破了城池，智家的元气也将大伤，而韩家和魏家坐山观虎斗，渔翁得利。

其实，大家都看出来了。

怎么整？谋士们七嘴八舌，也提不出个什么好建议来。有说派人监督另外两家，有说三家合兵一处，集中力量攻城。

智瑶皱着眉头，他觉得谋士们的计谋都不怎么样。尽管以往自己在震慑韩魏两家，可是此时三家联合作战，需要的是安抚。如果一味逼迫他们，很可能把他们逼到赵家那边去。

"你们的计谋都不靠谱。"智瑶总结，于是大家都不说话，大家习惯了讨论

甲乙丙丁之后,智瑶提出戊的办法。所以,即便是讨论,大家也没有期待主帅能够采用自己的建议。

"元帅,你有什么高见?"豫让问,他相信智瑶一定有什么好办法。

智瑶想了想,然后说:"这个时候,尽量不要得罪另外两家,要拉拢他们。所以,你们刚才的办法都不好。我在想,当初我祖爷爷是怎么拖垮楚国人的。如今,不妨照方抓药。"

智瑶的办法很简单,三家兵力依然分在三处,但是不再同时攻城,而是每天抓阄,轮流攻城。这样有两个好处,第一是没法出工不出力,因为另外两家都盯着你;第二是保持对赵家的压力,让赵家每天都高度紧张,而这三家可以轮流休息。

"元帅高见。"谋士们都说,确实是高见。

智瑶把自己的方案提出来之后,另外两家欣然同意,这确实是个不错的主意。从那之后,三家抓阄轮流,为什么要抓阄?因为这样就没有规律,让城里抓瞎。

新的方法让三家都很舒服,而城里整天疲于奔命,东西南三边来回跑,还要提防着另外两边。

计策是个好计策,效果也不错,明显看到城头上的赵军疲态毕现。可是,就是这样,赵家军士气并没有受到影响,累虽然累,但守城的决心很坚定。到后来,赵军也开始采用轮休制度,渐渐也缓过气来。

三个月转眼过去,攻城毫无进展,连智瑶都觉得沮丧。他弄不明白为什么赵家的人这么卖命,也弄不明白怎么城里的装备这么齐全。

眼看着大家都有点没信心,智瑶决定换个策略。

"算了,别攻了,咱们将晋阳城团团围住,困死他们。"智瑶决定用时间换空间了,围而不打,等待城里自己崩溃。

这下,大家都不太高兴,因为回家种粮食的时间就错过了。按着韩魏两家的想法,回去搞完春种,然后再来,反正赵家也没办法搞春种,搞了也没用。可是智瑶要求大家挺住,他的算盘是,既然来了,就别让赵家喘过气来。如果撤军回去,下次再组织联军,就麻烦多了。

没办法,不愿意归不愿意,韩魏两家也只能听从。三家划分了片区,把晋阳城团团围住。

晋阳,在晋水之阳,也就是在晋水的北岸。晋水起源于悬瓮山,最后注入汾水。后来晋水断流,汾水改道,如今已经没有了晋水。汾水源于山西宁武管涔山麓,贯穿山西省南北,在河津附近汇入黄河,是黄河第二大支流。

晋阳城位于太原盆地北端,南面临水北面临山,十分富庶。不过有一点,地势较低。

一转眼,三年过去,又到了夏天,几场大雨下来,到处是泥泞,三家军中叫苦一片。

"元帅,撤军吧。"有谋士向智瑶提出来。

"智元帅,还是撤吧。"韩虎和魏驹也有些顶不住了。

"撤?"智瑶反问,他向北看看山,再向南看看晋阳城头,笑一笑,点点头。

城头,赵无恤正在与张孟谈观察敌情。

"大雨来了,他们的日子不好过啊,会不会撤军?"赵无恤问张孟谈,他是盼着三家赶紧撤军的。

"智瑶的性格我了解,他不会轻易认输的。"

"可是你看晋水都快漫出来了,他们没办法在城下扎营了。"赵无恤说,这个时候他甚至多少有点后悔跟智瑶闹翻了。

"是啊,不过,汾水也快漫出来了。"张孟谈意味深长地说,抬头看向山里,汾水从那里流过,河道远远高出这里。

赵无恤的脸色一下子变得很难看。

张孟谈担心的事情发生了。

第二天,智韩魏三家军队一齐撤军,渡过汾水向南。

"他们要撤了?他们要撤了。他们要撤了!"城里赵军看见,以为联军要撤,忍不住欢呼起来。

他们错了,智瑶不是轻易放弃的人。

三家军队开始运土,填高晋水南岸。与此同时,三家派人上山挖渠。没有几天,一股清泉从山上流下来,然后越来越大,无可阻挡,汇入晋水之后,直接漫出北岸,奔涌而入晋阳城中。

智瑶决汾水灌晋阳。

史称智伯决晋水灌晋阳,其实不然,晋阳地势高于晋水,晋水怎么能灌晋阳?只能是决汾水入晋水以灌晋阳。

不管怎么说,大水来了。

这下，城里傻眼了。

晋阳城成了一片汪洋，城里军民急忙向高处跑，来不及的就被淹死。水最深的时候有一人多高，随后水势略降，也有齐胸的高度。家家户户都上了屋顶或者城墙，家里的灶都已经倒塌，粮食被浸泡。被围困了三年，垃圾粪便早已经堆积如山，大水一来，满城臭粪，还有用过的避孕套卫生巾死老鼠等等都浮在水面上，生活环境十分恶劣。当然，那时候还没有避孕套和卫生巾。

大水连淹三天，晋阳城内就已经受不了了。别说味道没法闻，就是做饭都成问题，再加上粮食都被粪水泡了，怎么吃？《史记》记载："城中悬釜而炊，易子而食。"

更糟糕的是，水势没有消退的迹象，反而是上游水势越来越大。到了这个时候，大家都想着逃命，可是无路可逃。所以大家都盼着智韩魏三家赶快攻城，大家好投降算了，好歹保住一条命。

可是令大家失望的是，三家就是不肯进攻了。

水灌晋阳城是智瑶的杰作，他自己也这么认为，事实上也是如此，从此水攻成为一种战争模式。

水攻大获成功，智瑶非常得意。站在晋水南岸大堤上，眼看着城里连炊烟都没有几缕，智瑶就知道里面快支撑不住了。

"元帅，咱们这个时候攻城，可以一举成功了。"谋士们提出建议。

"哈哈哈哈，攻什么城？让他们再泡泡，再泡泡。我们不用攻城，他们撑不了几天，就会自己出来恳求我们接受他们投降。到时候我们零伤亡拿下晋阳，不是很好？让大家好好休息，准备过几天的庆功宴。"智瑶拒绝攻城，大家想想也是，城里连吃的都没有，还住在水里，能熬几天？

"还是元帅想得周到。""元帅爱兵如子啊。"谋士们一通奉承，倒也都是出于真心。

智瑶没有再说话，而是凝望着晋阳城沉思，他在想象赵无恤跪在他面前恳求饶命的场景，是饶他还是不饶他呢？智瑶还没有想好。

第 十 章

决战前夜

城外智瑶悠闲自得地等待着城里投降,而城里早就乱成了一锅粥。

被围困了三年,原本城里就已经有些人心不稳,赵无恤要经常下去安抚动员。如今大水淹城,城里顿时人心惶惶,人人自危。

很多人在想投降的事情,有的人则开始准备翻城墙出去逃命。不仅老百姓这样,军队也这样,大家都盼着投降。就连谋士们也都开始想退路,夫妻本是同林鸟,大难临头还各自飞呢。

赵无恤感到巨大的恐慌,手下们在自己的面前越来越肆无忌惮了,似乎世界末日就要来临,各人只能各自跑路。赵无恤怀疑是不是已经有人准备杀了自己去智瑶那里请赏,他因此特地加强了自己的警卫。

到这个时候,他甚至开始怀疑自己当初的决定是不是够明智了。

"老张啊,当初跟智瑶闹翻是你的主意,固守晋阳也是你的主意。如今这个样子,你还有什么主意?是不是只能投降了?"赵无恤只能跟张孟谈商量了,不过语气中还有点抱怨的意思。

"主公,如果国家危亡而不能力挽狂澜,要我们这些谋士干什么?智瑶恨死你了,我们投降都没问题,你要投降必死无疑,投降的念头免了吧。如今已经到了最后的关头,我今天就出城去见韩魏两家,说服他们跟我们联手袭击智家。"张孟谈倒很镇定,一点也不慌张。

"那赶快去吧。"赵无恤催他,现在是死马当成活马医了。

张孟谈走了,赵无恤看着他的背影,不知道他这一去是不是还会回来。

十九

就在赵无恤和张孟谈谈话的时候,智瑶正在岸上观察晋阳城,而韩虎和魏驹也来了。

"两位元帅来得正好，来这里看看晋阳城。"智瑶高兴，大声打着招呼，前去迎接两人。

急忙有人腾出位置，给三位元帅看晋阳城。只见晋阳城头旌旗散乱，守军一个个东倒西歪，全无斗志。

"智元帅真是旷古奇才啊，古之名将不能过也，韩虎佩服。"韩虎率先献上马屁，他是真的佩服。

"智元帅真是前无古人，后无来者，这样经典的战例，真是史无前例，必将载入史册啊。"魏驹不甘落后，也很肉麻。

话虽然很肉麻，可是倒也不过分，中国历史上最早的以水攻城的战例就是这一次。因此，智瑶应该被载入中国军事家史册。

"哈哈哈哈，两位元帅过奖了。不过，我现在明白了一个道理。"智瑶说到这里，扫视了众人一遍。

于是，所有人都盯着智瑶，想知道他明白了什么道理。

"水，是个好东西。治国需要他，亡国也需要他。水能够灌晋阳，也就能够灌别的地方。哈哈哈哈……"智瑶说完，哈哈大笑。

"哈哈哈哈……"谋士们也都跟着大笑。

"嘿嘿、嘿嘿。"韩虎和魏驹笑得很勉强，并且相互看了一眼。

"嗯。"所有人中，只有郗疵没有笑，而是用眼睛的余光看着韩虎和魏驹。

随后，大家又说笑一阵，智瑶吩咐韩虎、魏驹按兵不动，等待赵家投降。随后，韩虎、魏驹匆匆离去。

"元帅，魏韩两家很危险啊，我看他们要造反了。"郗疵悄悄地对智瑶说。

"为什么？"

"我们约好了三分赵家，眼看城里支撑不下去，投降就在这几天了。按理说，他们两家应该高兴才对。可是，我看他们面色凝重、心事重重的样子。元帅说到水可以灭国的时候，他们脸色如灰，笑得很尴尬。想想看，既然晋水可以灌晋阳，那么汾水可以灌安邑，绛水可以灌阳翟，他们能不害怕吗？"郗疵观察得仔细，安邑（今山西夏县）是魏家的大本营，阳翟（今河南禹县）是韩家的大本营。

"哈哈哈哈，郗疵先生，你说的这些我难道不知道？我是故意要说那句话的，要吓唬他们，让他们知道我随时能够灭了他们，他们只能老老实实跟着我干。"智瑶说。

郗疵知道智瑶的性格，什么时候他都不会承认自己考虑不周，在他嘴里，什么事情都是自己设计好的。所以到后来,大家就算明明看到什么不对的地方,也都懒得说了。本来郗疵也懒得说话,不过到了这个时候,不说实在是不行了。

"元帅,吓唬他们没错,可是时机好像不大对啊。"郗疵说。

"先生不要担心,我有分寸。"智瑶说。他这点好,不管手下说什么,不管合不合他心意,他都很礼貌。这,也就是虽然他很专横跋扈,手下人还很愿意跟随他的原因了。

郗疵不好再说什么,不过他已经尽了自己的责任。

二十

天上的月亮不错,算起来,再过两天就是十五了。可是这样的时候没有人有心情赏月,唯一的好处是夜晚不会那么黑。

张孟谈站在城墙上向远处望去,城外一片汪洋,白亮亮地晃眼。三年了,张孟谈没有出过城。可是今天,他要出去了。

出去了还回来吗?他确实可以不回来,因为智瑶一向很欣赏他也很尊敬他。平心而论,如果是在智瑶和赵无恤中挑一个人作为主公,他倒宁愿挑选智瑶,智瑶虽然高傲,可是对他真正欣赏的人是很尊重很信任的。而赵无恤不同,他看上去很谦恭很低调,实际上要阴险毒辣很多。

可是,张孟谈不可能不回去,因为赵鞅对他的知遇之恩他不能忘记。在自己混得最惨的时候,是赵鞅提拔了自己,甚至在董安于死后,赵鞅让他成为赵家的头号谋臣。

他帮助赵鞅确定了赵无恤作为接班人,并不是他多么喜欢赵无恤,而仅仅是他知道只有赵无恤才有可能让赵家保存下去。赵鞅临死前把赵无恤托付给了他,他知道自己不能辜负了赵鞅。

晋阳城上吊下来一只小木船,之后有两个人先后从城头上下来,坐在了木船上。一个是张孟谈,另一个是撑船的伙计。

小船在水面上划动着,直奔向魏家大营。张孟谈上了晋水的南岸,迎面就是魏家的哨兵。

"什么人?"哨兵大喝一声。

"啊,你家元帅的舅舅。"张孟谈不敢说自己是张孟谈,撒个谎。

哨兵搞不清形势,因为城里城外沾亲带故的多了,魏驹的什么远方舅舅

为赵家效力也是完全有可能的。

哨兵将张孟谈带到大营,通报进去说魏驹的舅舅来找他了。这个时候,韩虎也在这里,两人正发愁该怎么办呢,商量半天也没商量出个主意来。

"我舅舅?"魏驹一愣,觉得奇怪,舅舅倒是不少,可是这个时候来找我干什么?是哪个缺心眼的舅舅从水上来了?"请进来吧。"

张孟谈大踏步进了帅帐,一看,魏驹韩虎都在,心中暗喜,这下省事了。其实张孟谈之所以先来魏家而不是韩家,一来是魏驹的胆子大点,决断能力强点;二来就是判断韩虎很可能在魏驹这里。

魏驹韩虎一看,这哪里是什么舅舅,这不是张孟谈吗?

"好,你们都出去。"魏驹把大帐里的杂人全都赶了出去,他知道张孟谈这个时候来,一定是有什么重要的事情。

等到所有人都出去,这里只剩下三个人的时候,魏驹说话了。

"孟谈先生,深夜前来,难道是要投降?"魏驹问,他其实并不愿意赵家投降。

"投降?投什么降?"张孟谈呵呵一笑,否认了。

"孟谈先生就别打肿脸充胖子了,啊,对了,你可是瘦了不少。现在晋阳城已经被淹,臭气烘烘的,不用我们动手,饿也饿死你们了,熏也熏死你们了。"韩虎插话,他笑了:"不投降,你来干什么?"

"不然,晋阳城中确实无法再守,不过我们北有代地,可以弃城而走,前往代地,料来智瑶也不会穷追。就算穷追不舍,顶多我们北走大漠,当野蛮人行不?可是,俗话说:唇亡齿寒。赵家完蛋之后,智瑶的下一个目标恐怕不是韩家就是魏家了,看谁先死吧。到时候,你们想跑都没有地方跑,只能等死了。所以,我不是来投降的,是来救你们的。你们要想活下去,只能跟我们赵家合作,共同灭了智家。"张孟谈开门见山一席话,正说到了魏驹和韩虎的心头。除了这条路,眼下真没有别的路可以走。

魏驹和韩虎对视一眼,再看看大帐的门口,这才去看张孟谈。

"孟谈先生,我们也知道你说得对,可是,可是万一我们暗中勾结的事情被智瑶知道了,我们就完蛋了。"魏驹压低声音说,韩虎也跟着点点头。

魏驹和韩虎真是被智瑶震慑了,想起智瑶他们就害怕,更不要说对抗智瑶。

"怕什么,今天在这里,我们说的话只有我们三个人知道,怕什么?"张孟谈看不起眼前这两个人,可是,还要说服他们。

"这……"韩虎和魏驹又对望了一眼,似乎从对方那里得到一点勇气,点点头。"好吧。"

不管怎样,韩虎和魏驹算是勉强同意了。至于动手的时间,张孟谈的意思,越快越好,免得夜长梦多,何况城里也快撑不住了。可是韩虎和魏驹还有点畏首畏尾,说是要跟谋士们商量,从长计议。

当晚,张孟谈又悄悄回到了晋阳城里。

张孟谈回到城里,急忙去见赵无恤,果然赵无恤正在焦急地等他。

张孟谈把见韩虎和魏驹的情况说了一遍,说两人也有心共同对抗智家,可是畏首畏尾,犹犹豫豫。

"老张,我们等不起了啊。"赵无恤有点急了,因为这是他最后的机会。

"不碍事,我已经知道了他们的想法,明天上午再去一趟,保管让他们下定决心。"张孟谈在回来的路上想了一路,已经有了办法。

"明天上午?那不是会给人发现?"

"哈哈,就是要让他们发现,我明天假装去与智瑶谈投降的事情,一来让他以为我们要投降,从而懈怠;二来让韩魏两家也知道事态的紧急,否则,我们急他们不急,事情就成不了。"

"好。"赵无恤说,心里却在打鼓,不知道张孟谈明天会不会真的去投降,那自己就算被耍了。

第二天上午,韩虎和魏驹来见智瑶。这倒没有什么特别,正常情况下,他们每天都要和智瑶碰个面。

三人落座,韩虎和魏驹似乎都有些尴尬,毕竟心中有事,难以自然。

"两位元帅,有人说眼看晋阳就要攻破,二位本应该高兴,可是却面带忧色,恐怕是要谋反,是不是啊?"智瑶说道,面带着笑容。

魏虎和魏驹心里咯噔一下,吓得个半死,难道是智瑶知道他们跟赵家勾结了?如果是那样,今天恐怕就没法活着回去了。到这个时候,甭管是不是东窗事发,也只好抵赖了。

"智元帅啊,冤枉哪,不怕没好事就怕没好人哪,有坏人挑拨离间啊。你想想,眼看我们就能分到赵家的地盘了,怎么会担忧呢?我们高兴还来不及啊。不知道这是谁说的,叫他来我们问问他。"韩虎魏驹忙不迭撇清自己,矢口否认。

智瑶笑了,他就知道这两个小子没这胆子,之所以这样问他们,就是要告诉他们别耍什么花样。

"哈哈,没有就算了,来来来,喝酒喝酒。"智瑶见把两人吓得够戗,招呼他们喝酒,一边喝,一边讲当前的形势如何如何,讲自己是个守信用的人,一定会按事先的商定给他们分地。

韩虎和魏驹则是一通马屁外加表忠心,这也是他们最近的例牌。

过了一阵,韩虎和魏驹告辞出来,刚出帐门,恰好郗疵来找智瑶,三个人打了一个照面,看见郗疵,韩虎和魏驹立即明白了:"说我们要造反的一定是他了。"心里这样想,表情上就表现出来,慌里慌张躲在一旁急忙走了。

郗疵一看韩虎和魏驹的表情,也明白了。

"元帅,你为什么把我昨天的话跟他们说了?"郗疵有些气愤,对智瑶说话也不客气。

"你怎么知道?"智瑶有些惊讶。

"怎么不知道?刚才在门口看到他们,两人看见我就匆忙走开了,还偷偷看我几眼,肯定他们是知道我已经看穿他们了。"郗疵的感觉是对的,分析也是对的。

"啊,是,我告诉他们了,意思是让他们明白什么也逃不过我们的眼睛,不要耍小心眼搞小动作。这个,是我在加强震慑力。"智瑶说,他总是有道理。

一听到震慑力,郗疵脑袋都疼。一提到震慑力,郗疵就没法再说。

"那,我建议立即攻打晋阳。"郗疵做最后的努力,希望能够迅速解决赵家,不给他们三家勾结的时间。

"哈哈哈哈,死狗还用打吗?"智瑶笑着拒绝了,其实除了他的自信心之外,还有一个小秘密没有说出来,那就是最近痔疮犯了,内心里实在不愿意做大动作。

最后的努力失败,郗疵知道,自己无法改变智瑶,也就无法改变智瑶的命运。能改变的,大概只有自己的命运了。

"元帅,我有一个提议。"郗疵临时改变了话题,救不了智家,只好救自己了。

"请说。"

"看这架势,赵家投降也就是这几天的事情了,赵家与齐国接壤,而这一部分土地是归我们的。我想,我们应该趁现在跟齐国建立友好关系,一来避免齐国趁火打劫，二来可以今后专心对付韩魏两家。因此，我请求元帅派我出使齐国。"郗疵提了这么个建议，意思就是要离开这里。

智瑶是个聪明人，他知道郗疵的意思，无非是担心韩魏两家造反，连累自己跟着遭殃。

"好，去吧。"智瑶说。这里的战事就要结束，也用不着他了。

郗疵不再多说什么，急忙忙走了，收拾好行囊，也不来告辞，驱车而去。

刚要出辕门，只见走进一个人来，非常面熟，仔细一看，原来是张孟谈。张孟谈来干什么？郗疵甚至连这也不想知道，急速走了。

张孟谈来干什么？

张孟谈是刚从城里来的，他直奔智家把守的岸边。

"我是张孟谈，求见智元帅。"张孟谈对守岸士兵说，这一次他不用装舅舅了。

"啊，张孟谈先生，有请。"士兵一下子变得很客气，地球人都知道，智瑶在整个晋国最尊敬的就是张孟谈。此前还下过令：破城之日，任何人不得伤害张孟谈，否则死罪。

军士带着张孟谈前来智家军大营，先在门口遇上了韩虎和魏驹。

"啊，孟谈先生来干什么？"魏驹韩虎都吃了一惊，急忙问。

"啊，守不住了，来跟智元帅谈判投降的事情。"张孟谈说，很无奈的样子。

"啊？"魏驹韩虎这一惊就更大了，昨天不是刚说要联合我们对抗智家吗？怎么就投降了？这要是张孟谈投降了，会不会把韩魏两家勾结赵家意图叛变的事情给供出来呢？想是这么想，嘴上还要假装高兴："那好，那好，识时务者为俊杰啊。早投降，哪有这些事啊？"

张孟谈看这两位说着言不由衷的话，心中暗笑。

来到辕门，远远又看见郗疵匆匆离去，张孟谈隐隐感觉大事要成。因为他知道，在智家，郗疵是最有眼光、最敢于说话的人，看他急匆匆逃命而去的样子，他一定意识到了危机。

第 十 一 章

致命疏忽

一个不可思议的事情是,智瑶丧失了起码的警惕。对于像智瑶这样聪明并且身经百战的人来说,这确实难以解释。

一种解释是智瑶被此前的胜利所麻痹,对自己的震慑力产生迷信,以至于到了视而不见的地步。

另一种解释是智瑶可能认为此时智家并不具备一举消灭三家的能力,但是对于韩魏两家的防范措施会激怒对方或者逼迫对方与赵家联合。所以,还不如做出一种完全信任的姿态来麻痹韩魏两家。

当然,痔疮也是一个重要理由,有的时候身体会影响大脑。

不管怎么说,智瑶没有能够将自己的英明神武坚持到最后。

二十一

早有人通报了智瑶,张孟谈进入大帐的时候,智瑶起身相迎。

"孟谈先生,终于又见到你了。"智瑶笑着说,请张孟谈坐下。此时,他俨然已经是胜利者的风度。可惜,战争还没有结束。

"智元帅,如今您水淹晋阳,说实话,我们顶不住了。赵元帅特地派我前来谈判,您要的那一万户,我们现在给您还不行吗?"张孟谈说,一副可怜兮兮的样子。

"一万户?赵无恤现在想通了?来不及了,哈哈哈哈。"智瑶大笑起来,心说都什么时候了,还来讨价还价。

张孟谈还没有来得及再说话,韩虎和魏驹来了,这哥俩怎么回来了?

这哥俩在营门外遇上张孟谈之后,心里就开始打鼓,两人看着张孟谈进了大营,嘀嘀咕咕商量起来,韩虎说:"如果赵家投降了,马上就面临瓜分赵家土地的问题,咱们不能错过啊。"魏驹则说:"这赵家要是投降了智家,会不会一翻手,里外夹攻把咱们给办了呢?"两人越商量越害怕,越觉得不能傻乎乎地等智赵两家悄悄地达成协议,说什么也要过来听听。因此,这哥俩前后脚就跟过来了。

"嘿嘿,智元帅,我们听说张孟谈来了,所以都赶来了,嘿嘿。"韩虎魏驹说,生怕被智瑶看出什么来。

"嗯,两位元帅坐,我也正准备让人去叫你们。"智瑶倒没有避讳他们的意思,等两位落了座,继续说,"赵无恤现在服软了,准备给那一万户了,两位元帅,你们说我们要还是不要?"

"听智元帅的。"韩魏两人异口同声地说,他们现在想的根本不是一回事。

智瑶笑了笑,不去管韩虎和魏驹。

"孟谈先生,那一万户我们就不要了。麻烦你回去告诉赵无恤,现在他已经没有资格跟我谈判了,除了投降,别无活路。如果投降,我保他一条命。如果不投降,我们也不攻城,直到把他饿死为止,哈哈哈哈。"智瑶对张孟谈很客气,可是提到赵无恤,则毫不留情。

"哈哈哈哈……"智家谋士们也都跟着大笑起来,韩虎魏驹讪讪地笑笑。

"这,这……"张孟谈假装犹豫了一阵,然后有气无力地说:"元帅,念在赵家世代忠良的份上,能不能给赵元帅留点地盘?"

"世代忠良?留地盘?哈哈哈哈,中行家和范家那也是世代忠良啊,你看看赵家给中行家和范家留了地盘吗?孟谈先生,不妨告诉你,我们三家已经说好要分赵家了,我是不会给他留的,你可以去问问魏元帅和韩元帅,看看他们愿意不愿意给赵无恤留。"智瑶说完,又是一通大笑。

韩虎魏驹讨好地笑笑,没有接话。

"那,赵家的臣属们呢?"张孟谈问,故意问得这么细,跟真的似的。

"我知道赵鞅当年招纳了很多贤能之士,如果投降了,我照用,待遇比赵家只高不低。不说别人,孟谈先生您就是我久仰的。智家首席谋士的位置给你留着,赵家给你的封地你留着,我再给你更大的一块,你看,怎么样?"智瑶话说得很直接,而且,他说话是算数的。

"哦。"张孟谈似乎松了一口气。

事情谈得差不多,张孟谈起身告辞了。

离开智瑶的大营,张孟谈向岸边而去。到了岸边,远远望见晋阳城泡在水里,不禁感慨万千。

发完感慨,张孟谈突然觉得肚子一阵咕噜。

"我要大便一下。"张孟谈说。旁边就有几棵树,张孟谈就蹲在一棵大树下方便,智家来送的人躲得远远的。

拉了一阵,就看见韩虎和魏驹急匆匆来到,见张孟谈还没有走,松了一口气。

"啊,不好意思,大便。"张孟谈看见这两位,暗自高兴,刚才一通感慨和后来这通大便,都是为了等这两位。当下站起来,抓几片树叶胡乱擦擦屁股,穿好了衣服。

"孟谈先生,智元帅让我们来送送你。"韩虎和魏驹大声说着,实际上是说给智家的人听,一边说,来到近前。

智家的人远远站着,没有过来。

"孟谈先生,怎么说话不算数?说好了共同起事,你们怎么又要投降?"韩虎压低了声音问,这个时候,他比张孟谈急了。

"我不做个样子,你们怎么能下定决心?"张孟谈反问,也是压低了声音。"刚才看见没有,我们当家臣的无非就是打工,东家不打打西家,就算主人被灭了,我们照样过好日子。可是你们不同啊,一旦被灭,想当农民伯伯都没有机会。"

"别废话了,我们下定决心了,什么时候动手?"魏驹急着问,他现在明白,赵家如果完蛋了,下面就是韩魏两家,而自己的下场不会比赵无恤好到哪里去。

"宜早不宜迟,今晚就动手。"张孟谈说,城里人都快饿死了,更关键的是,随时会发生骚乱。

"怎么动手?"

"你们两家在夜里占领这处河岸,举火为号,赵家从城里出来。然后三家合在一起,掘开南岸,水淹智家。"张孟谈早就想好了,智瑶淹我们,现在我们要淹你们。

"好。"韩虎魏驹说完,当即告辞,回去准备了。

张孟谈登船,回晋阳去了。

这边三家已经约定了行动时间,那一边,智瑶浑然不觉。不过,并不是智家就没有人有所察觉。

智果也在军中,他对智瑶的骄傲总是感到担心。越是到眼看就要胜利的时候,可能危险就越大。智果来到智瑶的大帐,专门来提醒智瑶。结果,先是遇上了张孟谈,之后遇上了韩虎和魏驹。

"很危险了。"智果从这三个人的表情看出了问题,于是加快脚步去见智瑶。

看见智果来,智瑶不太高兴,他对这个叔叔一向就不喜欢。

"元帅,有件事情我不能不说。"智果也知道自己不大受欢迎,不过事关整个家族的命运,不能不说。

"啊,说吧。"智瑶不冷不热。

"我刚才碰见张孟谈了,好像他趾高气扬,心情轻松。按理说他们都要完蛋了,应该沮丧才对啊。这个样子,我怀疑他们有什么阴谋。"

"他是代表赵家来投降的,我说让他做智家首席谋士,他当然高兴了。还有吗?"智瑶有些不耐烦。

"还有,我还看见韩虎和魏驹了。按理说他们就要瓜分赵家的土地了,应该高兴才对,可是我看他们心事重重,我怀疑他们要造反,不如先把他们杀了。"

"没根没据凭什么杀人家,他们没精神,那是熬夜熬的。"智瑶爱答不理。

"如果不杀他们,我建议就笼络他们。"

"怎么又成笼络了? 怎么笼络啊?"智瑶还是没好气。

"段规和赵葭是韩家和魏家最重要的谋臣,不如答应他们每人分给他们一万户,他们就会劝韩虎和魏驹忠于智家了。"

"算了算了,合着跟我干的没什么好处,跟韩虎和魏驹干的反而有奖励,我今后怎么对谋士们交代啊?"智瑶听着来气,索性闭上眼睛,不去理睬智果了。

智果叹了一口气,走了。

智果走了,带着自己家兵,当天离开了晋阳。回到新绛之后,智果直接去找了晋国太史,请求将自己从智家分出去,从此改姓辅,因为自己的封邑在辅地。

改姓就改姓,为什么去找太史? 这相当于做个公证。

后来智家被灭,智果因为已经改名辅果,与智家脱离了关系,因此未受牵连。这是后话。

二十二

智瑶绝对不相信韩虎和魏驹有胆量背叛自己,这两个看见他就如老鼠见到猫的家伙恐怕连想都不敢想。可是他忘了兔子急了也会咬人,他忘了还有赵家,他忘了赵无恤不是那么轻易认输的人。

智家的谋士们尽管也有些担心,但是他们宁愿相信智瑶的判断,因为历史一再证明,智瑶总是对的。

当晚安排了饮宴,因为胜利就在眼前。赵家要么投降,要么被困死在晋阳城中。至于反击,智瑶认为赵家既没有这个胆量,也没有这个能力。

智家将士狂欢,就连南岸守堤的军士们也都有酒肉。

张孟谈当天来商议投降的事情早已经不胫而走,整个智家军上下都放松了警惕。

与此同时,韩魏两家悄悄地准备动手。

城里,赵家的队伍也都准备好,所有能调动的船只全部准备好。

半夜子时,韩魏两家的小分队按照约定从南岸大堤两翼向中央会合。智家的守堤军士早已经东倒西歪躺在地上睡觉。韩魏两家精兵一到,毫不费力地解决了智家守堤军士。之后,发出信号,城中赵军下城登船,悄悄地上了南岸。

现在,三家要做的事情就是把南岸大堤掘开,让河水反灌智家大营。

智家大营中,智瑶大醉,倒在床上狂睡。

有人来报告说韩魏两家有异样,似乎有人马走动的声音,可惜智瑶在睡觉,其他人无权也无心管这事情,只能等智瑶醒来再说。

下半夜,又有人发现大堤上好像有声音,可是元帅在睡觉,其他人不管事,因此也只能等到天亮再说。

终于,天色微微亮了。南岸大堤上,密密麻麻站了许多人,此时都看得清清楚楚。

"不好了,大堤上怎么这么多人?"有人大声惊呼,知道事情有些不妥。

这个时候知道,已经晚了。

大水来了。汹涌的河水狂奔而来,瞬间淹没了智家大营。

智瑶醒了,醒来的时候发现自己在水里。

"啊。"智瑶以为自己在做梦,急忙趟水出了大帐,再看,整个大营都在水里,士兵们都在挣扎。

这个时候,智瑶明白发生了什么。

"韩虎魏驹真有这么大胆?"到了这个时候,智瑶还不太相信这两个胆小鬼敢造反。

"不要慌乱,不要慌乱。"智瑶大声喊着,水有齐胸高,有的地方没过了脖子,士兵们多数不会游泳,因此依然乱作一团。

就在这个时候,大堤上一阵箭雨射来,这是赵家复仇的箭。随后,第二阵,第三阵,第四阵。

智家的士兵们纷纷中箭,死在水中。

箭雨终于停了。

可是,杀戮没有停。

三家的船撑了过来,铺天盖地,见人就杀,智家的士兵们完全没有抵抗的能力。

不知道什么时候,豫让来到了智瑶的身边。

"主公,大事不济了,赶紧逃吧。"豫让建议,这个时候,如果脱掉衣服,混在乱军之中逃走是完全有可能的,毕竟,赵韩魏三家的船只有限,只要趟水到了岸上,是完全有机会逃走的。

"不。"智瑶摇摇头,断然拒绝了。对于智瑶来说,在他的字典里没有逃这个字。要么消灭敌人,要么被敌人消灭,没有第三种选择。

豫让就站在智瑶的身边,他已经决定与智瑶共存亡。

智瑶看见魏驹就在船头,看见韩虎就在船头,他终于正视了现实:"奶奶的,这两个兔崽子,竟然真的背叛了。"

这个时候,他看见赵无恤的船也过来了。

"赵无恤。"智瑶大声喊着,赵无恤循着声音,看到了站在水里的智瑶,他正在找智瑶。

"智瑶,善恶终有报,你也有今天?"赵无恤讥笑着智瑶,他恨透了智瑶。

智瑶知道,落在赵无恤的手里,不仅没有活路,而且要受羞辱。

"赵无恤,你这个胆小鬼。我在地下等着你,等你来了,老子还要欺负你,哈哈哈哈。"智瑶大笑,随后,提剑自杀。

血,浸红了河水。

"哈哈哈哈……"赵无恤大声笑了起来,解恨啊。

魏驹和韩虎笑不出来,看着浮在水面上的智瑶的尸体,他们依然害怕,他们做梦也想不到,智瑶竟然就这样死了。

"赵元帅,智瑶已经死了,其余人就不要追杀了吧。"魏驹大声对赵无恤说。眼前的场景实在太惨烈了,让他看不下去。

"赵元帅,收兵吧。"韩虎也说,毕竟,他与智瑶的仇恨并不深。

赵无恤恨透了智瑶,他恨不得杀光智家的人。不过,既然韩魏二人求情,这个面子是必须要给的。

"收兵。"赵无恤下令,俨然,他成了赵韩魏新联盟的盟主。

天边,依稀还能看到淡淡的圆圆的月亮。

三家灭了智家,之后堵了汾水的缺口,几天之后,晋水水势下落,晋阳总算脱了水。晋阳城里的粮食都被水淹了,于是魏韩两家向赵家提供粮食。其实这个时候韩魏两家可以联合起来灭掉赵家,可是他们想都没想过。过去是跟着智瑶大哥干,现在智瑶大哥完蛋了,就认赵无恤为大哥了。

好在,赵无恤还不敢太过分。

照例,三家瓜分了智家的土地,基本上北边的归了赵家,中间的归了魏家,南边的归了韩家。不过,因为智家的地盘多数挨着魏家,所以魏家所得也就最多。

至此,晋国形成了三家瓜分的最终格局。历史上,称为三家分晋。

在瓜分智家的土地之前,韩虎的首席谋士段规向韩虎提了个建议。

"主公,一定要把成皋要过来。"段规说。成皋就是大名鼎鼎的虎牢关,原先是郑国的地盘,如今被晋国夺过来了,是智瑶的地盘,两次出兵打郑国,都是从这里出发。

成皋这块地盘肯定不会划给赵家,只能是韩家和魏家中的一家拿走。

"成皋?土地很贫瘠的地方啊,有什么用?"韩虎说,他没有什么兴趣,因为要拿成皋,就必须舍弃另一块地盘。

"远见,远见哪,主公。"段规说,他并不是说韩虎有远见,而是说要有远见:"主公,成皋虽然土地贫瘠,可是地理位置重要啊,退可守进可攻,这是地利啊。"

段规说得够明白了,就差说"以后拿下郑国就指着成皋了"。

韩虎虽然没有智瑶的聪明,也没有赵无恤的智慧,可是到这个时候他还是弄明白了。

结果,韩虎争到了成皋,后来韩国也正是从这里出兵灭掉了郑国,这是后话。

　　智瑶已经死了,中军元帅应该谁来当? 按理,韩虎和魏驹都是让给智瑶的,这时候该韩虎当。可是,按着顺序,智瑶之后应该是赵无恤。既然整不清楚了,索性大家谁也不当了。

　　于是,从此之后,晋国没有了中军元帅。

　　智家分崩离析,除了被杀的,其余都作鸟兽散。其中,智开、智宽等人带着家族投奔秦国去了。

第十二章

金蝉脱壳

晋阳是赵家发家的地方,但其历史使命也仅限于此。赵无恤(赵襄子)后来把晋阳定为赵家的都城,但是他去世之后晋阳就不再作为首都了。

到宋朝宋太宗的时候,由于痛恨北汉占据晋阳长期对抗,并且认为晋阳有王气,宋太宗在拿下晋阳之后,火烧水灌,将晋阳城变成了废墟,晋阳从此消失。

到金末元初,著名学者元好问游览晋阳古城遗址后,为我们留下了一首《雁丘词》传世。

迈陂塘·雁丘词 〔金〕元好问

泰和五年乙丑岁,赴试并州,道逢捕雁者云:今日获一雁,杀之矣。其脱网者,悲鸣不能去,竟自投于地而死。予因买得之,葬之汾水之上,累石为识,号曰雁丘。时同行者多为赋诗,予亦有《雁丘词》。旧所作无官商,今改定之。

问世间、情是何物,直教生死相许。天南地北双飞客,老翅几回寒暑。欢乐趣,离别苦,就中更有痴儿女。君应有语,渺万里层云,千山暮雪,只影向谁去。

横汾路,寂寞当年箫鼓,荒烟依旧平楚。招魂楚些何嗟及,山鬼暗啼风雨。天也妒,未信与、莺儿燕子俱黄土。千秋万古,为留待骚人,狂歌痛饮,来访雁丘处。

二十三

"孟谈先生,我们终于灭了智家,也算是险过剃头。守晋阳三年,唯有先生始终镇定自若,信心满满,莫非,先生从一开始就料定了结局?"

"没有。"

"那，先生为什么那么镇定？"

"简主薨之前，曾经与我有过一番交谈，交谈的内容我始终没有告诉主公，现在可以说了。"张孟谈说。与赵简子的临终对话他原本并不想告诉赵无恤，不过到了这个时候，他觉得说出来已经没有什么问题了。

简主是谁？赵简子，也就是赵鞅。

"哦？你们说了什么？"赵无恤有些好奇，难道张孟谈还有什么瞒着自己吗？

"是这样的。"

那是赵简子去世前的一天，恰好他回光返照，立即叫人召来了张孟谈。实际上，张孟谈一直就在赵家。

"我死之后，没有人能够约束智瑶了。孟谈先生，你认为赵家该怎样对付智瑶？"赵简子问。

"忍。"

"忍无可忍呢？"

"那就不能再忍。"

"决战？"

"不，退守晋阳，防守，继续忍。"

"然后呢？"

"等待智瑶犯错。"

"如果他不犯错呢？"

张孟谈没有回答。

赵简子也没有再说话，过了一阵，点点头，让张孟谈下去了。

"如果智瑶不犯错呢？"赵无恤问，语气竟然有些紧张。

"你知道吗？简主之所以选择主公，就是因为主公能忍，有可能忍到智瑶犯错。"张孟谈并没有正面回答问题。

"可是，如果他不犯错呢？"赵无恤还要问。

"那，现在在这里和我说话的就不是主公，而是智瑶了。"张孟谈直截了当地说。

"这么说来，这三年来我们一直都在赌。这么说来，孟谈先生其实也没有信心。"赵无恤像在对张孟谈说，又像自言自语。

"感谢上天吧,智瑶在最关键的时候犯了最低级的错误。"

"这么说来,我之所以能够击败智瑶,不是因为我比他强,而是因为他犯了错?"赵无恤说,似乎有些沮丧。

"没有人能够击败智瑶,除非他自己。"

赵无恤没有再说话,半天没有说一句话。

赵家起死回生,接下来自然是论功行赏。

地球人都知道是谁拯救了赵家,这个人就是张孟谈。没有张孟谈,赵家就已经被从地图上抹去了。

所以,每个人都认为头等功应该是张孟谈的,这一点毫无悬念。除此之外,还有四个人功劳也很大,分别在指挥守城、后勤保障等方面发挥了重大作用。因此,这五个人被公认应该重赏。

可是,大家都错了,或者说,颁奖的时候,大家都懵了,包括张孟谈。

"现在宣布颁奖名单,头等功,高赫。"赵无恤宣布。全场愣住了,片刻之后,一片哗然。

"为什么?""为什么?""为什么不是张孟谈?""高赫有什么功劳?"大家都在问,都很愤愤不平。

高赫自己也没有想到,尴尬地站在那里,不知道说什么。

高赫,赵家的礼官,平时基本没事干,东转转西转转,有的时候陪赵无恤聊聊天之类。

一阵骚乱之后,赵无恤摆摆手让大家静下来。

"各位,我来告诉你们为什么。"赵无恤笑笑,看了张孟谈一眼,发现张孟谈面无表情。"我们在晋阳城被围困三年,大家都很随便,忘记了礼节,只有高赫随时随地不失君臣之礼。你们虽然有功,但是你们都骄傲了,只有高赫随时明白自己的位置。所以,我给高赫头等奖,大家有什么意见?"

所有人都看着张孟谈,因为所有人都认为头等功应该是他的。

张孟谈笑了,他突然明白赵无恤的意思了。

"主公说得对,头功该是高赫的。"张孟谈淡淡地说,似乎根本不在乎。

既然张孟谈都这样说,大家也就无话可说了。

张孟谈是个聪明人,他当然知道头功应该是自己的,高赫能够随时随地尽君臣之礼,一来那是他的职责,二来他整天没事干。而其他人整天忙上忙下,说话做事都尽量简捷,当然不能事事尽礼。

那么,赵无恤到底想干什么?他想告诉大家:能力不重要,成绩不重要,重要的是要对我忠诚。

从另一个角度说,张孟谈知道赵无恤开始嫉妒自己防范自己了。因为他自己也感觉得到,现在整个晋国都在说张孟谈如何设计灭了智家,而没有人说赵无恤。即便在赵家,人们对张孟谈的尊重也远远高于赵无恤。

还有一点其实也很重要,那就是智瑶对张孟谈的尊重以及对他的承诺。虽然赵无恤嘴上不说,他的心里一定早就怀疑张孟谈为自己留了后路。

张孟谈想起范蠡和文种的故事,所以他知道,自己应该识趣一点了。

二十四

张孟谈去见赵无恤,赵无恤很热情,不过热情得有点假惺惺了。

客套之后,张孟谈开始把话引入正题。

"当年简主去世的时候曾经告诉我,春秋五霸之所以称霸,在于君主有足够的权势控制臣下,而不是让权臣来控制君主。所以,名望高地位高的人,不要让他执掌相位;打仗厉害的将军,不要让他在朝廷亲近国君。现在,我的名望高地位尊崇,大家伙都很服我,我就成了君主的威胁。我想,我还是自觉放弃权位,回家种地吧。这样,主公您不为难,我也能保住这条老命。"张孟谈把话说得直截了当无比,连个弯都不拐。

张孟谈把话直说了,倒弄得赵无恤有点尴尬了。原本他想着怎样削弱张孟谈的权力,可是如今张孟谈自己提出来了,他反而有些不好意思。

"孟谈先生,话不能这么说啊。辅佐国君的人就应该有显赫的名声啊,立下大功的人就应该有崇高的地位啊,执掌国政的人就应该大权在握啊。怕什么呢?只要内心忠诚于国君,又何必担心这些呢?心底无私天地宽嘛,是不是啊。"赵无恤挽留起张孟谈来,而且显得有些生气,也不知道几分是装的,几分是真的。

"主公所说的,是成就功名的诱惑;我所说的,是治理国家的道理。我纵观天下历史,发现权臣的权力威望高过国君的,国家能够治理好的,从来没有过。前事不忘,后事之师。如果主公不能决策,那我也没办法了。"张孟谈说到后来,有些激动起来,意思是如果您不同意我辞职,不好意思,就别怪我不辞而别了。

前事不忘,后事之师。这个成语出于这里,《战国策·赵策》中原文为:

"前事之不忘,后事之师。"

"那,你先回去,我考虑考虑。"赵无恤还是没有同意。

张孟谈回到家中,第二天开始请病假。

三天之后,赵无恤派人去张孟谈家中探望,顺便问一个问题:"国家大事,如果臣下不听从命令,怎么办?"

"杀。"张孟谈立即回答,他知道赵无恤问这个问题是什么意思。

使者回去之后,把张孟谈的情况说了一遍,说是老爷子身体硬朗,就是装病。至于那个问题,张孟谈的回答是"杀"。

赵无恤问这个问题的意思是要吓唬张孟谈,说是你不听从我的,我就收拾你。可是张孟谈的回答就是"杀了我,我也不干了"。

赵无恤能杀张孟谈吗?于情于理都不可能。

"算了,退就退吧。"赵无恤算是同意了,派人通知张孟谈不用装病了,想去哪去哪吧。

对于赵无恤来说,目前赵家在晋国实力最强,即便没有张孟谈,问题也不大。

张孟谈退休,可不是退居二线的意思,而是彻底退休。当时,张孟谈连封地都退了,带着一家人去了山里,自耕自种,自给自足。

张孟谈种地去了,赵无恤终于可以安心睡觉了。

这样的结局很好,既保住了张孟谈的身家性命,又保住了自己的名声。可是想到这里,赵无恤不禁有些后怕。像张孟谈这样深不可测的人,再加上他的声望和人脉,一旦自己哪天先死了,谁能保证赵家的地盘不会成了张家的?三家可以分晋,张家怎么就不能取代赵家?

赵无恤还是不放心,时不时派人去看望张孟谈,说是看望,实际上是监督,看看老东西是不是真的在种地。

还好,张孟谈真是在种地,赵无恤算是彻底安心了。

赵无恤难道不知道自己有今天全靠张孟谈吗?他知道。他难道不知道赵家有今天全靠张孟谈吗?他当然知道。可是,他更知道自己赵家的利益比张孟谈更重要,比感恩报恩更重要。

不久,传来一个坏消息,说是魏韩两家正在联络楚国和齐国,准备出兵灭了赵家,瓜分赵家的土地。

赵无恤有些惊慌了，如果四国出兵，赵家肯定是顶不住的。怎么办？左思右想，想不出办法。

"老张啊，看来没有你还真不行。"这个时候，赵无恤自然而然想起张孟谈来。

情况紧急，赵无恤立即派人去找张孟谈，咨询退敌之计。

"这个，你看看这麦子长得，啊，施肥要及时啊。"张孟谈现在就是一个老农民，种麦子种得都比别人强，使者来了，就跟使者讲麦子。

"张老啊，先别讲麦子了。目前韩魏楚齐要联手攻打咱们，主公正没辙呢，您想个办法吧。"使者急了，没心思听他讲麦子。

"这个，我现在就是一农民，早就不管国家大事了，真没有什么办法。"张孟谈说得很真诚，似乎真的成了农民。

使者再三哀求，张孟谈就是没办法。

最后，使者真的没办法了，只好回去复命。

"不行，他肯定有办法，再去。"赵无恤就不相信张孟谈真的没办法，另外派了人去。

这一次，还是灰溜溜回来。

"老张对我有意见，再去，告诉他，如果不想办法，杀他全家。"赵无恤当然知道张孟谈不会没办法，一定要逼他出来。

赵无恤都要杀人了，张孟谈这次是没办法再说没办法了。

"这样吧，主公如果真的要我想办法，让主公亲自来，替我背剑，给我驾车，然后让我住在后宫的前殿，任命我为吏大夫，管理全国的官僚。"张孟谈提了一个条件，算是要出一口气。

赵无恤答应这个条件没有？当然答应了，赵无恤的优点是什么？忍哪。"老东西拿我一回，这账咱们今后慢慢算。"赵无恤都记在心头了，现在用人之际，忍着点，今后算账的机会多着呢。

就这样，赵无恤亲自去接张孟谈，把张孟谈扶上车，替张孟谈背着剑，然后自己上了车。

"去，上旁边那个车。"赵无恤把御者给赶下去了，亲自驾车。

别说，赵无恤驾车的水平不错，当年王良把驾车的技术传给了赵简子，赵简子又传给了赵无恤。

张孟谈很得意，这算是出了一口气。

"主公,别怪我过分啊。之所以要这样,是要彰显您礼贤下士啊。"张孟谈说,直接把自己归到了下士的规格,意思是老子为你家做牛做马一辈子,后来为了保命,混到了农民伯伯的份上。

"啊,张老,您德高望重,居功至伟,为您效劳,应该的,应该的。"赵无恤嘴上说得也好,心里骂:"你这个老东西,看你折腾我吧,我慢慢收拾你。"

回到朝廷,赵无恤立马任命张孟谈为吏大夫,同时在后宫腾了一块地给张孟谈,安排奴仆宫女伺候。

一切安排妥当,开始谈正事了。

"张老,您有什么办法呢?"赵无恤问,心说折腾我半天,你要是说没办法,我现在就砍了你。

"这样,我呢,跟这几个国家的权臣关系都不错,他们也认我这面子。我亲自出使,肯定能解决问题,可是我一个人跑不了四个国家啊,这样吧,派我大儿子出使韩国,二儿子出使魏国,三儿子出使齐国,这问题不就解决了吗?"张孟谈就这个主意,行不行,谁也不知道。

赵无恤明白,张孟谈所说的并不是吹牛,他跟各国的权臣甚至国君的关系都不错,而且,他的国际声望非常高,他要出马,问题真就不大。不过,这才三个国家,还有楚国呢?

"张老啊,您这主意估计不错,可是,楚国谁去啊?"

"这个,实在不行,就让我老婆去算了。"

"你老婆?"赵无恤差点笑出来,自古以来,还没有过女人当使者的。

"主公,你不知道啊,我老婆这人比我强太多了,别看我在朝廷上好像人模狗样料事如神什么的,其实都是我老婆教的。她口才比我好,学问比我好,气质比我好,总之吧,如果她去,比我去都强,你要不放心,那只能我去了。"张孟谈这一席话,赵无恤有点干瞪眼,合着赵家不是靠着张孟谈,而是靠着他老婆。

"那,还是婶子出马吧。"赵无恤套个近乎,心说还是把你扣在这里吧,你要是去了,万一记恨我,反而煽风点火,帮着四国来打我,我找谁哭去?

就这样,张孟谈派了全家老小出使四国,当然,各种礼品没少带。张孟谈自己则住在后宫,每天也没什么事情干,就泡泡后宫的小姑娘。

时间不久,派往四国的使者先后派人回来。

"妥了,看见是张孟谈的孩子老婆亲自出使,再加上听说主公亲自给张孟谈背剑驾车,重用张孟谈,各国都说不敢冒犯赵国。"派回来的人都这么说,赵无恤偷偷派去打探消息的人也这么说。

"那什么,使者怎么没回来?我还要打赏呢。"赵无恤挺高兴,顺便问。

"这不好多朋友帮忙吗,而且各国国君也诚意挽留多住些日子,这就留下来了。又怕这边等得急,所以派我们先回来报告好消息。"使者们派回来的人都这么说。

张孟谈的任务算是完成得很出色了,赵无恤也高兴,收拾张孟谈的事情暂时就不考虑了。

"那什么,我该回家了。"张孟谈要走。

"不行,你要是走了,全国人民会怎么说我?世界人民会怎么看我?啊,我赵无恤是个忘恩负义、嫉贤妒能的人吗?"赵无恤不干了,再让张孟谈去种地,非挨骂不可啊,他还是很看重名声的。

"那,那我也不能总住在这里啊。"

"我给你盖豪宅,你还当你的吏大夫,没事就歇着,想来逛逛就来逛逛,行不?"待遇很好,还不用上班。

张孟谈无法拒绝。

于是,张孟谈的豪宅开始兴建,张孟谈搬出后宫,亲自督造。

眼看着豪宅建成,基本上可以入住。

"我回山里去一趟,把东西归置归置,还有些家人,一块再过来。"张孟谈跟赵无恤说了,然后回山里去了。赵无恤原本准备派人帮忙搬家,张孟谈说东西不多,家人足够用了。

张孟谈这一去,两个月竟然没有回来。

"老张怎么还不来?重病死了?"赵无恤这一天想起来,于是派人前去山里。

两天之后,派去的人回来了。

"报主公,张孟谈全家失踪,他家的麦子都黄了。"

到这个时候,赵无恤终于明白了。

"老家伙,从一开始就打算跑啊。"赵无恤有些哭笑不得,看来,老东西比自己高明多了。

从一开始,张孟谈之所以要派老婆孩子出去,就是要探探路,看哪个国家比较适合居住。之后,老婆孩子都没回来,压根儿就没准备回来。

根据老婆孩子暗中的报告,四个国家都挺好,不过,齐国最好。这一点,张孟谈也早就料到了。所以,三个孩子分别在韩魏齐定居了,这边张孟谈悄悄地把儿媳妇小孙子等等都偷偷移了民。另一边,老婆也从楚国去了齐国。

到张孟谈假装回家的时候,实际上直接就奔了齐国。

为什么选择齐国?首先,张孟谈不可能选择韩国和魏国,那就等于背叛了赵家,这是张孟谈不愿意的;其次,楚国毕竟是南方,生活不适应;再次,齐国国家富庶,风气开放,外来人口受到欢迎,商业氛围浓厚,特别适合于移民。所以,当初张孟谈把小儿子派来这里,就是准备将来跟小儿子一块生活的。

赵无恤知道张孟谈多半是逃往了齐国,不过他也知道,张孟谈一定会隐姓埋名,决不会与赵家为敌。所以,赵无恤也并没有派人追杀。

张孟谈,进入战国的第一位牛人,一手导演了三家分晋。之后,急流勇退,与智瑶的贪婪,恰好构成鲜明对比。

张孟谈,堪称战国的范蠡。

第 十 三 章

士为知己者死

按《战国策》:豫让,晋毕阳之孙。

当初毕万被封在魏,于是后代分成毕、魏两姓,因此,毕姓与魏姓出于一宗,但是已经很远了。简单说,毕家和魏家已经没有任何关系了。毕阳是谁?历史上并没有记载,于是后人想当然以为他是个著名的大侠。

豫让剑术高明,一开始在范家打工,范家是出了名的悭吝,工钱少规矩多,豫让没干多久,就转投了中行家。中行家也好不到哪里去,非亲不用无官不贪,豫让为了混口饭吃,不得不忍气吞声,勉强待下去。等到范、中行两家被赵家击败,豫让转而投奔了智家。

一开始,智瑶认为豫让是败军之将,有些瞧不起他,直到他们之间发生了一次对话。

"中行家战败,你为什么不为中行家殉节?"一次,智瑶这样问他。

"我没有资格,因为中行寅待我如同寻常人,所以我只能以寻常人的身份来待他。"豫让说。智瑶愣了一下,他有点惊讶于豫让的直率,而且能够感觉到他身上的傲气。

"那么,你为什么不投靠赵鞅,而要来投奔智家?赵鞅非常器重人才,你在赵家一定会受到重用的。"

"因为赵家击败了中行家,我投靠赵家,有一种无路可走屈膝投降的感觉,即便赵家待我好,我也无法忍受。所以,我宁愿投奔智家,今后有机会再与赵家对决,击败赵家,也证明中行家的战败只是中行寅无能,而不是我们这些门客是混饭吃的。"

从那之后,智瑶开始器重豫让,因为他感觉豫让高傲和不服输的性格与自己很对味。到智瑶接掌智家,豫让就做了智瑶的车右。

二十五

智家被灭了，当然，被灭不等于被歼灭。智家的人只是被收回了封地，开除了贵族的族籍，从此失去了受教育、当官以及打仗的资格。简单地说，从干部待遇、城镇户口一下子变成了三无人员，地位没有了，财产没有了，前途没有了。

所以，智家的人能逃的都逃了，没有逃走的，就成了无业游民或者别人家里的奴仆。至于智家的谋士们，也都作鸟兽散，有的人逃到了国外，有的人投奔了韩家魏家，但是很少有人投奔赵家，他们不喜欢赵家，赵家也不喜欢他们。

树倒猢狲散，这就是智家，也是所有被灭掉的家族的必然结果。

"智瑶啊智瑶，你养了那么多门客谋士，却没有一个像程婴、公孙杵臼那样愿意为你尽忠而死，真的很失败啊，哈哈哈哈。"赵无恤大笑，他是胜利者，有资格嘲笑失败者。

可是，他笑得太早了。

赵无恤对智瑶恨之入骨，因此他决定羞辱智瑶。智瑶已经死了，于是他将智瑶的头盖骨取下来，白天作为酒器，晚上作为溺器。这样，就能时时刻刻羞辱智瑶了。

那一天，白天，所以撒尿不能用智瑶的头盖骨，只能上厕所了。

来到厕所，赵无恤远远地看见一个泥瓦工正在修理厕所的外墙。赵无恤干过这样的活，当年公子身份没有获得正式承认之前，他什么样的活都干过。他觉得这个泥瓦工干活的姿势有些奇怪，他的动作好像不是在抹墙，而是在刺剑。

泥瓦工看了赵无恤一眼，急忙转过头去继续干活。

虽然仅仅是一眼，却让赵无恤浑身一个激灵，这人的眼神太厉害了，那分明是战场上一个无敌战士的眼神，就像一把越国的剑，犀利而充满仇恨。

一个泥瓦工怎么会有这样的眼神？

赵无恤一点也没有犹豫，转身就走。

"来人，把那个泥瓦工给我抓来。"赵无恤悄悄下令，他知道其中一定有问题。

卫士一拥而出，将泥瓦工生擒活拿，押到了赵无恤的面前。只见泥瓦工一脸的污泥，看不清面容，只觉得隐隐在哪里见过。

"等等,我去撒泡尿。"赵无恤憋急了,带着两个卫士,先去解决了内急。

等到赵无恤回来,坐在堂上,武士们将泥瓦工用的泥抹子呈了上来,抹子的一边装了利刃。早有人提来了水,两桶水劈头浇下去,脸上的泥就洗净了。

"啊,是你?"赵无恤大吃一惊,眼前不是别人,竟然是智瑶的车右豫让。以豫让的身手,七八个卫士根本不是对手。刚才也就是赵无恤反应快以及豫让犹豫,否则,赵无恤就很危险了。"你来干什么?"

"杀你。"豫让说,既然已经被认出来了,索性就承认。

"杀我?"赵无恤有点吃惊,不是吃惊于豫让来杀自己,而是吃惊于豫让的直截了当。"你为什么要杀我?"

"晋阳之战,智元帅被杀,我没有能够保护他,只得逃到了山里,原本就准备在山里种地生活。可是,后来听说智元帅的人头竟然被你当作了酒器,我就决心为智元帅报仇,因此,化装成泥瓦工,寻找机会杀死你。"豫让说了缘由,也就是说,如果赵无恤没有用智瑶的头做酒器,豫让也就不会来找他报仇。

"豫让,我知道你是个讲义气的人,不过,两国交兵,自然有胜负有生死,又何必报仇?你不如跟着我,我像智瑶那样对你,一切待遇如旧,怎样?"赵无恤早就知道豫让,并且一向对他的印象不错,想要收编他。

"不,我只会为智元帅出力。"豫让拒绝了。

赵无恤的脸色变得难看起来,似乎要发作。不过他略微沉吟了一下:"那,如果我放了你呢?你还会为智瑶报仇吗?"

"是的,如果你放了我,我还会来杀你。"

赵无恤真的很喜欢豫让,这么直爽,这么忠诚。

"杀了他。"大家都建议,这是个太危险的人了。

"不,这是个忠勇之士,我不能杀他。放了他,我以后小心一点就是了。"赵无恤淡定地说,似乎一点也不担心。

豫让有些惊讶,大家都有些惊讶,想不到赵无恤竟然有这样的胆魄和器量。而这样的胆魄,从前只有智瑶才有。

"忠诚,比什么都重要。"赵无恤说,挥挥手,让手下把豫让送出去。

赵无恤真的不担心自己的安全?他才没那么傻呢。

豫让很意外,他知道赵无恤能忍,但是没有想到他竟然还有这么大的器量。

"也许,当初我要是投靠他的话,他也会像智元帅那样对我。"豫让想,他

对赵无恤的感觉好了很多,不过这不等于他就会放弃向他报仇。

豫让刺杀赵无恤并且被赵无恤放过的事情迅速传遍了大街小巷,晋国的人们都很赞赏他。一来是他的忠勇令人佩服,二来是赵无恤羞辱智瑶的行为不是贵族的行为,令人鄙视。

豫让知道,经过这一次之后,实际上已经打草惊蛇,想要再靠近赵无恤变得非常困难。

怎么办?豫让决定整容,确切地说,是毁容。他用漆刷自己的身体,让身体长出癞疮来,剃光胡子,拔掉眉毛,又在脸上划了几刀,总之,把自己整得像个叫花子,而且是最惨的叫花子。

毁容之后,为了检验效果,豫让找了个破碗,穿着一身破衣服去要饭了。去哪里要饭?去自己家。

“大嫂,可怜可怜我吧。”豫让敲开自己家的门,出来的是自己的老婆,豫让就向老婆乞讨。

豫让的老婆本来就心情不佳,老公目前生死不明,据说还去行刺赵无恤,可就是不回家,你说他老婆心情能好吗?看见这么一个倒霉的乞丐讨饭讨上门来,能给他好脸色吗?

“臭要饭的,给我滚。”豫让老婆大声喝骂着,驱赶着豫让。

豫让不敢去正眼看自己的老婆,怕露了馅。于是,只好走开。

“这个臭要饭的怎么说话这么像我老公呢?”一边关门,豫让的老婆一边自言自语。她万万没有想到,这就是她老公。

检验的结果:外表已经毁容成功,连老婆都没有认出自己来。可是,声音还是原来的声音。

怎么办?毁声。

豫让吞炭,毁坏了自己的声带,说话变得低沉嘶哑。

现在,任何人都无法认出他来了。至少,豫让自己这么认为。

为了验证效果,豫让专门去找了一个老朋友。遗憾的是,老朋友一眼就认出了他。

“你的眼神出卖了你。”老朋友说,紧接着说了理由:“剑客的眼神都是锋利的。”

“那是因为你熟悉我,赵无恤的人一定认不出来。”豫让说,也算是安慰自己。

“老哥啊,你何必把自己整成这样呢?要说你的决心,那是没得说了。可是,要说你够聪明,那还真够不上。你想想,如果你真要为智瑶报仇,有更好的办法啊。"老朋友没有纠缠于豫让的毁容效果,而是帮他出主意。

"什么好办法?"豫让眼前一亮,急切地问。

"凭你的才能,要是去投靠赵无恤,一定会受到重用。到时候再找机会杀他,不是很容易吗?"老朋友出了一个做卧底暗杀的主意,倒真是个好主意。

豫让笑了,笑得很难看,毁容的脸被扯得东倒西歪,比哭还要难看。

"我之所以要为智瑶报仇,是因为他对我有知遇之恩。如果赵无恤重用我,那就是也对我有知遇之恩。如果我杀了赵无恤,固然报了智伯的知遇之恩,可是,对赵无恤不就是恩将仇报了?不行。我之所以要杀赵无恤,就是要让世人知道我是一个知恩必报的人。"豫让说。他是一个侠士的孙子,也是一个侠士的儿子,自己也是一个侠士,名声比生命还重要。当初他离开中行家投靠智家,就有人说他卖主求荣,辱没了家族的名声。如果这一次再去投靠赵无恤,那名声就彻底毁了。为了名声,为了自己和祖上的名声,豫让选择了牺牲。

老朋友苦笑了一下,他觉得豫让说得有道理,同时他也知道,凭豫让现在这副叫花子造型,要去投奔赵无恤也已经晚了。

二十六

豫让确认,除了老朋友之外,没有人能认出自己,自己不过是晋阳城里的一个乞丐而已。

他在等待机会。

终于,机会来了。

豫让听说赵无恤明天要出门,甚至连时间也都听说得清清楚楚。豫让事先察看了地形,发现自己可以埋伏在一座桥下。这座桥是拱桥,而且桥面不是太好,只能一辆车缓慢通过。如果自己埋伏在桥下,等赵无恤的车上了桥,自己从桥下上桥,这时候赵无恤的手下都在桥下,自己就有充足的时间杀死赵无恤了。

第二天,天蒙蒙亮,豫让就钻进了桥下,等待着那历史时刻的到来。

天亮了,人来人往,路上开始热闹。豫让保持着警惕,随时准备出击。

终于,路面上传来马车的声音,豫让贴着桥底听,感觉到是一个车队,而且有路车,也就是豪华轿车。毫无疑问,赵无恤的车队到了。

车队越来越近,第一辆车上了桥,车速明显减慢。从声音听,豫让知道这

不是赵无恤的车,因为车比较轻。第一辆车过去之后,第二辆车也上了桥,依然不是赵无恤的车。按照车队的规格,总共五辆车,中间一辆就是赵无恤的。

豫让准备好了翻身上桥,只要赵无恤的车上了桥,他就跑不掉了。

第二辆车过去之后,第三辆车却没有动。

豫让屏着气,准备动手。可是,一口气再也屏不住的时候,赵无恤的车还是没有动静。

"嘘。"豫让终于出了一口气,他再也忍不住了。

就在这个时候,一个声音传了过来。这个声音让豫让心头一喜,但是随后心头一沉。

"来到这里,我突然心头一沉,难道是上天警示我这桥下有什么蹊跷吗?来人,搜查桥下。"赵无恤的声音,证明他就在上面,这让豫让心头一喜。可是赵无恤的话让豫让心头一沉,难道上天在保护着他?

赵无恤的亲兵很容易就把桥下的叫花子抓了出来,这是一个带剑的叫花子,而且是一把好剑。

"什么人?"赵无恤大声喝问,他坐在车上。

"叫花子。"豫让说,不敢抬头,他怕自己的眼神会暴露自己。

"好一个带刀的叫花子,嘿嘿。"赵无恤笑了,一切都在他的掌控之中,而豫让不过是他的一粒棋子而已,豫让的一举一动都在赵无恤的监视之下,赵无恤之所以不杀他,就是等待这一天。"豫让,你用心良苦啊。"

豫让吃了一惊,他知道自己已经无法隐瞒了。

"是我。"豫让抬起头来。

"豫让,当初你在中行家里效力,可是中行家被智家所灭,结果你投奔了智家;如今我们三家灭了智家,你为什么不投奔我,而非要为智瑶报仇呢?"赵无恤问,这倒是他真想知道的。

"那我告诉你,中行家对我,就像一般人那样,所以我也以一般人去对待他们;智瑶对待我像国士,所以我也要以国士来对待他。"豫让说,士为知己者死,就是这个意思。

赵无恤大致猜到了这个答案,沉吟了一番,这才接着说话。

"豫让,这么长时间你想方设法来杀害我,我都忍你了。如今,你的名声已经建立起来了,而我的忍耐也已经到了限度,你自己看着办吧。"赵无恤说,他决定结束这一切。

"子自为计,寡人不舍子。"《战国策》中这样记载,赵襄子的话十分客气,之所以让豫让自己解决，那是给他一个士人应得的尊重。

豫让并不怕死，他早就有必死的准备，就算赵无恤放过他，他也未必会走。

"我听说贤明的君主不掩没别人的大义，忠诚的臣子不吝惜自己的生命来成全名声。如今，您已经体现了您的大度，天下人都在赞扬您。而我本来应该被处死，临死之前，我想借您的衣服用一用，让我刺穿您的衣服，也就等于为智元帅报了仇。我这冒昧的请求，希望您能够同意。"豫让冷静地提出了最后的要求。

赵无恤犹豫了一下，之后站了起来。

围观的人越来越多，有人为豫让叫好，有人则为赵无恤担心。

赵无恤脱掉了自己的袍子，卷成一团，扔在了车前。

豫让前进了几步，将袍子拿在手里，然后展开铺到了地上，再抬头看赵无恤，伸出一只手。

"把剑给他。"赵无恤下令，于是，卫士把豫让的剑捧了过去，递到了豫让的手中。

豫让拔剑，跳在空中，然后刺击赵无恤的袍子，连刺数剑。

"主公在天有灵，我为您报仇了。"豫让跪在地上，仰天高呼，之后泪如雨下。

围观的人们忍不住，泪水湿润了眼眶。

突然，豫让又举起了剑。只见一道血光，豫让已经倒在血泊之中。

豫让的死震动了整个晋国，晋国人都为豫让的忠诚而感动，同时也为赵无恤的大度而慨叹。

赵无恤厚葬了豫让，仿佛豫让是为自己而死。

事实上，豫让确实是为赵无恤而死。在豫让报仇这件事情上，赵无恤是最大的受益者，既得到了好名声，同时也是警示自己的手下：要忠诚。

很多人前来投奔赵无恤，这样的君主是值得效命的。

求仁得仁，豫让得到了名声。可是，赵无恤得到了所有。

第十四章

奶霸的教训

智韩魏三家讨伐赵家,眼看赵家将要崩溃的时候,最终的结果却成了赵韩魏三家联手灭了智家。

智瑶成了千古的笑料,成了蠢材的范例。

智瑶真的很蠢吗? 智瑶错在哪里?

智瑶并不蠢,相反,他非常聪明非常能干并且非常具有震慑力。两次大胜齐国,用计灭仇繇以及水灌晋阳城,智瑶的勇敢、果断和聪明都令人叹服。

事实上,智瑶只差两天就成功了。要是没有张孟谈,或者要是智瑶稍微提高一点警惕,采取一点措施防止魏驹和韩虎与赵家勾结,那么,这将是一个多么经典的战例!

可惜的是,历史不相信如果。

那么,智瑶错在哪里?

二十七

我们知道一个励志故事,那就是司马光砸缸。

其实,司马光不仅仅会砸缸。

在宋神宗的指示下,司马光率领着宋朝的一干学者编写了一部历史书,名叫《资治通鉴》。这是一部伟大的书,这部书的第一篇讲的就是智瑶的故事,并且分析了智瑶灭亡的原因,将之归结为"才胜于德"。

我们且来看看司马光怎么说。

《资治通鉴·周纪一》:

臣光曰:智伯之亡也,才胜德也。夫才与德异,而世俗莫之能辨,通谓之贤,此其所以失人也。夫聪察强毅之谓才,正直中和之谓德。才者,德之资也;德者,才之帅也。

云梦之竹,天下之劲也,然而不矫揉,不羽括,则不能以入坚;棠溪之金,天下之利也,然而不熔范,不砥砺,则不能以击强。是故才德全尽谓之"圣人",才德兼亡谓之"愚人",德胜才谓之"君子",才胜德谓之"小人"。

凡取人之术,苟不得圣人、君子而与之,与其得小人,不若得愚人。何则?君子挟才以为善,小人挟才以为恶。挟才以为善者,善无不至矣;挟才以为恶者,恶亦无不至矣。愚者虽欲为不善,智不能周,力不能胜,譬如乳狗搏人,人得而制之。小人智足以遂其奸,勇足以决其暴,是虎而翼者也,其为害岂不多哉!夫德者人之所严,而才者人之所爱。爱者易亲,严者易疏,是以察者多蔽于才而遗于德。

自古昔以来,国之乱臣,家之败子,才有余而德不足,以至于颠覆者多矣,岂特智伯哉!故为国为家者,苟能审于才德之分而知所先后,又何失人之足患哉!

白话文:

臣司马光曰:智瑶的灭亡,在于才胜过德。才与德是不同的两回事,而世俗之人往往分不清,一概而论之曰贤明,于是就看错了人。所谓才,是指聪明、明察、坚强、果毅;所谓德,是指正直、公道、平和待人。才,是德的辅助;德,是才的统帅。

云梦地方的竹子,天下都称其刚劲,然而如果不矫正其曲,不配上羽毛,就不能作为利箭穿透坚物。棠溪地方出产的铜材,天下都称其精利,然而如果不经熔烧铸造,不锻打出锋,就不能作为兵器击穿硬甲。所以,德才兼备称之为圣人;无德无才称之为愚人;德胜过才称之为君子;才胜过德称之为小人。

挑选人才的方法,如果找不到圣人、君子而委任,与其得到小人,不如得到愚人。原因何在?因为君子持有才干把它用到善事上,而小人持有才干用来作恶。持有才干做善事,能处处行善;而凭借才干作恶,就无恶不作了。愚人尽管想作恶,因为智慧不济,气力不胜任,好像小狗扑人,人还能制服它。而小人既有足够的阴谋诡计来发挥邪恶,又有足够的力量来逞凶施暴,就如恶虎生翼,他的危害难道不大吗?有德的人令人尊敬,有才的人使人喜爱;对喜爱的人容易宠信专任,对尊敬的人容易疏远,所以察选人才者经常被人的才干所蒙蔽而忘记了考察他的品德。

自古至今,国家的乱臣奸佞,家族的败家浪子,因为才有余而德不足,导

致家国覆亡的多了,又何止智瑶呢!所以治国治家者如果能审察才与德两种不同的标准,知道选择的先后,又何必担心失去人才呢!

司马光对智瑶的评价在历史上被称为公论,看上去冠冕堂皇,似乎言之有理。事实上,对于各类历史事件,古人往往都是从"仁"与"德"字上做文章,譬如贾谊在《过秦论》中论及秦朝灭亡,论点是"仁义不施而攻守之势异也"。

什么是仁义?什么是德?这一向是两个超级模糊的概念。以这样的模糊概念来总结历史事件,得出来的结论无非都是陈词滥调,不值一驳。

说到德,如果说智瑶无德,那么赵无恤呢?那么韩虎和魏驹呢?智瑶和赵无恤两人同样灭了一个北狄的国家,尽管都使用了欺诈的手段,可是赵无恤的做法明显更无耻更残忍。如果说智瑶无德,那么赵无恤就更加无德。

更无德的赵无恤战胜了无德的智瑶,司马光老先生如何砸这个缸?

智瑶死了,豫让为智瑶报仇,证明了智瑶对于手下是足够尊重的。而赵无恤对待张孟谈,则证明赵无恤更加绝情和背信弃义。

因此,赵无恤战胜了智瑶,拿德来说事是不是太滑稽了呢?

成吉思汗的胜利与德有什么关系呢?刘邦战胜项羽,与德有什么关系呢?

如果一定要说德,那么在中国的历史乃至整个人类历史上,无耻者成为胜利者的概率要高得多。

那么,如果智瑶的失败不是因为才胜于德,是因为什么?运气不好?

二十八

以个人才能来论,智瑶不仅在当时没有敌手,甚至可能超过了春秋五霸。可是,与春秋五霸不同的是,他的手下没有管仲、狐偃、先轸、范蠡这样的人,他本人也没有楚庄王那种反省精神。

所以,智瑶所缺乏的不是才能,也不是所谓德,而是纠错能力。

从智瑶的理论到他所指挥的诸多战役来看,智瑶绝对称得上是英明伟大。问题也恰在于此,正因为一系列的英明伟大,使得智瑶对自己的判断产生了绝对的信心,谋士们也对智瑶崇拜得五体投地,即便有郗疵这样不断提不同意见的人,他的意见也是不可能被采纳的。

从这个角度说,智瑶的失败要归咎于智瑶太过英明伟大了。

人毕竟不是神,何况就算是神,也有出错的时候。不错,智瑶的能力超群,但是他也有出错的时候,也有得痔疮不愿意行动的时候。这个时候,就需要纠错机制来阻止他犯错误。而一旦纠错能力丧失,那么这样的错误就可能是致命的。就像智瑶,他掌握了一切,却在胜利前夜因为一个低级错误而前功尽弃。

智瑶的失败在秦汉以前属于少见,而从秦朝开始,皇权无限,国家的纠错能力就接近于零,皇帝一言九鼎,永远正确。所以,从秦汉以后,各种荒唐层出不穷,历朝历代恶性循环,却从不反思。即便是司马光这样的"贤大夫",也不敢去面对纠错机制。

在中国的历史上,有大量类似智瑶的例子。

譬如著名的淝水之战,前秦皇帝苻坚战败并且不久被杀,成为千古的笑话,诸如风声鹤唳、草木皆兵这样的成语都是在嘲笑他的。那么,苻坚真的是人们所说的那种蠢货吗?恰恰相反,苻坚是当时最英明伟大的君主,他以一个北方小国的力量统一整个北方,掠夺了南朝的整个西部,这是一个蠢货能够做到的吗?

苻坚坚定地任用王猛,大获成功,在他的心目中,王猛是天下最英明的,他自己则是第二。而王猛之所以放弃南朝的邀请,死心塌地为苻坚效力,也是看中了苻坚的雄才大略。

那么,苻坚为什么最终失败呢?因为王猛去世之后,再也没有人能够影响苻坚,即便他错了,也无法纠正。

淝水之战中,南朝兵力极少,苻坚所犯的错误就是下令军队后撤以便放南朝军队渡江,谁知后撤瞬间变成了溃败,一个看似不经意的小错酿成大错。

类似的例子在世界历史上也不少见,譬如拿破仑的失败。只不过相对于中国,西方在总结战争胜败的时候更加客观一些。

其实,在很多时候,人们所比的不是谁做对更多的事情,而是谁能少犯错误,谁能在关键时刻不犯错误,就像下围棋一样。而少犯错误,依靠的就是纠错的能力。

楚汉之争中,刘邦最终战胜了项羽,凭什么?从能力、从人品、从出身等各个方面说,刘邦都不是项羽的对手,唯有一项刘邦占据了优势,那就是他的纠错能力。

刘邦率先攻入秦朝首都咸阳,于是搬进后宫享受生活,但是又立即接受张良的劝说,搬了出去。初见韩信,根本没意识到这个人的价值,但是在萧

何推荐之下，毅然拜韩信为大将，这也是他的纠错能力。

后来韩信占领山东自称假齐王，刘邦在韩信使者的面前大骂"这个混蛋"，结果张良陈平在桌子下面踹他两脚，当即改口："当什么假齐王？当就当个真的，我现在就封他为齐王。"

反观项羽，自从背水一战大破秦军之后他就丧失了纠错能力，甚至将辅佐自己多年的谋士范增也赶回了老家。

在过去，我们往往忽略或者轻视纠错能力，但是从现代的角度来看，纠错能力是至关重要的。无论对一个人、一个组织还是一个国家，纠错能力事关生死。

而一个组织、一个国家纠错能力的保持、建立和加强，不能依赖于刘邦这样的天生能力和楚庄王这样的自觉反省，而应从制度上进行保障。也就是说，要建立纠错的机制。

为什么有的国家很少犯错，即便犯错，也能很快地纠正过来并且不会重犯？因为他们有合理的纠错制度。

现代社会纠错机制的建立需要几个方面的配合。

第一，要禁绝个人崇拜，个人崇拜必然导致纠错能力的丧失。因此，每个人都应该在组织架构中受到约束。

第二，需要自由的表达空间，需要对不同意见的包容和提倡，所有的一言堂，所有对不同意见的打击都必然导致纠错能力的丧失。

第三，要有体制内和体制外的双重监督。

第四，要有科学合理的决策程序并坚定地执行。

不论领导人如何强大，纠错制度都是必要的。领导人越强大，纠错制度就必须执行得越严厉。

如果没有纠错能力，上帝也会灭亡。

这，才应该是智瑶为我们留下的最宝贵的教训。

第一季

李悝变法

没办法,有的时候真的是没办法。

没办法的时候怎么办? 变法。

战国,是一个变法的时代。战国,从变法开始。

古代的总是美好的,传说总是美丽的。所以,很多人不愿意变法,而宁愿等待奇迹的出现,等待传说中的美好过去的重现。然而,过去的永远不会回来,现代人没必要为古人担忧,古人也实在不能为现代人负责。

变法是需要勇气的,更是需要智慧的。

第 一 章

子夏门下

时间总是过得很快,不论是现代,还是古代。

韩魏赵三家分晋之后,世界上竟然出奇的平静。

齐国的田家准备着取代姜家,老老实实地窝里斗着。楚国则是一副残败的架势,像一个不久前刚被劫财劫色的良家妇女,看谁都像色狼,能够不失身就已经谢天谢地。秦国人对晋国在骨子里有些惧怕,而且他们也知道,只要他们攻打韩魏赵三家中的任意一家,一定会招来三家的联合反击。

其实这个时候还有一个越国,这个春秋的最后一任霸主国已经接近于分崩离析,家里的兄弟们正忙着骨肉相残。

而韩魏赵三家的传统友谊使得他们之间找不到战争的借口,何况,他们都有一屁股的屎要去擦。

世界因分裂而和平,这也是一种模式。

然而,和平并不带来安宁。

从赵盾执政开始,晋国进入权力斗争模式。这种模式下,家族呈断墙式没落,新贵拥有一切,而失败者失去一切。到了六卿变三家之后,旧贵族全体没落。而没落贵族要么在晋国境内苦苦求生,要么逃到外国了此残生。

士,就是所谓旧贵族。

士,整个阶层在垂死挣扎。他们从有国家保障的生活沦落到朝不保夕,生死难料。他们有的悲哀认命,有的则要奋起反击。

士,是一个充满绝望的字,更是一个充满愤怒的字。

士,反过来就是干。

那,就干!

世界上没有什么力量比得上绝望,没有什么力量比得上愤怒。

于是,此后的历史就要拜托士了。

不过,事情要从孔子的得意门生子夏开始说起。

—

在孔子去世之后,有若担任了孔子学校的校长,曾参则成为教导主任,子贡提供赞助。

可是,子夏才是最有学问的人。

子夏、子张、子游、漆雕开等人担任教师。

照例,师兄弟们之间展开了竞争,并且互相不服气,互相讽刺和抨击。只不过,曾参是个出色的泥瓦匠,他和稀泥的水平超级高,尽管他是最小的师弟。每次师兄们争得不可开交的时候,他就出面调解,真诚得一塌糊涂。

当然,大师兄子贡的话是最有分量的。

"不服是吧?谁不服让谁去见师父。"子贡每次都以这样半威胁半开玩笑的语气结束他的调解,于是师兄们都闭了嘴。

不过,不论是小师弟曾参,还是大师兄子贡,其实都在暗中偏袒子夏,因为他们知道,子夏的才华不是其他任何人可以相提并论的。

终于,子张、子游、漆雕开等人都离开了,他们独立去经营自己的学校了。在他们走之后,大家其实很怀念他们,大家才明白吵吵闹闹才是生活。所以,之后他们之间的联络反而更多,偶尔也搞搞同学会。

等到大师兄子贡去世的时候,子夏也决定回到卫国去了。

"师兄,为什么要走呢?"曾参有些舍不得。

"我教了这么多学生,看不到一个有前途的。我想,改变世界的学生应该在卫国吧。"子夏说。他确实不喜欢鲁国这个地方,这里的空气都弥漫着保守。

"师兄,我会想你的。"曾参哭了,他是一个好人,一个重感情的人。

子夏回到了卫国。

子夏在卫国开设了学校。

子夏从鲁国只带来了两个学生,一个叫穀梁赤,一个叫公羊高,他们现在升为助教,并且都在《春秋》这套教材上有自己的理解。

子夏的学生来自五湖四海,有卫国的公族子弟,有晋国流亡者的后代,有齐国商人的儿子,有宋国的愤世嫉俗者以及郑国的越狱逃犯。

"世界是古人的,也是现代人的。总的来说,更是现代人的。"子夏对弟子们说。

“老师说得对。”弟子们都这样说。

子夏笑了。

他回想起当初在孔子学校，每当他说上面的那两句话的时候，学生们就会说："老师，其实现在的世界也是古人的。"

子夏有自己的教材——《周礼》《诗经》和《春秋》。

"孩子们，《周礼》是这样要求的。"子夏会拿出一段《周礼》来给大家看。

"多么伟大的《周礼》啊。"有学生会感慨《周礼》所描述的理想社会的伟大。

"而《诗经》是这样记载的。"子夏又拿出一首诗来告诉大家。

"啊，原来，事情并不如《周礼》所描述的那样完美啊。"有学生又会感慨诗中所记载的荒淫腐败。

"可是，《春秋》的描写又是这样的。"子夏又念一段《春秋》的内容。

"唉，原来事情完全不是按照《周礼》进行的。"有学生一顿唏嘘。

这个时候，从最后一排发出这样一个洪亮的声音："现实比《春秋》还要残酷。"

子夏向这个声音望去。

"你叫什么?"子夏问。

"吴起。"吴起大声说，站了起来。

于是，子夏记住了吴起的名字。

"那么，生活在这个时代，我们应当怎么办?"子夏接着问。

"博学而笃志，切问而近思。"一个声音从第一排传来，这是子夏常说的话。

"刚才是谁在说?"子夏问。

"学生李悝。"李悝(音亏)说着，躬身行礼。

于是，子夏又记住了李悝的名字。

这个时候，一个看上去四十多岁的人在第五排微微一笑，露出一嘴的烂牙。

子夏也对他微微一笑。

这个人算是吴起和李悝的大师兄了，他叫段干木。

段干木为人随和，因此师弟们都叫他老段。

老段是个有故事的人。

老段的家在魏国的安邑，之所以要说魏国而不是魏家，是因为魏家的地盘实际上已经是一个国家了。

安邑,在今天的山西省夏县,是夏朝的首都,也是魏国的首都。

段干木也说不清楚自己这个姓氏的由来,甚至自己究竟是姓段还是姓段干也不清楚。据隔壁的范大爷说他是当年郑国公子叔段的后代,可是周大爷又说他姓段干,因为他的家住在段邑和干邑之间。段干木比较认同范大爷的说法,所以他反驳周大爷说:"如果是你说的那样,为什么我不姓干段?"

段干木是个马贩子,常常去北方买马回到魏国卖。不过,他的名声可不太好,坑蒙拐骗杀人越货什么都干,终于有一天干不下去了,于是逃到卫国,投师子夏。

基本上,子夏的学生就是这么一帮倒霉的士。可是,子夏喜欢他们,他知道这帮家伙比鲁国的那一帮老实巴交的学生要强。

不过,子夏最喜欢的,是李悝和吴起。

新绛是晋国的都城,也是韩魏赵三家留给晋国国君的两块地盘之一,另一个是曲沃。

在晋国,最高法院院长原本叫作大李,负责卿大夫之间的诉讼关系,可是晋文公的时候军政合一,大李的权力被三军的帅佐取代,就成了闲职。到后来,索性取消了这个职务。

大李的家族早早就没落了,于是整个家族就以李为姓,纪念他们曾经的辉煌。然而,这个家族只能在首都里过着很没有尊严没有面子的生活。

李家有一个儿子,名叫李悝。

李家有很多典籍,而且是古老的典籍。家族的人对这些旧书感到厌倦,似乎这是家族衰落的象征。曾经也有人想要烧来烤火,最后还算保住了。

李悝很爱读书,他读的是这些典籍,换言之,是周朝和晋国的法制史。

"世界,是需要法的。"月圆的时候,李悝会平静地对自己说。

李悝是看着法典长大的,所以他从小就相信,法可以改变世界,新法可以带来新的世界。

当初,赵简子联合韩魏智三家击败了中行家和范家(事见《说春秋之五·吴越兴亡》),两家地盘靠近齐国和卫国,因此两家人大量逃亡到了齐国和卫国。

在卫国的左氏有一家人就是从晋国逃亡而来,这家人姓吴,原本属于中行家族,因为祖上是晋国名将中行吴,因此改姓吴。

当初逃亡来卫国的时候,吴家的家底很厚,因此几十年以来,尽管有些坐吃山空的味道,可是日子还算过得不错,也繁衍成了一个大家族。

吴家有一个儿子,名叫吴起。

吴起身材高大,魁伟有力,脾气还有些暴躁。老辈的人看见这小子,说他跟老祖宗中行吴很像。

“可惜啊,生晚了,要不,说不定也能当个将军。”老辈的人说,说完还要叹息几下。

吴起基本上不尿他们,老辈的人们当初经历过跟赵家的战争,已经被吓破了胆,老老实实在这里混日子等死。可是吴起不甘心,他是中行吴的后代,他要像祖先一样名扬天下。

当初家族逃命的时候没忘了把祖宗的牌位和家里的典籍搬过来,别人都没什么兴趣,甚至有人还动过当柴火烧掉的念头。

可是吴起喜欢这些东西,尤其喜欢其中的一部书——《中行兵法》,那是祖上留下来的,从老祖宗荀林父开始,到中行吴为止,家族的战争史和经验总结都在上面。尽管这部兵法比不上《孙子兵法》,可是还是有很多独门的经验,特别是许多鲜活的战例,这是《孙子兵法》都无法相比的。

“老子要把家族失去的一切都拿回来。”在没有星星的夜晚,吴起都会望着西方这么想。

吴起是看兵法长大的。

二

子夏不喜欢讲古,而喜欢分析当今世界的形势。即便是说到过去,也只是为了对照。

子夏喜欢李悝,这小子对礼和法都非常熟悉,每当子夏认为周礼已经靠不住的时候,就会让李悝来讲讲法。而李悝讲法讲得头头是道,条分缕析,让人无懈可击。

这是一个可以改变历史的人,子夏常常这么想。

子夏也很喜欢吴起,因为这家伙有股冲劲,天不怕地不怕的架势,并且他对兵法很熟悉,因此有的时候讲春秋讲到战争,子夏甚至让吴起来讲。而每次,吴起都能讲得鞭辟入里,直指要害,尤其是讲到城濮之战,更是精彩纷呈,给人启发。

这是一个可以改变世界格局的人，子夏常常这么想。

如果某个国家能够同时拥有这两个人，一定能够重现齐桓公和晋文公的伟业，子夏坚定地这么认为。

但是，如果是聊天，子夏最喜欢的还是段干木，这个家伙见多识广，待人处事十分周到，加上说话机智滑稽，师兄弟们都很佩服他。

段干木一开始很得意，认为自己的能耐非常高，能把这里的人唬得团团转，甚至，他有想法要把老师的钱给骗过来。

直到有一天，段干木遇上了田子方。

田子方是齐国人，本身是田家的人，有大把机会在齐国做官。可是，田子方对当官毫无兴趣，他拜子贡为师，学习经商，成为子贡最得意的学生。子贡和子夏关系最好，因此田子方对子夏这个师叔也十分恭敬。子夏回卫国办校，田子方提供了赞助，平时有事没事来看望师叔，听师叔讲课。

田子方是个大商，而段干木顶多算是个小商奸商。小商奸商遇上大商，就如小巫小丑遇上大巫，自以为见多识广的段干木立即就相形见绌了。

"师兄，你做这么大的生意，有什么诀窍?"段干木有一次向田子方请教。

"诚信，诚信是做生意的最大诀窍。"田子方说。

"啊，做生意不就是撒谎和骗人吗?"段干木脱口而出，说完有些后悔。

"所以，你只能做小生意，挣不到多少钱还要被人追杀。而我，做大生意，挣钱多，还做慈善，人们都还感谢我。"田子方其实一眼就看出来段干木是个什么货色，商场上经历多了，什么人没见过?

"可是，不骗人赚不到多少钱啊。"

"靠骗人，都是一锤子买卖。可是，讲诚信，是一辈子的买卖。任何买卖，都不要想自己把钱赚完，要让对方也赚钱，大家都有钱赚，今后大家就都还有生意做。你赚了他亏了，你今后跟谁做生意去? 你把生意伙伴都整破产了，还哪里去找人跟你做生意?"田子方给段干木讲诚信经营的好处。

段干木不说话了，回想自己的过去，他觉得田子方说得有道理。

两人最终成了朋友，段干木也决心按照田子方的指点重新做人。

大师兄段干木很快毕业了，他知道自己不是做学问的料，迟早还是要回到社会中去赚钱养活自己。因此他并没有谋求在子夏的学校里混个助教干，而是决定回到安邑去做自己的老行当。

段干木走的那一天,子夏设宴送别他,除了他们,还有田子方、吴起和李悝。

"干木,回去做什么?"子夏问。

"别的也不会,还是贩马。"段干木说。他说再也不坑蒙拐骗了,并且会把从前坑蒙拐骗的钱还给人家。

"不准备当官?"子夏问。

"闲散惯了,怎么能当官呢? 自己养活自己就好。"段干木说,看看田子方,人家田子方随时能当官,就是不当。

"段兄,有机会我去看望你啊。"田子方说。他知道段干木还是做不了大生意,因为他是个小富即安的人。

子夏自然知道段干木并不是做官的料,这个时候他想起李悝和吴起来。

"悝,你今后有什么打算?"子夏问。他最关心的其实还是李悝,因为自己的学问恐怕最终要靠李悝去实践运用了。

"老师说过学而优则仕,弟子准备出仕。"李悝回答。

"嗯,以你的才能,去哪里都没问题。那么,你准备去哪里?"

"我是晋国人,对晋国也比较熟悉,我要去,恐怕还是韩魏赵吧。"李悝回答。

问完了李悝,子夏再问吴起。

"起,你呢? 去哪里你都会成为名将,你会去哪里?"子夏问。他相信吴起的实力,但是很担心吴起锋芒毕露的风格。

"我? 我打算去齐国。"吴起毫不犹豫地回答,不经意扫了田子方一眼,他很期待田子方说一句"我帮你"之类的话。

可是田子方没有搭茬。

每个人都知道,吴起仇恨韩魏赵三家,尤其是赵家,所以他绝不会去韩魏赵,他曾经说过他的偶像是伍子胥,他的计划就是到齐国去,然后率领齐国军队杀回晋国,灭掉韩魏赵三家,为家族报仇。

田子方对吴起的计划毫无兴趣,他对各种复仇都没有兴趣。

第 二 章

段干木

公元前 423 年,三家灭智家已经过去了三十年。

三十年的和平。

魏文侯名叫魏斯,他是魏驹(魏桓子)的孙子,这个时候他是魏家的主人。魏文侯是个喜欢看地图的人,因为地图比文字更加直观。可是每一次看地图都让他感觉恐慌,他发现魏家的地盘有些独特,甚至可以说有些奇葩。魏国的地盘是一个狭长地带,并且被秦国、楚国、韩国和赵国包夹在中间,而与齐国之间也不过隔着鲁国。

这么说吧,魏国跟所有强国都是邻国。

"我靠,这是逆水行舟的节奏啊。"每次,魏文侯都会这样惊叹,这样的边境格局,战争是迟早会来的,不是自己打别人,就是别人打自己。如果不想打别人,就只能等着别人打自己。

不仅外患潜伏,内忧更加严重。

三

韩魏赵三家分晋,基本上,赵的地盘在北部,韩的地盘在南部,魏的地盘在中间。从地盘大小来说,赵最大而韩最小。

赵国的地盘多半是占领的北狄的地盘,有点人少地多的意思。而韩的地盘紧靠着魏国和楚国,地盘虽然不大,可是人口也不多。魏的情况与他们不同,魏的地盘是原先晋国的核心地带,地盘狭长,不好管理。魏国士的人数和比例都最高,并且有大量当初范家、中行家和智家的手下。大多数的士都是破落的士,几乎是流氓无产者。他们目无王法,游走江湖,为了生活而作奸犯科杀人越货。

因此,尽管韩魏赵三国的治安都很糟糕,魏国却是最糟糕的。

多数人对国家不满,很多人怀念过去的生活。而这,更让魏文侯难以安枕。

当初三家分晋,顾及到国际影响以及内心残存的良心,三家给晋国国君留下了两块保留地,这两块保留地就是晋国宗庙所在的新绛和曲沃。

魏文侯听说,晋国国君晋幽公不甘心自己的国家被瓜分,正在图谋借助外部势力对付韩魏赵三家,夺回原本属于自己的地盘。

据说,大量的士人会跟随晋幽公,因为唯有如此,他们才能看到翻身的希望。

这,就是要复辟晋国的节奏。

而晋幽公保留的地盘新绛和曲沃都在魏国的境内,也就是说,一旦晋幽公开始他的复辟行动,第一个目标就是魏国。

魏文侯早就想灭掉晋幽公,不仅消除后患,还能取得两块非常好的地盘。他有这个实力,可是他还没有这个胆量,毕竟在名义上韩魏赵三家还都是晋国的。他担心自己一旦动手,在国际国内都会遭到反对,甚至遭到韩赵两家的谴责。

怎么办?

翟璜,北狄人的后代,因此姓翟,翟的发音为狄,本身就是狄的异体字。后来,翟又被念作宅。所以,如今的翟发两个音。

翟璜是晋国这些年来内战不断的获利者,凭着自身的努力,他从一个贱民成为大夫,而从前的大夫们则纷纷沦落为平民。

魏文侯非常倚重翟璜,他知道这个家伙是个实干家,为了目的不择手段的那种。

"老翟,你看怎么办?"魏文侯把事情的严重性说了一遍,然后问。

"其实,我派了人在他身边做卧底。"翟璜得意地说。这是他的缺点,他总是喜欢炫耀自己。

"哦。"魏文侯感到有些意外,说不上是高兴还是不高兴。

"这个家伙有一个致命的弱点:喜欢搞婚外恋,打野食。嘿嘿。"翟璜说。看来,他早就想好了办法。

魏文侯一向认为翟璜这个北狄的后代做事鲁莽,不过这一次,似乎不鲁莽还真不行了。

晋幽公名叫姬柳,尽管名义上是晋国的国君,韩魏赵都属于他管,可是他很清楚,自己的小命在人家韩魏赵三家的手上。所以,晋幽公登基之后,很自觉地去朝拜了韩魏赵三家,逢年过节还要送礼物。

晋幽公当然不甘心过这样的日子,暗地里他在联络一些没落的世家,准备借助外部势力翻身。不过,暗地里派人去齐国和楚国联络,结果都是碰一鼻子灰回来,合计是两鼻子灰。怎么办?晋幽公还真是没有办法,只好等待魏国内乱,自己才有机会。

因为要暗中发展势力,晋幽公喜欢微服私访,经常一个人溜出去。晋幽公长得一表人才,口才也好,因此很有女人缘,微服私访的过程中竟然发展了许多红颜知己。

最近,他搭上了一个寡妇,一个风情万种的寡妇。平时在宫里没事,他都会闭上眼睛去想这个寡妇。如果换了从前,晋国国君喜欢上哪个女人,直接就接到宫里来了,可是如今事事要看韩魏赵三家的眼色,哪里敢贸然行事。

没办法,就只能偷偷摸摸了。好在,偷情的感觉还真不错,晋幽公倒也挺享受。

这一天,又是约好的偷情的日子。夜色刚刚降临,晋幽公换上了夜行的短服,悄悄里翻墙出了后宫,一路小跑,来到了情人的家门前。

“笃笃,笃笃。”晋幽公按照约定的暗号敲门。

门开了一条缝,晋幽公也没多想,迈步进去。

“心肝儿,我来了。”晋幽公色眯眯地说。

“心你个头啊。”回答是这样的。

迎面一道白光。

然后是一道红光。

白光是刀,红光是血。

自古偷情多遇难,春秋如此,战国也是如此,如今还是如此。

晋幽公的尸体在第二天早上被发现,发现的时候被扒得精光躺在大街上,身边则是那个令人销魂的寡妇,也被扒得精光。

为了捉拿凶手,魏文侯名正言顺地率领军队进入了新绛,立晋幽公的没长牙的儿子公子止为晋烈公。同时,为了保障这里的安全,魏军留在新绛。当然,杀人凶手是没有抓住的。

贼喊捉贼,贼捉贼贼防贼,自古以来,就常常有这样的表演。

解决了晋幽公,魏文侯算是松了一口气。

可是,魏文侯知道,这并不能彻底解决问题。或者说,这其实只是个小问题。如果国内的混乱不能解决,迟早是个大问题。如何解决国内的混乱,翟璜是不会有办法的,这需要真正的高人了。

四

魏文侯最小的弟弟叫作魏成,因为排行最小,又叫魏季成。因为很有学问,又叫魏成子或者季成子。

魏成子是个好交朋友的人,三教九流无所不交,反正自己有的是钱,到哪里都是他买单,因此朋友众多。

"老弟,那么多朋友,给我介绍几个啊。"这一天,魏文侯对魏成子说。他很喜欢这个小弟弟,也很信任他。

"要什么样的?"

"有学问的,能帮我提高境界的。"魏文侯想了想说。

"好说,给你介绍段干木吧。"魏成子一口答应。

一听到段干木的名字,魏文侯愣了一下。

"段干木?"魏文侯反问。

"对。"

"我听说过这个人,倒腾马的,是吗?"魏文侯问。

"对。"

"这个人的名声似乎不太好啊,据说坑蒙拐骗什么都干啊。"魏文侯一边说一边摇头,心说老弟你交的这朋友还真不怎么样。

"没错。"魏成子说,言语之间竟然有些不在乎,"这个人就是个骗子,可是,三年前他去了卫国,投师在卜子夏的门下,回来之后,竟然变了一个人一样,简直就是古代的大贤啊,了不起啊。"

"那好吧,叫他来见我。"魏文侯不大相信,不过还是有些好奇。

魏成子笑了。

"笑什么?"魏文侯问。

"你去见他,他都未必见你,你叫他来见你?"魏成子笑得更厉害了。

"为什么?"魏文侯更加好奇。

"因为,他有你需要的,你没有他需要的。"

魏文侯决定亲自去见段干木。

魏文侯并没有出动车队,两架马车静静地出发。

段邑和干邑之间并不繁华,多半是外来人口暂住的地方,魏文侯还是第一次来。但从这一带的房屋来看,就属于比较贫穷的地方。因此,段干木算不上是一个富人。

魏成子派了人来带路,还好段干木的家不算偏僻,在这一带就算不错。这样看来,段干木大致也不算是个穷人。

来到段干木的家,魏文侯自然不会就这么直突突地进去,一来这没有礼貌,二来嘛,怎么说也是国君,架子还要摆一摆,怎么说也要让段干木出来迎接一下。

魏成子派来带路的人先进了段干木的家,段干木正在看书。

"段先生。"带路人小心地打个招呼。

"哎哟,老张,请坐请坐。"段干木很热情地说。他就这样,对每个人都一样,魏成子来了和魏成子马夫来了都是一样的招待。

"那什么,魏侯来了,就在门口呢,去接一接吧。"带路人小声说。

段干木吃了一惊,真没想到魏文侯会来。

"那什么,我这身衣服不行啊,你等我进里屋换件衣服。"段干木说,没等带路人回答,一转身进了里屋。

带路人等着,可是左等不来,右等不来,最后实在没法等了,去到屋子里一看,窗户开着,原来段干木跳窗逃走了。

魏文侯有些恼火了,我放下架子来看你,算是给你天大面子,结果你竟然逃走不见,你这不是给脸不要脸吗?我这不是热脸贴上冷屁股吗?

魏文侯想要派人去捉拿段干木,可是想想用什么理由去捉拿他呢?就因为人家不见自己,这也不是罪名啊。

这个时候,魏文侯想起魏成子的话来:人家不一定想见你。

再想想,这世界上谁不想巴结国君啊?那些没有机会创造机会都想往上凑的人多了去了,可是人家段干木有机会都不要,为什么?

高人,这肯定是高人。

想通了这些,魏文侯高高兴兴地回去了。

段干木并没有逃出去太远,而是在附近悄悄地观察。如果看见魏文侯勃然大怒,就该考虑逃命的问题了。

看到魏文侯高高兴兴地回去,他放下心来。不过,他知道,魏文侯还会来,下一步自己怎么办?

先来说说段干木目前的状况。

从子夏那里学习回来之后,段干木的境界确实有了提高,尽管依然干贩马的生意,可是坑蒙拐骗再也不干了,他懂得内心安宁以及安全有保障的生活远比只有钱要幸福得多。

段干木对当官没有兴趣,他觉得那是死路,是比坑蒙拐骗更无耻的事情。

可是,从魏文侯的架势看,自己不当官恐怕还真不行。怎么办?

段干木想起自己的一段经历,那是他贩马的经历。

从子夏老师那里回来之后,段干木有过一匹千里马,实际上也不是真的千里马,而是看上去怎么都像千里马的马。换了过去,段干木一定会把这匹马当成千里马高价卖出去,可是现在段干木的境界不同了,不再干坑蒙拐骗的事情了,所以他决定,这匹马不卖了。

谁知道,段干木越是不卖,买家就越是想买。段干木越是说实话,说这马根本不是千里马,买家就越是不相信,越是认定这是千里马。结果,越来越多的人上门来买这匹马,并且价格一个比一个高。段干木就是不卖,虽然这匹马没有卖,可是来的人顺带着买了别的马。

"这人真怪,你骗他们的时候,他们认为你是说实话;你跟他们说实话的时候,他们反而认为你在骗他。"段干木这么想。

到最后,人们终于知道这匹马真的不是千里马,人们就开始惊叹于段干木的诚实,来买他马的人就更多了。

这时候,段干木终于领会了田子方告诉自己的:诚实是最好的经商诀窍。

现在,段干木知道自己应该怎样做了。

魏文侯把魏成子找来了,把段干木不肯见自己的事情说了一遍。

"哥哥,这我料到了。段干木这个人生性不愿意受约束,如果谁在他面前摆谱,他宁愿不见。我跟他聊天,也就是在他家的炕上,他从来不把我当公子看,就把我当小兄弟。他不愿意见你,是怕你有些什么礼节上的要求。"魏成子说。看得出来,他对段干木的做法挺欣赏。

"你这么说,我更要见他了。"魏文侯兴趣更大,他平时也不是喜欢摆谱的人。

从那天起,魏文侯想要出去散步的时候,就让人驾着车去段干木的住所。

不过魏文侯并不进去，而是在经过的时候把车速放慢，自己则站起来扶着车的扶手，礼节就好像是臣子过国君的住所，或者学生过老师的住所。

这下，段干木有些坐不住了，即便出于一般性的礼节，自己都应该做出一点响应了。

终于有一次，魏文侯照例来到的时候，段干木走了出来，站在路边。

魏文侯笑了，他不等车停稳，就跳了下来。

段干木也笑了。

两人像老朋友一样互相施礼，然后魏文侯跟随着段干木进了院子。

初次见面，两人聊得不多，主要是谈段干木贩马的事情。段干木的口才非常好，聊到深处的时候总能让魏文侯开心大笑。

魏文侯的感觉好极了，因为他从来没有过这样能够跟一个人像朋友一样聊天，他觉得这才是人生中最美好的时刻。

段干木没有留魏文侯吃饭，因为他讨厌这种假惺惺的礼节，他知道魏文侯不可能在自己这里吃饭。

有了第一次，也就有了很多次。魏文侯有事没事去找段干木，两人通常也就是站在段干木家的院子里聊天，只不过，聊天的内容不仅仅是贩马，还有国家治理的问题。段干木其实并没有多少想法，只是把从老师那里学来的一些大道理讲了一通，譬如国君要以身作则，国家应该先富民再强国，等等。

魏文侯感觉段干木说得很好，于是邀请他帮助自己管理国家。

"段先生，来我这里干吧。"魏文侯终于发出邀请。

"说实话，我并不懂得怎么治理国家，如果我今天答应了你的邀请，那么你将失去一个朋友。而对我来说，如果去治理国家，最终肯定会被你撤职，我将失去我的生意。所以，不如我们还是做朋友，我能随意地提出我的看法，而你不至于任命一个外行来管理国家。"段干木直截了当地拒绝了，他对当官并没有欲望，所以能够很坦然地说出自己的想法。

"可是，如果你不来帮我，我就不能经常见到你，也不能给你酬劳啊。"

"我们在这里聊天不是很好吗？你很容易找到一个大臣，可是找到一个朋友是很难的。让魏国人都知道你来拜会一个平民，不是一件好事吗？我们是朋友，我需要你的什么酬劳呢？"

魏文侯想想，似乎段干木说得很在理，如果段干木接受了自己的邀请，今后还有可能在这里站着聊天吗？

　　有的人可以在权贵面前不卑不亢,是因为他们对于权力没有追求。相反,一旦你对权力有所追求或者祈求,无论你的学问再大,无论你的财富再多,无论你的品德再高尚,你终究将失去坦然和自信。

第 三 章

师弟出马

有一次,魏文侯带着翟璜去见段干木,魏文侯和段干木就在院子里站着聊天,主要是段干木说,魏文侯就恭敬地听着,轻易不敢打断段干木的话。尿憋急了,也要等段干木的话说完,才告个方便。直到天色黄昏,段干木表示不留客了,魏文侯才告辞出来。

翟璜感觉有些不忿,在路上他觉得应该说出来。

"主公,您看,我为您兢兢业业效力,还立了这么多功劳。可是,每次我见您,您都对我不客气,也不主动招呼我坐。可是段干木就是个贩马的,什么功劳也没有,您在他面前却那么恭谨。这,是不是不太公平啊?"翟璜壮着胆子问。

"那我告诉你吧,你确实对我很忠诚也立了很多功劳,可是你也得到了土地、财富、权位,这些都是我给你的;可是人家段干木什么也不要我的,什么也不求我,请他来当官人家还不愿意,还陪我聊天,我凭什么对人家不恭敬呢?"魏文侯回答。

翟璜想想,好像是这么回事,自己真没有段干木的境界。

"看来,我今后也该多跟段干木交往交往。"翟璜想。

五

自从拒绝了魏文侯的邀请之后,段干木就觉得应该把李悝推荐给魏文侯。可是,他知道如果是自己直接推荐的话,会有师兄推荐师弟的嫌疑,魏文侯未必会很重视。而且,一旦自己开始推荐人,后面自然而然地就要介入魏国的治理了,而这不是自己想见到的。

怎么做,才能做得巧妙又能达到目的呢?

段干木想起自己贩马的一个技巧来。

自从从卫国回来之后,段干木不再做坑蒙拐骗的事情了,可是他发现一个问题:你真心推荐的好马,买家往往持怀疑态度,怀疑你王婆卖瓜自卖自夸。

于是,段干木找了几个懂马的朋友时不时来自己这里,以旁人的角色来夸赞自己的马,这样,买家就很容易接受。

用现在的话说,就是找了几个托。但是,不是坑蒙拐骗的托,而是货真价实的托,把好马卖出好马的价格来,让想买好马的能够买到好马。到后来,人们也都知道这几个人是托,索性每次来就向他们请教,听他们的推荐。

用现代话说,就是托变成了职业顾问。

段干木决定,为李悝找个托。

就在这个时候,翟璜来了。

翟璜其实也没什么正经事,就是想来闲聊,套套近乎,看看段干木究竟有什么魅力。

"托来了。"段干木暗中高兴。

段干木非常客气,甚至请翟璜去堂上座谈,这让翟璜难免有些受宠若惊,这待遇高过魏文侯啊。

闲扯了几句,话就进了正题。

"唉,最近主公很发愁啊,国内乱成一锅粥,想找个高人来帮着治理,找不到啊。"翟璜说。他倒是真心想为魏文侯效劳的,也真心知道自己的能力不足。

"既然翟大夫说起来,也承蒙你看得起我跟我说这么心腹的话,我斗胆问你,想不想在魏侯面前立个大功?"段干木淡淡地说。

"大功?"

"没错,有一个人一定能帮到魏侯,本来我可以推荐,可是我又不想升官发财,我推荐就浪费了。怎么样,你感兴趣吗?"段干木问,似乎在谈生意,要把到手的好生意送给翟璜。

"太感兴趣了,干木先生,快告诉我是谁?"翟璜瞪大了眼睛,这可是一个大功劳啊。

"这个人是我的师弟……"段干木将李悝的才能、履历、个人特点等等都介绍给了翟璜,让他一一记住。

从段干木这里离开之后,翟璜直接去见魏文侯了。

翟璜这个人,能力不说,执行力就是强。

"主公,我推荐一个人,一定能帮助主公治理好国家。"翟璜没等坐稳,兴冲冲地说。

"哦?"魏文侯挺高兴,翟璜这个劲头他喜欢,可是翟璜真的有这样的朋友和眼力吗? 这一点魏文侯心存怀疑。

翟璜没管魏文侯的反应,滔滔不绝地介绍起李悝来了,还把李悝说成是和自己一块光屁股长大的朋友。

魏文侯挺感兴趣,但是终究还有些将信将疑,直到翟璜说出这样一句话。

"李悝是段干木先生的师弟,主公要是不相信李悝的能力,不妨去向段干木先生求证。"翟璜做完了托的工作,反过来,把段干木当成托了。

有的时候,托来冒充卖家,而真正的卖家假扮成托。

第二天吃过早饭,魏文侯就来到了段干木家中。

段干木刚刚起床,生意人都是这样,晚上睡得晚,早上起得也晚。

两人就在院子里聊上了,简短问候之后,就直接谈到了李悝。

"李悝是先生师弟? 这人怎么样?"魏文侯告诉段干木说翟璜推荐了李悝,不知道到底水平如何。

"嗨。"段干木先假装很遗憾地叹了一口气,然后才假装真诚地说下去:"这个翟璜真是脑袋尖,连李悝师弟他也认识。李悝的能力呢,这么说吧,我也就是他的零头。可是为什么我一直没有向主公推荐呢? 因为李悝能力太强,很多想法是一般的君主无法接受的,我还想再观察观察,看看你是不是配得上李悝这样能力的人。"

魏文侯当时有点发傻,他已经自认为是个很有眼力很有能力的贤君了,竟然还被说可能配不上李悝,这李悝得有多么大的能耐啊?

"李悝真有这么强? 跟历史上谁相当呢?"

"大概,除了管仲,就是他了。"段干木肯定地说。

"那还等什么? 我这就派人召他来。"魏文侯有点激动起来,有了李悝,自己成为霸主就指日可待了。

"错了,错了。"段干木摆摆手,示意魏文侯冷静下来。

"错了?"

"当初齐桓公请管仲,可是亲自驾车啊。君侯如果真要重用他,就要给他隆重的礼遇。否则,不如不请。"段干木没客气,立即指了出来。

"先生说得对,我应该自己去。可是,李悝先生在卫国,我似乎不太方便进入。先生看,派谁去比较好?"魏文侯接受了段干木的指教,急着要派人去了。

于是,两人开始商量派谁去比较合适。

魏文侯的意思,请段干木出马,这个想法被段干木当场拒绝了,因为段干木就是个平头百姓,根本不能代表魏文侯。魏文侯又建议派翟璜,段干木也认为不好,因为翟璜是个比较粗俗的人,礼节上怕有闪失。

最后,段干木提出了一个人选。

"季成子吧,他去有三个好处。第一,他是国君最喜欢的弟弟,规格到了;第二,季成子本人就很有学问,招人喜欢;第三,遇上什么临时需要决断的事情,季成子能做主。"段干木总结了三大好处,实际上他早就想好了。

这样的事情魏成子是愿意去干的,因此二话没说,前往卫国。

魏成子便服化装来到了卫国,倒不是担心卫国人会为难,而是不愿意把事情闹得太大。

魏成子先见到了李悝,谈论之下才发现李悝竟然就是晋国人。魏成子告诉李悝自己是魏文侯派来请他出山的,而推荐他的人就是段干木。

"这样吧,咱们先见见老师再说。"李悝并没有答应,也没有拒绝。

第二天,魏成子和李悝去见子夏。

子夏此时已经年过七旬,可是依然博闻强记,侃侃而谈。魏成子这才发现,段干木的那点知识与子夏相比就实在差得太多。

魏成子本人也算是学问不浅,可是与子夏交谈,就完全跟不上节奏。两人谈诗的时候,勉强可以对话,可是说到这几百年的历史,就只能听子夏一个人说了。

这时候魏成子想起来了,段干木曾经说过子夏教授《春秋》,这在当时独此一家。

"子夏先生,我代表魏国国君,也就是我的哥哥,邀请您前往魏国开办学校,教授《春秋》,高官厚禄随老师挑拣,您看行不?"魏成子临时做了个决定,他相信哥哥一定不会反对。

"我年事已高,还是谢谢你们的好意,我就不打算动了。"子夏婉言谢绝了,对于名利,他一向很淡泊。不过对于李悝受邀一事,他是极力支持的。

魏成子还想劝劝,可是一时找不到理由。

"老师,弟子想,这《春秋》虽然记载了历史,可是略嫌简略。若是魏国能够拿到晋国的史料,一定能大大丰富春秋的记载。那么,老师未尝不可以去一去。"李悝在关键时刻说话了,而这话恰好说在关键点上。

原来,李悝深受子夏的喜爱,一来是学习努力,二来是李悝家中的典籍记载了很多子夏不清楚的历史,这让子夏也学到不少。所以,子夏常常提起晋国的典籍,很是期望看到。

果然,子夏听到李悝的话,并没有反对,而是看着魏成子。

魏成子笑了。

每个人都是可以诱惑的,关键在于你要知道他最在乎什么。

魏文侯举办了一个盛大的欢迎仪式,这个仪式并不是为李悝举行的,而是为子夏举行的,他要拜子夏为师。

仪式非常隆重,魏文侯在仪式上行了拜师礼,魏国有头有脸的人物全部都来参加了。而段干木平时虽然拒绝来,此时也不能不来凑凑老师的热闹。

子夏成了魏文侯的老师,不过他对这个头衔兴趣不大,他只对晋国的典籍感兴趣。

仪式之后,魏文侯亲自安排了学校,安置了子夏老师,并且挑选了卿大夫们和家族里的年轻人来接受子夏的教育。

魏成子则做了另一件事情,他去了新绛,亲自把晋国的典籍取出来交给子夏。

从此,子夏除了教书、与魏文侯聊天,所有的时间都用在把晋国史籍的内容与《春秋》校对合并。

终于,子夏完成了从《春秋》到《左传》的改变。(关于子夏著《左传》,见《说春秋之七·孔子世家》)

这件事,魏文侯得到了人才,段干木推荐了师弟,李悝得到了平台,翟璜得到了功劳,子夏得到了史料,魏成子交到了朋友,可以说是真正的皆大欢喜,各方多赢。

六

李悝成为魏文侯的大夫,但是这仅仅是开始。如果没有两把刷子,很快就会让魏文侯失去兴趣。

"李悝先生,当今魏国国外是强敌环绕,国内是混乱不堪,再加上晋国国君怀有死灰复燃之心,可以说内忧外患,先生有什么可以教我的?"魏文侯提出了自己的忧虑,希望从李悝这里得到答案。

"内忧是心腹之患,外患是肌肤之患。内忧解决了,外患才有解决的基础。所以,先集中力量解决内忧。"李悝说。这是子夏老师寻常所教导的,解决问题不要急于求成,要循序渐进,先解决最紧要最迫切的。

"好。"魏文侯说,他觉得李悝的话靠谱。

"解决内忧,要先找到症结所在。"李悝接着说,要找到问题所在,才可能找到解决问题的方法。

"对,那么,症结在哪里?"魏文侯紧接着问。

于是,李悝开始为魏文侯分析问题的症结。

按照周朝的规定,贵族的后代在失去祖先的爵位之后,都成为士。士这个阶层不用种地经商,只需要在战时为国家打仗,平时做一些类似吏一类的政府行政性事务或者充当衙役就行,甚至什么都不用干,就能从国家拿到"禄",也就是足够生活的粮食。用周礼的说法,就是"士有禄田"。按照"士农工商"四民分业的原则,士的地位高于农工商,并且有接受"六艺"义务教育的权利和晋升为大夫的机会。

所以,在西周以至春秋早期,士的生活是很优裕的,士们也能保持自尊,自觉以周礼的要求来约束自己。

可是,随着一代代的繁衍,士的数量大为增加,国家供养开始出现困难。到春秋中后期,各国国内斗争加剧,一些大家族被免去爵位和封地,那么依附于这个家族的士就面临被剥夺禄田甚至剥夺士的资格的局面,那么,他们的生存立即出现问题。这个时候,他们的出路主要是以下几种:

第一,投靠其他家族;第二,转而去当农民;第三,成为流氓无产者,以各种社会低级行业甚至偷盗为生。

这个问题在晋国尤其突出,因为晋国的权力斗争不断,大量的士人被开除出士籍。到了三家分晋,原先实力最强人数最多的中行家、范家和智家的人马就失去了原先的地位,除了极少数逃往国外或者投靠韩魏赵三家,其余的基本沦落为无业游民,生活困难。

即便是正儿八经的士,多数的生活保障也并不稳定。

更糟糕的是,三家分晋的现实毁灭了晋国人的三观,人们对于忠于国家忠于君主忠于良心这样的事情毫无兴趣,因为韩魏赵三家都是坏榜样。在人

们看来，韩魏赵三家中，韩家是晋国的本家，如今连祖宗也出卖了；而赵家和魏家原本都是从镐京来晋国的难民，可以说世受国恩，到现在反而瓜分了晋国，简直就是强盗、小偷，既然如此，大家为什么不能当强盗、当小偷？在心理上，人们已经没有底线了。

在这样的情况下，三晋境内盗匪云集就是必然的结果了。而魏国的情况比赵国和韩国更加糟糕，社会治安几乎要崩溃。

"先生分析得对。"魏文侯说。不过，这个分析他自己早已经做过，其实人人都知道。现在的问题是，用什么方法。"那么，用周礼行不行？"

李悝笑了。

"先生为什么笑？"魏文侯有点不明白。

"我不是自己笑，我是替我的祖师爷孔子笑呢。如果他听到你这样的话，一定会笑的。"李悝说。

"这么说，先生认为这是可行的办法？"

"当初祖师爷在世的时候，是礼崩乐坏。而现在早已经不止是礼崩乐坏了，是三观尽毁了。当初用周礼都不行，现在更加不行了。"

李悝的回答让魏文侯有些意外，孔子的学说是"克己复礼"，强调礼治解决问题。可是到了李悝这里怎么完全不同了？

"老师说过：博学而笃志，切问而近思，仁在其中矣。就像江河改道，自有其改道的理由，难道还要把水塞回去？"

"可是，江河改道，必然洪水弥漫，总不能听之任之啊。"魏文侯有点失望，看这架势，李悝也未必有什么办法。

"主公自然知道大禹治水的方略了。"

"你是说疏导？"魏文侯眼前一亮，这是个思路。

"当今之下，仅仅疏导是不够的，要有堵有疏。"李悝胸有成竹的样子。

"怎么堵，怎么疏？"魏文侯迫切想要知道答案。

"这，要一件一件来说了。"李悝说。说起这个来，可就是他的话题了。

于是，李悝从周礼说起了。

当初周武王灭了商朝，周公在商礼的基础上制定了周礼，从此以周礼治理天下。但是不要以为有周礼就没有刑罚，周礼是适用于贵族阶层的，而刑罚适用于平民阶层。

周礼的本意是建立在人们普遍懂得廉耻、普遍拥有自尊的基础上的，换句话说就是大家都是贵族,或者说就是大家的思想觉悟都很高。在此基础上制定的周礼,就是行为规范,针对一些具体的事项,规定最合适的程序和规则,人们只需要遵照执行。那么,如果不执行怎么办?不执行就不执行,大家鄙视你,仅此而已。但是,出于贵族的自尊,大家会去自觉执行。

那么,犯罪了怎么办?两种办法。第一种,自觉自愿自我惩罚。基本上,这是最主要的方式。如果不自觉,不自我惩罚怎么办?如果罪行不大,基本上就算了,大家鄙视你。如果罪行严重,那么首先会剥夺你的爵位,使你成为平民,这时候,再用专门针对平民的刑罚来处置你,这就是第二种。

第二种通常使用得比较少,因为一旦使用第二种,意味着你的后代也失去了贵族地位而沦为平民。

最早的周礼是适用于卿大夫阶层的,那时候周国人少,大家占领了天下,基本上都是卿大夫级别的。可是后来随着人口繁衍,卿大夫的后代们不可能都是卿大夫,绝大多数成了士。

士是个尴尬的阶层,从政治上来说,他们还属于贵族,拥有贵族所拥有的基本权利,譬如受教育、国家供养、参加战争以及获得晋升等权利,但是从经济上来说,他们又属于平民阶层,与农工商合称为四民。

于是问题来了,士这个阶层该用什么来约束?是用周礼,还是用平民的刑罚?在早期,士是适用周礼的。但是随着士这个阶层人数的急速增长,士的经济地位和社会地位急速下降,其素质和廉耻心也急速下降。到了春秋中晚期,士在整体上已经与贵族相去甚远了,仅仅在名称上和传统上有所保留。

进一步,随着义务教育的崩溃,士不仅不懂周礼,而且不遵守周礼了,更别说自我惩罚。换言之,道德底线大幅下降,犯罪率大增。

这个时候,如果还期待士这个阶层自我约束就已经不切实际了,他们正成为社会混乱和动乱的主要因素。

为了解决这个问题,郑国的子产率先采取行动,公布了刑鼎,将刑法刻在鼎上。刑鼎是给谁看的?士。所以,子产铸刑鼎实际上宣告了刑罚正式开始适用于士这个阶层。但是从实际执行来看,由于遭到保守势力的阻碍,执行得并不坚决。

此后,晋国赵武也制了刑鼎,也是这个意思,但是执行得也并不严格。

实际上,孔子对这个问题也无可奈何,一方面他反对制刑鼎,认为士还是贵族阶层,不应该适用刑罚。可是对于士犯罪率极高的问题,又没有解决办法。所以孔子一方面号召士们提高觉悟克己复礼,一方面宣扬"刑不上大夫,

礼不下庶人"。问题是,士既不是大夫也不是庶人,是用礼还是用刑呢?孔子也只能装糊涂了。

这里要顺便说一说"刑不上大夫"这件事了。刑不上大夫不是说大夫犯罪不受惩罚,而是自罚或者先剥夺贵族资格再用刑罚。事实上,从秦朝废除这一条之后,现在恢复了这条,其表现形式就是处级以上官员犯罪不是直接交检察院侦查起诉,而是先进行"双规",待免去职务成为"普通群众"之后,再交检察机关走法律程序,接受刑法惩罚。

回到正题。

三家分晋以后,士的问题空前严重,可是三家都束手无策。要解决士的问题,就要用刑罚来震慑和惩治犯罪的士人。

"公布刑法,正式将士阶层纳入刑法适用范围,与农工商并列。"为魏文侯做完以上分析后,李悝拿出了自己的建议。

魏文侯听傻了,李悝的分析太有道理了,自己这么多年来的困惑在一瞬间明了了。

"太好了,一针见血啊。李悝先生,就按你的来。"魏文侯甚至没有去想会有什么后果或者反对意见,脱口而出。

"可是,这还不够。"李悝笑了笑,他能看到魏文侯的决心了。

"还不够?"

"不错,魏国的情况已经非常严重,可以说已经养痈成患,仅仅将刑法适用于士已经不足以震慑。"李悝说。

"那,先生的意思?"

"重新制定刑法。"

魏文侯一时不知道该说什么了,因为将刑法正式适用于士就已经开世上的先河了,再重新制定刑法,那岂不是要翻天覆地了。一时间,魏文侯还无法接受。过了好一阵,魏文侯才接着问下去。

"那,怎么重新制定?"

"加重刑罚。"李悝坚定地说。

"譬如?"

"譬如,过去偷三十钱的处罚劳役一个月,现在砍手。"李悝说,随后又举了几个例子。

"太重了吧?"魏文侯觉得有些过分。

"不然,俗话说:矫枉需要过正。如果不用重罚,则犯罪难以遏制,其结果是更多的人受到惩罚,砍手砍脚的将不计其数。而如果轻罪重罚,人们就不敢去犯重罪,反而砍手砍脚的人会少。"李悝推出了自己的新理论。

"啪!"魏文侯突然一拍桌子,李悝的说法让他眼前一亮,他知道自己不能犹豫了。"干,先生,你说怎么干吧?"

子夏没有看错,李悝果然是一个改变历史的人。

第 四 章

变法

李悝是有备而来的。

李悝的准备非常充分。

李悝准备的是一套《法经》，根据历史记载，这是中国最早的成文法典。也正因为此，李悝成为中国历史上无可争议的第一个法家，并被记载入中国法制史。

然而，后世的人们只注意到了《法经》的时代和内容，却忽略了《法经》所适用的对象。事实上，后一点才是李悝最非同凡响的一点。因为如果仅仅看重内容，则《法经》不过是此前各种刑罚的改进版或者强化版，并不具备划时代的意义。

历史上，这被称为李悝变法。李悝变法彻底改变了战国的走势，扎扎实实地改变了中国历史。遗憾的是，人们记住了商鞅，却忘记了李悝。

七

李悝呈献了《法经》给魏文侯，这让魏文侯有些始料未及。

《法经》共分为六大部分，分别是盗法、贼法、囚法、捕法、杂法、具法。

其中，盗法的内容是关于盗抢公私财产应受到的刑罚。之所以这一部分被放在第一位，是因为当时盗匪横行是魏国最大的问题。贼法的内容是除盗抢之外的各种刑事犯罪应受到的刑罚。这两类犯罪构成了魏国社会不稳定的主要成分，用李悝的话说是"王者之政莫急于盗贼"。

囚法的内容是有关审判、断狱的法律，类似于当今的刑事诉讼法。捕法的内容是有关追捕罪犯的法律，类似于如今的公安部门的规则。杂法的内容是有关狡诈、越城、赌博、贪污、淫乱等行为的刑罚，这部分内容较杂，但是相对来说社会危害远小于盗贼。

具法的内容是规定定罪量刑的通例与原则的法律,相当于现代刑法典的总则部分。其他五篇为"罪名之制",相当于现代刑法典的分则部分。

后来商鞅在秦国变法,刑法部分就是以《法经》为基础。而此后的汉朝刑法,又承袭了秦朝的刑法。因此可以说,此后几千年的中国刑法,追根溯源在《法经》。

遗憾的是,《法经》已经失传,关于《法经》的具体内容只能从此后的零散记载中获取。

关于盗的处罚,大盗成为守卒,也就是充军,罪行严重者要处死。窥宫者和拾遗者要受膑、刖之刑,窥宫就是盗窃未遂,拾遗就是捡了东西据为己有,膑刑是削掉膝盖,刖刑是砍脚。再譬如贼法中规定,杀一人者偿命,并籍没其家和妻家;杀二人者,还要籍没其母家。杂律主要内容为六禁。一是淫禁,禁止夫有二妻或妻有外夫,也就是通奸和重婚,男子处以宫刑,女子处以死刑。二是狡禁,是有关盗窃符玺及议论国家法令的罪行,基本上就是危害国家安全、诋毁国家领导人之类的罪行。三是城禁,是禁止人民越城的规定,基本上就是不得在城门关闭之后翻越城墙。四是嬉禁,是关于赌博的禁令。五是徒禁,禁止人民群聚的禁令。六是金禁,是有关官吏贪污受贿的禁令。如规定丞相受贿,其左右要伏诛,犀首以下受贿的要处死。

可以看出,刑罚比从前要重,而且带有某种程度的株连。

什么是籍没？就是先除籍再没收。除籍的结果就是从此不再属于士农工商,而是成为"野人",失去一切机会。所以,这个"籍"相当于现在的"开除公职"或者"剥夺政治权利"。

犀首原本是一种战马的名称,此处是指专职军事官员。不过,在当时,这种官员的地位不高,低于大夫。所以,在李悝的变法中,依然维持刑不上大夫的原则,在卿大夫层面依然适用周礼。

推行《法经》,对魏文侯来说其实并不是一件太困难的事情,因为《法经》所约束的对象是士这个阶层,换句话说就是弱势群体。何况,魏国的治安确实太糟糕,老百姓们也都期望政府有什么办法来整治。

很快,魏文侯颁布了《法经》并且立即生效,整体而言,除了一些人认为处罚过重之外,多数人愿意接受。至此,旧的晋国刑法在魏国境内被废除了。

《法经》的使用立竿见影,魏国境内的刑事犯罪迅速减少,社会治安明显好转。往日的大盗们要么被绳之以法,要么逃去了邻国,多数人则不得不收

敛自己的行为，想其他办法谋生活了。

魏国人民一片叫好声。

可是，在一片叫好声中，酝酿着更大的问题。

什么问题？士太多，犯罪分子太多，一时可以打压，可是长久不是办法。毕竟，犯罪分子也要吃饭，谁也不会等着饿死。

果然，犯罪行为很快反弹，并且，手段更加凶残。过去是抢劫不杀人，现在是抢劫带杀人，杀人是为了灭口。

几起大案出来，整个国家又开始陷入恐慌之中。

怎么办？

魏文侯又和李悝商量。

"主公，咱们去河边散散心吧。"李悝建议。

魏文侯不知道李悝葫芦里卖的什么药，不过既然李悝提出来了，魏文侯也不便反对。于是，魏文侯叫了车，和李悝出门了。路过段干木家的时候，李悝让人把段干木也叫上了。

三人来到黄河边，下了车，就在河边站立。

河水奔腾，滔滔不绝。

"师兄，我想请教一个做生意的问题。"出乎魏文侯的意料，李悝没有谈论国事，而是说上了生意。

难道，李悝想去做生意？

"请说。"段干木也有点奇怪。

"据说，无论什么样的商人，就算是那些很奸狡的商人，都愿意和你做生意，而且愿意和你交朋友，你是怎么做的？"李悝问。

"简单啊，我做生意，都是跟对方先把钱算清楚，哪些是你赚的，哪些是我赚的，让人家清清楚楚看到自己的利益，扎扎实实拿到自己的好处，大家共同赚钱，所以他们跟我做生意都很轻松很信任，自然就能交朋友。"段干木说，末了还加了一句，"其实，这都是田子方教我的。"

魏文侯听得直点头，最后听到段干木说到田子方，心头默默记下了这个人名，因为他感觉田子方比段干木还要高明。

"主公，你看这河水。"李悝突然话头一转，不再和段干木说做生意，而是和魏文侯说起了河水。

"啊。"

"当年河水泛滥，鲧治水，只堵不疏，于是水患更重。大禹治水，又堵又疏,终于成功。"李悝的话进入了正题,这是他请魏文侯来河边的目的了。

"先生的意思,如今的魏国也是这样,颁布《法经》是堵,下面该疏了?"魏文侯是个聪明人,当即问道。

"主公说得对。"李悝适当地夸奖了魏文侯一下,这样更容易让他接受自己的说法。"仅仅靠刑罚,迟早会激发民变,就像以堵防洪,迟早洪水会冲垮大坝。"

"那,怎么样疏呢?"

"盗匪主要的来源是士,他们受过六艺教育,原本是不愿意做盗匪的。为什么做了盗匪?因为生活无着,前途无望。这么说吧,都是被逼的。"李悝说到了问题的症结,而这是魏文侯一向知道但是一向不想说的。

"没错,"段干木突然插了话,似乎他很有感触,"世上没有人是天生做盗贼的,大凡这些杀人越货、抢夺偷窃的,都是因为吃不饱饭穿不暖衣,时间久了,就要犯罪。如今,我们的刑罚实际上是专门对付那些吃不饱饭的人,这不是太不公平吗?"

魏文侯看看李悝,再看看段干木,这师兄弟两个一唱一和,好像事先商量好的一样。

"难道,国家还要把他们养起来?那国家是负担不起的。"魏文侯说。他之所以不愿意面对这个问题,是因为他没找到解决的办法。

"这其实不难解决,只看主公的决心了。"

"什么决心?我有。"

"那好,臣闻为国之道,食有劳而禄有功,使有能而赏必行,罚必当。"李悝说。意思是,一个国家要治理好,要让干活的人有饭吃,让立功的人享受俸禄,让有能力的人担当职责,赏罚都要说到做到。

"吾赏罚皆当而民不与,何也?"魏文侯反问。意思是其实我赏罚都已经很得当很及时了,可是大家还是不尿我,怎么回事?

"那就是这个国家淫民太多了。"李悝回答。

什么是淫民?嫖娼卖淫的人民?零分。

淫荡偷情的人民?零分。

"这个淫民是个什么东东?"魏文侯也没弄明白,如果从淫荡的角度说,当然自己这个国君是第一大淫民了。

"淫民,就是父亲有功而儿子享受,出门豪车华服,出入高档娱乐场所,到处炫富,糟蹋良家妇女,这种人,就是淫民。"李悝说,基本上,就是那些招摇过

137

市的官二代们。

"那,怎么办?"

"夺取他们的俸禄,给那些有见识有才能有功劳的人,这样士们就会觉得有奔头。简单说吧,就是废除世卿世禄。"说到这里,李悝没有再说下去,他看着魏文侯,不确定这是否会被接受。

果然,魏文侯半天没有说话。

自古以来,官二代就是一个庞大群体,要动他们并不容易,因为他们就代表了既得利益阶层。而这个既得利益阶层盘根错节,互相呼应,势力十分强大。

这段对话,见于《说苑》。原文如下:

魏文侯问李悝曰:"刑罚之源安生?"李悝曰:"生于奸邪淫泆之行。凡奸邪之心,饥寒而起,淫泆者,久饥之诡也;雕文刻镂,害农事者也;锦绣纂组,伤女工者也。农事害,则饥之本也;女工伤,则寒之源也。饥寒并至而能不为奸邪者,未之有也;男女饰美以相矜而能无淫泆者,未尝有也。故上不禁技巧,则国贫民侈,国贫穷者为奸邪,而富足者为淫泆,则驱民而为邪也;民以为邪,因之法随,诛之不赦其罪,则是为民设陷也。刑罚之起有原,人主不塞其本,而替其末,伤国之道乎?"文侯曰:"善。"以为法服也。

魏文侯问李悝曰:"为国如何?"对曰:"臣闻为国之道,食有劳而禄有功,使有能而赏必行,罚必当。"文侯曰:"吾尝罚皆当而民不与,何也?"对曰:"国其有淫民乎?臣闻之曰:夺淫民之禄以来四方之士;其父有功而禄,其子无功而食之,出则乘车马衣美裘以为荣华,入则修竽琴、钟石之声而安其子女之乐,以乱乡曲之教,如此者夺其禄以来四方之士,此之谓夺淫民也。"

八

历史的车轮是无法阻挡的,何况,魏文侯是一个顺应历史的人。

在黄河边的对话之后两天,魏文侯颁布了新的法令。

新的法令归为两个方面:第一,全力发展农业,鼓励士参加农业活动;第二,整顿现有的各种封地,收回部分人的继承权,其土地分给士。

这次改革首先要解决士的生存问题,其次要发展农业。可以说是一举两得。

从历史的角度来说,李悝又做出了一个创举,就是在法律上改变了士的地位。

按照周朝的社会分工,士农工商为四大类。其中。农工商都自食其力,政治上没有地位。而士是贵族的衍生品或者边角料,享受禄田也就是薪水,不用自食其力并且享有受教育和打仗的权利,因此他们的社会地位高于其他三类人,心理上有优越感。可是到了战国初期,他们绝大部分既不能享受禄田,也没有受教育的机会,生存成为问题。所以这个时候,士反而成了最悲惨的一个阶层,要地位没地位,要粮食没粮食。

当然,让士去当农民,在心理上是有障碍的,很多人不愿意。但是,这毕竟是一条活路,要么当盗贼,要么当农民。两害相权择其轻,所以,多数人还是能够接受的。事实上,已经有一些士在从事农工商了。

这样,士的生活有保障了,而发展农业的劳动力又增加了。

到了这个时候,士这个阶层就已经开始融入农工商,尤其是农,作为一个阶层,士开始消亡。

士的问题有了解决办法,现在再来看看农业问题。也就是说,士有了去向,还要把路铺好。

实际上,农业的问题也很严重。

一方面,由于连年的战争以及社会治安不稳定,农民的税赋负担明显加重,很多农民辛苦一年的收成无法养活自己,于是干脆不再种地,四处流浪,成为社会不稳定因素。

这一点,魏文侯自己也有很清醒的认识。他说过:"今户口不加,而租入岁倍,此由多课也。"什么意思呢? 农业人口还是那么多,可是财政收入每年都大幅度增长,除了加税还有什么呢?

另一方面,有大量的荒地等待开垦。

李悝认为可以参照当年管仲在齐国的做法,实行"尽地力"和"平籴法"。简单说来,尽地力就是统一分配农民耕地,督促农民勤于耕作,精耕细作,增加生产。当然,这包括原先的土地以及待开垦的荒地,而士们就在这次重新分配中获得了土地。

平籴法是国家在丰收时平价收购粮食储存,发生饥荒时又平价卖给农民,取有余以补不足,以防谷物甚贵而扰民,或甚贱而伤农。具体而言就是将丰年分成大熟、中熟、小熟三个等级,按比例向农民籴粮;把荒年也分成大饥、中饥和小饥,在大饥之年把大熟之年所籴的粮食发放给农民,其余则类推。

这样可使饥岁的粮价不致猛涨，农民也不会因此而逃亡或流散。

李悝认为粮食太贵对士工商不利，太便宜则损害农民的利益和种田积极性，因此，农作物的价格必须兼顾士工商和农民双方的利益。他测算之后发现，五口之家的小农，每年除衣食、租税和祭祀等开支外，还亏空四百五十钱，这就是农民生活贫困和不安心于田亩的原因。

因为农民不用再负担士这个阶层的禄田，加上大量的士成为农民以及大量的荒地的利用，再加上国家已经很多年没有战争，以及社会治安变好，几大因素合在一起，减税不仅可行而且必要。

因此，李悝开始为农民减税，以此来提高农民的种地积极性。

李悝算过一笔账，以方百里的土地为例，农民专心种地和不专心种地，产量的差别高达一百八十万石。

"农民总量增加，减税实际上并不减少国家收入，而农民的积极性上来，产量增加，农民的实际收入会大幅增加。这样，百姓富裕了，国家也富裕了，社会治安好了，人民的幸福指数就上来了。"李悝把账算得清清楚楚，给魏文侯讲得明明白白。

李悝变法实行三年之后，魏国发生了翻天覆地的变化，老百姓富裕了，社会治安好到路不拾遗的地步，一些移民国外的人开始回流了。

民富则国强，魏国的综合国力·时间不仅远远强过韩国和赵国，而且远远超出秦国和楚国。国民的富裕程度，则仅仅次于齐国。

第 五 章

战争是个好东西

一切看上去很好,可是,新的问题又来了。

问题,永远都是存在的。旧的问题去了,新的问题一定会来。所以,问题是永远不可能解决完的。问题是,如果旧的问题不解决,问题累积到了无法解决的地步,一切就将崩溃了。

所以,即便明白新的问题会随时产生,也必须要解决旧的问题。

社会治安问题解决了,大量的士的生存问题解决了,可是,还有许多士心存怨恨。这些士,就是被剥夺了世禄的所谓"淫民"。

"淫民"是些什么人?其实,他们的父祖都是魏家的功臣,他们跟随魏家从驱逐中行、范两家到三家灭智,瓜分晋国,都是立下了汗马功劳的。可以说,魏家就是靠他们有了今天的。

如今,"淫民"的地位被剥夺了,他们当然不服气。而更重要的是,尽管有按照军功晋升的规定,可是他们根本没有立功的机会。也就是说,他们不仅失去了原来所拥有的,而且看不到重新得到的机会和途径。

这个群体,能量更大,并且与当权的卿大夫们关系密切。如果丧失了这个群体的支持,后果可能非常严重。

换句话说,你剥夺了既得利益群体的利益,却不给他们出路和希望,问题就会非常严重。

九

魏文侯察觉到了这个问题。

李悝当然也察觉到这个问题,并且早就感受到这方面的压力。一些人在背后给他取个外号叫"李扒皮",认为他作为一个外来户却仗着国君的支持而欺压功臣之后。甚至,有迹象表明已经有人准备收拾他。

141

不过，李悝早就有了对策。

"李悝先生，似乎有很多人对你不满啊，而且，这些人多半是功臣的后代，怎么办？"魏文侯已经听了太多的关于李悝的坏话，他知道这些话多半不可信，不过这至少表明李悝的处境不是太好。

"主公，他们其实不是对我有意见，而是对我们没有给他们进阶的机会有意见。主公看，如今我们已经有了大量的职位空缺，可是却没有理由让那些有能力的人来填补。我有一个想法，既能够给大家机会，又能够让国家壮大。大家有了机会，有能力的人能够升官发财，想为国家效力的人能够有机会，而您能够得到赞扬，我也不会被仇恨。"李悝说了一大通，说得魏文侯很兴奋。

"什么办法？"

"战争。"

李悝的办法就是两个字：战争。

"战争？"魏文侯用诧异的语气反问了一句。他不是一个喜欢战争的人，他甚至算得上是一个热爱和平的人。他望着李悝，他觉得战争这个词从李悝这样儒雅的人嘴中说出来是一件不可思议的事情。

"是的，战争。"李悝强调。

魏文侯摇摇头。

"李悝先生，战争这个词从你的嘴里说出来让我很失望啊。你知道吗？晋国和楚国打了那么多年仗，最后是两败俱伤。后来，我们韩魏赵三家终于实现了和平，天下也就和平了，大家总算过上安生日子了。你知道吗？古代的圣人征服天下都靠的是仁德，而不是战争。咱们的祖师爷孔子就反对战争，为什么我们还要战争呢？"魏文侯也说了一大通，对李悝的建议很不满。

李悝笑了笑。

"主公，战争并不总是一件坏事啊。没有战争，黄帝如何统一天下？没有战争，周武王怎么战胜商纣王？没有战争，齐桓公、晋文公怎样称霸？没有战争，魏怎么成为诸侯？"李悝先用了一段排比句来反问魏文侯，直接将魏文侯打懵，之后再从容地说明自己的理由："世界在变化，时代在演进，固守古人的道德是不对的。子夏老师就说过切问而近思，当今的事情需要用当今的眼光去看。如果还遵照周朝的规矩，咱们怎么能变法呢？所以，战争有的时候是坏事，有的时候是好事，有的国家不需要战争，有的国家需要战争。"

"那你的意思，咱们国家需要战争？战争对咱们是好事？"魏文侯问。他又被扯上了李悝的节奏。

"当然。"

李悝说着，开始掰指头。每掰一个指头，就说出一个好处。

战争能解决大量破落士们的生存问题，他们可以成为职业军人。这样，他们的破坏力可以转化为战斗力，他们将由动乱分子演化为保家卫国的勇士。这是好处一。

战争能让"淫民"获得上升的通道，只要立下战功，重获从前失去的待遇甚至更高的待遇都是可能的。他们将把抱怨仇恨化成杀敌的信心和欲望，内乱的隐患消除了。这是好处二。

百姓虽然富裕了，可是国家的凝聚力不足，有了对外战争，人们就很容易团结在一起了。这是好处三。

通过战争，可以掠夺更多的土地、财富和人民，国家更强大了。这是好处四。

通过战争，可以发现国内人才，吸引国际人才。这是好处五。

总之，发动战争可以将国内矛盾转化为国际矛盾，一揽子解决国内所有的问题。

"他们如果不在战场上杀外国人，就会在国内杀自己人；他们如果不去抢外国的财富，就会在国内抢自己人的财产；他们如果不在战场上成为爱国英雄，就会在国内成为盗贼。我们如果不把他们组织起来去作战，他们就会成为我们的敌人。"李悝总结说。

"战争真是个好东西啊。"魏文侯由衷地感叹。

魏国需要战争，这一点魏文侯和李悝达成一致。可是，战争的方向在哪里？或者说，先找谁去练？

地图，这个时候魏文侯拿出了地图。

魏国的周边，韩国和赵国都是同盟国，因为太熟所以不好意思下手，暂时没有开战的理由。楚国和齐国都是大国强国，轻易不能开战。几个小国固然可以讨伐，可是都不是合适的选择。

算来算去，秦国是最适合的练刀对手。

秦国是一个蛮夷国家，同时也是晋国的世仇，攻打他们既不需要去找理由，也不会受到任何外部压力。并且，秦国算不上是一个太强大的国家。

"那么，打秦国。"魏文侯拍板。

倒霉的秦国，什么也没有做，就成了魏国攻打的目标。

所以，当你的邻居变法的时候，你很可能成为他们试刀的对象。

"我们三十多年没有打仗了，连信得过的将军也没有了，谁来挂帅呢？"魏文侯又开始发愁，这是一个现实的问题。

"这……"李悝突然发现，自己想到了一切，却疏忽了这一点。

在魏文侯的记忆中，李悝似乎从来都是"没问题先生"。所以，当他看到李悝竟然一时没有答案的时候，他的想法是："大概李悝先生想自告奋勇了，可是又不好意思说。"

想到这里，魏文侯决定给李悝一个台阶。

"那，先生亲自出马如何？"魏文侯以为自己卖了一个人情。

李悝这次是真有点懵了，他对打仗可真没什么研究，从来也没有想过自己要当什么将军。可是，既然魏文侯提出来了，自己能拒绝吗？

"承蒙主公信任，我就受命了。"李悝假装很爽快地接受了任务，心里已经开始打鼓了。

地图上，一个向西的大箭头被画出来，战国的战争序幕就要拉开。

✝

李悝被魏文侯任命为上地郡郡守，上地郡在今陕西洛河以东、黄河以北，东北到子长、延安一带。

李悝的任命立即引发了魏国朝野的震动，因为他是魏国变法的总设计师，他被外派说明什么？一些人认为这意味着李悝的失宠，魏国的变法可能要走回头路。在大部分魏国人担忧的同时，"淫民"们开始庆贺，他们以为这是魏文侯对他们压力的屈服，他们的好日子就要回来了。

很快，"淫民"们就知道，好日子确实快回来了。不过，要靠努力。

上地郡与秦为邻，历史上有时候属于晋国，有时候属于秦国，而现在在魏国的掌控之下。

李悝来了，克制就要走了。

李悝带来了三千魏军，这些人主要由"淫民"组成。

"要恢复祖上的荣光，要拿回原来的待遇，来吧，是骡子是马拉出来遛遛，只要有本事，什么都会有的。"出征仪式上，李悝这样对大家说。

紧接着李悝宣布了赏罚的条例，立功的士兵将会获得升迁的机会，士们将信将疑。大家不是总抱怨没有机会吗？机会来了，能不能抓住靠自己了。

李悝率领魏军来到上地，再加上当地的军队，这就是他攻击秦国人的力量了。

秦国人并没有意识到魏国人将对自己发起攻击,因为没有任何征兆也没有任何理由。他们万万没有想到,自己将成为魏国人解决国内矛盾的牺牲品。

李悝不敢贸然发动大战,他知道自己并没有指挥这样战争的能力,自己甚至对于战场都有些惧怕。毕竟,对于"李"家族来说,他们世代是不需要上战场的。

李悝搞了几次小的摩擦战,他发现秦国人的警惕性是很高的,他们也是常备军,战斗力也很不错,并不是一个容易对付的对手。同时李悝发现,在魏军和秦军的对抗中,双方很少近距离战斗,主要使用的武器就是弓箭。而弓箭威力的大小,取决于弓箭的射程。如何提升魏军士兵的射术,就成了李悝"切问而近思"的问题。

很快,李悝就找到了解决问题的办法。

李悝总是能想到办法的。

两个士兵张刚、王强因为斗殴而被捉到了李悝这里,李悝心中暗喜,正需要几个这样的倒霉蛋来"作法",树立威信。

"为何斗殴?"李悝问,心想砍一颗脑袋会比重申十遍法令更有效。

可是,等到张刚、王强把事情经过说完之后,李悝的想法改变了。

原来,张刚、王强原本是朋友,可是昨天同时看上了街上的一个姑娘。两人去找姑娘家里提亲,结果是姑娘觉得两人都差不多,一时难以取舍,结果这两位因此争吵,进而斗殴。

这件事,实在是说不清谁对谁错。这件事,李悝可以找到理由对他们进行任何一种处罚。

"两个小兔崽子,咱们现在就去南门外比试射箭,谁射得远,这姑娘归谁。男人,最终还是要靠射来解决问题。"李悝决定。

于是,一场射箭比赛就在南门外进行。在射箭比赛之前,李悝给了张刚、王强三天的时间去训练,而这场比赛的消息也在三天内传遍了大街小巷。

比赛当天,南门外人头攒动,看热闹的人人山人海。李悝特地选择了一个洼地,以便大家能在高坡上看比赛。

想想看,即便以如今的好莱坞大片来做比较,这样的一场比赛充满了悬念、动作、爱情、人性关怀,赢得高票房也是在情理之中的。

比赛开始,李悝亲自做裁判,宣布了比赛规则:双方各射十支箭,以获胜

次数多者为优胜。结果,张刚以六比四获胜。

李悝宣布:姑娘归张刚。

一阵欢呼喧嚣。

"我同时宣布,今后,但凡这类是非难分、悬疑难决、历史遗留等问题,都采用这样的方式进行判决。"李悝宣布了一个前所未有的决定。

一片惊讶之声。

从那一天之后,上地郡掀起了练习射箭的群众运动高潮,那些邻里纠纷的、争夺遗产的、莫名其妙互相仇恨的,都开始玩命地练习射箭。就是那些跟人没有纠纷没有争夺的人,也都开始玩命地练习射箭,用张铁匠的话说:"奶奶个怂的,谁这辈子还不打个官司?"

人们见面的问候语则变成了这样。

"大哥,今天射了吗?"

"大哥,射得远吗?"

"大嫂,大哥呢?"

"大哥射去了。"

除了刻苦训练之外,人们还请最好的教练改进弓箭的设计,使用更好的材料等等,总之,千方百计要射得更远、更准。

三个月后,魏国士兵的射程提高了一半。

李悝是个谨慎的人,他发动了一次小的战争来验证自己的成果,结果魏军果然获得了胜利。

现在,李悝有信心了。李悝令人向秦国人下了战书,进行决战。

三天之后,两军各一万人进行决战。

决战的地点在一处山谷,两军各自在对面山坡列阵。

按着两军一贯的战法,双方在擂鼓之后先进行射战,然后冲锋。

以往的射战,双方射程相当。所以这一次布阵,李悝特地让魏军稍撤,秦国人以为魏军害怕了,却不知道是魏国人的射程变远了。

鼓声响起,双方开始射战。这时候秦国人才发现自己的射程不够,而且自己在魏国人的射程之内。

射战结束的时候,秦军死伤过半,而魏军毫发无伤。

魏国人冲锋了,秦军大败。

趁着胜利,李悝率领魏军连夺秦国三座城池,占领大片秦国土地。

在新占领的秦国土地上,李悝任命了许多官吏,而他们都是在战争中立功的士。

消息传到后方,整个魏国兴奋了。

"李悝先生真行啊,真是被窝里放屁——能文(闻)能武(捂)啊。"魏文侯感到惊讶和兴奋,他现在确信李悝就是自己的管仲。

卿大夫们也都很兴奋,但是更兴奋的还是广大的士,他们突然看到了前途,看到了自己的舞台和升官发财的道路。

更多人要求前往前线。

在人们兴奋的时候,李悝却兴奋不起来。为什么?因为他知道自己并不是率兵打仗的人才,一次胜利并不能说明问题,自己需要尽快回到首都。

可是,自己要回首都,最合理最充分的理由就是找到一个合适的接替者。有这样的人吗?李悝算来算去,在卿大夫中似乎并没有这样的人选。

怎么办?

突然,李悝想起来一个人,这个人一定行。

谁?

吴起师弟。

以李悝与吴起的关系,其实他早就可以向魏文侯推荐吴起,之所以一直没有这样做,是因为吴起曾经发誓绝不为韩魏赵三家效力。李悝担心自己向魏文侯推荐之后,吴起反而不来,那不是很没有面子?

不过,到了这个时候,似乎情况又有所不同了。为什么这样说?

首先,自己迫切需要吴起来。

其次,李悝听说吴起后来去了齐国,结果很不如意。后来又去了鲁国,在鲁国也就混得一般。那么,在这个时候,吴起是有可能改变原先的决定的。

再次,李悝想起了在自己和老师来魏国之前,老师曾经对吴起所说的那一番话。

那是启程前的一天,吴起的情绪出奇的低落,因为他是一个好强的人,看着师兄将要大展宏图,而自己的前途还不知道在哪里,他感到沮丧。子夏老师看在眼里,于是找李悝和吴起来谈话。

"起,时代不同了,要懂得变通。我的老师曾经告诉我,学而优则仕,至于为谁效力,其实并不重要。人,首先要对得起自己,要对得起自己的学识。不要把自己看成非卖品,谁出价高就跟谁干,谁能够赏识你就跟谁干。"子夏对

吴起说,他其实内心中很希望带吴起去魏国。

"那,不要忠君么?"

"忠于事就可以了,忠君干什么? 如果君主赏识你,做好自己的事就是最大的忠君,如果君主不赏识你,做好自己的事就是对得起自己的俸禄,如果有更赏识你的人,你又何必非要为不赏识你的人留恋呢?"

吴起点头,不过似乎并不完全同意。

李悝相信,经过这些年的磨难,吴起对老师的话一定有更深的理解了。

第 六 章

吴起来了

李悝并没有立即向魏文侯推荐吴起,因为这样直接的推荐很容易被魏文侯认为是他急于为自己解套的做法。

李悝给翟璜写了一封信,派人快马送去了。

翟璜和李悝的关系非常好,接到李悝的信,他立即开始行动。他是一个执行力很强的人。

翟璜首先派人去了鲁国,之后来见魏文侯。

两人聊了一阵之后,开始进入主题。

"主公,这李悝大夫真是个人才啊。"翟璜把话头引过来。

"是啊,遇上他就像齐桓公遇上管仲一样,真是我的幸运啊。过几天我要祭祀祖先,要把他介绍给我的祖先,哈哈哈哈。"魏文侯笑得很开心,笑完又说道:"老翟,真是看不出来你还有这样的眼力啊,还有这样的能人推荐给我吗?"

翟璜等的就是魏文侯的这句话,当时一笑。

"主公,我就是为了这件事来的。"翟璜说。

"哦?"魏文侯有些意外。

"主公您看,李悝先生这样的高才是文武全才,可是,总是蹲在前线这也不是一回事啊,主公这里更需要他啊,是不?"

"没错啊,我早就想把他召回来,可是他回来了,谁能抗衡秦国人呢?"魏文侯说。翟璜的话,也算是说到了他的心坎上。

"我推荐一个人,这个人虽然治国不如李悝,可是领兵打仗比李悝还强。"

"谁?"魏文侯忙问,他还真有点不相信。

"这人说起来也不是外人,就是李悝的师弟,子夏先生的学生,名叫吴起。此人如今在鲁国,咱们如果能把他挖过来,足以替回李悝。"

"吴起？这样说的话,子夏老师和李悝先生都应该很熟悉他了?"

"不错。"

"那么,他目前在鲁国,你又有什么办法把他弄过来?"

"主公先别问,我自有办法。这样,主公不妨先派人去子夏老师和李悝那里问一问,看看吴起究竟是不是个带兵的材料,问好了,我就去弄人。"翟璜说得十分自信,因为一切都已经安排好了。

果然,翟璜走后,魏文侯亲自看望子夏老师,顺便问了吴起的事情,子夏对吴起的军事才能赞不绝口。

魏文侯又派人去问李悝,李悝的回答是:"吴起师弟吧,有点贪财有点好色,可是论起打仗,我觉得春秋名将田穰苴也不是他的对手。"

十一

吴起这些年都在干什么呢?

当年老师子夏去魏国的时候,一些学生跟着过去了,另一些则自谋出路去了。吴起选择了自谋职业,事实上他早就觉得自己应该出去闯荡了。

吴起去了齐国,这是他的第一选择甚至是唯一的选择,因为他剔除了韩魏赵,就只剩下齐国这个选择了。

其实,李悝曾经劝说他不要去齐国,因为齐国不适合他这样的人。

"齐国人富啊,生活舒适,谁还愿意打仗?"李悝这么说。齐国上上下下富得流油,何必打仗呢?

吴起也知道李悝说得对,可是他确实也没有更好的选择。

来到齐国之后,吴起发现一切都如李悝说的那样。

齐国首都临淄十分繁华,声色犬马样样都有,家家户户都是斗鸡走马醉生梦死的节奏。

吴起想方设法去见了几个卿大夫,希望他们举荐自己去见齐国国君。可是当他拿出自己的兵法书的时候,得到的都是哈哈大笑。

"小伙子,好好过日子吧,这玩意没用的。"每个人都是这样说,然后客客气气地打发他走了。

最让吴起沮丧的是在国家大妓院发生的一件事情。

那一天吴起在这里遇上了一个人,两人一聊,才知道此人叫范齐家,祖上竟然是晋国的范家,范家战败之后逃到了齐国。这样说来,此人比吴起还要苦大仇深,吴起顿时引为同志,觉得两人命运相似,或许能齐心协力做些什么。

"有没有兴趣借助齐国的力量,联手夺回祖上的基业?"吴起说。

"什么?做梦吧?"范齐家听完吴起的雄心壮志,禁不住嘲笑起他来。"什么祖上的基业?不都是人家晋国国君的?咱们的祖上不过是些忘恩负义的强盗而已。再往早说,那些地盘还都是北狄的呢。"

"那,你就心甘情愿在齐国当个小老百姓?"吴起顿时有些瞧不起他。

"小老百姓有什么不好啊?"范齐家瞥了吴起一眼,有些不屑。"齐国多好啊,只要自己不懒,做点小生意,就能活得很滋润。没那么多钩心斗角,不用担心有人来害你,钱少的时候在家斗鸡,钱多的时候来妓院泡泡,多好啊。兄弟啊,人生苦短,及时行乐啊。哎,不跟你说了,我的妞来了。"

说完,范齐家起身,拉着自己的姑娘开房去了。

"唉。"吴起叹了一口气。

第二天,吴起回家了。

在齐国混了一年多,吴起灰溜溜回到了卫国。这个时候,李悝在魏国混得风生水起。

不论是家人还是邻居都以一种嘲笑的心态看待灰头土脸回来的吴起,大家都劝他别再好高骛远,在卫国找个工作混口饭吃就算了。

"都给我闭嘴。"但凡这种时候,吴起就会断喝一声,吓得说话的人再也不敢说下去。

老婆和老娘是唠叨最多的人,也是让吴起最烦心的两个人,他决定摆脱她们。

"给我织一条腰带。"吴起给老婆下了指令,他在家里历来说一不二。

老婆很快就织好了一条腰带,吴起试了试,对老婆说:"短了,再织一条长一点的。"

于是,老婆又织了一条。

大致当时织腰带会有一个比较统一的长度,类似现在的均码,老婆认为上次的尺码其实吴起完全可以用,因此第二次织还是采用上次的均码,织好之后给了吴起。

吴起试也没试,他就知道老婆不会改,所以直接把上次织的腰带拿来比,果然一样长。

"为什么还是这么长?"吴起问。

"那什么,上次裁好的线,不用就浪费了。"老婆解释。

"你这个懒婆娘,这点事情都干不好。啊,我是个带兵打仗的人才,如果我不从家里就严格纪律,今后怎么带领国家的军队啊?你,被休了。"吴起借题发挥,趁机休妻。

老婆万万没想到就因为这点小事就要被抛弃,苦苦哀求,家人们也来说情,可是吴起决心已定,当天派人把老婆送回了娘家。

老婆的弟弟在卫国混得不错,上门来求情,吴起也不给面子,气得小舅子一路骂着"二百五一根筋"而去。

解决了老婆,吴起决定再解决老娘的问题,或者换句话说把自己解决了。老娘毕竟是老娘,休妻可以,休老娘是不可以的。

所以,吴起决定再次出走。

"老娘,你们都看我不顺眼,那我就离你们远点。从今天起,我就去鲁国了,我发誓,我要是混不出个模样来,我就不回来见您。"

老娘一听就哭了,这个儿子发誓可不是闹着玩的,他发了誓就一定要做到的。这意思,就基本上等于永别了。

"儿啊,娘求你,就别走了,娘养你行不?"老娘哀求着。

谁能够改变吴起的决定呢?吴起本人都不能。

吴起为什么要去鲁国?

问题是:不去鲁国,去哪国?

去鲁国,吴起有三个方面的考虑:第一,其他国家没有合适的;第二,鲁国有师兄曾申,说不定能帮上忙;第三,齐国太可恶了,有机会帮着鲁国打齐国。

就这样,吴起去了鲁国。

曾申是曾参的儿子,曾参佩服子夏师兄的学识,因此让自己的儿子跟着子夏学习。子夏去卫国之后,曾申曾经去看望过师傅几次,因此和吴起也很熟识。

吴起来到鲁国,师兄曾申挺肯帮忙,把他推荐给了季孙。季孙让他担任了大夫,虽然没有机会带兵打仗,至少混到了大夫,这是一个好的开始。

而机会,很快也来了。

齐国又来入侵鲁国了。

齐国就是这样,高兴了,要来打鲁国;不高兴了,也要来打鲁国。总之,不打鲁国就不舒服。可奇怪的是,齐国打鲁国,真正占便宜的时候也不多。为什么呢?因为鲁国过去总能找到给自己撑腰的,楚国、晋国和吴国都曾经帮着鲁国打齐国。可是如今呢?鲁国还真找不到撑腰的了。

齐国人入侵,为了什么以及什么人领军都没有记载,我们只是知道,齐国人来了。

照例,鲁国上下又是一片慌乱,季孙、叔孙、孟孙三家赶紧商讨对策,其中季孙家是最为着急的,因为他们的地盘挨着齐国。

商量的结果一如既往,那就是抵抗,可是一如既往的是,没有人能做统帅。

吴起看到了机会,他主动请缨,并且鲁国人干惯了病急乱投医还投得挺准的事情,结果就让吴起率领鲁军迎击齐国人了。

带着满腔的仇恨和要展示自己能力的欲望,吴起带着鲁军大胜齐军。

可是仅此而已,鲁国人对战争以及战争高手都不感兴趣。即便是吴起能够因此获得重用,鲁国敢于攻击魏国吗?

所以,吴起又陷入绝望中。在鲁国,他既看不到为祖辈报仇的机会,也看不到自己发挥才能的机会。

这个时候,他发生了动摇。要么,在鲁国待下去等待报仇的机会,而这个机会基本上等不到,这就意味着自己这辈子就这么默默无闻了;要么,不再去想报仇,到韩魏赵三家中的一家去发挥自己的才干。当然,最好的选择是魏国。

吴起一时没有想明白,可是随后发生的一件事让他不得不做出抉择。

十二

谣言在鲁国传开,这则谣言是关于吴起的。

谣言的大致内容是,吴起当年在卫国的时候,因为不务正业而败光了家产,遭到邻居们的嘲笑。恼羞成怒的吴起竟然起了杀机,一口气杀了十多个人,制造了卫国历史上第一大惨案,然后逃往鲁国。在鲁国,为了能够当上鲁国的将军抗击齐国,吴起竟然惨绝人寰地杀死了自己的齐国老婆。并且,吴起的老娘去世,家里派人来报丧,吴起竟然不肯回去。

对于讲邻里关系、讲亲情、讲孝敬父母的鲁国人来说,吴起所做的每一件事都是无法容忍的。而吴起百口莫辩也懒得去辩,况且,老娘去世他没有奔丧也是事实。于是,师兄曾申愤怒地宣布与吴起断绝关系,季孙虽然碍于面子没有明说,实际上已经准备解雇吴起。

吴起欲哭无泪,他真的想杀掉造谣的人,可是他连谁在造谣都不知道。

他现在唯一知道的,就是自己很快就要滚蛋了。去哪里?他讨厌齐国人和鲁国人,认为他们根本不懂得尊重人才。想到这里,他觉得自己似乎应该为那种贤明的国君去效力,这时候他想到了魏文侯,自己的老师、师兄都在魏国混得不错,自己是不是也该去呢?

"吴起先生在吗?"有人找上门来。

来人是翟璜派来的,说是魏文侯求贤若渴,翟璜推荐了他,问他有没有兴趣去魏国。

吴起以为自己是在做梦,因为这真是想什么来什么。

总之,他没有犹豫,说了句"去你娘的鲁国",就跟着翟璜的人去了魏国。

他万万没有想到的是,这个来人就是他恨之入骨的造谣人。

吴起现在想的就是:翟璜推荐自己,一定是老师子夏和师兄李悝推动的,这下自己去了魏国,必然能平步青云,大展宏图。

想到这里,吴起笑了。

翟璜并不认识吴起,甚至此前就几乎没有听说过这个人。这次派人去鲁国,先是造谣,然后邀请,一切都很顺利。不过现在既然吴起已经来了,怎样接待就是个学问了。

好在,这是翟璜的特长。

翟璜设宴招待了吴起,然后说了很多景仰之类的话,似乎自己真的一直在关注着吴起,这让吴起很感动。当然,顺着翟璜的话,吴起把自己狠狠地夸了一通。

"吴先生,听说,你是曾参的弟子?"翟璜说。捧了半天之后,他知道该打压一下子了,否则吴起就不知道自己姓什么了。

"啊,那是我师叔,我的老师是子夏。"说到这里,吴起又有些得意,因为子夏是魏文侯的老师。

"哎哟,我经常跟子夏老师在一起啊,怎么没听他说起过呢。"翟璜假装很吃惊,言下之意就是你大概是子夏学生中的学渣,老师根本记不起你来了。

果然,吴起吃了一惊,心情受到打击。他想了想,想起李悝来。

"那,李悝是我师兄啊,我经常请他吃饭啊。"吴起说。李悝是魏文侯手下的红人,那也是面子啊。

"咳,李悝先生昨天还在我这里喝酒呢,也没听他说过啊。"翟璜说,偷眼去看吴起,果然吴起的脸上有些尴尬。

吴起很长一段时间没有说话,他的气势被彻底打压下去,自尊心也有些受不了。

可是,翟璜还要继续。

"吴先生,这次请你来呢,是我自作主张的,事先并没有告知主公。为什么呢?因为我担心告诉了主公,然后又请不来你,那可就麻烦了。所以呢,主公怎么用你、会不会用你,我也没把握。"翟璜这一段话彻底让吴起崩溃,这要是魏文侯不用自己,自己去哪里啊?

吴起很失望,而且有点愤怒。看到吴起的反应,翟璜暗笑,他知道,现在该给点安慰了。

"不过呢,吴先生也不必担心,我已经跟主公约好了,明天上午咱们就去见主公,如何让主公认可你的能力,那就要靠你自己了。我想,对吴先生来说,这点应该没有问题吧?"翟璜把话又说了回来,表示自己已经尽力了。

吴起现在稍微放了点心下来,他不可能说自己没信心,而且事实上他确实很有信心。

"多谢翟大夫,听说过包娶媳妇的,没听说过包生孩子的。能让吴起见到魏侯,吴起就已经很感激了。如果自己本事不到,魏侯看不上,那也不能怪罪翟大夫。"吴起说。现在他已经不想吃饭了,他需要时间去考虑怎样说动魏文侯。

吴起穿了一身儒服去见魏文侯,这让翟璜大为佩服。为什么?因为魏文侯好儒。由此可见,吴起是动了一番脑子的。

魏文侯倒是很客气,与吴起对面而坐,聊天聊得也很轻松,毕竟对面的吴起是子夏老师的学生,段干木和李悝的师弟。论起来,还是自己的师兄。

两人聊没几句,就聊到了兵法上。一来魏文侯知道吴起是个兵家,二来这也是吴起擅长的部分。

"我这人不喜欢打仗。"魏文侯说。这倒不是假话,他确实不喜欢打仗,只不过是李悝给他的打仗的理由让他无法拒绝。

吴起笑了笑,他早有准备。

"主公,言不由衷啊,哈哈。"吴起用跟朋友开玩笑的语气说,看着有点错愕的魏文侯,接着说,"我在来的路上听说,魏国一年四季杀兽剥皮,兽皮上刷上红漆,烫上犀牛和大象的图案。这些兽皮硬邦邦的,冬凉夏暖啊。不是准备做铠甲的,难道是准备做女式手袋的?我还看见到处在制作长戟、造战车,

难道这些是用来打猎的？"

魏文侯脸上有点挂不住了，自己这不是伪君子吗？

"这个……"魏文侯想承认，又不好意思承认。

"主公，打仗没有问题，老祖宗黄帝要是不打仗，哪有咱们的今天？周文王不打仗，哪有咱们的今天？当年承桑氏的君主修行德政，但是武力废弛，结果被灭了；当年有扈氏的君主崇尚武力，但是内部混乱，结果也是灭亡。所以，一个贤明的君主，对内要实行德政，对外要加强武备，甚至主动出击。当今，魏国国内施行德政，主公您让大家都过上了安定幸福的生活，这时候，加强武备有什么错呢？"吴起这一番话，说得有理有据，既给魏文侯找回了面子，又强调了军备的重要性。

魏文侯的脸色好看了很多，不住地点头。

"可是，"吴起趁热打铁，毕竟现在谈话进入了他的节奏，"我们在武器上做了准备，人员上呢？谁来使用这些武器？谁来训练指挥我们的士兵？人呢？将帅呢？我没有看到。如果我们的士兵没有好的训练和正确的指挥，上前线去不就等于送死吗？"

魏文侯这个时候实际上只能说这样一句话了："这正是我们请先生来的原因。"

事实上，他正是说了这句话。

魏文侯被吴起的一番话说得心花怒放。

"吴起先生，你说得太好了，怪不得翟璜推荐你，李悝赞扬你，子夏先生都说你是兵家的奇才，名不虚传哪。"魏文侯说。到这个时候，吴起才知道师兄和老师并没有忘记自己。

吴起笑了笑，没有说话，他在等魏文侯拿出真材实料来。

"吴起先生啊，如今李悝在守西河，可是我这里也需要他，却一直找不到足以担当抗衡秦国人大任的人选。如今先生来了，我就任命你为西河守，秦国人就交给你了。"魏文侯说。对于吴起来说，这绝对是出乎意料的。

"谢主公。"吴起就要起身行礼，被魏文侯拦住了。

"反了。"魏文侯说。

"没有，不会，绝对不可能。"吴起惊慌失措起来，这还没当上将军呢，怎么魏文侯就说自己造反了呢？这不是要陷害自己的节奏吗？

"应该我拜你。"魏文侯笑着说。

三天之后,在魏国的祖庙,魏文侯亲自主持仪式,夫人递酒,魏文侯拜吴起为大将,镇守西河。

仪式上,翟璜和李悝都来了,就连段干木也来看热闹。

"师兄,你算是把我给救了。"吴起悄悄地对李悝说,现在其实他已经很清楚,自己能来魏国,一定是李悝的设计。

"兄弟,我救你,是为了让你来救我啊。"李悝也是悄悄地回答。

两人相顾一笑,现在他们各得其所。

第七章

跨国战争

吴起不知道，他实际上开创了一个时代，或者说他开创了一个职业。什么职业？职业经理人。

吴起与李悝不同，李悝毕竟是魏国人，并且从一开始就决定为魏国效力。而吴起不一样，他并不确定为什么国家效力，能确定的是一定要发挥自己的才能。一开始他拒绝韩魏赵，然而后来他抛开了过去的家族恩怨，决定只为自己的前途负责。

吴起去过齐国，之后在鲁国效力，现在则到了魏国。在他看来，只要哪里有更好的环境和待遇，能更好地发挥自己的才能，自己就会义无反顾地前往。

这种没有祖国、不讲究忠诚、靠能力吃饭的人，就是后来盛行的职业经理人。

从吴起开始，职业经理人盛行。此后的整个战国，实际上就是职业经理人们在发挥自己的才能，为了不固定的雇主而斗得你死我活。今天是敌人，明天就可能是朋友，或者是敌人同时也是朋友。

之所以出现这样的职业经理人和这个群体盛行一时的现象，主要的原因就是春秋末期的各种兼并分解导致整个士阶层三观尽毁，不再相信忠诚，不再相信仁义，不再相信……除了自己，除了实力，什么都不再相信。

以吴起入魏为标志，中国进入职业经理人的黄金时代。

十三

吴起屁颠屁颠去守西河了，他觉得魏文侯这个人还真不错，于是决心发挥自己的才能，不辜负魏文侯的信任。

吴起在西河干得不错，秦国人基本上已经被打得没有脾气了，只能防守而不敢进攻。甚至，秦国人三次准备迁都以避开吴起的锋芒。

"晋国人欺负我们两百多年了,如今分成三个国家了,还要欺负我们。"秦国人对吴起又恨又怕,对晋国以及魏国的仇恨无以复加。

李悝顺理成章回到了安邑,安邑确实是个安逸的地方。可是他知道,安逸并不是一件好事,必须要找些事来做,才能体现自己的价值。

"吴起真是个人才啊,咱们干脆灭了秦国吧?"魏文侯在李悝面前赞扬吴起,并提出新的计划。

"不可。"李悝急忙否定了魏文侯的想法。

"为什么?"

"首先,秦国人的战力非常顽强,战胜他们可以,征服他们很难,到时候弄成了旷日持久的拉锯战,那就不好了;其次,就算我们占领了秦国,则立即要面对北面和西面的戎狄,又是一大麻烦。所以,我们不要只盯着西面,要开辟新的战场。"李悝分析道。他总是能看到很远。

当然,李悝怎么也没有看到秦国能够最终统一中国。

新战场?魏文侯拿出了自己的地图,铺在了桌子上。

"那,打谁?韩国?"魏文侯指着韩国自问,随后摇摇头,"不行,我们是盟国。"

李悝没有说话。

"打赵国?"魏文侯又自问,又摇摇头,"不行,我们也是盟国。"

李悝还是没有说话。

"打郑国?"魏文侯自问,然后看看李悝。

"不,郑国是我们和楚国之间的屏障,打郑国,楚国必救。"李悝摇摇头,然后说出否定的理由。

魏文侯没有说出齐国和楚国,因为这两个国家不仅不相邻,而且很强大,所以不用说,也知道不能打。

"那,打宋国?打鲁国或者卫国?"魏文侯问李悝。这三个国家倒是实力不强,靠山也不硬。

"不可,不仅不能打,还要和他们搞好关系。"李悝回答。这倒让魏文侯感到一些意外。

"为什么?"魏文侯问。

"过一阵主公就知道了。"李悝故意不说。

魏文侯见李悝卖关子,懒得追问。

"那,咱们不会要去攻打周王吧?"魏文侯问完,自己也笑了。

周王虽然已经没有实力了,可是那毕竟是天下的王,如果没有发疯的话,谁会去攻打周王呢?

李悝摇摇头,用手指指赵国北面燕国南面的一片空旷地带,地图上,那里没有标明是什么国家。

"这里。"李悝说。

到这个时候,魏文侯才发现自己的地图是老版地图,因为这里分明应该标上"中山国"三个字。

"中山?"魏文侯有些惊讶,他万万没有想到,李悝竟然要打中山。

中山在哪里?

中山在赵国的北面、燕国的南面,也就是今天河北省定州一带。魏文侯之所以吃惊,是因为这个国家跟魏国不相邻,要想打中山,就要向赵国借路。

"为什么要打中山?"魏文侯紧接着问。

李悝正要说,突然内侍来报:"赵国使者到。"

韩魏赵三家的关系一直不错,平时也都有互相的聘问,哪个国家逢上灾年,另两个国家也都会出手帮助。逢年过节的,还会有高层互访。

不过,这一次赵国使者前来并不是什么聘问,而是来请求和魏国联军出征。按理说,遇上这样的事情,魏国是会答应赵国的请求的,可是这一次还真有点难以决定。为什么?因为赵国想要攻打的竟然是韩国。

"你们要打韩国?"魏文侯很是吃惊,且不要说赵国和韩国之间的世代友好,就说地理位置上两国之间也并不相邻,为什么就要开战呢?

"韩国人太坏了,我们今年粮食歉收,所以跟他们有个代马换粮食的协议。可是,韩国人给我们的粮食竟然都是生虫的粮食,怎么吃啊?所以,我们要向他们讨个公道回来。"赵国使者说出理由,非常气愤。

魏文侯一听,觉得这不是一个战争的理由,所以他决定调解。

"这里说不定有误会,我看,不要开战的好。"魏文侯好心劝解。

"不,我们从国君到百姓都很气愤,一定要打。"赵国使者坚持。

魏文侯有些生气了,不过他决定还是问问李悝的意见。

"李悝先生,你怎么看?"魏文侯问。

"韩国不是我们的盟国吗?既然如此,我们怎么可以攻打我们的盟国呢?别说和赵国联手,就是借路给赵国也不行。"李悝表达了自己的意见,他知道魏文侯一定也是这样的意见。

李悝的判断是正确的，魏文侯不仅拒绝借兵，也拒绝了借路。赵国使者气哼哼地走了，赵国已经无法攻打韩国了。

赵国使者刚走，韩国使者来了。

韩国使者来的目的跟赵国使者一样：借兵借路，攻打赵国。理由：代马换粮食的行动中，赵国给的代马不是老马就是瘦马，甚至还混杂了驴。

魏文侯给了同样的回答：赵国是我们的盟国，所以我们既不借兵，也不借路。

韩国使者也气哼哼地走了，他们也没有办法攻打赵国了。

过了一段时间，赵国和韩国的使者又来了。这一次，两国使者同时来到，于是魏文侯同时接待了他们。

出乎意料的是，两国使者之间非常友好，并且都向魏文侯表达感谢。

"你们不打了？"魏文侯问。

"我们听说您不仅拒绝了我们，也拒绝了他们，这才体会到您阻止我们之间战争的一片苦心。在这件事情上我们双方都有错，我们都改了。我们的国君让我们来向您表达谢意，今后也都愿意唯魏国马首是瞻。"两国使者异口同声地说。

魏文侯笑了，他很有成就感。

"也许，我们可以一起做一件事情。"魏文侯说。

什么事情呢？这是李悝策划的一件事情，由韩魏赵三家联合出面，请求宋国、鲁国和卫国三国向周王室联合提起一个建议：正式册封韩家、魏家和赵家为诸侯。

这，就是李悝所说的要与宋国、鲁国和卫国搞好关系的理由。这三个国家虽然实力平平，但是在周朝的地位都非常高，与王室的关系也都非常好。

对这个建议，韩赵两家都是举双手赞成。

十四

春秋时期，北面的异族均被称为北狄，其中的一支为白狄，占据着今日山西北部和河北中部。白狄中最大的一个部族为鲜虞，在今天的山西北部，国君姓姬。按理说，北狄应该是夏朝的后裔，可是根据记载，鲜虞的国君是周武王的弟弟毕公高或者叔叔虢叔的后人。总之，鲜虞虽然是北狄，跟周还有些亲戚关系，文化上也有很多相同之处，语言文字则几乎一样。

到了春秋晚期,强大的晋国开始向北方扩张,中行吴多次北伐,拿下了同属白狄的肥和鼓,再到智瑶拿下了仇由,鲜虞见势不妙,急忙从太行山区向东部平原迁徙,在顾(今河北定州市)建立了新都。因为都城中有山,所以号称中山国。中山国国君自号中山武公,仿效华夏国家的礼制,建立起中山国的政治军事制度。

中山国的人口和地盘基本上相当于宋国,一时间,成为仅次于战国七雄的国家。可惜的是,中山武公去世之后,儿子中山桓公没有了父亲的雄才大略,中山国失去上升势头。

因为中山国建国不久,机会比较多,所以中原诸国的士们有很多前去寻找机会,成为北漂一族。

下面,来看看李悝为什么要打中山:

"第一,中山是一个北狄国家,我们打他们,其他国家无话可说,也都不会救援他们。第二,中山在赵国以北,如果我们不拿下,中山迟早是赵国的菜,那么赵国将会强大,对魏国绝对不是一件好事。如果我们拿下,就能对赵国形成南北夹击的态势。第三,中山国如今政治腐败,离心离德,正是占领他们的好时机。"李悝说出三条理由,条条在理。

"你怎么知道中山国政治腐败,离心离德?"魏文侯很惊讶地问。

"我有一个朋友叫白圭,这人非常有才干。前段时间听说中山国建国时间不长,国君仰慕中原文化,因此前往中山,想去那里混个前程,结果到了之后才发现,老国君中山武公已死,他的儿子完全没有他父亲的魄力,尽管表面上依然在吸纳中原人才,可是不知道怎样使用人才,也不善于听取意见。因此,尽管中山国君想留他下来,他还是离开了中山,来到了魏国。"这一段,其实是李悝瞎编的,白圭原本就是一个商人,根本也没有准备留在中山。

"啊,那不妨让白圭来我这里做官啊。"魏文侯认为,李悝的朋友一定也不是寻常人。

"我本来也想举荐他,可是白圭现在对仕途已经没有兴趣,他准备经商。而我看,他会是一个好商人。"

"可惜了。"魏文侯叹息。

白圭后来成为名震一时的大商人,并且被记录进了《史记》中,这是后话。

"那,打中山。"魏文侯下了决心。

可是,决心好下,事情不好做。要打中山并且灭掉中山,需要一个出色的将领。李悝是不可能去的，吴起则在西河，那么，谁能率领魏军攻打中山呢？

魏文侯和李悝商量了半天，也没有合适的人选。三十多年不打仗啊，找个会打仗的还真不容易。

"这样吧，召集几个人来讨论下，看谁有合适的人选。"魏文侯决定扩大一下决策面。

魏文侯召集的人也不算多，只有魏成子、李悝和翟璜。

李悝是没什么人可以推荐了，魏成子认识的人多半是知识渊博但是性情闲散的人，并没有打仗的好手。

"我推荐一个人吧，这个人是我的门客，名叫乐羊。"最终，翟璜推荐了一个人。

按照翟璜的介绍，乐羊祖上是宋国人，因为内乱而流亡到了晋国，乐羊本人曾经做过一段时间的盗贼，后来投奔了翟璜。

"为什么你认为乐羊行？"魏文侯问。

"首先，这个人有学识，并且有向上爬的欲望，他会很卖命。其次，这个人很有眼力，他儿子在中山做官，派人来请乐羊去，说是凭他的能力，能做更大的官。乐羊去了之后，发现这国家不行，不仅自己不肯留在中山，还劝他儿子也离开那里。"

乐羊，也是一个职业经理人。

"可是，我们任命一个做过盗贼的人为大将，会不会有人不服？"魏文侯问大家。

"这……"翟璜不说话了，其实他心里在想，如果举荐不当，乐羊不能够胜任，恐怕就不是有人不服，而是失去魏文侯信任的后果了。所以这个时候，他有点后悔自己贸然举荐乐羊了。

魏成子想了想，也没有说话。

这个时候，李悝说话了："我们都是负责举荐的，决定还要靠主公。主公定了的，谁也不能不服。凡是举荐，都是有功。用谁不用谁，是否所用得人，这是主公的事情。"

李悝的话，实际上打消了翟璜的顾虑。同时也是提醒魏文侯，决断必须由他自己做出。

"好，让乐羊来见我。"魏文侯在做出决定之前，要面试乐羊。

面试的结果并没有出乎人们的意料，乐羊成为讨伐中山的大将。

"咦,为什么每次李悝提出建议的时候,翟璜总能有合适的人选提出来?"魏文侯不免有点称奇。他万万没有想到的是,李悝在每次提出建议之前,早就找好了人选,然后由翟璜提出来。

这样做的好处是,李悝不会被认为是假公济私,而翟璜得到举荐贤良的好名声。

乐羊一边在国内练兵,魏文侯一边派出使者前往赵国,请求借路前往攻打中山。

赵国这个时候的国君是赵烈侯,赵国国内也存在与魏国同样的问题,也很头疼,可是赵国没有李悝,因此国内治理差了很多,眼看着魏国的国力一步步超过自己。虽然说起来是盟国,暗地里都不希望对方强大。所以看见魏国人来借路攻打中山,那是一百个不愿意。

"那什么,一路辛苦,先去休息,容我们商量一下。"赵烈侯先拖住使者,紧急召集群臣来议这个事情。

一听说魏国要越过赵国去打中山国,群臣就像炸了锅一样,这中山国挨着赵国,本应该是赵国嘴里的肉啊,怎么魏国人来抢了? 让魏国人抢走了,那今后不是对赵国形成包夹之势了?

群臣没有一个愿意借道的。

可是,不愿意是一回事,借不借是另外一回事。

基本上,建议直截了当拒绝的一个也没有。一来,两国说什么也是盟国,直接拒绝太不给面子;二来,魏国实力强于赵国,轻易不要得罪。

所以,讨论的焦点最后落在一点上:怎样拒绝魏国又不得罪魏国。

一个人提出,咱们告诉魏国人,说中山跟咱们已经结为亲家了,看在亲家的份上,希望魏国能够放过中山,我们也会劝中山国来朝拜魏国。一边呢,迅速派人去中山国,真的跟他们结为亲家。

这个建议一提出,立即就有人认为不妥,万一中山不尿咱们,拒绝通婚拒绝朝拜魏国,咱们不是猪八戒照镜子——里外不是人了吗? 到时候弄不好魏国和中山国联合攻打咱们,那不是死得很冤?

大家七嘴八舌,议论了半天,没有个结果。

赵利一直没说话,他看出来了,大家是不想借,可是又不敢不借。而魏国人那边是你借也要借,你不借也要借。你借,我们打中山;你不借,我们打你。所以,现在的问题其实已经不是借不借,而是怎样能让自己感觉到借了也不吃亏。换言之，自己给自己找个心理台阶。

所以赵利说话了。

"主公，我看，我们应该借。"赵利说，于是大家都看着他。

"为什么？"赵烈侯问，他其实很希望被说服。

"你想啊，中山国也不白给，我们让魏国人去打中山，打不下来呢，魏国人劳民伤财，国力受损，对我们不是好事吗？打下来了，我们也不怕呀，魏国和中山之间隔着我们，他们能占领多久呢？迟早还不是我们的。等于他们帮我们啃了个硬骨头，有什么不好？"赵利的话，听上去好像有些道理。

毫无疑问，这是最好的安慰剂了。

"好，就这么个道理。"赵烈侯首先表示赞同，大家纷纷表示赞同。

看见大家都赞同，赵利索性把戏份再表演得充分一点。

"主公，为了不让魏国人识破我们的计谋，您要假装成不太愿意借道的样子。"赵利轻声说，好像怕被魏国使者听到一样。

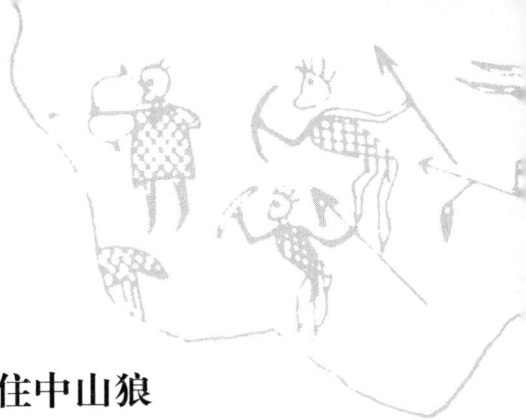

第 八 章

舍不得孩子套不住中山狼

赵国答应了魏国借路的要求,但是在内心里是一百个不愿意魏国战胜中山。于是,赵国一方面加强戒备,以防魏国玩假途伐虢的把戏;另一方面,暗中派人去向中山国通风报信,好让他们尽早做准备。

"我们怎么得罪魏国人了?他们凭什么来打我们?"得到赵国的通知,中山国国君中山桓公百思不得其解,这平白无故的,魏国人来打自己干什么?不是说华夏国家都是讲周礼讲道理的吗?不是说只有我们北狄才喜欢无缘无故抢别人的东西吗?

想得通想不通,都要准备战斗了。

中山桓公一边准备战斗,一边向周边国家求救,也就是燕国、赵国和齐国。可是,中山国跟周边的国家平素都没有往来,也只能撞撞大运,看看谁比较热心肠一些。

十五

乐羊率领三万魏军,浩浩荡荡穿过赵国,杀向中山国。

乐羊曾经去过中山国,虽然没有留下来,可是还是很留意那里的山川地形道路交通,所以一路上毫不费力,率领着三万大军摧枯拉朽一般行进,一路杀到了中山国的都城顾城。

中山桓公知道魏国人来者不善,也早已经将兵力集中在顾城,以逸待劳。

两军初次交手,中山军队大败。中山桓公发现魏军上下都是红了眼的冲杀,一时就更加困惑了:什么时候跟他们结下了深仇大恨呢?怎么一个个这么玩命?

他不知道,魏军上下都想着立军功,升官发财呢。

打是打不过了,没办法,谈判讲和吧。

于是,中山桓公派出使节去魏军营中,至少弄清楚为什么要挨打。

中山桓公的使者来到了魏军大营,于是与乐羊有了这样一段精彩的对话:

"借问乐将军,我国与贵国并不接壤,今世无仇往世无怨,为什么要攻打我国?"使者问。

"因为你们是北狄。"乐羊回答,眼皮都没抬。

"可是,我们早已经实行周礼,一切向中原国家靠齐。据从中原来的人说,我们简直比周朝还周朝了,所以我们早已经不是北狄了。"使者辩解。

"你们是北狄。"乐羊回答。

"可是,我们的国君可是毕公高的后代,说起来跟魏国同宗同源,魏国不也是毕公高的后代吗?咱们不是兄弟吗?"使者说,说起来还真是一个祖先的。

"你们是北狄。"乐羊回答。

"那什么,我们有什么做得不到的地方,贵国尽管指出来,我们改,改还不行吗?我们愿意和贵国结盟并拜贵国为盟主,你们就别打了,您看行吗?"使者小心翼翼地问。这基本上算是愿意签城下之盟了。

乐羊瞥了他一眼,摇摇头。

"你们是北狄。"乐羊说,今天他只准备了这一句话。

使者无话可说,只得走了。

望着使者的背影,乐羊自言自语:"奶奶个熊的,不打你们,老子能在这里当将军吗?不打你们,老子的能力怎么体现?不打你们,兄弟们怎么升官发财?"

自古以来,战争不需要理由,只需要借口。有的时候,连借口也不需要。

有的时候,投降都没门。

魏军开始攻城,中山国的防守十分顽强。可是,就算中山顽强防守,还是十分危险,眼看着城池就快守不住了。

这个时候,有个人来找中山桓公了。谁?乐舒,也就是乐羊的儿子。

宋国有很多死心眼的人,乐舒就是这么一个。早就知道老爹要率领魏国军队攻打中山,去迎接老爹吧,感觉怪对不起中山桓公的。对抗老爹吧,又觉得怪对不起老爹的。怎么办呢?犹豫之间,就到了现在。

到了现在,他觉得自己应该站出来了,充当两家和解的使者,这样两边就

都对得起了。

就这样，乐舒来找中山桓公了。

"乐大夫前来，不知有何良策？"中山桓公看见乐舒，急忙问，问完了还想，这小子也姓乐，跟乐羊会不会是亲戚，能不能套个近乎什么的。

"那什么，乐羊是我爹。"乐舒说。

"什么？是你爹？亲爹？"中山桓公大吃一惊。

"是，爹还有假的？"乐舒说。乐舒的意思，接着就该说自己出城去请求父亲退兵的事情了。

可是，中山桓公没等他说出来，直接一拍桌子。

"怎么不早说？来人，把乐舒抓起来。"中山桓公下令，然后命令把乐舒吊到城墙上。

为什么中山桓公没有派乐舒去劝乐羊退军？因为他认为，乐舒一旦出了城，那就不是自己的大夫，而是魏国人的卧底了。

可怜乐舒满怀忠诚，却被吊在了城墙上，成了中山桓公的筹码。

中山桓公亲自上了城楼，让士兵们大声对着城下喊："乐羊再不撤军，就杀了他的儿子乐舒。"

很快，乐羊来到了城下，定睛一看，真是自己的儿子被可怜兮兮地吊在城上。

"乐将军，你要是再不撤军，我们就杀了你的儿子。"中山桓公在城头上说。

"两国交兵，不斩来使，你们把他吊在那里干什么？"乐羊大声斥问。

"因为他是你儿子。"中山桓公回答。

"我是我他是他，他忠诚于你，你却这样对待他！"

"他是你儿子。"中山桓公回答。

"你们不是讲周礼的国家吗？怎么能这样无耻？"

"他是你儿子。"中山桓公回答。

乐羊知道，现在的形势，除了英雄断臂，没有别的办法。儿子虽然亲，可是为了其他的儿子，该舍弃的也要舍弃。

想到这里，乐羊对着城头大喊："乐舒，早就让你离开这里，你偏不听，如今是该死活不了，只能说你活该了。"

说到这里，乐羊取下弓搭上箭，一箭射上去，擦着乐舒的耳朵过去，插到了城墙上。

乐舒吓得半死，中山桓公一看这招不灵，赶紧让人把乐舒给拉上来了。

"多谢主公。"乐舒赶紧道谢，裤裆里一阵热气，他没有意识到自己已经尿了裤子。

"回家去吧。"中山桓公摆摆手。

中山桓公愁死了，乐羊连儿子都不要了，这样的决心，看来不拿下中山国是绝不会甘休了。

中山桓公派出去的使者们都回来了。

"怎么样？赵国人怎么说的？"中山桓公急切地问。

"臭北狄，去死吧。"出使赵国的使者回答。

中山桓公很生气，不过想想，赵国不肯来救是正常的，毕竟他们是魏国的盟国，而且借路给魏国，暗地里给魏国使坏可以，公开对抗确实不太现实。

"那，齐国人怎么说的？"中山桓公又急切地问。

"臭北狄，去死吧。"出使齐国的使者也这样回答。

中山桓公很郁闷，不过想想，齐国是正宗的中原国家，不肯来救也算是正常的。

"那，燕国人怎么说的？"中山桓公带着最后的希望问。在他想来，燕国还在自己的北面，名义上是周朝的国家，实际上跟北狄也差不多，甚至，在对周礼的尊崇上，还不如我中山国呢。

"臭北狄，去死吧。"出使燕国的使者也这样回答。

中山桓公很愤怒，燕国这样的国家竟然也说自己是臭北狄，难道，难道，出身决定一切，北狄的儿子就永远是北狄吗？

十六

中山桓公愤怒地向远处望去，眼神聚光之处，恨不得燃烧起一团火来。

远处，一个人正在走来，这个倒霉的人注定会被烧死。

这个人是乐舒，他特地来向中山桓公谢恩，同时还想出主意帮着中山桓公抵抗魏国人。

"主公，我有一计……"乐舒说。

"你有个屁。"中山桓公没等他说完，直接打断了他，喝令武士，"把这小子给我抓起来。"

"主公，为什么还要抓我，把我吊城头上不是没有用吗？"乐舒慌了，马屁

169

再一次拍在了马蹄子上。

"没错,所以,这次我要杀了你。还要把你做成红烧肉,送给你爹品尝。"中山桓公恶狠狠地说。

"主公啊,我忠心耿耿天地可证啊,为什么要杀我?"乐舒要哭了。

"因为,我们是北狄。"

"你们不能这么残忍啊,没人性啊。"

"我们是北狄。"

"你杀害忠良,禽兽不如啊。"

"我们是北狄。"

中山桓公根本没心思听乐舒辩解,挥挥手对卫士:"砍了,送厨房。"

乐羊也有些恼火,毕竟儿子在人家的手里,虽然说昨天射了一箭,可是实际上也是做做样子,故意偏了一点。想想看,要是满营将士看到自己射死了儿子,大家会怎么想?

要射,但是不要射住。

问题是,儿子终究是在人家手上,只有立即攻下顾城,才能救出儿子。可是,谈何容易。

就在乐羊烦恼的时候,中山国的使者来了。

中山国的使者带来了一个木匣子,匣子里是一个铜鼎,打开鼎盖,是热腾腾的一碗肉,炖得很烂,闻起来还有香味。

"怎么回事?"乐羊问。他不知道这是不是对方要投降的意思。

"我家主公说了,将军您远道而来辛苦了,特地做了一碗肉给您。"使者说。

"这是什么肉?"乐羊问,他从来没有见过这样的肉。

"主公说了,北狄的肉将军一定不屑一顾,所以就把您儿子杀了,做成了这碗中原肉羹献给您,您一定喜欢。"使者说话的声音有点颤抖,看着肉,他担心自己也会成为肉羹。

乐羊大吃一惊,这眼前竟然是儿子的肉。他正要一拍桌子,喝令把使者也做成红烧肉,可是转念想想,儿子已经死了,杀了使者也救不了儿子。从另一个角度说,儿子死了,自己的软肋也就不在中山人手中了,对于这场战争未尝不是一件好事。如果自己因此而怒火攻心,失去理智,岂不是正好中了中山人的诡计?

想到这里,乐羊强忍住悲愤,笑了笑。

使者一个寒战,他知道,对于掌握生杀大权的人来说,愤怒和笑都是要杀人的先兆。

"乐舒啊,你不听爹的话,该死啊。你的命是你爹我给的,今天就再把你收回来了。"乐羊对着儿子的肉说,然后端起碗来,一口气吃了个精光。

使者惊呆了。

"告诉你家主公,肉很好吃,谢过了,他儿子的肉,我也会让他吃。"乐羊说完,挥挥手,示意使者可以回去了。

使者捡了一条命,急忙回城去了。

使者刚出大帐,乐羊就哇的一口吐了个精光。此后三天之内无法进食,三年之内不能吃肉。

使者回到城里,把自己所看见的告诉了中山桓公。

中山桓公半天没有说出话来。

按照中山桓公的设想,乐羊看到自己儿子的肉,即便不气疯,也会四肢麻木,手脚冰凉。可是,乐羊竟然能够如此坦然自若,吃了自己儿子的肉,这简直是没心没肺,禽兽不如啊。

"不怕什么都会,就怕没心没肺啊。"中山桓公慨叹,乐羊连这个都不在乎了,还会在乎什么?连这个都不能击倒他,还有什么能阻止他征服中山?

"来人,收拾行李,回山里去当北狄吧。"中山桓公下令。现在,除了逃命,他看不到任何前途。

从那一天开始,中山桓公就偷偷地准备弃城逃命,逃往太行山中。他自然知道,不可能全城百姓都逃,那样的话都逃不掉。

城外,魏国人开始建房,摆出持久战的架势。每天晚上,都会派人在城下敲锣打鼓,做出准备攻城的样子。

中山桓公知道,总有一天,等到大家都懈怠的时候,魏国人就真的会在夜里攻城了。

三个月后,中山桓公率领着一部分国人,在一个没有月亮的晚上偷偷开了西门,一路向西,逃到了太行山里。

中山国灭亡了。

一年时间,乐羊用了一年时间灭亡了中山国。

捷报传回安邑,公卿们都来向魏文侯祝贺。

魏文侯非常高兴,这样开疆拓土的功绩足以令他载入史册。可是,在高兴之余,他竟然有些说不出来的不安。

"主公,翟璜的眼力不错,乐羊真是个将才啊。"李悝也来祝贺,其实他才是功劳最大的,不过他绝不会表现出来。

"嗯。"魏文侯点点头,皱着眉头想了想,然后说,"我听说,他吃了自己儿子的肉。这,我很震惊啊!"

"当年,周文王不是也吃过自己儿子的肉?"李悝说。当初,商纣王杀了周文王的长子伯邑考,做成肉羹送给周文王,周文王假装不知道,把一碗肉都吃了。

"是啊,可那是文王啊。"魏文侯说,强调那是周文王。

李悝现在终于明白魏文侯为什么会皱眉头了,能够吃自己儿子肉的,不是大恶就是大圣,周文王的志向是取代商纣王而称雄中原,他才能忍受这样的屈辱。那么,乐羊能做到这一点,此人如果长期占据中山,他会做出什么来呢?连自己儿子的肉都忍心吃,他难道还会在意留在安邑的老婆孩子们吗?

李悝虽然聪明,可是他的屁股没有坐在魏文侯的位置上,自然就没有魏文侯的忧虑了。不过既然他明白了魏文侯的心思,他立即就知道该怎样做了。

乐羊立下了这么大的功劳,这样的人,要重赏。

但是,乐羊连儿子的肉都吃,这样的人,不能重用。

然而,有功之人不重用,如何才能让众人没有闲话说,让乐羊服气呢?

李悝说了自己的办法。

魏文侯迅速任命自己的太子公子击为中山国国君,而不是将中山国国号取消,并入魏国。

公子击立马上任,率领着太子府的人马前往中山。

公子击接管了中山,自己则成为中山国君。

原本,乐羊期待自己能被任命为中山守,镇守中山。从他的功劳来说,没有任何公卿能和他争夺这个位置。可是,如今是太子亲自来了,他无话可说,知道不再有这种可能了。

乐羊没有理由再留在中山,因为他是魏国的将军,而不是中山国的将军。因此,除了按照魏文侯的指令留下一部分人马归属中山国君,乐羊率领大部分人马回到了魏国。

凯旋的魏军受到热烈的欢迎,魏文侯亲自为乐羊设国宴庆祝。

乐羊受到魏文侯的赞扬，公卿大夫们都当面献上马屁。乐羊非常高兴，免不得有些云里雾里，大谈自己如何用兵如神身先士卒，拿下了中山国。

筵席结束，乐羊大醉。临行，魏文侯取过来一个竹筐，说是给乐羊的奖赏，乐羊高高兴兴带着奖赏回家去了。

第二天乐羊一直睡到中午才爬起来，想起来魏文侯还有一筐奖赏不知道是什么，急忙拿出来看。

筐死沉，乐羊几乎抬不动，看来这些奖赏都是奇珍异宝。

可是打开一看，乐羊有点傻眼，只见里面全都是大臣的奏折，当然，那时候的奏折不是纸的，而是竹简。

乐羊随便拿出一卷来看，上面写着："主公，乐羊在中山按兵不动，恐怕意图不轨。"再打开一卷，上面写着："讨伐中山旷日持久，乐羊不堪重用，宜请换帅。"

整个一筐奏折，都是在说乐羊的坏话，不是谋反就是无能，最让乐羊震惊的是，几个奏折上说乐羊忍心吃儿子的肉，禽兽不如。

现在，乐羊的酒算是彻底醒了，一身的冷汗。江湖凶险哪，朝廷凶险哪。

乐羊来不及洗把脸，直接奔去求见魏文侯，顺便，带着那一筐奏折。

"现在我终于知道了，最大的功劳不是我的，是主公的。主公顶着这么大的压力坚持使用我，那才是真的了不起。我那点功劳，完全算不上什么。主公，乐羊请求解除职务。"见到魏文侯，乐羊单刀直入地提出请求。

乐羊当然不是一个糊涂人，他知道，魏文侯之所以要给他看这些奏折，并非仅仅是要炫耀自己如何用人不疑，而是要告诉他这些人说的并非全无道理。所以，乐羊知道，现在不是争功论功的时候，而是要考虑如何全身而退。

魏文侯笑了，他想说最大的功劳其实也不是自己的，而是李悝的，一切其实都在李悝的掌握之中。

"乐将军不必多虑，哪有国君和大夫争功的？讨伐中山，你就是头功，这一点是无疑的。不过呢，将军劳苦功高，也该休养倒是真的。"魏文侯小心地抚慰乐羊，将中山国的灵寿封给他作为封邑。

乐羊高高兴兴地走了，对魏文侯只有感激没有抱怨。

而公卿大夫们对此事也没有议论，因为他们知道乐羊已经看到了他们的奏折，他们这个时候无法再回过头来假模假样地为乐羊抱不平。

第 九 章

河伯娶亲

一切都按照计划进行,这让魏文侯非常高兴,因此他再一次大宴群臣。这一次,他喝得有点多,也有些飘飘然起来。

"我是个怎样的君主呢?"魏文侯问大家。

"英明伟大的君主啊。"群臣都这么说。这个拍马屁的机会谁会错过呢?一通马屁,魏文侯听得很爽。

大夫任座是唯一没有拍马屁的人,他跟季成子是朋友,他始终认为中山应该封给季成子而不是公子击。今天他多喝了几口,趁机要发挥一下。

"哼,我看你不是个英明伟大的君主。"任座说,随后提高了音量,"拿下了中山国,不封给弟弟季成子,却封给自己的儿子,哼,不公平。"

举座大惊,这不是没病找病吗?季成子也在座,十分尴尬,不知道该说什么。

魏文侯勃然大怒,可是这样的场所又不便发作。

一旁的人都急忙阻止任座再说下去,任座一生气,站起来拍拍屁股,竟然走了。

魏文侯气得摇头晃脑,恰好翟璜就在身边,问他:"老翟,你说说,你来评评这个理,我是个好君主吗?"

"那当然了。"翟璜根本想都没想,这样的问题还要想吗?"您是个仁德君主,跟古人不好比,至少跟现在各国的君主相比,您绝对是最仁德的。"

"为什么这么说?"魏文侯的心情一下子好了很多,急忙问。

"你看,只有仁德的君主,臣下才会说真话,也才敢说真话。如果您不是仁德的君主,任座敢说真话吗?说了真话他还走得掉吗?"翟璜反应真快,既夸了魏文侯,又夸了任座,还帮季成子解了围。

魏文侯哈哈大笑,这话他爱听。

"嗯,不错,任座是个直肠子啊。来人,把任座先生请回来,坐我边上。"魏文侯高兴,还要做姿态。

任座回来的时候,魏文侯亲自迎接。而任座在外面被凉风一吹,也吹清醒了。回来之后,态度温和了许多。

"真是个宽宏大度的主公啊。"第二轮马屁上来了。

十七

其实,在派公子击还是派季成子去中山的问题上,魏文侯是费了些思量的。

从能力上和威望上说,季成子当然是最好的人选。并且,魏文侯也很喜欢季成子。

可是,中山毕竟不同于魏国的其他地方,那是被赵国隔开的,实际上就是一个独立的国家。如果派季成子去,其结果很可能就是季成子的中山国与魏国最终成为两个国家。而派公子击去呢,因为公子击是太子,将来就是魏国国君,他能够保证中山是魏国的。

还有另外一个重要的原因,尽管公子击是太子,可是魏文侯感觉自己的小儿子公子挚似乎更加贤能。因此,魏文侯派公子击去中山也有这样的考量:如果能力不行,那公子击就留在中山为国君,另立公子挚为太子。

这样的考量,别人不知道,李悝心里是明白的。

在派出公子击之后,魏文侯发现了一个问题,那就是魏国和中山的联络问题。

魏国与赵国的交界地是邺,原先这里属于三不管地带,尽管属于魏国,可是历来不被看重,当地经济落后,治安混乱,盗贼横行。魏文侯派使者前往中山甚至都要遭到盗匪的袭击,要经营好中山,邺这个地方十分重要,因此,必须派人去像吴起守西河一样守邺。

那么,派谁去?不可能派李悝,也不可能派吴起,而乐羊已经去了中山辅佐公子击,那么,谁能承担这个重任?

魏文侯又想起了翟璜,翟璜曾经举荐了吴起,举荐了乐羊,说明他看人很准并且有很多能人朋友。

"我认识一个人叫西门豹,我觉得他行。"翟璜果不其然推荐了一个人,而这个人真的不是李悝悄悄推荐给他的。

"好,请他来谈谈。"魏文侯现在倒是很相信翟璜的眼光了。

西门豹是郑国人,祖上是郑国的公族,因为家住在荥阳西门外,后来改姓西门。此时,西门豹已经沦落为一个普通的士,投奔在翟璜家里做门客。

西门豹性格暴躁,但是决断力极强,深得翟璜的喜欢,因此被推荐给了魏文侯。

魏文侯召见西门豹,交谈之后,认为西门豹是个人才,足以担当大任。不过,对于西门豹暴躁的脾气,魏文侯还是有些不放心。

"西门先生,此去邺,一定要全功成名布义啊。"魏文侯叮嘱。

"敢问主公,这全功成名布义是个什么东东?"

"这个嘛,是这样的。每个地方都有土豪,都有能说会道的人,都有整天造谣生事唯恐天下不乱的人。你去了,要和土豪搞好关系,要多听多看,善于观察,分清真伪。所谓耳闻之不如目见之,目见之不如足践之,足践之不如手辨之。亲力亲为,才能搞清形势。当官不是一件简单的事情,当官就像去了一间昏暗的房子,一开始什么也看不清,逐渐适应了,就能看清楚了。等到什么都看见了,就知道该怎样做了。"魏文侯一通谆谆教导,十分耐心。

魏文侯的意思,实际上是给西门豹减压,告诉他要有耐心,不要急于求成。

"谨遵主公教诲。"西门豹应承,不过在他的内心里,他是不会让自己慢慢来的。

十八

邺,故址在今河北邯郸临漳县西与河南安阳市北郊一带,境内有漳河。这里原本是卫国的地盘,后来被晋国侵占。这里基本上就是魏国最北的地方了,北面是赵国,东面是卫国,离魏国首都安邑反而更远。

西门豹来到邺,发现这里确实乱得可以。老百姓基本上都很穷,治安很乱,人们晚上都不敢出门。

不用几天时间,西门豹就找到了穷和乱的原因:当地有一条河叫作漳水,几乎年年发大水,于是农业严重歉收。而当地的豪强大户又都十分蛮横,横行霸道,导致老百姓更加民不聊生。

西门豹想起魏文侯的话,于是决定和当地的土豪们交往。可是西门豹的性格暴躁而正直,眼里揉不进沙子,常常忍不住想要收拾这些土豪。他一直在忍,也一直在等,等待着机会。

老百姓们早已习惯了被土豪们欺压以及官匪勾结的境况,对于西门豹的到来基本不抱希望,看到他和土豪们打得火热,则彻底失望。

"天下乌鸦一般黑啊。"百姓们这样暗中议论。

终于,夏天到了,漳水又开始泛滥了。

怎么办?

西门豹把当地土豪们请来,问他们有什么办法。

"老办法啊。"土豪们异口同声地说。

"什么老办法?"西门豹故意问。

"漳水泛滥,就是河里的河伯作怪。每年这个时候,我们就选一个美女给河伯送去,河伯娶了老婆,就没事了。"一个土豪解释,大家纷纷赞同。

河伯,就是管理漳水的河神,谁也没见过。

"这么说,这河伯竟是个淫贼?漳水泛滥,竟然就是河伯的青春躁动?"西门豹问。

"大人,不可以这么说啊。"土豪们故作严肃地说,似乎河伯能听到他们说话。

"那,这办法灵吗?"

"灵,灵得很。"土豪们又异口同声地说。

"那,就这么办吧,你们去操办就行了。"西门豹想了想说。

土豪们高高兴兴地走了,他们成立了"河伯娶亲领导小组"。

紧接着的几天,邺地就开始鸡飞狗跳了,官吏和土豪们开始征收"河伯娶亲费",然后到处给河伯物色老婆。老百姓谁愿意把自己的女儿送给河伯呢?聪明点的早早就给嫁出去了,富足点的早早就躲去了外地。那些老实巴交没什么头脑的就只好等着土豪们上门来看了,但凡被看上的,有钱的赶紧行贿,没钱的就哭天抢地。

官吏和土豪们趁着这个机会抢夺民女,大发横财,所以每年的这个时候他们都很兴奋。

最终,一户倒霉人家十二岁的女儿被选中了。

这一天,到了给河伯娶亲的日子。

漳水边上搭起了台子,仪式看上去很隆重。邺地的老百姓们都来看热闹,反正不是自己家的女儿。

西门豹带着手下早早来到,他要看看河伯究竟是怎样娶亲的。

一阵吹拉弹唱之后,河伯的新娘被用轿子抬到了现场。新娘被打扮得花枝招展,可是看上去脸色惨白,吓得半死,看着热闹的现场,不住地落泪。

土豪们兴高采烈地来了,不过今天的主角不是他们,他们负责看热闹。陪伴新娘的是一个五十多岁的巫婆,还有她的十多个女徒弟。

巫婆和徒弟们在河边叽里呱啦地念了一阵,似乎是在和河伯对话,然后天昏地暗地转圈,像是某种仪式。折腾了一阵之后,河伯也并没有出来接新娘。当然,河伯是永远不会来接新娘的。

既然河伯不来,就只能送了。

送新娘的方式是这样的:在河边停一个破筏子,女巫们把新娘送上筏子,然后让筏子漂到河里,筏子沉下水去,就算是把新娘送到了。

众人把新娘从轿子上扶下来,准备强行拉到筏子上去。新娘怕得要死,死活不肯走。大家正在那里拉拉扯扯,西门豹说话了。

"按着周礼,这河伯也该来迎亲才对啊。咱们就这么送去,谁知道河伯喜欢还是不喜欢呢?要是不喜欢呢?岂不是费劲不讨好。这样吧,派两个人去请河伯来,也让他亲眼看看新娘,要是不喜欢呢,咱们再给他换换。"西门豹说得合情合理,巫婆们顿时吃惊,新娘好送,河伯怎么请啊?

看着巫婆们发愣,西门豹下令了。

"你派两个徒弟去吧。"西门豹对巫婆说。

"这?"巫婆傻眼了,徒弟好派,怎么去啊?"这,怎么去啊?"

西门豹指指新娘:"她怎么去,你徒弟就怎么去。"

巫婆一身的冷汗就下来了,这不是去送死吗?

看着巫婆瞠目结舌,西门豹懒得等她。

"这两个吧,送她们去。"西门豹随意指了两个徒弟,挥挥手,身后的卫士们毫不客气,两人架一个,拖到水边,扑通扑通扔到了河里。

两个徒弟在河里扑腾了两下,沉了下去。

全场一片死寂。

西门豹拍拍手,对面如死灰的巫婆说:"好了,咱们等河伯吧。"

半个时辰过去,河伯自然是等不到的。

半个时辰中,巫婆忐忑不安地等着,冷汗已经湿透了全身,她不知道什么样的命运在等待自己。不过,她终于可以体会被她们送给河伯做老婆的新娘的心情了。

这种感觉,就是等死的感觉。

终于,西门豹说话了。

"这两个徒弟太没用了,去了半天,竟然请不到河伯。看来,师傅不出马是不行了。来人,把师傅送去。"西门豹下令。

巫婆顿时瘫倒在地。

"大人饶命,大人饶命啊。"巫婆已经完全没有装神弄鬼的心情了,除了讨饶,还能怎样?

西门豹连眼皮都没有眨一下,转眼间巫婆被扔进了河里,几起几伏,去见了河伯。

"哼,为了百姓的利益,牺牲自己算得了什么? 这巫婆的境界实在是太低了。"西门豹对土豪们说。

土豪们一个个面如死灰,连笑都挤不出来了。

又是半个时辰的死寂,没人敢动半步。

半个时辰之后,西门豹又说话了。

"这个臭巫婆真是没用,看来,该派几个够体面的人去啊。"西门豹说着,指指为首的两个土豪。"两位,麻烦你们走一趟了。"

土豪们齐刷刷地跪了一地,不住地磕头求饶。

西门豹不为所动,挥挥手,卫士们将两个土豪拖到岸边,扔了下去。

两个土豪毕竟比女人的体力更好,在水里挣扎了好一阵,还是被吞没了。

这一次,西门豹没有再等半个时辰,因为已经毫无必要。

"你们这些土豪,平时鱼肉乡里,为非作歹。明知根本没有河伯,却要草菅人命,就该把你们都扔进河里去。"说到这里,西门豹扫视土豪们一眼,土豪们一阵求饶哀嚎。

看热闹的百姓们这个时候已经不再感到错愕和害怕,而是感到痛快和解气。于是,一阵叫好声欢呼声传来。

"今天,我姑且饶你们一次。从明天开始,你们要拿出钱粮,出人出力,修葺堤坝水渠,防水防涝。"西门豹高声说。

土豪们喜出望外,跟命相比,钱财算什么呢?

西门豹当场宣布,给河伯娶媳妇的风俗从今废除。明日开始,组织兴修堤坝,靠自己的力量抗拒洪水。

此后,西门豹率领邺地百姓在漳河边挖渠,一共挖掘了十二道渠,后世称为漳河十二渠,既用于灌溉,也用于分洪。后代一直沿用修整,直到民国时期还在使用。

西门豹修渠,使得邺地的农业得到极大发展,由贫困地区变成了富裕地

区。同时，西门豹采取非常严厉的刑罚，邺地治安也迅速好转。

西门豹还实行减免税收的做法，百姓收入和幸福感迅速提升，原先逃走的人们纷纷回迁。与之相应，则是政府的收入减少，西门豹本人的收入也很菲薄。

一转眼三年，一个考核周期到了。

西门豹很得意地回到安邑汇报工作，满指望得到魏文侯的表扬和肯定。可是，他想错了。

"西门先生，你是怎么治理邺的？啊？"魏文侯见面就是一顿痛斥，说了一堆西门豹在邺地的种种劣行。"你不要回去了，你这样的人我实在用不起。"

西门豹目瞪口呆，等他回过神来，他知道为什么会是这样了。

原来，这三年时间里，魏文侯多次派出自己的左右前往邺地视察工作，西门豹并没有巴结他们，而且官府也确实没有钱，所以只能筵席和礼品全免，这让他们很不高兴。毫无疑问，他们在魏文侯面前拼命说自己的坏话，黑白颠倒无中生有。

西门豹气急了，没想到魏文侯竟然这样糊涂。原本准备拍屁股走人，可是想想又不甘心。

"主公，您说得对，我做得不好。可是现在我知道自己什么地方做得不好了，能不能再给我一年时间？"西门豹压住火气，低声恳求。

魏文侯想了想，同意了。

回到邺地，西门豹开始征收重税，魏文侯的左右来视察工作的时候，西门豹就拼命宴请、送礼，结果，大家都说西门豹是个好官。

一年之后，西门豹又来到安邑。

"西门先生，你真是个人才啊，一年时间就把邺地治理得风调雨顺，我要提拔你。"魏文侯这一次十分高兴，当面表扬。

西门豹笑了，苦笑。

"主公，从前，我是为您治理邺地，所以降低税负，开挖河渠，官府的收益减少，百姓的家庭富足，人们生活稳定，都愿意为国家效力。可是，我因此没有钱贿赂您的左右，他们诽谤我，您要赶走我。过去的这一年，我是在为您的左右治理邺地，我横征暴敛，因此官府钱财很多，百姓民不聊生。可是我用这些横征暴敛的钱财讨好您的左右，他们在您面前说我的好话，您表扬我提拔我。算了,这样的官我不想当了。"西门豹一口气说完,从怀里掏出自己的官印,放在魏文侯的面前,然后起身就走。

魏文侯被说得愣住了,但是他很快就回过神来,他知道西门豹说的是对的。

"西门先生,且慢走。"魏文侯急忙要叫住西门豹。

西门豹假装没听见,依然走。

"西门先生,我错了,我错了还不行吗?"魏文侯一下子跪坐了起来,大声说。

"错了? 晚了。"西门豹头也不回,回了一句。

魏文侯心说"这小子脾气真大",也顾不得国君的尊严了,大声对卫士喊道:"那谁,把他给我拦住。"

卫士们将西门豹拦在了门口。

最终,魏文侯再三承认错误请求原谅,西门豹才算解了这口气,收回了自己的官印。

之后,西门豹依旧回去治理邺地,而魏文侯严惩了那些诬陷西门豹的左右。

然而,西门豹的正直和暴躁脾气终于还是给他带来了杀身之祸,三年后他遭到暗杀,背后的主使是什么人最终也没有查出来,这是后话。

名正言顺

魏文侯的心情是无比的好,一切的一切都是无比的顺利。想做什么就能做成什么。下一步该做什么呢?

也许,成为齐桓公那样的霸主?

"不行。"李悝第一时间给他泼了冷水。

"为什么?德行不够?还是能力不够?"魏文侯问。

"我祖师爷孔子说过:名正则言顺,名不正则言不顺。主公您有能力有德行,可是没有名分。"李悝说。

魏文侯恍然大悟。

原来,虽然韩魏赵三家瓜分了晋国的地盘,从爵位来说,他们依然是晋国的卿而已,而不是周天子分封的诸侯。因此从理论上说,他们根本不能与齐国、鲁国、卫国这样的国家相提并论,也无法与楚国和秦国这样爵位比较低的诸侯相提并论。

"要称霸,先要正名。"李悝补充说。

十九

这个时候的齐国实际上已经落到了田家的手里,而田家的家长名叫田和。田和有一个叔叔名叫田会,对田和一向不满。最终,家族内斗发展到了武力对抗,田和以齐国国君齐康公的名义讨伐田会,田会实力不足,因此死守廪丘(今山东鄄城县),向韩魏赵三家求援。

"救,还是不救?"魏文侯召集群臣商议。

"救。"群臣一致表态。

只要是打仗的事情,魏国人都喜欢。

跟齐国人打仗,是不需要动员也不需要特殊安排的,因为对于晋国人来说，没有什么比打齐国人更有把握的事情了。

于是魏文侯派出翟璜为主帅去救田会，韩国和赵国也都出兵，统一交给翟璜指挥。

这是一场没有悬念的战争，三国联军与齐军的战斗很快结束，田和战败而逃，可是齐康公没那么幸运，竟然被三国活捉。

战争就此结束，三国可没有要灭齐国的意思。

田和派人来讲和，于是和平协议达成，齐国保障田会的安全，田会则拥有廪丘。

原本和平协议达成了，就该放齐康公回去了。可是，李悝不这么想。

"主公，机会来了。"李悝对魏文侯说。

"什么机会？"

"正名的机会。"

一个月之后，魏文侯魏斯、赵烈侯赵籍和韩景侯韩虔三人来到洛邑，这是韩魏赵三家在瓜分晋国之后第一次聚首。

他们到洛邑来干什么？

同期来到的还有他们的俘虏齐康公，以及卫国、宋国和鲁国的国君。

他们又来干什么？

首先登场的是齐康公，他率领卫国、宋国和鲁国的国君朝见周威烈王。

这好几十年没有诸侯来参拜过了，或者说自从周威烈王登基之后，二十三年间从来就没有诸侯尿过他，如今齐康公率领着爵位最高的三个国家前来参拜，周威烈王还真有点受宠若惊的样子，也不知道自己是何德何能，竟然有这么高的国际威望。恰好前两天洛邑地震，九鼎都错了位，联系起来，这就是天意了。

周威烈王组织了很隆重的欢迎仪式，嘴上也很客气。

"那什么，鲁伯父、卫伯父、齐伯舅，还有那什么宋贵客，大家早上好。"周威烈王都不太知道该说什么了，想来也是，这么多年没接客，看见客人还真紧张。

四位诸侯哼哼哈哈假装客气一通，他们其实都不愿意来，都是被韩魏赵三家逼的，这才不敢不来。对于朝拜周王的礼仪，他们基本上也忘得差不多了。

客气了几句，话归正题。

"那什么，几位前辈有何见教？"周威烈王小心地问，因为这几个国家都比自己有实力。

"是这样的。"齐康公代表大家说话了,他是一百个不愿意说,可是还不能不说。"大王您看,这个晋国的魏斯、赵籍、韩虔三个人吧,现在不是执掌晋国国政吗,晋国国君早就想把国家分给他们了,实际上也已经分给他们了。这三个人吧,特别爱周王,特别想为王室出力,还特别有能力,可是呢,他们不是诸侯啊,想为大王出力都没有资格啊。我们几个呢,就觉得不能让有能力有热情的人报国无门哪,所以我们哥四个一商量,就特地来见大王您,希望大王能够正式册封他们为诸侯。"

"这个……"周威烈王听完这些,有些犹豫。

为什么犹豫呢?一来是晋国历来对周王室贡献极大,如今要是封了韩魏赵三家的诸侯,就从法理上确认了晋国的终结,这在道义上有点说不过去;二来,韩魏赵三家都算是篡逆,这要是封了他们,王室的威信就要下降。

看到周威烈王犹豫,下面几个都有点着急,因为韩魏赵三家说了:"事情要办不成,你们就留在洛邑吧。"

"大王,那什么,人家可是都到了洛邑了,贡品都不少啊。"鲁国国君说,他知道周威烈王比较在乎贡品。

果然,周威烈王眼前一亮。

"大王,这三家的实力可是杠杠的,而且人家是主动投诚的,不要断了进贤之路啊。"卫国国君这样说,算是带点威胁的意思。

周威烈王眉头一皱,他想了想,其实人家不要自己封爵也没什么问题,人家来,还真是给自己面子。是交三个朋友,还是树三个敌人呢?答案不言而喻。

三天之后,周威烈王举办了盛大的封爵仪式,当场封魏斯、赵籍、韩虔为诸侯,爵位为侯爵。

皆大欢喜。

这一年,是周威烈王二十三年,公元前403年。

从这一年开始,魏国、韩国和赵国才算真正成为国家。从这时候开始,才算是真正完成了三家分晋。

二十

对于这件事,司马光在《资治通鉴》中有记载,并且开篇第一句话就是:"威烈王二十三年,初命晋大夫魏斯、赵籍、韩虔为诸侯。"

为何以这样一句话以及这样一件事来作为《资治通鉴》的开头?因为司马光认为这是一件具有颠覆意义的事件,历史因此而改写。

因此，在这段话之后，司马光用了 1265 字进行了长篇评论，见《资治通鉴·周纪一》。应该说，这是一篇极其精彩的评论，论点极其深刻。因此，在这里将原文和译文一并奉上。

威烈王二十三年，初命晋大夫魏斯、赵籍、韩虔为诸侯。

臣光曰：臣闻天子之职莫大于礼，礼莫大于分，分莫大于名。何谓礼？纪纲是也。何谓分？君臣是也。何谓名？公、侯、卿、大夫是也。

夫以四海之广，兆民之众，受制于一人，虽有绝伦之力，高世之智，莫敢不奔走而服役者，岂非以礼为之纲纪哉！是故天子统三公，三公率诸侯，诸侯制卿大夫，卿大夫治士庶人。贵以临贱，贱以承贵。上之使下，犹心腹之运手足，根本之制支叶；下之事上，犹手足之卫心腹，支叶之庇本根。然后能上下相保而国家治安。故曰：天子之职莫大于礼也。

文王序《易》，以乾坤为首。孔子系之曰："天尊地卑，乾坤定矣，卑高以陈，贵贱位矣。"言君臣之位，犹天地之不可易也。《春秋》抑诸侯，尊周室，王人虽微，序于诸侯之上，以是见圣人于君臣之际，未尝不惓惓也。非有桀、纣之暴，汤、武之仁，人归之，天命之，君臣之分，当守节伏死而已矣。是故以微子而代纣，则成汤配天矣；以季札而君吴，则太伯血食矣。然二子宁亡国而不为者，诚以礼之大节不可乱也。故曰：礼莫大于分也。

夫礼，辨贵贱，序亲疏，裁群物，制庶事。非名不著，非器不形。名以命之，器以别之，然后上下粲然有伦，此礼之大经也。名器既亡，则礼安得独在哉？昔仲叔于奚有功于卫，辞邑而请繁缨，孔子以为不如多与之邑。惟名与器，不可以假人，君之所司也。政亡，则国家从之。卫君待孔子而为政，孔子欲先正名，以为名不正则民无所措手足。夫繁缨，小物也，而孔子惜之；正名，细务也，而孔子先之。诚以名器既乱，则上下无以相保故也。夫事未有不生于微而成于著。圣人之虑远，故能谨其微而治之；众人之识近，故必待其著而后救之。治其微，则用力寡而功多；救其著，则竭力而不能及也。《易》曰"履霜，坚冰至"，《书》曰"一日二日万几"，谓此类也。故曰：分莫大于名也。

呜呼！幽、厉失德，周道日衰，纲纪散坏，下陵上替，诸侯专征，大夫擅政。礼之大体，什丧七八矣。然文、武之祀犹绵绵相属者，盖以周之子孙尚能守其名分故也。何以言之？昔晋文公有大功于王室，请隧于襄王，襄王不许，曰："王章也。未有代德而有二王，亦叔父之所恶也。不然，叔父有地而隧，又何请焉！"文公于是惧而不敢违。是故以周之地则不大于曹、滕，以周之民则不

众于邾、莒,然历数百年,宗主天下,虽以晋、楚、齐、秦之强,不敢加者,何哉?徒以名分尚存故也。至于季氏之于鲁,田常之于齐,白公之于楚,智伯之于晋,其势皆足以逐君而自为,然而卒不敢者,岂其力不足而心不忍哉?乃畏奸名犯分而天下共诛之也。今晋大夫暴蔑其君,剖分晋国,天子既不能讨,又宠秩之,使列于诸侯,是区区之名分复不能守而并弃之也。先王之礼于斯尽矣。

或者以为当是之时,周室微弱,三晋强盛,虽欲勿许,其可得乎?是大不然。夫三晋虽强,苟不顾天下之诛而犯义侵礼,则不请于天子而自立矣。不请于天子而自立,则为悖逆之臣。天下苟有桓、文之君,必奉礼义而征之。今请于天子而天子许之,是受天子之命而为诸侯也,谁得而讨之!故三晋之列于诸侯,非三晋之坏礼,乃天子自坏之也。

呜呼!君臣之礼既坏矣,则天下以智力相雄长,遂使圣贤之后为诸侯者,社稷无不泯绝,生民之类糜灭几尽,岂不哀哉!

译文:

周威烈王二十三年(戊寅,公元前403年),周威烈王姬午分封晋国大夫魏斯、赵籍、韩虔为诸侯。

臣司马光曰:我知道天子的职责中最重要的是维护礼制,礼制中最重要的是区分地位,区分地位中最重要的是匡正名分。什么是礼制?就是法纪。什么是区分地位?就是君臣有别。什么是名分?就是公、侯、卿、大夫等官爵。

四海之广,亿民之众,都受制于天子一人。即便是才能超群、智慧绝伦的人,也不能不在天子足下为他奔走服务,这难道不是以礼作为礼纪朝纲的作用吗?所以,天子统率三公,三公督率诸侯国君,诸侯国君节制卿、大夫官员,卿、大夫官员又统治士人百姓。权贵支配百姓,百姓服从权贵。上层指挥下层就好像人的心腹控制四肢行动,树木的根和干支配枝和叶;下层服侍上层就好像人的四肢卫护心腹,树木的枝和叶遮护根和干,这样才能上下层互相保护,从而使国家得到长治久安。所以说,天子的职责没有比维护礼制更重要的了。

周文王演绎排列《易经》,以乾、坤为首位。孔子解释说:"天尊贵,地卑微,阳阴于是确定。由低至高排列有序,贵贱也就各得其位。"这是说君主和臣子之间的上下关系就像天和地一样不能互易。《春秋》一书贬低诸侯,尊崇周王室,尽管周王室的官员地位不高,在书中排列顺序仍在诸侯国君之上,由此可见孔圣人对于君臣关系的关注。如果不是夏桀、商纣那样的暴虐昏君,又遇上商汤、周武王这样的仁德明主,使人民归心、上天赐命的话,君臣之间的名分只能是做臣子的恪守臣节,矢死不渝。所以如果商朝立贤明的微子为国君来取代纣王,成汤创立的商朝就可以永配上天;而吴国如果以仁德的季札做君主,开国之君太伯也可以永享祭祀。然而微子、季札二人宁肯国家灭亡也不愿做君主,实在是因为礼制的大节绝不可因此破坏。所以说,礼制中最重要的就是地位高下的区分。

所谓礼制,在于分辨贵贱,排比亲疏,裁决万物,处理日常事物。没有一定的名位,就不能显扬;没有器物,就不能表现。只有用名位来分别称呼,用器物来分别标志,然后上下才能井然有序。这就是礼制的根本所在。

如果名位、器物都没有了,那么礼制又怎么能单独存在呢!当年仲叔于奚为卫国建立了大功,他谢绝了赏赐的封地,却请求允许他享用国君才应有的马饰。孔子认为不如多赏赐他一些封地,唯独名位和器物,绝不能假与他人,这是君王的职权象征;处理政事不坚持原则,国家也就会随着走向危亡。卫国国君期待孔子为他处理政事,孔子却先要确立名位,认为名位不正则百姓无所适从。马饰,是一种小器物,而孔子却珍惜它的价值;正名位,是一件小事情,而孔子却要先从它做起,就是因为名位、器物一紊乱,国家上下就无法相安互保。

没有一件事情不是从微小之处产生而逐渐发展显著的,圣贤考虑久远,所以能够谨慎对待微小的变故及时予以处理;常人见识短浅,所以必等弊端闹大才来设法挽救。矫正初起的小错,用力小而收效大;挽救已明显的大害,往往是竭尽了全力也不能成功。《易经》说:"行于霜上而知严寒冰冻将至。"《尚书》说:"先王每天都要兢兢业业地处理成千上万件事情。"就是指这类防微杜渐的例子。所以说,区分地位高下最重要的是匡正各个等级的名分。

呜呼!周幽王、周厉王丧失君德,周朝的气数每况愈下。礼纪朝纲土崩瓦解;下欺凌、上衰败;诸侯国君恣意征讨他人;士大夫擅自干预朝政;礼教从总体上已经有十之七八沦丧了。然而周文王、周武王开创的政权还能绵绵不断地延续下来,就是因为周王朝的子孙后裔尚能守定名位。为什么这样说呢?当年晋文公为周朝建立了大功,于是向周襄王请求允许他死后享用王室的隧葬礼制,周襄王没有准许,说:"周王的制度明摆在那里,没有改朝换代而有两个天子,这也是叔父您所反对的。不然的话,叔父您有地,愿意隧葬,又何必请示我呢?"晋文公于是感到畏惧而没有敢违反礼制。因此,周王室的地盘并不比曹国、滕国大,管辖的臣民也不比邾国、莒国多,然而经过几百年,仍

然是天下的宗主,即使是晋、楚、齐、秦那样的强国也不敢凌驾于其上,这是为什么呢? 只是由于周王还保有天子的名分。

再看看鲁国的大夫季氏、齐国的田常、楚国的白公胜、晋国的智伯,他们的势力都大得足以驱逐国君而自立,然而他们到底不敢这样做,难道是他们力量不足或是于心不忍吗? 只不过是害怕奸夺名位僭犯身份而招致天下的讨伐罢了。现在晋国的三家大夫欺凌蔑视国君,瓜分了晋国,作为天子的周王不能派兵征讨,反而对他们加封赐爵,让他们列位于诸侯国君之中,这样做就使周王朝仅有的一点名分不能再守定而全部放弃了。周朝先王的礼制到此丧失干净!

有人认为当时周王室已经衰微,而晋国三家力量强盛,就算周王不想承认他们,又怎么能做得到呢? 这种说法是完全错误的。晋国三家虽然强悍,但他们如果打算不顾天下的指责而公然侵犯礼义的话,就不会来请求周天子的批准,而是去自立为君了。不向天子请封而自立为国君,那就是叛逆之臣,天下如果有像齐桓公、晋文公那样的贤德诸侯,一定会尊奉礼义对他们进行征讨。现在晋国三家向天子请封,天子又批准了,他们就是奉天子命令而成为诸侯的,谁又能对他们加以讨伐呢? 所以晋国三家大夫成为诸侯,并不是晋国三家破坏了礼制,而是周天子自己破坏了周朝的礼制啊!

呜呼! 君臣之间的礼纪既然崩坏,于是天下便开始以智慧、武力互相争雄,使当年受周先王分封而成为诸侯国君的圣贤后裔,江山相继沦亡,周朝先民的子孙灭亡殆尽,岂不哀伤!

第 十 一 章

太子归来

除了西面的秦国和南面的楚国,中原的所有国家都奉魏国为老大了,再加上周王的册封,魏文侯已经有了霸主的感觉。

每天都是好消息,可是终于传来了一个坏消息。

段干木死了。

魏文侯非常伤心,像死了最好的朋友一样伤心。要知道,对于魏文侯来说,要找到大臣是随时的,可是要找到一个朋友是很难的。

魏文侯伤心了好几天,几年前老师子夏去世的时候,他也没有这么伤心过。

季成子也很伤心,段干木也是他最好的朋友。

"哎,对了,好像段干木还有一个好朋友叫什么方的,你认识吗?"这一天哥俩在一起,魏文侯突然想起什么来。

"田子方?"

"啊,对,对,田子方。"

"认识啊。"季成子说。上次去卫国请李悝的时候季成子见过田子方,两人有些一见如故的感觉,不过一转眼也好多年了。之后虽然再也没见过,却常常通过朋友互相问候。见魏文侯问起,季成子知道他想认识田子方了。

"能把他请来吗?"

"我去请吧。"季成子说。他没有当场答应能做到,一来毕竟和田子方不是特别熟,二来田子方是个商人,未必对魏文侯感兴趣。

二十一

时间真快,太子击被派到中山已经三年了。

当初去的时候,太子击只有十三岁,刚刚懂事的年龄,懵懵懂懂之间感觉自己是被父亲抛弃的节奏,模模糊糊之间有些抱怨。

魏文侯当初派了乐羊负责中山国的军事，以此保障太子击的安全，治理国家方面则全盘采用李悝设计的制度。而太子击的个人成长方面，就都交给了太子击的老师赵仓唐了。

三年时间里，魏文侯从来没有派人去中山，而太子击也从来没有派人回到魏国来问候父亲以及汇报工作。俨然，这就是两个国家。

太子击十六岁了，身高已经与成人没有什么区别，只不过略显瘦弱。对于父亲的抱怨渐渐地减少，而怀念多了一些。

"主公，转眼三年了，你也长大了。三年没有问候你的父亲，这是不孝啊。当然，你父亲这三年也没过问你，也算不上个慈父。为了你们父子不背负两个坏名声，该派人去一趟大国了。"这一天，赵仓唐突然提出建议来。在这里，他们通常把魏国称为大国，以区别于中山国。

"我也正想呢，可是，派谁去合适呢?"太子击问。之所以这样问，是因为三年不问候父亲，需要一个能说会道的来解释啊。

"我去吧。"赵仓唐说。事实上也确实该他去，他是太子击的老师，也只有他才有资格解释了。"那，魏侯有什么喜好吗?"

"侯嗜晨凫，好北犬。"太子击说。晨凫大致应该是野鸭，北犬则是北方的牧羊犬。

赵仓唐带着野鸭和牧羊犬从中山回到了安邑，一路上他就在想怎样才能让魏文侯原谅太子击三年不问候的过错。想了一路，终于有了办法。

首先，打亲情牌。

赵仓唐并没有直接去朝见魏文侯，而是递了一个名帖给朝廷的内侍转达魏文侯，上面这样写着：我是您的儿子太子击的使者，不敢占用您宝贵的处理公务的时间，您看您什么时候有闲暇，我去看望您。还有，您儿子还让我给您带了您最爱吃的野鸭和您最喜爱的牧羊犬哟。

魏文侯听说是太子击的使者来了，原本有些生气，可是看了名帖，笑了："小兔崽子，还没忘了老爹喜欢吃什么，喜欢玩什么。"

魏文侯一刻也没有耽误，立即召见赵仓唐。是啊，儿子走三年了，心里毕竟牵挂着。

赵仓唐怀着忐忑的心情来见魏文侯，是凶是吉也只能听天由命了。

直到看见了魏文侯，赵仓唐放下心来。从魏文侯的表情上他只看到了父亲对儿子的关心，而没有抱怨。

"击还好吗？"魏文侯问。

"啊，还行。"赵仓唐故意这样回答。

什么叫还行？魏文侯心说你这个老师也太没水平了吧？就这么回答问题啊。

"击干得怎么样？"魏文侯问。

"啊，差不多。"赵仓唐还是这样回答。

魏文侯有点恼火了：这不是在敷衍我吗？

"击到底怎么样？"魏文侯厉声问，语气已经很不客气。

赵仓唐要的就是这个效果。

前面打亲情牌，是为了软化魏文侯，消消他的火气。而现在，如果还是打亲情牌，后面就只能等着接受教训了，那将让魏文侯感觉这个儿子还没有长大。所以，第二张牌要打出了。

"魏侯。"赵仓唐说，这让魏文侯愣了一下，这样的称呼，俨然是外国使者啊。"您已经封太子击为中山国君，而您是魏国的国君，一国国君直呼另一国国君的名字，是不合乎礼的。"

魏文侯几乎晕过去了。

不过当他回过神来的时候，他感到一阵高兴：儿子长大了。

现在，魏文侯收起了对儿子的慈父般的关注表情，变得严肃起来。

"啊，先生说得对。那什么，您的国君身体还好吗？"

"很好，我来的时候，还送我来着。"赵仓唐这时候的回答就很生动了，再也不是"还行""差不多"这类话。

"那，您的国君长多高了？有他们这么高？"魏文侯指指身边的几个卫士，让赵仓唐比一下。

"按照周礼，人与人比，一定要地位相当的。我的国君不可以与他们相提并论。"赵仓唐说得大义凛然，让魏文侯连连傻眼。

"那，有寡人这么高了吗？"魏文侯现在说话小心翼翼起来，生怕再被抓住把柄。

"您当初赐给他的裘衣，现在已经能穿了。可是您赐给他的腰带，还是长了一些。"赵仓唐话说得很有文艺范，原文如此：君赐之外府之裘，则能胜之；赐之斥带，则不更其造。

"哦。"魏文侯点点头，三年不见，儿子都跟自己一样高了。"您的国君最近在修习什么？"

"《诗经》。"

"哦,他喜欢什么诗?"魏文侯急忙问,因为一个人喜欢什么诗是可以反映他的心情和志向的。

"那还不少,不过尤其喜欢《晨风》《黍离》这两首。"赵仓唐说出精心准备的答案。

"鴥彼晨风,郁彼北林。未见君子,忧心钦钦。如何如何,忘我实多!"魏文侯脱口而出,竟然念起《晨风》这首诗来。

这首诗被收在《诗经·秦风》中,是一首爱情诗,说的是一个女子痴心等待自己的爱人,可是爱人总是不出现。上面的一段为这首诗的第一阕,全诗共三阕。晨风也作鴥风,是一种鸟。上面这一段的翻译通常是这样的:鴥风飞得急匆匆,北林树木郁郁葱葱。我的爱人在哪里,真让我忧心忡忡。为什么为什么?你这负心汉把我玩弄!

念完了这首诗,魏文侯算是明白了这其中的含义。

"这么说,你的国君认为我已经忘了他?"魏文侯问。

"怎么会呢?他只是时常思念您。"赵仓唐辩解说,心说你这不是明知故问吗?要不是我这次来,等你派人去,岂不是要猴年马月?

魏文侯看看赵仓唐,"哼"了一声。

"彼黍离离,彼稷之苗,行迈靡靡,中心摇摇,知我者谓我心忧,不知我者谓我何求?悠悠苍天,此何人哉?"魏文侯不愧是子夏的学生,《诗经》里的诗都是信手拈来,又把《黍离》念了一段。

这首诗被收在《诗经·王风》中,传说是西周遗民在慨叹西周的灭亡。上面这一段的意思大致是:那黍子一行行地排列,那高粱生出苗儿来。缓慢地走着,心中恍惚不安。了解我的人说我有忧愁,不了解我的人说我有所求。遥远的苍天啊,这都是谁造成的呢?

不用读懂这首诗的意思,只需要读一遍,就能感受到其中深深的幽怨。

"你的国君对我有些抱怨是吗?"魏文侯问。

"怎么会呢?他只是时常思念您。"赵仓唐重复了一遍,心想这还用说吗?

魏文侯是个聪明人,他当然知道赵仓唐特地提起这两首诗的意思——这是在提醒自己不要忘了自己的儿子,不要忘了自己的太子还在远方。

沉吟了片刻,魏文侯派人去取了一套衣服出来。

"天冷了,我送给你的国君一套衣服吧。记住了,在鸡鸣的时候交给他。"魏文侯将衣服叠好,装起来,递给了赵仓唐。

为什么要在鸡鸣的时候给太子击呢?赵仓唐想不明白。不过既然魏侯这样吩咐了,自己也只能这样做。

赵仓唐不敢停留,急速赶回了中山。

回到中山恰好是下午,于是赵仓唐等到第二天早上鸡鸣的时候才来见太子击。此时,天才蒙蒙亮,太子击迷迷糊糊睁开眼。

赵仓唐把这次出使的情况说了一遍,太子击也听不出什么所以然来。

"为什么这一大早的来见我?"太子击问,觉得这有些不合常规。没什么紧急的事情,天亮了再来也行啊。

"魏侯给您送了一套衣服,特地嘱咐让我在鸡鸣的时候送到。"赵仓唐说完,急忙把装衣服的箱子递了上来。

"哦?"太子击一下子清醒过来,他知道父亲这样做一定有他的意图。

打开箱子,赵仓唐吃了一惊,原来衣服被放得乱七八糟。

是路上走得匆忙把衣服搞乱了?不会啊。

赵仓唐正在尴尬,太子击却笑了。

"老师,父亲召我回去了。赶紧准备,咱们今天就回魏国。"太子击说。

"为什么?魏侯没有让我转达啊。"赵仓唐有点丈二和尚摸不着头脑。

"这不明摆着吗?"太子击指指衣服,见赵仓唐还是回不过味来,只好解释:"东方未明,颠倒衣裳。颠之倒之,自公召之。"

赵仓唐听罢,恍然大悟。

"东方未明,颠倒衣裳。颠之倒之,自公召之"是《诗经·齐风·东方未明》中的一段,写的是一个大夫天还没亮就去上朝,结果手忙脚乱,衣服都穿反了。在这里,重点是"颠之倒之,自公召之"。

魏文侯的意思很简单:如果太子击够聪明够刻苦,就能看懂这道诗谜,那就回来做太子,今后掌管整个魏国;如果看不懂,就证明赵仓唐所说的都是谎话,那就让太子击留在中山自生自灭,魏国则交给公子挚。

太子击和赵仓唐日夜兼程回到魏国。

魏文侯看到大儿子回来,是惊喜交加。三年不见,儿子跟自己一样高了,英俊挺拔又透着机灵。

"回来了,太好啊,孩子,你受苦了。"魏文侯说着,一把搂住了儿子,老泪纵横。

这个时候,赵仓唐可不会再说什么大家都是一国国君之类的话了。

"孩子,别走了。"魏文侯说。

太子击和赵仓唐就等这句话。

"夫远贤而近所爱,非社稷之长策也。"魏文侯说,意思是把贤能的孩子派到远处,却把自己喜欢的孩子留在身边,这不是治理一个国家的长远之计。潜台词则是:老大这么贤能,我却因为更喜欢小儿子而想要废掉他,太糊涂了。

紧接着,魏文侯宣布太子击回到魏国继续做太子,派小儿子公子挚前往中山担任中山国君。

这一回,轮到小儿子哭了。

其实,魏文侯之所以采用这样一种办法召回太子击,是有一番更深的苦心的。

按照惯例,实际上他应该在这个问题上与几个心腹大臣进行商议,然后作出决定。可是他知道,太子击派出去三年,这三年,公子挚的人在暗中活动,大夫们多数更希望公子挚担任太子。在这样的情况下与大夫们商量,就很可能受大夫们的左右,作出错误的决断。

所以,魏文侯干脆采取了这样的做法,让大家都无话可说。

太子归来,自然是一件大事,也令很多人感到惊讶。其中一些人是公子挚的死党,还在想着是不是能劝说魏文侯改变这个决定。

所以,魏文侯决定召开一个群臣大宴,一来是庆祝太子归来,二来是表明一个态度,让大家看清形势。

宴席的规格很高,上大夫以上的卿大夫全都参加。宴席上,魏文侯讲述了赵仓唐和自己的对话,以及太子击之所以被允许回来的原因。

"欲知其子,视其友;欲知其君,视其所使。"魏文侯这样总结:要了解自己的儿子,就看他交什么样的朋友;要了解一个国家的国君,就要看他派出的使者是怎样的。

赵仓唐当众受到了表扬,急忙向大家行礼。

"下面,请太子讲话。"魏文侯给了太子击一个证实其才能的机会。

"诗曰:'凤凰于飞,哕哕其羽,亦集爰止,蔼蔼王多吉士,维君子使,媚于天子。'舍人之谓也。"太子击并没有浪费这个机会,朗声念出一段《诗经》来,这一段诗出于《诗经·大雅·卷阿》。这首诗写的是周文王带领群臣出游时的场景,大致意思是凤凰高飞百鸟跟随,文王伟大群臣贤能。

太子击在这个时候用这样一首诗,实际上在赞扬大家。

掌声响起来。

每个人都很高兴,每个人都看到了太子击的贤能。

第 十 二 章

田子方

魏文侯确定了太子击回国继续担任太子,公子挚前往中山国担任国君。但是,程序还要走,毕竟太子击现在还是中山国的国君。

按着程序,太子击必须先回到中山,魏文侯亲自带着公子挚前去,在中山的朝廷宣布两人之间的交接。

因此,太子击和赵仓唐回到中山,筹备典礼。

太子击刚回到中山,就来了一个客人。

谁?田子方。

原来,魏成子前往齐国邀请田子方前来魏国。可是田子方婉言谢绝了,理由是自己还有生意要做,近期会去中山。谁知道这个借口反而被魏成子抓住,他说恰好魏文侯要去中山,何不就近见一见?

这下,田子方没得推脱了。想想,魏文侯说起来还算是师弟,人品名声都不错,那就干脆给魏成子这个面子算了。

就这样,田子方到了中山,先见太子击,然后等待魏文侯的到来。

因为魏成子早已经派人通知了太子击,说田子方是魏文侯的客人,务必要热情接待,所以,太子击非常热情地接待了田子方,只不过因为事情比较忙乱,并没有认真交谈过。

二十二

转眼间,魏文侯北上中山,来到了中山国都。

太子击亲自出城迎接,顺便请求田子方一并前往,算是给魏文侯一个惊喜。田子方不便推辞,于是跟随太子击前往,两人乘同一辆车。

等候时间不长,魏文侯的车驾就到了。

太子击急忙下车,前往魏文侯的车驾。

可是下车走了两步,发现丢了一个人。谁? 田子方。

太子击的意思是,魏文侯都来了,田子方就该和自己一块下车迎接。可是回头一看,好嘛,田子方在车上端坐着,好像没自己什么事。

"这都什么人哪?"太子击心想。他有些生气,急忙回头去叫田子方。

"田先生,那什么,您不下车?"太子击压着火说,意思是赶快下车吧。

"啊,那什么,我就不下去了。"田子方挪了挪屁股,依然坐着。

"嘿。"太子击真的很冒火,可是这种时间这种场合又不好发作,可是不发作还真不舒服,所以他决定讽刺田子方几句。"田先生,我想问问您,您说到底是富贵人家应该牛×一些,还是穷光蛋应该牛×一些?"

田子方淡淡一笑,心想:"你还太嫩了,不知道我是谁的弟子吗? 跟我玩口才,找屎啊?"

笑过之后,田子方说:"当然是穷光蛋牛×啊,富贵人家怎么敢牛×呢? 富贵人家牛×,家财就会丧失,他不怕吗? 国君牛×,国家就会灭亡,哪个国君想让自己的国家灭亡? 可是穷光蛋不一样了,再牛×,不还是穷光蛋吗?"

田子方的意思其实很明白,国君就要放下架子,才能得到爱戴。

可是这个时候太子击并不理解这些,他狠狠地瞪了田子方一眼,心说等老子将来登基了再来收拾你。

太子击无可奈何地走了,急急忙忙来到魏文侯的车驾前,拜见父亲。

"嗯,怎么刚才走到半道又回去了?"魏文侯感觉有些奇怪,于是问道。

"那什么,田子方在我车上。"太子击不敢说谎,可是又不敢说田子方不下车。

"那,他为什么不来见我?"魏文侯有些生气了,这明显是自己儿子没把他请下来。

到这个时候,太子击只能说实话了,他将田子方刚才的话说了一番,就等着父亲下令驱逐田子方。

"哇,太牛×了。"出乎太子击的意料,魏文侯竟然这样说,不知道是说田子方的话太牛×,还是田子方这个人太牛×。也不知道他是太高兴,还是太愤怒。

说完,魏文侯竟然跳下车来,径直向田子方的车走去。

"父亲,你这是?"太子击怀疑父亲是不是要亲自杀了田子方,他想为田子方说几句好话,就因为这个杀人,太不好意思了。

"子方先生是高人哪,我要下来跟他边走边聊。"

迎面,田子方下了车。魏文侯都走过来了,再不下车,那就真是装了。

魏文侯和田子方一见如故,两人聊得非常开心。

田子方毕竟是大商,见识远在段干木之上,因此魏文侯对他更加敬佩。而魏文侯的儒雅和随和也让田子方赞叹不已,这样的国君确实难以找到,怪不得段干木愿意和他交往,李悝愿意为他效力。

相见恨晚的感觉。

"我想请先生去魏国做客,还请赏脸。"魏文侯发出邀请。

"我一定去,尽快去。"田子方当即答应。他说话是算数的,因为他喜欢魏文侯,愿意交这样的朋友。

二十三

魏文侯决定设置相国这样的官职。这是个什么样的官职呢?

按照周朝的规矩,各国国君之下,就是六卿。国君管理国家,六卿则作为助手。尽管六卿排名有先后,但是级别大体相同。基本上,六卿制就算是集体领导。就算是当年管仲和赵盾这样的强势卿,尽管他们实际上管理着国家,理论上地位与其他卿是一样的。

魏文侯想要设置的相国这个职位在六卿之上,负责管理国家日常事务,只在重大事务上才由国君亲自定夺。也就是说,相国实际上拥有过去君主的大部分权力。

在春秋时期,楚国令尹的地位类似于相国,不过其权力范围要小很多。

魏文侯希望把自己的权力分一些出去,这样自己就能够轻松一些。而对于相国这个职位,他实际上就是为李悝设计的。

所以,在宣布将要设置相国这个职位之后,魏文侯首先约谈了李悝。

"悝,魏国的相国非你莫属了。"魏文侯说,他以为李悝会当仁不让。

可是,他错了。

"主公,我不行,真的不行。"

"为什么?魏国能有今天的强盛,你的功劳最大啊。"魏文侯感到奇怪,怎么子夏的学生们都是这样?别人要抢的东西,他们却要推脱。

"主公,各人的能力不同,能担当的责任也就不同。我虽然懂得变法,却未必懂得怎样管理人和国家。更何况,相国这个职位,不仅需要能力,更需要懂得协调,要有人脉,才能让大家服气。所以,我并不合适。"李悝说。其实,

他所说的只是事情的一个方面。另一方面,他知道自己在变法的过程中得罪了很多人,因此保持低调是保护自己的最好办法。

魏文侯沉吟了片刻,似乎最终认同了李悝的说法。

"那么,你认为魏成子和翟璜,谁更适合?"魏文侯问。

"这个,俗话说:贱不谋贵,外不谋内,疏不谋亲。这,我还是不发表意见的好。"李悝回答,他知道自己支持谁都不好,让另一个人知道了都是得罪人。

"悝啊,这可是国家大事啊,你不说不行。"魏文侯有点生气了,他看得出来李悝的想法。

李悝知道,自己这次是想说也要说,不想说也要说了。可是,还真不愿意得罪这个人,怎么办?

想了片刻,李悝想出一套好说辞来。

"主公,看一个人呢,看看他的过去就行了。看权位高的人,看他举荐的是什么人;看有钱人,看他交往的是什么人;看穷人,看他什么东西是不取的;看困顿的人,看他什么事情是不做的。通过这些,就能知道谁比较合适了。"李悝的这段话,并没有说明他支持谁,但却给了魏文侯明确的指引。

这段话的原话是:"贵视其所举,富视其所与,贫视其所不取,穷视其所不为,由此观之,可知矣。"

这段话的哲理非常强,借鉴意义也非常大。可惜的是,后人却少有借鉴。当一个人权位高的时候,如果他举荐的都是亲信,证明他很自私;如果他举荐的人比他的水平还要高,证明了他的心胸。当一个人有钱的时候,如果他所交往的都是酒肉朋友,证明他没有远见;如果他所交往的都比自己更高明,证明他还有上进心。当一个人贫穷的时候,如果他接受嗟来之食,证明他已经失去了尊严和自信;如果他能够拒绝诱惑,证明他还能有翻身的机会。当一个人落魄的时候,如果变得不择手段,这样的人很危险;如果他依然能够坚持自己的做人原则,证明他有坚强的意志力。

"好,我明白了。"魏文侯说,他确实明白了。

李悝从魏文侯那里出来,想了想,决定去趟翟璜那里。他知道魏文侯最终一定会选择魏成子为相国,他担心翟璜会因此怀恨他,因此要先来开解一番。

李悝的到来让翟璜非常意外,又非常高兴。他知道,相国的第一人选是李悝,之后就是他和魏成子。而且他知道,李悝对于相国并没有兴趣。所以,他对相国的宝座是有期待的。

从个人关系上来说,翟璜和李悝更近一些,而魏成子更喜欢和段干木、田子方这样的人来往。所以翟璜想当然地认为,在相国这件事上,李悝一定会支持他。

"是什么风把您给吹来了?"翟璜开了个玩笑。

"我刚从主公那里出来。"

"啊,那,是不是主公问您相国的事情了?"翟璜有点紧张起来。

"是,他问我你和魏成子谁更适合当相国。"

"最后决定是谁?"翟璜迫不及待想知道。

"魏成子。"

翟璜的脸色变了,他很不高兴。

"李悝先生,你一定没有帮我说话,我很失望啊。当初,可是我举荐的你啊。"翟璜遮掩不住自己的失望,半开玩笑半认真地说。

"你何必这么失望呢?当初你举荐我,难道就是为了让我来帮你升官吗?"李悝也没有遮掩,针锋相对地说,"主公问我谁适合当相国的时候,我说:'贵视其所举,富视其所与,贫视其所不取,穷视其所不为,由此观之,可知矣。'之后主公说他已经定了,所以我认为是魏成子。"

"这不对啊,你看看我举荐的人,啊,您一个,吴起一个,乐羊一个,西门豹一个,啊,哪一个不是杠杠的?这还不行吗?"翟璜越说越生气,狠狠地瞪了李悝一眼,心说你就是个趋炎附势的家伙,不就看魏成子是魏文侯的弟弟吗?

李悝知道翟璜在想什么,如果不改变他的这个想法,那今后他就算是恨定自己了。

"老翟,你听我说。没错,你推荐的人才个个都是杠杠的。可是,魏成子不比你差啊。你看啊,魏成子那么多封地,可是真正财产没多少,因为大部分都拿去结交朋友周济他人了。人家也举荐了人,别的不说,我老师子夏就是他请来的,田子方、段干木都是他介绍给主公认识的,这几位是什么人啊?不是主公的老师,就是主公的朋友。而您举荐的呢,不过是主公的臣子。从档次看,是你高,还是魏成子高?"

李悝的一番话,说得翟璜哑口无言。是啊,人家魏成子比自己大方,交朋友的档次比自己高,跟魏文侯的关系比自己近,自己还争什么啊?

再者说了,人家李悝的能力和功劳比自己都高,人家都不去争这个相国,自己争什么啊?

想到了这些,翟璜突然明白了。他就是这样的人,一旦想通了,绝不会扭扭捏捏不认错。

"悝啊,你说得太对了。我错了,我改还不行吗?"翟璜认错了。

第二天,魏文侯果然宣布任命魏成子为相国。

翟璜虽然服气,并且他知道不服气也不行。可是,他的心情依然很差,因为结果与他的期望有很大的落差。

接连三个月,翟璜托词有病没有上朝,甚至没有出家门。

终于,翟璜决定出去走走,算是换个空气,换个心情。他决定把历年来魏文侯赏赐他的各种豪车都驾出去,炫耀一番,在心里找一个平衡。

就这样,翟璜的车队出发了,直奔黄河岸边。

黄河岸边,停着一辆车,看上去十分别致,不过并不张扬。一个人在河边散步,欣赏着河上的风光。

翟璜的车队径直过去,停在河边。翟璜跳下车来,向那人走去。只见那人仙风道骨,气度不凡,看见豪华车队过来,竟然毫无反应。

"你,什么人?"翟璜大声问。他的心情本来不好,见这人对他并不恭敬,更加恼火。

"田子方。"那人轻声说道。

翟璜吓了一跳,原来这人是魏文侯亦师亦友的田子方,怪不得不尿自己这一壶。

原来,田子方已经来到魏国,只因为翟璜在家装病,因此没有见过。

"失敬失敬,在下翟璜。"翟璜急忙躬身施礼,在气场上已经落了下风。

"原来是翟璜大夫,我看这豪华车队,以为是魏侯亲自来了呢。本来准备批评他铺张浪费,既然是你,就算了。哎,对了,你怎么这么多豪车?"田子方还是不紧不慢地说,既不盛气凌人,也不小心翼翼。

"不瞒先生说,这些,都是魏侯赏赐的。三十年了,攒了这么多。"

"这要多少功劳才能攒这么多啊?"田子方表示惊讶。

"主要是举荐贤能,那什么,李悝、吴起、乐羊、西门豹、北门可、南门岩、东门扩等等等等,都是我推荐的。"

"你太牛了。"田子方竖起了大拇指,很真诚地说,"继续努力吧,你离相国不远了。"

"咳,别提了,魏成子已经当上相国了,我没戏了。"

"放心,天道酬勤,你立了这么多功劳,完全可以当相国啊。不过呢,当相国,仅有功劳不够,还要心胸宽广,有耐心有定力。你呀,只要继续努力,下一任相国怎么会不是你呢?"田子方说,然后有些神秘地追加了一句:"我听说,魏成子对相国并不感冒啊。"

田子方的一番话,让翟璜心情大好,信心大增。

"或许,这就是魏侯在考验我呢。"心情好了,想什么都朝好的方面去,翟璜想到这里,决定立即回家,上朝,继续努力。

翟璜告别了田子方,疾驰而去。

田子方望着远去的翟璜,笑了。

"看来,无论是经商还是从政,给人正能量都是很重要的啊。"田子方自言自语。

翟璜的装病让魏文侯很不满意,可是三个月后翟璜干劲十足地回来了,这又让魏文侯感到惊喜。

果然,不到一年时间,魏成子辞去了相国的职务,翟璜成了相国。

所以,当初田子方的一番话,不仅拯救了翟璜,还让魏国官场保持了和谐。

翟璜的相国做得不错,魏国继续保持着民富国强的节奏。

魏文侯五十年(前396),魏文侯薨了。前后脚上,李悝、魏成子、翟璜等人也都去世。

善终,每个人都得以善终。

不要小看了"善终"二字,历史一再证明,这是变法者的最高境界。

至此,魏文侯及李悝们的时代结束。

第 十 三 章

总结

李悝变法是战国的第一次变法,也是中国历史有记载的第一次变法。

对于李悝这个人甚至魏国的变法,历史上的记载不多。究其原因,除了秦朝焚毁掉了各国史书导致记载不全,恐怕最主要的原因在于这次变法相对温和,没有引发剧烈的国内矛盾,因此看上去并不精彩。

但是,从另一个角度说,正因为这次变法没有发生太多的"故事",更看出这次变法的可贵之处。换言之,所有那些避免了波澜壮阔的变法,恰恰是能够让国内更稳定、百姓生活更富足的变法。

事实上,李悝的变法顺应了历史的要求,也顺应了当时魏国人民的期盼。

所以,李悝变法对于后世的借鉴意义十分明显。其中的一些成功经验和规律,其实到现在依然适用。

二十四

先来说说李悝的《法经》。

《法经》肯定不是中国历史上第一部刑法,也不是第一部成文刑法。所以,《法经》的意义不在于"法"或者"经"本身。

《法经》第一个不同之处在于轻罪重罚的原则,这在从前是没有的。之所以轻罪重罚,在于当时的犯罪率太高,不如此不足以遏制。从政治角度来说,《法经》解决的是当时的主要社会矛盾。

轻罪重罚的高明之处在于其震慑力,虽然对于轻罪的人有些不公平,但是这有效防止了更多更重的犯罪行为,是预防犯罪的一个方法,从社会角度来说这反而是公平的。

所谓"轻罪重罚,则重罪不至",以及"以刑去刑",就是这个意思。

当今世界一些国家还在运用轻罪重罚原则,譬如新加坡。

新加坡至今保留了鞭刑，这遭到许多人的批判，认为这不符合现代的司法精神，并将其归入"轻罪重罚"的范畴。其实，这并非真正的轻罪重罚，只是行刑方式比较野蛮原始。

真正的轻罪重罚是新加坡政府对于贪腐的惩治。按新加坡《防止贪污法》，对贪污受贿没有最低金额限制，在一定情况下，给予或接受1元钱就算贪污，就要坐牢。同时，还使用有罪推定原则，如果其明显超过合法收入的财产不能给出合理解释，则断定为贪污罪。其结果呢？就是新加坡政府成为全世界最清廉的政府。

事实上，西方发达国家在惩治贪腐问题上都倾向于轻罪重罚。

与之相反，那些贪污腐败严重的国家，则在惩治贪污腐败的问题上倾向于重罪轻罚，譬如界定非常高额的立案金额和定罪金额，判罚普遍偏轻，其结果当然是在纵容贪污贿赂。

当一种犯罪行为成为社会主要矛盾的时候，轻罪重罚是一种早被证明过并且依然适用的方法。

《法经》的第二个不同之处在于正式将"士"这个阶层纳入了刑罚的范畴。模糊地带被清除了，过去心存侥幸的人群不得不面对现实，收敛自己的行为了。

春秋末期，士的地位一直非常尴尬，政府对于士的管理也一直非常头疼。孔子曾经说过"刑不上大夫，礼不下庶人"，故意不提"士"这个中间阶层。但是，孔子总是号召"士"要以大夫的标准严格要求自己，意图靠士的自觉自愿来提升自己的社会地位。可惜的是物质决定意识，生活窘迫的士们的道德状态直线下滑，到了战国初期已经不得不将他们纳入"庶人"的行列了。

将"士"纳入刑罚的范畴之后，国家对于"士"的管理就清晰了，大量的问题迎刃而解。譬如，界定了"士"的庶民地位，在法理上使得"士"可以名正言顺地从事农工商，解决了他们的生存问题。同时，也让他们放弃幻想，靠自己的努力去争取前途。整个战国，大量的人才涌现，而他们基本上都是出身于士。

在政府的层面，不论是关于事的，还是关于人的，不应该存在模糊地带。譬如在过去，中国政府拒绝承认存在失业问题，而称之为待业。之所以这样，在于教科书上说只有资本主义才存在失业。

于是，失业人群就成为模糊人群，既然名义上是待业而不是失业，那么失

业人群就理所当然地认为政府要解决他们的"待业"问题，可是政府又无法解决他们的"待业"问题。其结果就是政府里外不是人，又耽误了很多失业者找工作和自己创业的时机。

承认失业，则政府的责任就非常清晰，无非是发放失业金和提供培训的机会，而失业者本人也可以放弃幻想，自己寻找出路。

所以，政府必须在任何问题上都给国民以清晰正确的指引，要相信国民有能力去面对和解决问题。

二十五

李悝变法使得魏国民富国强，但是同时要面对一个新问题：士阶层的前途问题。

大量的士实际上是魏国的功臣或者功臣子孙，降低了他们的政治地位以换取他们的生存条件并不足以让他们满足，他们需要进阶的途径以重新回到贵族行列。

在这个时候，给他们寻找上升的捷径就成为社会的主要矛盾之一了。

所以，李悝和魏文侯决定发动对外战争。

这，也是把国内矛盾转化为国际矛盾。而凭借国力的强盛，魏国可以这么做。

战争是个好东西吗？战争当然不是一个好东西。但是，不管战争是不是个好东西，有的时候它必然会发生，而这也是人类社会发展的规律。

譬如我们总在批判日本明治维新之后的军国主义路线及其对周边国家的侵略罪行，当然，侵略是罪行，这一点毫无疑问。问题是，如果我们仅仅把眼光停留在仇恨和批判上，是远远不够的。

通过对照魏国变法和日本明治维新，我们会发现他们之间的惊人相似。正视历史规律，才能有备无患。

日本明治维新之前，社会状态与中国战国初期十分相似。日本天皇徒具虚名，权力都在幕府手中，整个国家是封藩制度，人民分为士农工商，而士的生活很艰辛。

明治维新中，幕府倒台，天皇重新掌权，而这一切的功臣恰恰是士这个阶层。

明治维新后，日本国力大增。但是因为不再适合这个时代，士整个阶层解体，成为农民或者无业游民。这个时候，士进阶无门成为社会主要矛盾。

于是,由士们掌控的日本政府,尤其是日本军方需要为"士"这个阶层找到出路和上升的途径,而士的最大能力就是战争。

于是,日本开始对外侵略,一开始是朝鲜,然后是中国,之后是整个亚洲,最后把美国拉进了战团。

难道日本人真的不知道他们的国力不足以支持如此庞大的战争吗?当然不是。问题在于,他们一开始在战争中得到好处,就无法遏制自己的冲动。而士这个阶层在战争中尝到甜头,当然不愿意收手。

所谓"武士道精神",其实就是春秋战国时期士的精神的一个部分。

事实上,魏国也经历了同样的过程,从最开始的战无不胜,到四处挑起战争,最后终于遭到灭顶打击,国力衰微,首都陷落,几乎被灭。

如果当时的民国政府熟悉魏国的这段历史背景,就应该明白日本的侵略不会有休止的时候,就会从一开始就放弃幻想,及早做出准确的判断和正确的应对了。

了解了日本当时的背景,也有助于更清晰地认识和判断当代的日本。士这个阶层已经彻底消亡,士的精神依然存在,但是"武士道"只是非主流的残存。

二十六

职业经理人的概念早就存在,但是作为一个现象,则是从战国时期开始的。魏国就集中了一批职业经理人,而最典型的是吴起。

什么是职业经理人?

百度百科这样写道:一般认为,将经营管理工作作为长期职业,具备一定职业素质和职业能力,并掌握企业经营权的群体就是职业经理人。

事实上,我们还没有找到一个公认的职业经理人的定义。

但是我们知道职业经理人必须具备的特征。

第一,有能力或者经验,或者自以为有能力或者经验。而其能力或者经验,来自学习或者经历。

第二,在管理岗位上工作。

第三,自荐或者推荐。

第四,具有很强的流动性,只对当前的雇主负责。或者说,只关心发挥自己的能力,获得自己的收益,对于雇主是谁兴趣不大。换言之,忠于自己的职位,不忠于自己的雇主。

李悝具备这样的特征,不过他只服务于魏文侯,并没有机会服务其他雇主。

吴起则不同,他和李悝一样,当初学习是为了成为职业经理人。之后,他先后在齐国(未被雇用)、鲁国和魏国寻求发展,而他本人是卫国人。"哪里能够发挥我的才能,能够给我想要的待遇,我就在哪里干。"吴起就是这么想的,也是这么做的,这就是职业经理人的标准想法和做法。

同样,宋国人乐羊、郑国人西门豹等,都是职业经理人。

作为职业经理人,魏国的职业人群体有经验也有教训,在此略做总结。

教训一

吴起在齐国求职失败,在鲁国受人排挤,其教训是:要去能发挥自己长处的地方,而不是去某个地方推销自己的长处;要向老板展示他需要的能力,而不是自己具备的能力。

教训二

西门豹正直能干,国君欣赏,百姓喜欢,可是最终自己却被刺杀,其教训是:要学会保护自己,对既得利益集团要分而化之,更有策略地应对。

经验一

李悝每次提出问题之后,都能得到魏文侯的支持并且获得解决,其经验是:在提出一个问题之前,要先有解决的方案。

经验二

赵利提出给魏国借道时,得到了大家的支持,其经验是:当事情已经没有选择,要让老板觉得这就是最好的选择。

经验三

乐羊并没有被儿子的死所击垮,依然攻占了中山国,其经验是:要成为一名合格的职业经理人,首先要有六亲不认的心理准备。

经验四

作为变法的总设计师,李悝得罪了很多人,却依然全身而退,其经验是:树大招风,不要什么好处都去争,什么功劳都去争。适度低调,才能自保平安。

第二季

·

吴起变法

·

整个春秋，几乎就是晋楚争霸。可是，在晋国被瓜分，魏国强势崛起的过程中，楚国人在干什么？

难道，他们一直在看热闹？难道，他们就满足于看热闹？

是的，他们就是一直在看热闹，甚至连看热闹的勇气都有点欠缺。究竟是为了什么，一向强横的楚老大竟然如此萎靡？

有人说：一次被强暴，终身难雄起。楚国被吴国破了身子之后，元气再也不能恢复。

原因真是如此吗？原因真不是如此。

那么，原因是什么呢？

原因在于楚国走上了周朝的老路，整个春秋时期他们一直在努力学习周礼，一直在努力把自己变成一个华夏国家。恭喜他们，他们在春秋末期几乎成了最正宗的华夏国家，可是同时，也宣布他们不再强大。

有的时候，先进文化并不等同于强大。

可是，世界在变化，面对北方强邻的咄咄逼人，楚国该向何处去？

第 一 章

救命靠忽悠

从地盘和人口来说,楚国稳居各国之首,并且一直在稳步增长。从 GDP 来讲,楚国和齐国不相上下。可以说,楚国是地大物博,人多势众。

楚昭王之后,楚惠王即位。在楚惠王的任上,楚国进入了战国。可是对于楚惠王来说,春秋和战国没什么区别。

楚惠王的小日子过得不错,什么也不用操心,所以在任上一直干了五十七年。

临驾崩之前,楚惠王还是做了一点有意义的事情。

那时候越国陷入内乱,原先侵占的吴国土地基本上就成了三不管地带,尤其是淮河泗水一带完全陷入无政府状态,盗贼横生,往往跑到楚国来作案。楚惠王于是决定出兵淮泗剿匪,结果一路上如入无人之境,哼着靡靡小调就到了海边。楚国人什么时候见过海?那时候武汉还不是武汉,下大雨之后还看不到海。

见到海的楚国人兴奋得不得了,结果也不管楚惠王在家里断了气,大军一路小调顺着海边往北走,一举灭掉了莒国。几百年来,莒国北面防着齐国西面防着鲁国,可是万万没有想到楚国人从南面来了。

灭了莒国,再往上走可就是齐国了。楚国人掂量了掂量,算了,拍拍屁股,班师回国了。

就这么着,淮泗一带成了楚国的地盘。

楚惠王的儿子楚简王继承了父亲的遗产,混了二十四年平安去世。其间,魏赵韩三家都成了正式的诸侯。

简王把遗产留给了儿子楚声王,楚声王基本上什么也没干,但是运气没有父亲的好,在继承遗产六年的时候被强盗所杀。被杀的时间、地点和原因均不详,是否破案也没有记载。不管怎么说,最高国家领导人被盗匪所杀,这

个国家一定出了问题。

一

遗产到了楚声王的儿子楚悼王手中。

楚悼王是个有理想的人，他并不满足于仅仅当一个遗产继承人。

登基第二年，楚悼王亲自率军北上讨伐鲁国。可是大军开到鲁国乘丘，遇上了魏赵韩三家鲁国援军。仗还没打，楚军上下就已经尿了，没办法，只得撤军。

楚悼王很生气也很恼火，之后的几年三次北上，攻打的目标分别是韩国、周王室和郑国，占领了韩国的负黍和郑国的大梁、榆关。

楚国的一系列行动终于招致了三晋的反击，以魏国为首的三晋联军南征楚国，双方在楚国新占领的大梁展开决战，结果楚军大败亏输，溃不成军，楚悼王狼狈而逃。

之后，三晋联军继续南下，拿下大梁和榆关。

其实，大败并不可怕，怕的是溃不成军。楚军此次出军十五万，真正被歼被俘的不过一万，趁乱逃回老家的倒有七八万。这说明什么？说明还没有交锋，楚军就已经开始逃命了。

此时，楚军已经完全放弃抵抗，三晋军队如果继续南下，楚国当年被吴国所灭的一幕恐怕又将重演。并且，魏武侯已经放出话来，不打到楚国首都郢都决不收军。

"怎么办？"楚悼王怕了，他万万没有想到会是这样一个结果。

"不知道。"这是卿大夫们的标准答案。

"不知道怎么办？"楚悼王接着问。

"还是不知道。"卿大夫们说，翻翻白眼，然后反问，"大王，还有别的事吗？没事我们就回家了。"

卿大夫们走了，留下楚悼王一个人呆若木鸡。

"怎么办？"楚悼王问自己。

"不知道。"楚悼王自己也不知道。

他突然觉得自己很可怜，虽然名义上是楚国的王，可是土地大部分都分了出去，并且全部都是世袭，实际上自己能够号令的地方并不多。每次打仗，都是各个封地凑人，没有一家愿意出兵，就算来了也是随时准备逃命，就算逃跑了自己也没有办法。

朝里的卿大夫们实际上根本不关心国家的事情,只关心自己封地的事情。所以,他们通常都是一问三不知。

如今就是这个状况,士兵们死的死逃的逃,留下来的也是随时准备逃走的。而卿大夫们并不关心国家的兴亡,都想着怎样保存自己的实力。

就在楚悼王顾影自怜的时候,救星来了。

谁?屈宜臼。屈宜臼是干什么的?息公。

屈家原本是楚国的公族,后来被封到息地,爵位是公爵,而屈宜臼就是现在的息公。

"大王,睡了吗?"屈宜臼偷偷摸摸地进来,生怕被人看见。

"没呢没呢,啥事?"楚悼王连忙回答,不管怎样,总算有个人来说话。

"大王,我想起一个办法来。"屈宜臼小声说,生怕给人听见。

"太好了,那什么,刚才你怎么不说呢?"楚悼王问,刚才屈宜臼分明说没有办法。

"那什么,刚才是真没办法,这不,蹲了一阵茅坑,想起来了。"屈宜臼有点尴尬地笑了笑说。其实,办法他早就有了,可是刚才真不敢说,否则大家都会说他没事找事瞎逞能。就是这会来,也是偷偷摸摸不敢让人看见。

"有什么好主意?"楚悼王问,他一向知道屈宜臼是个有主意的人。

"大王,俗话说:打得过就打,打不过就跑。那跑也跑不了呢?求救啊。想当年咱们被吴国所灭,不就是向秦国求援,秦国帮助咱们复国的吗?如今啊,能帮咱们的还就是秦国了,齐国也算一个吧。"

"可是,等他们赶到,晚三秋了。"

"咳,他们不用赶到啊。只要秦国攻打韩国,韩国要回去救不?齐国攻打赵国,赵国要回去救不?韩国和赵国军队都撤了,魏国还能接着打不?"屈宜臼这么一说,楚悼王算是明白了。

"嗯,你说的也有理。可是,可是远水不解近渴啊。"楚悼王还是不放心,从求救到两国发兵,怎么也要一个月上下啊。

"别急啊,两条腿走路啊。这边大王立即派使者向秦国和齐国求救,另一边派人跟三晋谈判。能谈成最好,谈不成也能拖延时间啊。"

楚悼王想想,似乎也没有别的更好的办法了。

二

楚国使者分头前往秦国和齐国求救了,说起来,楚国跟这两个国家也有

差不多一百年没来往了。不过,有利的一点是,这两个国家跟三晋的关系都很差。

与此同时,楚悼王派出使者去与三晋谈判。

"谈什么谈?有什么好谈?不谈。"魏武侯的态度相当坚决,根本不谈。

连续派了三次使者,结果都是一样。

不仅不谈,魏武侯已经开始准备最后的总攻了。

"老屈,秦国人和齐国人还没有消息,可是三晋眼看要动手了,怎么办?"楚悼王知道问别人也是白问,索性悄悄找来屈宜臼问。

"那,让我去和三晋谈判吧。行不行不一定,但至少能看看他们的虚实吧。"屈宜臼说。他就是这样一个人,觉得只要去做,总能有收获。

屈宜臼来到了三晋联军的大本营,三晋的队伍分为三处驻扎,魏军在中间,韩军和赵军在两侧。屈宜臼没有直接去魏军大营,而是去了韩军大营。

"麻烦通报一声,我是韩侯失散多年的舅舅。"屈宜臼撒了个谎。

此时的韩国国君是韩烈侯,听报说外面来了失散多年的舅舅,迎头一愣,没听老娘说过啊?那怎么办?见见再说。

"那什么,我娘姓什么?"韩烈侯见到屈宜臼的第一句话竟然这样说,听得身边的卫士们直发愣,只听说过见面问候对方老娘的,没听说过问自己老娘姓什么的。

其实,韩烈侯的意思是要看看眼前这人是不是个骗子,要是连自己老娘姓什么都不知道,当然就不可能是自己的舅舅了。

"你娘姓魏。"屈宜臼随机应变,笑眯眯地说。

"骗子,果然是个骗子。"韩烈侯脸色一变,厉声喝道,"来人,把这个骗子拖下去砍了。"

"哈哈哈哈……"屈宜臼大笑起来,通常这个时候,大笑是唯一的应对办法。

"你笑什么?"果然,韩烈侯问。

需要的,就是这一问。

屈宜臼收起了笑声,拍打了一下衣襟,故意打量了韩烈侯一番,这才开始说话。

"笑什么?笑你死到临头,还在梦里。笑你被人卖了,还给人数钱。"

"你胡说。"

"我听说韩赵魏三家联军就要发起攻击灭掉楚国,之后呢?赵国远在北方,恐怕不能分到什么。韩国呢,与楚国之间隔着郑国,再加上魏国实力强横,韩国能分到什么?最终,楚国就被魏国一家吞并。以魏国之强,再吞并了楚国,天下谁能匹敌?下一个吞并的会是谁呢?韩国整个被魏国包围在中间,下一个被吞并的不是韩国吗?若不是韩侯的老娘姓魏,韩侯能为魏国做出这么大的牺牲吗?"屈宜臼一番话出来,将利害关系说得清清楚楚。

韩烈侯听得一身冷汗出来,屈宜臼所说的,他其实也曾经想过。从内心里,他确实不太愿意跟着魏国灭掉楚国,因为那对韩国没有任何好处,反而让魏国更强大。可是,尽管有这样的顾虑,却因为不愿意得罪魏国而决定跟随魏国南征。如今听屈宜臼把利害关系说得如此透彻,免不得心中一凛。

"你们都出去。"韩烈侯摆摆手,让所有人都出去。

等到所有人都出去了,韩烈侯对屈宜臼挤出一点笑来。

"舅舅,请坐。"韩烈侯不知道屈宜臼的来历,索性真的叫起舅舅来,"舅舅,那你说,我该怎么办?"

"这个简单,你只要对魏侯说秦军趁韩国国内空虚前来偷袭,你必须回家对付秦国人。私下里,你再让赵侯借口齐国人攻击赵国,不得不北归。你两家一走,魏国孤掌难鸣,也就只能撤军了。"屈宜臼给韩烈侯出主意,其实是在帮楚国解围。

"好主意,我怎么早就没想到呢?"韩烈侯总算松了一口气,这才想起来眼前这个舅舅并不是真的舅舅,"那什么,舅舅,你究竟是什么人?你这么有才,不如,来辅佐我。"

"实不相瞒,我是楚国使者屈宜臼。"

韩烈侯大吃一惊。

"韩侯,实不相瞒,楚国不是你的菜,你还是一门心思把郑国吃掉吧。"屈宜臼说完,转身走了。

韩烈侯眼前一亮。

魏武侯也没有想到楚国如此不堪一击,既然如此,何不趁机拿下楚国呢?这样的机会错过了,恐怕以后不会再有了。

不过,魏武侯已经感到韩烈侯和赵烈侯表面支持,骨子里似乎有些犹豫不决。如何忽悠他们继续前进,就是魏武侯现在考虑的事情了。几天以来,魏武侯天天请赵烈侯和韩烈侯来魏军大营喝酒聊天,讲历史讲现实讲未来,

目的就是要把两人讲得热血沸腾，一鼓作气灭了楚国。

效果是有的，但是两人的犹豫也是看得到的。

这天正在寻思如何进一步忽悠两个盟友，突然来报楚国使者屈宜臼来到。

"屈宜臼？"魏武侯原本想不见，可是屈宜臼这个名字他听说过，据说是楚国数一数二的贤臣，因此决定给他个面子。

屈宜臼昂然来到，在气势上并不是战败国的架势，这一点倒让魏武侯有些意外。

"不是说过了不谈判吗？怎么还来？"魏武侯问，要不是顾忌屈宜臼的名声，他早就赶人了。

"我不是来谈判的。"

"不是谈判？难道是来投降的？代表楚国，还是代表你自己？"魏武侯有些得意地问，故意把尾音拖得很长。

"都不是，我是来讲故事的。"

"讲故事？什么故事？"

"三家分晋的故事。"

"三家分晋？"魏武侯吃了一惊，然后觉得有些好笑，这个故事难道还要一个楚国人来讲？"讲哪一段？"

"讲智瑶率领韩魏两家讨伐赵家，眼看赵家就要灭亡，结果却是赵家联合韩魏两家，灭了智瑶。"屈宜臼说完，瞥了魏武侯一眼。

魏武侯心中一凛，屈宜臼的话算是正好戳中了他的心思。

魏武侯自然知道韩赵两国并不愿意见到魏国的强大，就像当年韩魏两家不愿意见到智家的强大一样。不过，韩赵两家有胆量在背后戳自己一刀吗？他实际上很没有把握。

"先生的意思是？"

"魏侯是个聪明人，我想我不需要多说。俗话说：瘦死的老虎比猫大，楚国虽然不如从前强大，可是骨头还是有一把的。郢都经营百年，恐怕不比晋阳好攻，到时一旦楚国坚守在前，韩赵两家包抄在后，恐怕魏侯想要回家都不能了。下次我再讲，就不是三家灭智，而是三国灭魏的故事了。"屈宜臼一口气讲下来，再看魏武侯，果然脸色非常难看。

就在这个时候，韩烈侯和赵烈侯结伴而来。

魏武侯的脸色更加难看。原本，韩烈侯和赵烈侯从不结伴而来，为的就是避嫌。即便两人在门口遇上，也要分个先后进来。如今大大方方结伴而来,实际上就是向魏武侯宣告两人已经结成同盟。

"两位贤侯结伴而来,必有好事啊。"魏武侯假惺惺地说,挤出一点笑来。

"哈哈,哈哈。"韩烈侯和赵烈侯对视一眼,不知谁先开口说话,所以接着讪讪地笑,"嘿嘿,嘿嘿。"

屈宜臼就在一旁,韩烈侯早就看见了,可是要装出不认识的样子来。

魏武侯故意不把屈宜臼介绍给两位,假装忘了这个楚国人就在身边。

屈宜臼冷眼瞧着这三个人,不要看他们都是一国诸侯,实际上他们都被自己把玩在手中。

最后,还是韩烈侯先说了话:"那什么,魏侯啊,这个,刚才国内来人,说秦国人真不是东西,趁着咱们攻打楚国,我国国内空虚的时机,要偷袭我国。实在是不好意思,那什么,我恐怕要先回去保卫国家了。"

"嗯。"魏武侯冷冷地笑笑,点了点头,又偷偷瞟了屈宜臼一眼。

屈宜臼不动声色。

"那,老赵,齐国人一定也要偷袭赵国了。"魏武侯说,略带着一点讽刺。

"咳,魏侯还真是料事如神啊。"赵烈侯尴尬地笑笑。

魏武侯知道屈宜臼说的是对的,要继续攻打楚国实际上已经没有可能了。

"狗日的。"魏武侯恨恨地骂了一声,不知道在骂谁,再看看走也不是留也不是的韩烈侯和赵烈侯,魏武侯笑着补了半句,"秦国人。"

第 二 章

吴起治军

吴起是一个永不满足的人,他既不满足于现实,也不满足于自己。因为前者,他会有些怨言及失望。但是因为后者,他会不断地努力。

吴起是个有目标的人,但也是一个没有目标的人。之所以说他有目标,那是因为他总是盯着更高的目标。之所以说他没有目标,那是因为他的目标没有上限。不过,他已经变得现实,不像过去那样总是想着要光复家族,复仇韩魏赵特别是赵家。他知道自己必须要接受历史的安排,把目标定得更现实一些。所以,他决定把目标降低为实现自己的价值。

在被魏文侯拜将之后,吴起走马上任。

吴起被任命为西河守。所谓西河,就是黄河以西的地区,包括上地郡都在西河的范围之内。也就是说,吴起是整个西河地区的守官,整体负责防卫魏国的西部,以及与秦国之间的交战。

吴起在上地与李悝做了交接,师兄弟再见,也算是颇多感慨。李悝非常高兴,一来是帮了吴起,二来是帮了自己。

"师兄,最近的战况怎样?"吴起问起战事。

李悝笑了,笑而不答。

吴起也笑了,他知道李悝根本不会打仗,所以最近的战况要么是没有战事,要么是全力防守。

"师弟,到你发挥的时候了,安邑那边有我,你不必有什么顾虑。"临告别的时候李悝说。

现在,吴起开始检视李悝给自己留下的队伍。

常备军的规模不大,仅仅一万人上下。装备上还不错,配置也还可以。

将士们平时的训练主要是射箭,射程确实不错。军纪也还不错,这是李悝的长处。

除此之外,吴起就只能皱眉头了。

部队完全没有阵形战术训练,旗帜战鼓的运用一塌糊涂。士兵们士气很高,但是完全不懂得听指挥和协同作战。

实际上,李悝率领的部队也就仅仅同秦军进行过一次决战。此后,都是防守,好在魏军的射程比较远,又是登高防守,因此倒也没有吃过败仗。

可是,吴起不是来防守的,他是来开疆拓土的。

所以,第一件事就是练兵。

关于吴起怎样练兵,《吴起兵法》中有些简短记载。

故用兵之法,教戒为先。一人学战,教成十人;十人学战,教成百人;百人学战,教成千人;千人学战,教成万人;万人学战,教成三军。以近待远,以佚待劳,以饱待饥。圆而方之,坐而起之,行而止之,左而右之,前而后之,分而合之,结而解之。每变皆习,乃授其兵。是为将事。

教战之令,短者持矛戟,长者持弓弩,强者持旌旗,勇者持金鼓,弱者给厮养,智者为谋主。乡里相比,什伍相保。一鼓整兵,二鼓习陈,三鼓趋食,四鼓严辨,五鼓就行。闻鼓声合,然后举旗。

基本的套路我们已经看到,吴起首先培训的是一个"教练团",将他们培训好之后,分派下去培训低一级的军官,然后军官们培训士兵。

培训得差不多了,就开始进行整体合练,教习旗语鼓语,进退行止,协同作战。

布阵方面,吴起将部队分为四个部分,即"左青龙,右白虎,前朱雀,后玄武。招摇在上,从事于下"。基本上,就是一个菱形布阵,在高处设旌旗,指挥四个部分的行动。

为什么吴起要菱形布阵呢?

除此之外,吴起还特地选出两只"特种部队"。

"然则一军之中,必有虎贲之士,力轻扛鼎,足轻戎马,搴旗斩将,必有能者。若此之等,选而别之,爱而贵之,是谓军命。"(《吴起兵法》)

第一支叫作"虎贲",都是力大勇猛的勇士,吴起对他们采取特殊待遇,要求更严,而待遇更好。虎贲往往放在玄武阵中,准备突击对方的中军主帅。

第二支叫作"贱勇",由那些此前因为犯罪而被剥夺了身份的人组成,吴起承诺他们只要立功就能恢复身份,甚至升迁。这支部队被安排在朱雀阵中的前沿,负责发起第一波冲锋。但是吴起不要求他们获胜,只要求他们在与敌人接战之后立即战败逃回。

练兵三月,基本成型。

三个月期间,秦军不停前来骚扰,吴起一律拒绝出战,只是登城防守。

秋收的季节,一片繁忙。

魏国的农民们收割了麦子,装着大车小车运往城里来。此时,秦国人来了。

魏国的农民们吓破了胆,一个个弃车而逃。

"主帅,我们出击吧,再不出击,粮食就都被秦国人抢走了。"将士们纷纷要求出城迎击秦国人,保护粮食。

"不。"吴起拒绝了。

将士们都有些失望,这样被秦国人欺负到家门口竟然也不敢出击,这吴起看来只是浪得虚名。

城外,魏国农民鼠窜,秦军杀到,看到到处都是粮食和牛车马车,兴奋起来,将士们纷纷跳下战车,抢牛抢马抢粮食。

城头,吴起冷静地看着。

粮食到手,秦国人已经没有兴趣与魏国人战斗,吼着秦腔驾着粮食车而去。

秦国人渐渐走远,尘土扬起。

"出击。"吴起下令。

城门打开,魏军青龙白虎朱雀玄武全军出动,战车隆隆飞奔而去。

秦国人的秦腔遮掩了魏国人的战车声,匆匆忙忙赶路的秦国人已经完全没有了阵形。

所以当魏军追到的时候,秦国人根本没有办法组织起抵抗。一通砍杀之后,秦国人留下了尸体和粮食,其余的狼狈逃回秦国了。

"暴寇之来,必虑其强,善守勿应。彼将暮去,其装必重,其心必恐,还退务速,必有不属。追而击之,其兵可覆。"(《吴起兵法》)

吴起首战告捷。

秦国人输得很不服气，他们要求与魏国人展开"男人般的对话"，进行一场面对面的决战。

在过去，这样的约战都被李悝一口拒绝。而这次，吴起爽快地答应了。

"狡猾的晋国人，要是不玩阴的，他们根本就不行。"秦国人得到消息之后都非常高兴，他们依然将魏国人称为晋国人。

事实上，秦国人在上次被李悝击败以后，也采取了跟李悝同样的办法。每隔一段时间他们就进行一次射箭比赛，第一名发给两个老婆。所以，秦国人的射术大大提高，射程已经不逊色于魏国人。

两军在约定的时间来到了约定的地点，双方的士气都很高。鉴于秦国人要求进行男人的对话，因此双方甚至约定放弃弓箭。

吴起按照训练的模式进行了菱形布阵，最前端的是朱雀阵，而朱雀阵的前端是"贱勇"部队。

双方擂鼓，魏军"贱勇"部队冲锋在前，与秦军交手之后立即溃败，后面的朱雀阵则立即后撤，各种兵器旗帜车马丢了一地。

秦军追击过来的时候，发现地上到处都是好东西。于是，士兵们无心追击，索性下来抢东西，阵形立即乱成一团。可是，秦国人没有想到的是，狡猾的"晋国人"竟然不是一字布阵而是菱形布阵，留给秦国人抢夺财物的位置恰恰在晋国人的圈内。

高处，魏国人的旌旗挥起，战鼓齐鸣。

玄武、青龙、白虎三阵从三个方向杀过来，"虎贲"部队直奔秦军统帅，而秦国人还忙着抢夺财物，根本无法组成战斗队形。随后的事情非常简单，这又成了魏国人对秦国人的屠杀。

四

在家传的兵书上，记载了中行吴对于周边国家的军事实力的分析，其中就包括了这些国家的人的性格分析。所以，即便吴起从来没有与秦国人打过交道，也大致知道秦国人在性格上的优势和劣势。

根据中行吴的记载，秦国人性格坚强，争勇好斗，但是人民之间互不相让，喜欢各自为战。与他们死拼往往会吃亏，但是如果能够引诱他们各自为战，则可以趁乱击败他们。

吴起牢记着这一点，来到西河之后对秦国人有了更多了解，于是更加确信祖先的判断是正确的。那么，如何引诱他们各自为战呢？

吴起了解到，秦国人在财物上很认真，平时生活节俭，因此见到利益往往奋勇争先。于是，吴起专门设计了针对秦国人的战术。

"秦性强，其地险，其政严，其赏罚信，其人不让，皆有斗心，故散而自战。击此之道，必先示之以利而引去之，士贪于得而离其将，乘乖猎散，设伏投机，其将可取。"这是出于《吴起兵法》的记载，吴起的简单策略就是：诈败、利诱、设伏、突袭。

两场战斗下来，吴起的策略大获成功。

秦国朝野震动，知道这次来了一个够狠的角色。于是，派出更多更强的军队来与吴起对抗。

吴起以不变应万变，依然采取菱形布阵，依然采取诈败利诱。

"主帅，秦国人还会上当吗？"每次都有人这样质疑。

"相信我，人性是无法改变的，就算再上当，秦国人也还会多上一次的。"吴起每次都这样说。

事实证明吴起是对的。

秦国人也知道吴起的战略，每次交战之前也都下定决心绝不贪财，绝不各自为战。可是当财物就在眼前的时候，又忍不住要去抢掠。只要一个人去，大家就会一拥而上。之后，相同的故事又上演。

一次，吴起按照老办法对付秦国人，战场上放置了大量的衣帛财物，然后伏兵于后，等待秦军自乱。

秦国人学聪明了，他们坚守在原地不动。

"主帅，秦国人不上当了，怎么办？"手下问吴起。

"那就比耐心吧。"吴起说。

秦国人不敢穿越阵地，因为一旦穿越，士兵们会忍不住去抢财物。所以，秦军原地不动。

"等他们出来收财物的时候，我们打他们一个措手不及。"秦军主帅这样说。其实，他的想法是：等魏国人收兵了，我们再去抢财物。

"对，咱们等。"士兵们也都这样说，心里想的跟主帅一个样。

就这样，双方开始比试耐心。

从天亮一直到天快黑，双方谁也不动。

"放羊。"吴起下令。

魏军放了一批山羊出去，羊们一路吃草，一路慢慢地走向秦国阵地。终于,一头羊进入了秦军阵地,被秦军轻松虏获。

"哇,张老六,你捉了一头羊?"其他士兵开始羡慕了。

又有人捉住一头羊。

秦军开始喧哗起来。

于是,有人开始离开队列去捉近处的羊,又捉住了。

羊越捉越多,离开队列的士兵也越来越多。终于,队伍在突然之间崩溃,所有人都离开队列去抢财物。

"这些蠢货。"吴起用新学会的秦国话轻轻地说了一声,之后挥一挥手。

战鼓响起,旌旗挥动。

蛰伏已久的魏军发起了攻击。

悲剧再一次发生,秦国人的悲剧。

根据《吴起兵法》的记载,吴起在西河与秦国人进行了大大小小七十六场战斗,全胜六十四场,其余十二场不分胜负。

吴起不仅仅是防守,他还展开了进攻,夺取了秦国的十多座城池以及大片土地,以至于秦国开始讨论要迁都以躲避吴起的锋芒。

吴起已经开始做吞并秦国的准备,因此在每攻占一座秦国城池之后,都会严令不得侵扰民宅,只允许占领官府。凡是愿意投降的,都准其投降。

因此,吴起是一边在战场上战胜对手,一边在拉拢人心。

吴起的手下则对吴起敬畏有加,不仅仅是因为吴起用兵如神,还因为其公正廉洁,爱兵如子。

对于立功的将士,吴起毫不耽误地为他们请功。而吴起自己获得的奖赏,都拿来奖赏了士兵。一旦出兵,吴起绝不为自己设特权,吃饭与士兵们同样标准,一起用餐。睡觉没有卧席,与士兵们一样睡在地上。

正是因为如此,士兵们对吴起都有一种亲近感,愿意为他卖命。

曾经有这样一段记载,一个士兵背上生了疽,就是一种脓疮,吴起亲自为他用嘴把脓吸出来,把士兵感动得一塌糊涂。士兵的母亲听说了这件事情,悲伤地哭了。有人觉得奇怪,问她为什么会哭,这个母亲解释道:"我家孩子这个疽是祖传的,当年孩子他爹就长了一个,可巧也在吴起将军的军中,可巧吴起将军也给他吸了。结果我家老公一冲动,上战场就没了命一样冲锋,结果就真没了命。我这孩子如今也被吸了,那一定也很感动,感动就会冲动,冲动就会没命啊。呜呜呜呜……"

一次,魏军与秦军交战,吴起还是老办法,以利诱来等待秦军自乱阵脚。可是,这一次秦国人下定决心坚决不上当,所以绝不冲锋,而是用不堪入耳的脏话辱骂魏军,企图激怒魏军。

"别理他们,骂累了他们就该来抢夺财物了。"吴起严令禁止将士们出击,他知道秦军士兵嘴上在骂人,眼里都在盯着眼前的财物。

然而,一个魏军勇士实在是忍不住了,因为他是一个家教很好的人,从小不骂人也不能容忍被人骂。

"打仗就打仗,骂我娘干什么?"勇士很恼火,觉得秦国人很野蛮。

秦国人骂得越来越离谱,越来越难听,越来越带劲。

"我受不了了,太不文明了。"勇士实在受不了了,对着自己的御者大喊,"兄弟,冲啊。"

勇士是这辆战车的车右,御者和射手都是他的表弟,也都和他一样暴躁。

于是,一乘战车从魏军阵中冲了出去,冲向秦军阵地。

对面的秦军兴奋起来,他们认为这次和魏国人比耐心终于比赢了。

可是,除了这一辆战车,整个魏军阵地纹丝不动,并没有人跟随勇士杀出去。

"不要杀他。"秦军主帅下令,他的意思是只要不杀死这几个魏国人,魏国人就会来救,到时就能一决死战。

于是,魏国勇士在秦军阵地里横冲直撞,如入无人之地。

魏军依然不动,直到秦军阵地被一辆魏国战车冲得七零八落。

战鼓响起,吴起亲自擂鼓。大旗挥起,冲锋的大旗。

魏军开始发起攻击,已经被冲乱的秦军阵地根本无法组织有效的阻击。于是,又是一场屠杀。

战斗的结局其实早已经在预料之中,人们现在感兴趣的是这个勇士会怎样?他的两个兄弟都已经战死,只有他毫发无损。

毫无疑问,勇士是个英雄,就这场战斗来说,他是头号功臣。但是,他违反了军纪。

每一场战斗之后,吴起都会举行一个庆功会,一方面落实各类奖赏,另一方面总结战斗的得失,为下一场战斗做准备。

勇士坐在第一排,因为他立下了头功。

酒肉、奖赏,勇士得到了他应得的。

酒足,饭饱。

但是在颁奖之后,吴起招来了军法官。

"不听将令,擅自出击,何罪?"吴起大声问。

"死罪。"军法官大声回答。

吴起来到勇士的面前,将自己的剑递给他。

"有功必赏,有罪必罚。你是个勇士,不要让刽子手羞辱你了。"吴起说,声音有些悲切。

勇士似乎有些意外,但是很快平静下来。

"多谢将军。"勇士毕竟是个勇士,相比于被处死,自杀也是一种光荣。

剑光闪过,勇士倒于地下。

第 三 章

凭什么不是我

吴起成了秦国人的噩梦,套用《三国演义》的话说:若在秦国提起吴起大名,便是小儿也不敢夜啼。

吴起有一个想法。

"师兄,我有信心灭掉秦国。"吴起派人向李悝传递这样的信息,希望李悝转达给魏文侯。

"师弟,我们没有这样的实力啊。"出乎吴起的意料,李悝并不同意吴起的想法。

"请主公给我精兵五万,灭掉秦国。"吴起于是直接向魏文侯上了奏折,请求增兵,吞并秦国。

"吴起将军劳苦功高,军功卓著。不过,秦国不是小国,要灭秦国谈何容易?魏国周边列强环伺,如果陷身于秦国,只怕有人趁火打劫,反而自陷于危险之中。"魏文侯说得很好听,但是最终也拒绝了吴起的建议。

无可奈何,吴起无可奈何。

五

其实,并不是魏文侯不想吞并秦国,甚至也不是魏文侯对吴起的能力没有信心,而是他对吴起本人怀有戒心。

魏文侯是知道吴起的身世的,这一点很多人向他提起过,子夏和李悝也都委婉地提醒过他,有嫉妒吴起的人甚至把吴起早年口口声声要报仇的事情都告诉了魏文侯。魏文侯表面上并不在意,内心里难免加了提防。若是将魏国的主力交给吴起,而吴起灭了秦国,就等于魏国和秦国两国的军队都到了吴起手中,那时候吴起要报祖上的仇恨恐怕就没有人能够阻止了。

所以,魏文侯宁可放弃吞并秦国的机会,也不会冒自己被灭亡的风险。

可惜的是，吴起并没有想到这一点，他以为这是魏文侯没有远见。

吴起没有得到更多的部队，却得到了一个副将。

副将是李悝推荐，魏文侯委派的。副将名叫公叔痤，是卫国的公族，说起来，吴起其实早就认识他，因为公叔痤是他的师弟，也是子夏的学生。

实际上，子夏当初就很喜欢公叔痤。公叔痤的出身比李悝和吴起都要好，也正因此，公叔痤有一种天生的大气，人又很谦恭，几乎人见人爱。

这一次，是公叔痤从卫国来魏国出仕，师兄李悝对他十分欣赏，推荐给了魏文侯，说公叔痤文武全才，是自己和吴起的合体。魏文侯对公叔痤也是十分欣赏，因此派他来做吴起的副将，一来加以历练准备重用，二来从吴起这里学习军事，万一吴起今后出什么问题，公叔痤可以镇守西河。

就这样，公叔痤来到了西河，做了吴起的副将。

吴起大致猜到了魏文侯的用意，对于公叔痤，吴起也是相当矛盾。一来，公叔痤是李悝推荐，又是同门师弟，还是卫国老乡，说什么也应该多关照；可是反过来，公叔痤明摆着有替魏文侯监视自己的意思，想起这个，吴起又看他很碍眼。

所以，吴起对公叔痤一方面很客气，一方面加以提防。

而公叔痤是个聪明人，这其中的各种关系都很清楚。不过，他笃守一个原则：吴起是我的师兄和上司，任何情况下都要尊重他。

所以，公叔痤对吴起总是毕恭毕敬，处处表现得十分坦诚。

渐渐地，两人的关系亲近起来。

后来，李悝死了，魏成子死了，翟璜死了，魏文侯也死了。

太子击登基了，就是魏武侯。

魏文侯去世的消息让魏国人感到悲痛，可是却让吴起感到一些庆幸。因为吴起认为只要魏文侯在，自己就不会有上升的空间。如今魏武侯登基，自己的机会来了。

老国君去世，新国君上台，而恰好相国位置空缺。对于新国君来说，首要的事情是确定相国，协助自己处理国家大事。

吴起掰起指头来算了算，当年帮助魏文侯建立基业的老臣们都已经不在，如今朝中的卿大夫们无论从能力上还是功绩上都没有人能与自己相提并论。

所以……

机会随后就到了。

魏武侯在父亲的葬礼之后决定祭祀黄河,之后率领群臣登上大船,巡视黄河沿岸。

黄河以西,都是吴起的地盘。因此,吴起紧挨着魏武侯,向他介绍河西的情况。

船到中央,魏武侯兴致盎然,对吴起大声说道:"美哉山河之固,真是魏国镇国之宝啊!"

吴起想了想,刚要回答,魏武侯身边的宠臣王错把话头抢了过去:"主公说得对,主公说得好,只要我们在主公的英明领导下,发挥山川的优势,就一定能够称霸。"

吴起狠狠地瞪了王错一眼,恨他抢走了话头。

"主公,您的话是很危险的。"吴起很严肃地说。

魏武侯愣了一下。

"王错,主公已经错了,而你还在拍马屁上眼药,你这不是害主公吗?"吴起厉声训斥王错。

王错目瞪口呆,不知怎样反应。

"吴将军,你,有什么高见?"魏武侯倒是个谦恭的人,并没有生气。

吴起又瞪了王错一眼,吓得王错一个激灵。

"主公,一个国家要想成就霸业,长治久安,靠的是国君的德行,而不是山河的险固啊。"吴起语重心长地说,望望远方,又意味深长,"当初三苗氏,左有洞庭,右有彭蠡,南有文山,北有衡山,江河算是险固吧?可是怎么样?不修德行,最后被禹灭了吧。再说夏桀,左有河济,右有泰华,伊阙在其南,羊肠在其北,江河算是险固吧?怎么样?修政不仁,被汤灭了。再说商纣王,左有孟门,右有太行,常山在其北,大河在其南,江河算是险固吧?怎么样?修政不德,被周武王灭了吧。主公,要修德啊,要重用德才兼备的人啊。"

一番话,高瞻远瞩,最后还算推荐了自己一下。

"说得太好了。真是听君一席话,从此不读书啊。圣人所说的,无非也就是这样了。"魏武侯当众表扬了吴起。吴起得意洋洋。

然而,吴起只高兴了一天。

第二天上午,魏武侯宣布了相国的任命。

"吴起。"这是多数人的猜测,因为从能力和成绩来说,吴起都比其他人高出不止一个层次,再加上昨天的一番言论深受魏武侯的赞赏,看来相国的位置真是非他莫属了。

然而,魏武侯宣布的却是:"田文。"

田文是谁?

田文是谁?

田文是谁?

基本上,从历史的角度说,此前此后都没有人知道他。

但是,这不等于田文就是个凭空冒出来的人物。

事实上,田文是个老臣,老到什么程度?

田文曾经是魏文侯的老师,后来又担任过魏武侯的老师,后来还担任过魏武侯的弟弟、中山国君公子挚的老师。从能力上来说,基本谈不上;从功劳上来说,也基本不用谈。不过,田文性格和善,人缘极好,人人都说他的好话。

"是他?"所有的人都感到意外,不过,除了意外,情绪上只有两种。

第一种是笑一笑,表明这是意料之外,情理之中的。这,是多数卿大夫的反应。

第二种是极度不解和愤怒的,这样的反应只有一个人:吴起。

"凭什么是他,而不是我?"吴起咆哮起来,当时,公叔痤就在他的身边。

"也许,主公有他的考虑。或许,西河离不开将军。"公叔痤小心地说,小心地劝解吴起。

"不,田文一定在背后搞鬼了。不行,我要去找田文评个理。"吴起没有理会公叔痤,他现在已经无法压抑自己的不平之气了。

吴起找到了田文的家要求见他,怒气冲冲。

田文立即出来迎接,满脸都是和气。

事实上,吴起曾经来过田文家,田文都非常客气地招待他。在没有这件事之前,吴起一直认为田文是个令人尊敬的老夫子。

吴起原本准备一见到田文就怒斥他卑鄙,可是真正见到一脸和气的田文的时候,吴起竟然有些不太好意思发作了。

"吴起将军有什么指教?快屋里请。"田文自然看到了吴起愤怒的表情,不过他依然和蔼热情。

吴起不由自主地跟着田文进了屋里。

"请坐。"田文说,依然和蔼。

吴起想了想,并没有坐下。

"田大夫,我有几个问题想要请教。"吴起说,声音中虽然还带着愤怒,却已经平和了许多。

"请说请说。"

"治军练军,统帅三军,战无不胜攻无不克,让敌国不敢正视我国,这点上,是你强,还是我强?"吴起问。

"那还用说,你比我强多了。"田文根本没考虑,立即回答了。

"治理百官,亲近百姓,管理国家,在这点上,你强,还是我强?"吴起接着问。

"这也不用说,你肯定比我强。"田文回答,不过之所以用了"肯定"两个字,意思是你根本没有管理过百官。

"守西河,让秦国人不敢西进半步,让韩国和赵国老老实实跟着我们混。这点上,是你强还是我强?"

"这还用说吗?"

"那就对了,既然你样样不如我,为什么现在你却当了相国?"吴起问到了最后的问题,藐视地瞪着田文。

田文笑了笑,意思大致是说:我以为什么事呢,原来为了这个。

"吴起将军,论能力论成绩,我都远远不如你。其实,我对这个相国也没什么兴趣。不过,国君既然任命了我,我想一定有他的道理。什么道理呢?我也来问你一个问题吧。当今,魏文侯刚刚去世,新国君也才登基,岁数还小。这个时候,大臣们还心怀疑虑,百姓们也不知道后面会有什么政策变化。这个时候,国君是让谁当相国更放心呢?"

吴起想了想这个问题,想到最后,竟然平静了下来。

"还是你更合适。"吴起服了。他是这样的人,很高傲,但是也很有自知之明。

"吴起将军,留下来吃个晚饭?"田文说。他就是这样,永远不会生气,对每个人都这样和善。

吴起为什么服气了呢?

魏文侯去世时,魏武侯大致二十三岁,可以说还很年轻。因为魏文侯一直很强势,魏武侯实际上并没有培植自己的势力。与此同时,远在中山的公子挚其实一直也在觊觎魏国国君的位置。于是,就有些大夫在暗中盘算,究竟是站在谁的队伍中。另一方面,吴起一向以强势示人,魏国卿大夫们会担心吴起担任相国之后是否会有激烈的行动。

可以说,这个时候人心是不稳的。而田文的优势在于,他与各个势力都保持友好关系,他的能力也就是勉强守成,不会有什么大的举措。在这样的情况下,田文担任相国能够让卿大夫们感觉到安全,能够协调各方面势力,也是大家都能接受的人物。

吴起一开始并没有从这个方面去思考问题,可是被田文点出来之后,立即就明白了。所以,吴起自己也不能不承认,在此时此地,田文确实比自己更合适。

"嗯,公叔痤这小子倒说对了。"吴起这时候想起公叔痤的话来,忍不住对他高看一眼。

六

魏武侯像魏文侯一样,把吴起像根钉子一样按在了西河。表面的说法是除了吴起无人能够胜任,实际上是不愿意给吴起更多的机会。

魏赵韩三家南征楚国,原本吴起主动请缨,事实上也只有他的能力能够统帅三国军队。可是,魏武侯拒绝了吴起的请战,却把公叔痤召回充当三军统帅。

公叔痤也算不负众望,运用他从吴起那里学到的战略战术指挥三国军队大胜楚军。不过,公叔痤随时会把功劳归于吴起,总是说自己的兵法都是吴起所教的。

事实上,以公叔痤的能力,是无法率领三军灭掉楚国的。所以到了屈宜臼将三国军队忽悠回国的时候,公叔痤也没有向魏武侯表示异议。

魏韩赵三国被忽悠回国,原本韩烈侯、赵烈侯所说的秦军和齐军乘虚而入不过是为了忽悠魏文侯,谁知道回到家里,才发现说曹操曹操就到,秦军和齐军竟然真的来了。

秦国和齐国都是三晋的仇敌,早就想联合楚国攻击三晋。因此在接到楚国求援之后,都立即决定出兵。只是,他们并不知道楚国人已经和三晋和谈。于是,原本说好的秦齐楚三国联合对抗三晋就成了楚国撤出,秦国和齐国分别在东西两个方向对抗三晋了。

齐军在得知赵军已经回国之后,立即撤退了。

秦国则在国君秦惠公的率领之下占领了韩国的宜阳六邑,韩烈侯担心韩国不能对抗秦国,于是紧急向魏国求援。

已经回到安邑的魏武侯决定派出秦国克星吴起前往救援韩国,西河则交

给公叔痤把守。

等到吴起率领魏军抵达韩国的时候,秦军已经撤退了。

等到吴起率领魏军回到安邑的时候,魏武侯告诉他一个消息:秦国人包围了西河的阴晋。

调虎离山,还是声东击西?

吴起有些惊讶,看来秦国人也在进步啊。更令他惊讶的是,秦军号称出动了五十万人。倾国之力啊,看来,秦国人要一举夺回西河。

"不必担心,公叔痤在,守城不是问题。"吴起安慰魏武侯。

"那,我给你多少人,你能击退秦军?"魏武侯犹犹豫豫地问。魏国现在能动用的总兵力大致有三十万,可是他显然不想把这些都交给吴起。

"五万。"吴起说。

"五万?"魏武侯吃惊得险些跳起来,秦军本来就很强壮,就算出动全部三十万军队都没有把握击败秦军,可是吴起竟然说只要五万。

"是,五万。"吴起再次确认这个数字。

"那,我挑最精锐的五万给你。"现在,魏武侯放心了。

"不,我要自己挑。"吴起说。

"自己挑,怎么挑?"魏武侯感觉有些不舒服,救兵如救火,哪里还有时间给吴起去挑人?

"我告诉你怎么挑。"

第 四 章

此处不留爷

阴晋,在今日陕西境内的华阴县,原本是秦国的土地,被晋国夺走。后来秦国夺回,后来晋国夺回,后来……

这么说吧,阴晋就是一个战略要点,晋国和后来的魏国以此遏制秦国与中原的交通,而秦国要以此为桥头堡挺进中原。

这次秦国攻击韩国,因为阴晋在魏国人手中,不得不绕道前进。在得知魏军要来救援韩军之后,秦国人紧急撤退,可是不愿意再绕路。路过阴晋,看到城头上的魏国大旗,秦惠公越看越生气,越看越觉得窝囊,终于一拍大腿:不行,不夺回阴晋,老子就不走了。

于是,秦军开始攻打阴晋。可巧,公叔痤考虑到了秦国人可能会借道阴晋回国,因此提前来到这里布置防守。所以,阴晋城里早有防备,击退了秦军的进攻。

秦惠公更加恼火,更加生气。于是,紧急征调国内的军队,要倾全国之力夺取阴晋。秦军三十万,号称五十万。

七

魏武侯在魏国的宗社举行了一场大会餐,主题是奖赏过去一年来为国家立功的人。这样的大会餐是在吴起的建议下举行的,已经连续举行两年了。而今年是第三年,只是时间提前了一些。

不过,今年的形式有些变动。

前两年,只有立功人士才受到邀请,而今年,许多没有立功的人也受到邀请。

现场,宴席分为三排。第一排是建立大功的人,换言之,是在战场上杀敌夺城中表现突出的人。第二排,是立小功的人。第三排,是没有立功的人。

除了坐着吃饭喝酒的,安邑的百姓也可以围观。因此,大量的百姓都来看热闹。

宴席开始,第一排好酒好肉,用的是宫廷特供的酒器,魏武侯亲自倒酒敬酒。第二排,待遇略降,吴起倒酒敬酒。第三排,有酒有肉,不过是自助餐。

吃喝差不多了,魏武侯宣布颁奖。

"前排的兄弟们,所谓大河有水小河不干,国家强大人民才有尊严。为了国家,有的人抛头颅洒热血,有的人冲锋陷阵勇往直前。国家会永远记得你们,你们将名扬青史,万古不朽。后排的兄弟们,我知道你们也热爱国家,可能你们的勇气不够,可能你们还没有机会为国效力。不过没有关系,我相信只要有机会,你们也同样能够奉献自我,奋勇杀敌,你们也同样能够享受荣耀。在这里,我要特别提到那些战死疆场的兄弟们,他们的勇敢将永远被铭记,他们是这个国家的英雄。请他们放心,他们的父母妻儿都有国家抚养。那什么,张大娘,你的儿子战死了,我就是你儿子。李大嫂,你老公为国捐躯了,我,我就是你孩子他爹。"魏武侯说道。当然那时候的话不是如此,内容却不外乎如此。

欢声雷动,人们因此大受鼓舞。

魏武侯现场颁奖,一车车的赏赐奖品被立功者领走,一车车的生活用品被当众送往阵亡将士家中。

基本上,除了合影留念无法实现之外,其他的程序都差不多。

"主公如此厚爱,我,我再死一次也心甘啊。"立功者感激涕零,拉着魏武侯的手纷纷表决心。

魏武侯的眼睛湿润了,他心想:"老子花这么大血本,就等你们这句话了。"

没有立功而被邀请赴宴的人们纷纷感到惭愧,无功受禄啊,尽管只是一顿饭和一点纪念品。

"我们也要立功,我们也要坐前排。"没有立功的人们暗中下定决心。

看热闹的人群中发出一阵阵羡慕的声音,无数的老婆教训着老公:"看看人家,啊,看看人家,那才是男人呢。再看看你?"

"我,我,我也要立功。"男人脸红耳赤地说,一半是因为惭愧,另一半是因为喝了酒。

吴起给所有看热闹的人都发了酒,他知道酒是个好东西。

会餐的最后是吴起的发言,这引起了欢呼,因为几乎所有的立功者都是他的部下或者前部下。

"立功的兄弟们,赏赐和荣耀都得到了,可是,那都是过去的。你们还需要更高的荣耀吗?你们还想再立新功,更上层楼吗?没有立功的兄弟们,你们期待着为国效力,为家族争光,为妻子创造更好生活的机会吗?如果你们还想再立新功,还想更高的荣耀,那么我恭喜你们,因为机会就在眼前。"吴起说到这里,故意停顿了下来,扫视着众人。

现场鸦雀无声,每个人都盯着吴起,生怕漏掉了这人生难得的获取荣耀的机会。

吴起用手指向西方,那是秦国的方向。

"万恶的秦国人又来侵略我们了,他们出动大军,包围了我们的阴晋城,妄图吞并我国,奴役我国人民。今天,我吴起将要发兵阴晋,进行正义之战。兄弟们,建立功名、报效国家的机会到了,走过路过不要错过,有种的就跟我去杀秦国人。"吴起大声说道,重重地挥拳。

坐着的站起来了,远处的涌过来了。

"我要报名。""吴将军,带我去。""杀秦国人。""我要立功。"

当天,安邑城中十万人报名。

而且,附近城邑中的人们也闻声而来。

一天时间,吴起挑选了五万人。

这五万人都是没有立过功的,多数人甚至没有上过战场。这样的队伍可以吗?魏武侯表示怀疑。

"吴起将军,我记得您说过,让没有受过充分训练的士兵上战场就是让他们去送命,如今你要率领他们去与十倍于我们的秦国人交战,这不是送羊入虎口吗?"

"主公,我是说过这样的话。可是,仅仅靠训练是不能击败十倍的敌人的,何况我们已经没有时间训练了。其实,两军相逢勇者胜,气势是第一位的。譬如一个死刑犯越狱逃跑,一千个人去追,每个人都小心翼翼,为什么?因为逃犯随时会冒出来跟你拼命。所以,一个人拼命,一千人都害怕。如今我们的队伍就像五万名逃犯,他们个个拼命,我们才有可能战胜秦军。"

事到如今,事实上不管魏武侯是不是认同吴起的看法都不重要,因为只有吴起才有可能战胜秦军。

魏武侯为吴起的五万人配备了最好的战车和武器,之后,吴起上路了。

八

阴晋。

三十万秦军。

秦惠公其实可以拿下阴晋，不过他现在的目的不是拿下阴晋，而是要等魏军主力来到一决胜负。所以，他每天都在打探魏军的动静。

"吴起率领五万魏军前来救援。"最新的线报是这样的。

"五万?"秦惠公笑了，他觉得这是个笑话。

可是随后他感觉恼怒，因为这太瞧不起自己了。

然而，等到秦惠公见到魏军的援军之后，他简直出离愤怒了。

"魏国人太欺负人了，竟然只派了一万人来。"秦惠公感觉自己受到了极大的羞辱，就算你吴起牛，你也不是三头六臂，一万人来救阴晋，以为我们秦军是木偶吗?

战书已经下来，魏国人竟然约了当日决战。

"既然不想多活一天，就成全你们。"秦惠公不假思索地批了战书，他恨不得立即就把这些狂妄自大的魏国人撕成碎片。

三十万与一万人的对阵，就像老虎与猫的对阵，看上去都觉得滑稽。秦军都觉得很愤怒，这不是羞辱人是什么?

魏军完全不像训练有素的样子，布阵乱七八糟。秦惠公觉得奇怪，因为他不知道这帮人实际上都是刚招募来的，确实没怎么训练。

两军布阵完毕，秦惠公的想法是：一个冲锋，就把你们都给消灭了。

可是令他更加恼火的是，还没等到他下令击鼓冲锋，魏国人竟然开始逃跑了。

秦国人都笑了，还没打就逃跑，这是什么队伍? 三十万人的笑声汇在一起，构成了笑浪。

只是，秦惠公笑不出来，因为他必须思考一个问题：追，还是不追?

追，就可能中了魏国人的埋伏，毕竟魏国人太狡猾，从前吃亏太多。不追，一来不甘心，二来太没面子，三十万人连一万人都不敢追，传出去不是要被天下诸侯笑话?

"区区五万人，就算有埋伏，又能怎么样?"最后，秦惠公这样想。

于是，秦军开始擂鼓，三十万大军追赶一万魏军。

阴晋，在华山之阴，也就是华山的北麓。这一带地形险要，峰谷相连。吴起早就对地形了然于心，因此在一处山谷设了埋伏。按照吴起的兵法，以少击多，正面迎击是必败的，因此，必须要将对方引到地形狭隘的地方，让对方的兵力优势无从发挥。

基于这样的想法，吴起派出了一万人诈败诱敌。吴起知道，以秦国人求战的强烈欲望，他们绝不会不追。只要追，就会掉进自己设计的圈套。

是啊，三十万大军，一旦动起来，想要刹住都难。

魏军眼看着逃进了山谷之中，秦惠公不是傻瓜，当时感觉有些不对劲，想要停止追击，可是谈何容易。

前军已经追进谷中，可是谷口狭小，进谷的速度很慢。而后军还在源源不断来到，于是谷口外拥作一团，秦军互相踩踏。

进到谷中的秦军更加倒霉，山上魏军将巨石滚下山来，秦军根本无处躲闪，一时死伤无数，纷纷后撤。可是后面的秦军还在源源不断地进来，不是他们愿意进来，而是被挤压进来。于是，山谷里的秦军也是乱作一团，互相踩踏。

"快撤，后队变前队。"秦惠公在山谷之外看到形势不妙，下令撤退。不过，他也被挤在队伍中间，这个时候就算你是国君也没办法。

秦军开始鸣锣，前面的急着要后撤，后面的则不知道是怎么回事。

折腾了好一阵，前军已经死伤枕藉，后军才开始撤退。

"快快快。"军官们拼命催促，锣声也一阵紧过一阵。

后撤的士兵们开始加速，像逃跑一样没命地跑。

当所有的秦军都开始后撤的时候，魏军的鼓声响了。

原本就已经很恐慌的秦军此时完全顾不了什么，只顾逃走。

四万魏军从两侧冲杀过来，伴随着密集的鼓声和震耳的喊声，风驰电掣一般冲过来。

如果秦军还能从容接战，他们当然是不用畏惧这区区四万魏军的。可是，逃跑的形势已经形成，每个秦兵所想的都是赶紧逃命。所以，根本不可能有什么有效的抵抗，每个人都只把后脑勺对着魏军。

不用魏国人动手，秦军的自相踩踏就已经死伤惨重了，更何况这四万魏军都是憋足了劲要来立功的。

好一顿追杀，秦军血流成河，秦惠公也只能狼狈逃窜。

与此同时，阴晋城中的公叔痤听说吴起率军救援，早已经做好了出击的准备，看到秦军追赶魏军而去，就知道他们上了吴起的圈套。此时探听到秦

军大败,于是,公叔痤率领守城魏军从城内杀出,直接扫荡了秦军大营。

秦军无法立足,直接奔回秦国去了。

这一仗,秦军死伤被俘超过十万,魏军损失不过三千余人。

阴晋之战,是吴起以少胜多的经典之战。

当吴起带领着魏军将士回到安邑的时候,魏武侯率领群臣在城外迎接。

第二天,颁奖大会举行,又是一场激动人心的大会,大量立功将士接受奖赏,皆大欢喜。作为主要功臣,吴起和公叔痤都被封赏了土地。

"主公,经此一败,秦国人举国惊恐,正是我们出兵灭掉他们的好时机,吴起请求率领十万锐卒,扫荡秦国。"庆功宴上,吴起再次提起灭掉秦国,这个时机确实是千载难逢。吴起以为,魏武侯会兴奋地立即答应。

然而,他又一次失望了。

"我看,还是算了吧。"魏武侯竟然拒绝了。

"主公,这可是千载难逢的机会啊。"吴起惊讶了,他实在想不通,于是坚持劝说。

"你看,多么蓝的天哪。"魏武侯岔开了话题。

吴起无言了。

庆功宴结束的时候,魏武侯宣布了一个决定:吴起依旧镇守西河,公叔痤留在朝廷。

对于这个决定,吴起的第一反应是:公叔痤看似忠厚,想不到在背后疏通关节了。第二反应是:看来,我的上升通道被堵住了。

第二天,吴起闷闷不乐回西河了,公叔痤赶来给他送行。

"将军,也许是主公考虑到秦国人随时会反扑,而用别人又不放心,所以派你回去的吧。"公叔痤这样安慰吴起,因为吴起的失望谁都看得出来。

"唉。"吴起仰天叹了一口气,没有回答公叔痤的话,示意御者可以走了。

吴起的马车无精打采地走了,就像吴起一样。

公叔痤远远地看着,他不知道吴起是否还会回来,他只知道吴起误会了自己。

其实,公叔痤并没有在背后活动,将他调回朝廷是在三国联军讨伐楚国的时候就决定了的。不仅仅是调回朝廷,而且魏武侯告诉他要他接任相国的职务,因为田文已经老年痴呆了。

公叔痤自然知道吴起的能力在自己之上,如果魏武侯询问他谁最适合担任相国，他一定会举双手赞成吴起。可是他知道吴起的问题在哪里，所以他不可能主动举荐吴起。

只是，他觉得这对吴起确实不公平。根据他对吴起的了解，他知道吴起恐怕很难忍受这样的结果，那么随后会发生什么呢？吴起会不会一怒之下投奔秦国？想到这里，公叔痤不禁有些慌乱。如果吴起投奔了秦国，谁来对抗他？谁能对抗他？

第 五 章

自有留爷处

公叔痤知道,当初田文接任相国的时候,吴起就有离开魏国的念头,后来被田文说服,才勉强留下。而留下的一个重大原因就是,田文已经老迈年高,干不了多久,田文退休,吴起可以顺势上位。

可是,如今田文退休,却没有轮到他,而是轮到了他的副手,他能咽得下这口气吗?一定不能。以吴起的个性,离开魏国可以说是必然的。问题是,他会去哪里?

公叔痤大致算了一下,吴起不会去赵国,因为赵家是吴起家族头号仇人。同样他也不会去韩国,因为韩国实力不足,未必敢收留他。至于齐国,实在是太远,并且吴起曾经有过在齐国失败的记忆,他是不会考虑齐国的。

算来算去,恐怕吴起投奔秦国的可能最大。那么,秦国人会收留他吗?废话,这样的人才打着灯笼都找不到,自己来投奔还会不收留?

糟糕的是,秦国是魏国最死硬的敌人。

所以,一定要阻止吴起投奔秦国。

如何阻止呢?

九

魏武侯宣布了对公叔痤的任命,出乎很多人的意料,人们此前普遍认为吴起是相国的当然人选。不过对于卿大夫阶层来说,这个任命倒是很容易被接受,也让大家松了一口气。

几乎所有的人都在猜测:吴起会是什么反应?

魏武侯不是傻瓜,他自然知道这会引起吴起的极大不满。如何安抚吴起呢?他没有想好,因为他也知道,如果吴起不能担任相国,任何安抚都不会有什么效果。

"吴起会不会叛逃秦国?"魏武侯对此也很担心,特地找来了公叔痤和心腹大夫王错来商量。

"这……"公叔痤感觉有些为难,这件事情他确实没有想好,而且吴起是他的老上级,自己如果说他坏话,就显得太不厚道。如果说吴起不会叛逃,那万一吴起真的叛逃了呢?

魏武侯看出公叔痤有些尴尬,于是问王错:"错,说说你的看法。"

因为一向对王错很宠爱,魏武侯亲切地称他为错。

"吴起这个人吧,一向骄横跋扈,不提拔他就对了。"王错幸灾乐祸地说,他被吴起斥责过,一直记恨在心,"我看,他一定会叛逃。"

"哦?"魏武侯看看王错,再看看公叔痤,"那,我们该怎么办?"

"我看,趁他没有叛逃,找个理由将他召回,再找个借口把他给……"王错做了一个砍头的动作。

公叔痤吃了一惊,这王错也太狠了吧?

"相国,你看呢?"魏武侯问公叔痤。

"主公,吴起是否会叛逃,我不敢说。可是就因为怀疑他叛逃就将他杀了,恐怕到哪里也说不过去。何况,吴起为魏国立下了这么大的功劳。到时候,主公一定会留下杀害贤良的骂名的。"公叔痤这时候不再沉默,为吴起据理力争起来。

王错瞪了公叔痤一眼,再看看魏武侯,弄不清魏武侯的想法,一时也不敢反驳公叔痤。

魏武侯显然也有顾虑,他并不是一个不讲理的人,原本没有提拔吴起就已经对不起吴起了,再杀了他,自己也于心不忍。可是,如果还让他统领西河,又实在是不放心。

想来想去,魏武侯叹了一口气:"唉,吴起要不是中行家族的该多好啊。这样吧,西河是不能让他待下去了,先把他召回来再说吧。"

公叔痤想想,似乎也只能这样了。

正说到这里,内侍来报:"报主公,楚国使臣屈宜臼求见。"

公叔痤突然眼前一亮。

按着当初谈判的条件,楚国和魏国之间要建立正常的往来,两国之间应该互派使臣。原本这也就是说说而已,可是在魏国大胜秦国之后,楚悼王有些坐不住了,于是专门派屈宜臼到魏国拜见魏武侯。

就这样,屈宜臼上路了。

屈宜臼来到安邑,发现这里秩序井然,十分繁华,远不像郢都那样懒散和萧条。

"看来,魏国的强大是有道理的,这里的治理远远超过楚国。"屈宜臼心想,楚国挨打并不是无缘无故的。

按着惯例,屈宜臼首先拜访了执政大臣,也就是魏国相国公叔痤。

公叔痤非常客气,特地设宴招待屈宜臼。

两人寒暄已毕,又谈了些程式上的问题,屈宜臼话头一转。

"公叔大夫,今次我来到魏国,一路上看到的是秩序井然,人民安居乐业,士兵士气高昂。而楚国虽然地大物博,人口众多,却是散沙一片,士气低落,社会混乱,这也就难怪魏强楚弱了。公叔大夫能让魏国如此富国强兵,恐怕就是管仲在世也不过如此,实在令在下佩服得五体投地。"屈宜臼拍了一通马屁,不过心里也确实佩服。

"哈哈哈哈,哈哈哈哈。"公叔痤笑了,大笑,看上去非常得意,不过笑过之后的回答令屈宜臼有些惊讶:"屈大夫真是太抬举我了,我公叔痤虽然能力不强,可是脸皮还是有的。魏国的崛起都是靠上一辈的遗德,上有文侯的仁厚和励精图治,下有李悝大夫的变法图强,才有了今天魏国的强大。至于我,如果能勉强守成已经算是不错了。"

公叔痤的话说完,屈宜臼忍不住多看了他两眼。这人不贪功不贪名,坦荡而真诚,这不就是传说中的正人君子吗? 这样的人不是可以作为朋友交往吗?

顿时,屈宜臼感觉自己跟公叔痤的距离近了很多。

"唉。"屈宜臼叹气。

"哦?"公叔痤问。

"有李悝这样的大才,有公叔大夫这样的贤臣,真是魏国之福啊。当今的楚王虽然不敢与魏文侯的雄才大略相比,可是也不是混日子之人,只可惜身边没有李悝这样的高人和公叔大夫这样的贤臣辅佐啊。"屈宜臼解释了一番,终了又叹了一口气,"唉。"

"屈大夫不必忧心,楚国人才济济,崛起不过是早晚的事。"公叔痤嘴上这样说,心里还是有些得意。

两人聊了一阵,酒足饭饱,屈宜臼告辞了。

公叔痤将屈宜臼送出大门,看着屈宜臼的车远去。

转眼三天过去,屈宜臼见过了魏武侯,一切程序都已经走完,次日就准备上路回国了。

夜幕降临,屈宜臼洗漱完毕,将要就寝的时候,突然手下来报,说是一个在魏国经商的楚国商人求见。

"哦?"屈宜臼原本不想见他,可是想起自己当初冒充在楚国经商的韩国人的事来,隐隐然感觉此人一定有不同寻常的故事。"快请。"

来人看上去就是一个楚国人,一开口果然就是一个楚国人。这让屈宜臼有些失望,他更希望来的是一个冒牌楚国商人。

"请问,在魏国做些什么生意?"屈宜臼随便问道。

"屈大夫,实话实说,我是楚国人,可是,不是商人,我骗你了。"来人说。

原本,来人担心说了真话会被屈宜臼嗔怪,没承想却看到屈宜臼高兴起来。

"哈哈,这就好,我就喜欢被骗。"屈宜臼笑了,他喜欢这样出乎意料的感觉。"那,请问尊姓大名,究竟在魏国做什么?"

"这,名字就不方便透露了,屈大夫叫我楚国商人就好。"来人竟然拒绝透露名字,看见屈宜臼有些惊诧,接着说,"我在公叔痤门下做门客。"

屈宜臼又吃了一惊,算是连吃两惊,加上一开始知道自己被骗时候吃的一惊,转眼工夫,已经吃了三惊。

"你是,要向我透露公叔大夫的个人隐私?"屈宜臼问。他喜欢公叔痤,从内心尊重公叔痤,如果这个自称楚国商人的家伙竟然是来出卖隐私的,他会立即将他赶走。

"非也。"楚国商人笑着否认了。

"那,透露魏国的虚实?"屈宜臼稍稍放心一些,不过他也很讨厌内奸这样的角色,即便他打着爱国的旗号。

"非也。"

屈宜臼猜不透楚国商人来的目的了,难道是想搭顺风车回楚国?

"是这样的,公叔大夫跟我们提起过屈大夫,说屈大夫忧国忧民,可是却无奈楚国没有高人辅佐楚王。"楚国商人说到这里,看看屈宜臼,似乎要求证这件事情。

"难道,你就是传说中的高人?"屈宜臼会错了意。

"不,我差远了。"楚国商人笑了笑,接着说,"屈大夫可曾听说过一个人?"

"一个人? 我听说过好多人呢,你说的是哪个人?"

"吴起。"

这下，屈宜臼笑了。

吴起太有名了，他怎么会没有听说过。在魏国的这几天，也常常听人议论吴起，似乎吴起有些不顺。

"你的意思是？"

"吴起是李悝的师弟，不论是治国之才还是治军之才都在李悝之上……"楚国商人说到这里，似乎有些踌躇。

"你的意思是？"

"屈大夫，我还要回家接孩子，告辞了。"话没说完，楚国商人竟然要走，这又让屈宜臼吃了一惊，这是演的哪一出？

"你的意思是？"

楚国商人笑了笑，竟然没有回答，站起身来，径自走了。

"你的意思是？"

走到门口的时候，楚国商人回了一个头，说出两个字来："要快。"

屈宜臼颇有些怅然，自言自语："他的意思是？"

等到屈宜臼突然眼前一亮的时候，天已经彻底黑了。

"主公，早些歇息吧，明早还要赶路。"一个随从轻轻地说。

"明天不走了。"屈宜臼决定留下来，做一件改变历史的事情。

十

吴起憋着一肚子气回到了西河，然后诸事不问，他的情绪从来没有这么低沉过。他曾经对接任相国充满信心，最近又听说田文老年痴呆到在朝廷大便的地步，感觉自己离相国的位置更近了。

原本，取得了阴晋大战的胜利之后，吴起以为接任相国是水到渠成的事情。可是回到安邑，魏武侯绝口不提这件事情，之后又把自己派回了西河，而留下公叔痤，吴起就基本上明白自己出局了。

不过，在没有宣布之前，吴起总还抱有一线希望，临行前留了人在安邑探听消息。

不久，留在安邑的眼线来报，说是公叔痤接任了相国。

"太不公平了，将军，公叔痤一定在背后搞鬼了，咱们找他论理去。"手下们一个个都愤愤不平，在他们看来，吴起这么多年来出生入死为国立下大功，绝对应该是相国的不二人选。

"算了。"出乎大家的意料,吴起竟然很平静。

有的时候事情就是这样,在没有发生之前会惴惴不安,可是一旦发生了,反而心里踏实了。

"其实我早就应该明白,有没有公叔痤,公叔痤有没有搞鬼,我都不可能当相国。"吴起说,其实他早就看明白了。

就算吴起这么说,手下们依然愤愤不平,果然有人提出建议要投降秦国。

"将军,咱们投奔秦国算了,秦国人一定会让将军做相国的。"有人建议。

一些人赞同。

"不,说起来,魏国也算待我不薄。再说,秦国是个野蛮国家,我不能投奔他们。"吴起断然否决了这个建议,不过下一步该怎么办,他真还没有想好。

几乎整个西河都在为吴起不平,一来是他对部下一向很好,二来是很多人希望能跟随吴起升迁,现在看来都没戏了。

吴起想过要离开魏国,可是去哪里呢? 他真不知道。

时间一天天过去,吴起也就这么一天天混下去。

直到有一天,魏侯的使者来了。

"吴起将军,魏侯召您回都。"使者传达这样的旨意。

与使者同来的是公孙靠,他是来接替吴起的职务的。

吴起顿时明白了,这是魏侯对自己的不信任,要调虎离山了。回去之后会是怎样的命运等着自己呢? 不知道。

回去,还是不回去? 如果不回去,去哪里?

吴起拿不定主意,顿时有一种有家难回的感受。

但是最终,他决定回去。

吴起带领着亲随们离开西河,渡过了黄河。

下船之后,吴起回望西河,久久不愿离去。

"唉。"吴起仰天长啸,泪流满面。

"将军,为什么哭了?"手下们问。他们从来没有见过吴起流泪。

"为什么我总是泪流满面? 因为我深爱着这片土地。"这是吴起的回答吗? 不是,这是艾青的回答。

吴起沉默了片刻,让眼泪掉在了地上。

"如果魏侯信任我,我本可以兼并秦国,让魏国称霸称王。可是如今,我仿佛已经看到辛苦经营几十年的西河就要落入秦国人的手中,魏国就要衰败

了。"吴起说得非常感伤,他倒未必是多么热爱魏国,他只是痛惜自己的努力眼看着要化为流水,他不甘心。

一片叹息声。

步履更加艰难,越临近安邑,吴起越是不安。他不知道自己的命运会是怎样,他不太相信魏武侯会加害自己,但是他不确定自己会不会在盛怒之下顶撞魏武侯,自寻死路。

"再歇一歇吧。"吴起下令,他要冷静地思考一下。

就在这个时候,迎面一乘马车过来,车上下来一个人,谁?

屈宜臼。

"请问,这是吴起将军的车驾吗?"屈宜臼小心地问。

"你,什么人?"吴起的手下警惕起来,他们担心这是魏武侯派来给吴起送老鼠药的人。

"啊,这么说来,就是吴起将军的车驾了。麻烦通报一下,在下楚国使臣屈宜臼。"屈宜臼确认了这是吴起的车驾之后,有些兴奋。

吴起的手下还在犹豫,吴起已经从车子里跳了下来。

"我等你好久了。"吴起冲过去与屈宜臼握手,到这个时候,他知道屈宜臼是来干什么的。

"我们也等你好久了。"

有些话,不用说也明白。有些事,不用问也知道该怎样做。

吴起的车向下转了九十度,从前向东,现在向南。

第 六 章

如愿以偿

吴起投奔楚国的消息迅速传开了。

紧急会议。

"吴起叛逃,怎么办?"议题非常清楚,魏武侯还显得有些恼火。

"杀他全家。"王错的建议就这么简单,这在当时不是个主流的建议。

魏武侯显然也不赞同这个建议,所以看也没看他一眼,继续问:"怎么办?"

大家都沉默,因为大家都知道吴起基本上就是被逼走的。

公叔痤沉吟了一下,他知道自己必须开口:"主公,吴起叛国固然不对,可是吴起为国家立的功劳大家有目共睹。虽然吴起叛国,可是毕竟没有去秦国,而是去了楚国。如果我们杀他全家,就显得很不厚道了,也是逼他与魏国作对。我倒觉得,我们应该善待他的家人,这样,吴起必然不会与魏国作对。同时,也就显得主公仁厚大度,仁至义尽。"

公叔痤的话赢得多数人的赞同,大家纷纷点头。

"嘿嘿,说得简单,如果我们不杀他全家,他依然来与魏国作对,怎么办?你敢担保吗?"王错坚决反对。

"我来担保。"公叔痤淡淡地说。

十一

吴起的到来引起了楚国的轰动。

尽管事情是屈宜臼临时决定的,完全来不及请示楚悼王,楚悼王还是异常兴奋。

"寡人等你好久了。"楚悼王见面就说。吴起的大名早就如雷贯耳,他是万万没有想到吴起会来投奔楚国的。

吴起也很兴奋,他感觉到楚悼王对自己的热情和期盼甚至超过了当初的魏文侯。

"吴起愿效犬马之劳。"吴起表示。

"屈大夫,辛苦你了,感谢你了。"楚悼王没有忘记屈宜臼的功劳。

按照楚悼王的想法,应该立即任命吴起为令尹,全面主管楚国政务。按照吴起的想法,也是如此。

不过,屈宜臼提了一个建议。

"大王,以吴起将军的才能和名气,要做楚国令尹绰绰有余。可是,有几点大王不可以不考虑到啊。"屈宜臼委婉地说。他历来如此。

"哦?"楚悼王还在兴奋中,对屈宜臼的话有些不以为然。

吴起则有点紧张,难道屈宜臼要坏自己的好事?

屈宜臼看到两人的反应,这也是他意料中的。不过,他相信自己的理由是充分的。

"大王,有两个方面的问题不能不考虑。首先是国内,吴起将军固然能力超群,可是毕竟是个外来户,如果一来就当上令尹,只怕未必能够服众。"屈宜臼其实说得非常委婉了,楚国卿大夫阶层历来排外,因此外来人才往往难以立足。

"嗯。"楚悼王点点头,那些卿大夫的德行他是知道的。

"第二,如今天下之强莫过于魏国。如果我们如此大张旗鼓任用吴起,他们一定会视为耻辱,难保不会再次联军前来讨伐。"

这次,该轮到吴起点头了。

"再者说,吴起将军的家眷都在魏国,激怒魏国,恐怕也将不利于家人。"屈宜臼见吴起点头,这才继续说。

吴起现在有些感激屈宜臼了,看人家想得多周详。吴起其实不大担心家人的安全,以他对魏武侯的了解,他几乎可以确信魏武侯不会为难自己的家人。可是,如果自己真的在楚国大张旗鼓地干,就难免会有人在魏武侯面前挑拨,自己的家人就真的会有危险了。

楚悼王看看吴起,感觉他已经被说服了。

"屈大夫,你说的都有道理,那么你的建议是?"楚悼王问。

"不如这样,先委屈吴起将军去守宛地。这有什么好处呢? 一来,宛地与韩国交界,吴起将军可以震慑韩国,却避开了魏国;二来,吴起将军可以先治理宛地,一旦有了成就,楚国的卿大夫们也就服气了。等过个三年五年,魏国人已经不再关注了,楚国卿大夫们也彻底服气了,大王再任命吴起为令尹,就是水到渠成的事情了。"

屈宜臼的建议确实无懈可击,令楚悼王和吴起都无法拒绝。只是两人的内心都感觉三五年有点长了。

不管怎样,楚悼王接受了屈宜臼的建议,委任吴起为宛守,守卫楚国北方与韩国边境一带。

其实,屈宜臼还有一点没有说出来,那就是他怕卿大夫们骂他没事找事,找了个北方人来在大家的头上拉屎。

宛地在今天的河南南阳,屈宜臼的封地息就在宛地。

吴起是宛地守,屈宜臼是息公,谁的权力大地位高呢?

吴起属于行政系列,掌管整个宛地的军政事务,是当地的行政一把手。而屈宜臼属于爵位系列,公爵属于仅次于楚王的爵位。所以,两人在不同序列里,无法直接比较。做个简单的比喻,屈宜臼属于股东,而吴起是职业经理人。屈宜臼必须配合吴起的行政行为,但是,吴起的行政行为又是为了保护屈宜臼的利益。

从这个角度说,屈宜臼建议吴起来做宛地守,也是变相保护自己的封地不受韩国人侵扰。

屈宜臼对吴起非常客气,他本身就是个谦谦君子,但凡吴起提出的要求,都是无条件立即去办。吴起则对屈宜臼非常尊重,不仅是因为他帮助自己来了楚国,还因为他认可屈宜臼的人品,这是个真正的贵族。

两人之间的来往非常频繁,以至于无话不谈。

两相比较,屈宜臼认为吴起有些激进,而吴起认为屈宜臼太过保守。不过,这不影响他们之间的友谊。

两人时常谈论魏国和楚国的事情和人物,自然就谈起公叔痤。

对于公叔痤,屈宜臼的印象非常好。可是在吴起的嘴里,公叔痤就是个虚伪小人。

吴起派人回去探听家人的情况,终于知道了公叔痤力保自己家人的事情,这让吴起感到意外。

当吴起把事情告诉屈宜臼,屈宜臼便将当初公叔痤的门客如何引导自己去挖吴起的事情透露给了吴起。这时候,两人才恍然大悟:一切都是公叔痤在操盘,是他帮助吴起来到了楚国。

"想不到,公叔痤是个好人呐,我冤枉他了。"吴起感慨起来。

关于公叔痤,《史记》中有这样一段记载。

田文既死,公叔为相,尚魏公主,而害吴起。公叔之仆曰:"起易去也。"公叔曰:"奈何?"其仆曰:"吴起为人节廉而自喜名也。君因先与武侯言曰:'夫吴起贤人也,而侯之国小,又与强秦壤界,臣窃恐起之无留心也。'武侯即曰:'奈何?'君因谓武侯曰:'试延以公主,起有留心则必受之。无留心则必辞矣。以此卜之。'君因召吴起而与归,即令公主怒而轻君。吴起见公主之贱君也,则必辞。"于是吴起见公主之贱魏相,果辞魏武侯。武侯疑之而弗信也。吴起惧得罪,遂去,即之楚。

这段话,翻译过来是这样的:

田文死后,公叔出任国相,娶了魏君的女儿,却畏忌吴起。公叔的仆人说:"吴起是不难赶走的。"公叔问:"怎么办?"那个仆人说:"吴起为人有骨气而又喜好名誉、声望。您可找机会先对武侯说:'吴起是个贤能的人,而您的国土太小了,又和强大的秦国接壤,我私下担心吴起没有长期留在魏国的打算。'武侯就会说:'那可怎么办呢?'您就趁机对武侯说:'请用下嫁公主的办法试探他,如果吴起有长期留在魏国的心意,就一定会答应娶公主,如果没有长期留下来的心意,就一定会推辞。用这个办法能推断他的心志。'您找个机会请吴起一道回家,故意让公主发怒而当面鄙视您,吴起见公主这样蔑视您,那就一定不会娶公主了。"当时,吴起见到公主如此蔑视国相,果然婉言谢绝了魏武侯。武侯怀疑吴起,也就不再信任他。吴起怕招来灾祸,于是离开魏国,随即到楚国去了。

这段记载可以说是漏洞百出,并且与其他记载相矛盾。因此不足采信,原因如下:

首先,公叔这个姓氏来自卫国的公室,因此公叔痤的本姓是姬。尽管同姓不婚这个规矩到了战国时期已经执行得不是那么严格,但是在社会高层还是严格遵守的。因此,公叔痤不会是魏武侯的女婿。同样的道理,吴起本姓也是姬,魏武侯也不可能把女儿嫁给他。

其次,根据记载,公叔痤是个谦谦君子,并不是一个小人,这也是魏武侯器重他的重要原因。根据《战国策》的记载,公叔痤曾经率领魏军大胜韩国和赵国的联军,魏武侯因此要重赏他,而公叔痤当即推辞,表示魏军之所以取胜不是因为自己的能力,而是因为吴起当初治军给魏国留下的遗产。于是,魏武侯找到了吴起的后人加以重赏。到后来公叔痤去世之前,并没有推荐自己的故旧亲戚接替自己,而是推荐了有真才实学的公孙鞅,他的眼力和胸襟以及一心为国都体现出来。

所以,公叔痤不仅不会嫉妒吴起,反而是敬佩吴起。由于两人都来自卫国,两人之间的关系应该一直不错。吴起离开魏国前往楚国,其留在魏国的家人应该就是公叔痤帮助他照料。而公叔痤要为他的后人争取利益,于是就借助上面的一场胜利来实现了。

归根结底,吴起出走的真正原因在于他认为自己在魏国无法全面发挥自己的才能,无法实现自己的政治抱负,以及受到了不公正的待遇。

十二

对于吴起来说,宛地太小,根本无法施展。所以实际上,他的主要精力用来练兵,其结果是楚军战斗力激升。

对于治理国家这个部分,吴起汲取了在魏国的教训,轻易不去提起,以免被认为自己太咄咄逼人。即便和屈宜臼在一起,他也宁愿多听对方的看法。

"先生有什么可以教我的?"吴起经常这样向屈宜臼请教。

遗憾的是,屈宜臼每次都是打着哈哈过去,要么就是顾左右而言他,弄得吴起完全不知道屈宜臼是真的没什么真才实学,还是太高深。

一年的时间很快过去,就在吴起感觉无聊到了极点甚至不太想待下去的时候,楚王特使来了。

"奉楚王之命,请令尹大人克日启程前往郢都。"特使这样说。

"什么?"吴起感觉到一阵眩晕。

人生达到了新高度,眩晕一下是很正常的。

不仅吴起等不及了,楚悼王也等不及了。放着一个国际顶尖的人才却不能用,楚悼王想想都郁闷。所以,仅仅一年之后,他宣布吴起为楚国令尹,全权管理国家。

楚悼王原本以为反对声会一片,结果却出乎他的意料,根本没有反对的声音。

为什么没有反对的声音？因为大家懒得反对——反正谁来都一个鸟样，谁敢咬老子的鸟？

在兴奋之后，吴起略有些忐忑，他决定在动身之前去拜会一下屈宜臼，请教一下楚国官场的事情，听说楚国官场水很深啊。

屈宜臼似乎意料到了吴起会提前接任令尹，在听到吴起的消息之后竟然毫不兴奋，甚至连祝贺的话都免了。

"装逼装习惯的人大概都这样。"吴起心想，不过他没有生气，跟装逼的人生什么气呢？

"先生，你看，楚王不知道我这人其实很差劲，又任命我做令尹了。"当然，这都是套话，显示自己很谦虚，"临行之前，希望得到先生的忠告。"

"那，你准备怎样做呢？"这一次，屈宜臼不再装聋作哑了。

"将均楚国之爵而平其禄，损其有余而继其不足，厉甲兵以时争于天下。"吴起这样回答，意思就是要对楚国的世族大家动刀，削他们的爵位，夺他们的土地，用来奖赏立功的人。然后经武练兵，争雄天下。

基本上，就是魏国变法的路子。

屈宜臼在这一刻后悔了，他后悔听了公叔痤的忽悠，把吴起当成特殊人才引进到楚国了。按照吴起的路子，贵族们的好日子就快到头了，这当中自然也包括自己。而且，大家一定会骂自己引狼入室。

"我说说我的看法吧，我听说善于治理国家的人不会改变老规矩，不会改变老习惯。如今你来治理楚国，上来就拿世族大家开刀，剥夺他们的爵位和财富，这不就是改变老规矩改变老习惯吗？这是不行的。古人说过，兵者，凶器也。争者，不要脸也。如今你要剥夺人家的财富地位，而且还要争雄天下，这不是逆天而行吗？吴起将军，啊不，令尹大人啊，我说一句实话你别生气。人哪，这一生的运气是有限的，你看你，率领本来弱小的鲁国战胜了齐国，这算是运气吧？率领魏军欺负人家苦大仇深的秦国，竟然还占尽上风，这算运气吧？老天不可能总是关照同一个人的，你如果真要一意孤行，那恐怕老天也不能再保佑你了。俗话说：倒霉人赶倒霉事，人祸都是祸人干的。唉，说句老实话，这些年来楚王也是不务正业，东征西讨的，不闲着，早就该倒霉了，我一直寻思大王为什么还没有倒霉呢？现在我知道了，他是在等你啊。"屈宜臼这一口气说下来，脸都憋红了。

吴起暗自好笑，说来说去，不就是担心自己的利益吗？

"那，这么危险的话，我还能改吗？"吴起故意这样说。

"改啥？改个屁啊,你是什么人我还不知道？再者说了,你要是跟我们一样了,还来楚国干什么啊?"屈宜臼摇摇头,苦笑起来。

"那,有什么好建议,说说吧。"

"说什么啊？砍了腿还能长回去吗？算了,好自为之吧。"屈宜臼说到这里,叹了口气。

第 七 章

吴起变法

吴起来到了郢都，这一次与第一次来完全不同。第一次来的时候，他心怀忐忑，根本没有心情欣赏周围的风景。而这一次不同，他可以从容地端详所见到的一切。

"城墙太薄了。"吴起自言自语。郢都的城墙就像南方人的身体一样清秀，但是不够坚固，作为一个首都，完全没有威仪感和安全感。

楚悼王像迎接多年未见的老朋友一样迎接他，同时也是做样子给大家看：我都这样敬重他，你们不要失礼。

吴起有些受宠若惊，不过很快就习以为常，他是见过世面的人，出生入死的事情都见惯了，还有什么能令他惊慌的。

楚王的卿大夫们则表现得非常冷淡，欢迎仪式结束后就都匆匆离去，似乎根本就不认识也不想认识吴起。

吴起注视着他们，发出冷笑，他们就是吴起的目标。对付他们，跟对付秦国人是两种方法。

"令尹哪，你来了，我就放心走了。我早就跟大王说早点把你请回来，楚国要复兴，就拜托你了。"上一任令尹庄臣不知道什么时候走了过来，热情地说。

"多谢老令尹勉励，吴起一定尽力。"吴起嘴上这么说，搭了庄臣一眼，略带着一点藐视。

十三

楚国的情况和魏国并不相同。

魏国人多地少，可是楚国地多人少。当然，都是相对的，绝对来说，楚国的人口和地盘都比魏国要大。

楚国的状况实际上与整个周朝相似,楚王的状况则类似周王。

楚国当初称王,自以为与周朝匹敌,于是自行封诸侯。当然,楚国封的诸侯都是楚国公族。并且,都是世袭。

到春秋末期,楚国封的诸侯已经不计其数,各种公、侯满地都是。与此同时,也算是汲取了周朝的教训,楚国还任命各种守,以负责地方的军事。这种关系,就类似屈宜臼和吴起之间的关系。正因为有了守,地方与楚王之间还算有些联系。

但是,守的地位较低并且不是世袭制,因此守和诸侯之间的关系并不平等,地方诸侯的势力往往更强大。

在不断地分封诸侯过程中,由于楚国的地盘够大,诸侯之间的矛盾不深,相互吞并也较为少见,也就因此,并没有出现类似晋国六卿那样的超级豪强,也就无人威胁到楚王的地位。

但是,世袭的诸侯太多,就导致诸侯们只关心自己封地的事情,没人关心国家。同时,功臣得不到封赏的机会,也就没有人愿意为国效力。

所以,虽然楚国地大物博,却形同散沙,根本无法形成合力。

楚国也存在士的问题,不过与当初魏国相比,就根本不是问题,因为楚国地大物博并且没有经过内战,所以士们还在享受禄田,没有生存的忧虑,也就没有那么高的犯罪率。不过相应的,士们的战斗欲望低下,满足于当下的生活。

所以实际上,尽管楚国的战斗力不强,可是士以上阶层的生活还是蛮幸福的,对于各种变法基本没有兴趣。

然而,吴起来了。

楚悼王并不关心大家的幸福感,而是关心国家的强大与否,因为大家的幸福感与他无关。

"令尹,都听你的,你说怎么整就怎么整。"楚悼王给了吴起全面的授权,他是实在没有办法了。

"好,我的建议是全盘魏国化。"既然有现成的模板,为什么不用? 吴起自然不会甘心于全盘照搬,不过全盘照搬是个省时省力的事情,可以迅速见到效果。

吴起首先引进了魏国的《法经》,并且公之于众,适用于士这个阶层。

可是这个举措基本上头疼医脚,《法经》公布之后,要找个犯罪分子来杀鸡给猴看都难。

整个楚国都在看吴起的笑话,卿大夫们则纷纷在私下嘲讽:"看他还能混多久。"

"我敢打赌,这姓吴的三个月内就要滚蛋。"一个名叫成威风的贵族这样说,公开的。

"大家不要这么说嘛,令尹变法刚刚开始,大家要有耐心。"庄臣则这么说,也是公开的,似乎他对吴起很有信心。

当然,庄臣还是很及时地向楚悼王作了汇报,汇报了大家的想法,并表示自己还是很看好吴起的。

楚悼王所听到的反馈基本上都是否定吴起变法的,好在楚悼王知道自己的卿大夫们的德性。不过说的人多了,难免还是有些心里打鼓。

"这个,这个好像没什么用啊。"楚悼王对吴起说,尽量委婉一些。

"没关系,还有呢。"吴起当然不止这一把刷子,看见第一招走空,紧接着出了第二招。"楚国这么大,为什么国家还穷?为什么国家还不够强大?很简单,土地都封出去了,卿大夫和诸侯们富了,国家穷了。怎么办?拿回来啊。"

"好,拿回来。"楚悼王眼前一亮,他对这帮卿大夫和诸侯们早就看不顺眼了,要好处的时候都来了,打仗的时候都跑了,养他们干什么?但是,随即又眼前一黑,为什么?因为这个群体太过庞大,动他们只怕有风险。"不过,他们人数众多势力强大啊,弄不好,咱们都有危险。"

"大王,不变法,国家危险;变法,咱们危险。我看,宁可咱们危险,也要保住楚国啊。"

楚悼王想想也是,要是任由现状发展下去,只怕国家迟早灭亡,自己不是一样玩完?

"干。"楚悼王下定了决心。

吴起公布了一道命令:三代以上的封爵全部取消。

这一下,整个楚国算是炸了营。

原本把吴起只当个笑话的贵族们现在发现自己才是笑话了,原本以为永世幸福的生活在一瞬间成了竹篮打水。

贵族们非常气愤,甚至有造反的想法。可惜的是,长期以来诸侯们之间没有什么联络,仓促之间也无法结成同盟。更要命的是,他们的手中都没有足够的军事实力与楚王抗衡。

封爵取消意味着什么？意味着封地大幅缩水甚至被全部收归国有。

基本上，这是中国历史上一次著名的国有化运动，也是对特权阶层的一次集中清算。

原本，吴起希望自己站稳脚跟，积蓄一些力量之后再进行这一步。可是，来自卿大夫们和楚王的压力让他不得不提前了。

被免去爵位的贵族们痛苦万分，于是开始串联，最终，找到了两个人去向楚悼王诉苦。一个是庄臣，另一个是屈宜臼，以两人的资历以及和吴起的关系，他们认为这点面子吴起和楚悼王是应该给的。

首先出马的是庄臣，其实，这几件事情跟他关系不大，因为他的封爵是从他自己开始的。不过，作为卿大夫们和贵族们的核心人物，这个时候再不出来为大家出头，太没有面子。

"大王，令尹，这变法的事情呢，我是举双手赞成，但是呢，太急了点吧？打击面太大了点吧？咱们能不能缓一缓，譬如不要三代绝封，五代行不？不要一撸到底，爵位降级行不？说起来，大家乡里乡亲的，何必呢？"老令尹一番话，听起来也是合情合理。

楚悼王没有说话，看了看吴起，他的意思是这事情听吴起的。

"不行。"吴起根本不假思索，完全没有回旋余地，"国家已经很危险了，知道不？病急用猛药，知道不？"

老令尹庄臣有些生气了，心说老子再怎么说也是你的前任，这点面子都不给？虽然老子暗中也搞点鬼，可是表面上至少还是挺你的吧？

"令尹，你左一个国家危急，右一个社稷不安，真有你说的那么恐怖吗？本来楚国好好的，你来之后，搞得鸡犬不宁，人心惶惶，我看啊，这国家就是你搞乱的。"庄臣情急之下，竟然争吵起来。

"庄臣，从前楚国称霸中原，现在呢？区区一个魏国就打得楚国满地找牙，这国家还不危急吗？你在位二三十年，国家毫无起色，你不觉得羞愧吗？我来帮助你收拾烂摊子，你不说积极配合，反而暗中搞鬼，当面阻拦，你意欲何为？"吴起厉声作色说道。他一向是个强势的人，说出话来不讲情面。

庄臣无话可说，只得求助地看着楚悼王。

楚悼王终于说话了："按既定方针办。"

一天之后，屈宜臼来了。

屈宜臼的气色非常不好，只能勉强挤出一点笑来。

屈宜臼的爵位恰好到了第四代，所以这次变法把他的息公也给变没了。家里人劝他来找找吴起，毕竟他是吴起的恩人，说不准给变通一下。

"找个屁啊，吴起的德性你们不知道，我知道。"屈宜臼不肯来，因为他知道来也是白来。

可是，家里人不敢说了，楚国的贵族们找上门来了。

"老屈，吴起是你弄来的，现在害得我们这么惨，你得去找他。"贵族们成群结队地来，话都说得很难听。

没办法，屈宜臼厚着脸皮，只能来了。

吴起当然知道屈宜臼是来干什么的，实际上，吴起内心也知道自己对不起屈宜臼。可是，为了自己的功名，为了自己的才能得到发挥，牺牲他也是值得的。

"哎哟，息公来了。"吴起还是习惯称屈宜臼为息公。

"息什么公啊，休息的公公还差不多。"屈宜臼苦笑着说。

吴起倒是非常客气，不过绝口不谈变法的事情。其实他也了解屈宜臼，他知道屈宜臼很不屑于也不好意思谈自己的利益，他不提，屈宜臼就不会提。

果然，屈宜臼也没有提。屈宜臼的想法也很清楚，自己来的目的吴起自然是知道的。如果他愿意听取自己的意见，他会主动说。如果吴起不说，自己说了也没有鸟用，倒显得低声下气。

所以，两人聊了一阵，屈宜臼就告辞出来了。

回到息地，屈宜臼知道自己在楚国已经很难待下去。于是打点行李，移民韩国去了。

庄臣碰钉子和屈宜臼逃亡的事情在楚国贵族中引起轩然大波，不是小波，是大波。以庄臣的资历和屈宜臼对吴起的恩情，吴起都不给面子。看来，求情是没有可能了。

于是，贵族们联合来到郢都上访请愿，找楚悼王闹事。

一时间，郢都城里挤满了上访的人群，他们每天到朝廷前面求见楚悼王，但是楚悼王不会见他们。

"奶奶的，老子用你们的时候躲得远远的，如今求到我了，来哭诉了，去你大爷的。"楚悼王心里就这么想，觉得解气。

上访的诸侯们一个个拖家带口，见不到楚悼王，就在朝廷外面哭闹控诉，或者到人多的地方哭诉，妄图造成民意上的同情。

"活该活该。"基本上，没人同情他们，人们很享受幸灾乐祸的感觉。

上访诸侯的哭诉路数基本上是两类，第一类是摆功劳摆资格，讲述自己的祖先如何为国家建立功勋，这个国家要是没有自己祖先早就完蛋了之类，楚王这简直是忘恩负义；第二类是哭穷，说自己家里多少个老娘多少个孩子，这要是剥夺了爵位，大家只好讨饭饿死街头，楚王这简直是没人性。

尽管楚悼王不肯见他们，可是整天在外面吵也吵得心烦，也知道他们在哭诉些什么，这让楚悼王有些恼火了。

"令尹啊，你看看怎么办呢？这些人整天在外面哭诉，说不准什么时候聚众闹事，事情可就大了。"楚悼王请吴起来商量。

"杀一批，其他就不敢闹事了。"吴起的意思就是武力镇压。

"这，不太好吧？"楚悼王有些犹豫，不管怎么说，这些人不是功臣后代就是本家亲戚，人家也没造反，要真杀他们还真下不了手。

"那这样吧，他们不是说自己没饭吃了吗？给他们找个吃饭的地方就行了。楚国地盘这么大，南面西面还有好多土地没有开发，不如就把他们迁到那里去，不就解决了吃饭的问题了吗？"吴起这招够狠，就是要将这些人弄到边疆去开荒。

"嗯，这个主意不错。"

于是，吴起出动军队，将前来请愿哭穷的这一批人全部押送到边疆开荒去了。要知道，从前这可是处置罪犯的方法，如今被吴起毫不留情地用在了诸侯们的身上。

这一点是吴起变法与李悝变法最大的不同，李悝变法虽然也提到要废除世袭，但是魏国的世袭本身就少，并且都是新贵族，实际上能够取消的世袭凤毛麟角，基本上也就是说说而已。而在楚国不同，世袭贵族数量庞大，并且多数是世袭多年的老贵族，盘根错节十分复杂。所以，吴起下定决心动他们，是冒了极大的风险的。但是同时，如果不动他们，其他所有都是空谈。

从这一点上说，吴起变法的勇气要大于李悝。

现在，被剥夺爵位的诸侯们傻眼了，谁也想不到这个魏国人这么狠。可是，谁也不敢再去京城上访请愿哭诉了。

楚悼王的门前安静了，比以往任何时候都要安静。

"嗯,吴起就是有办法。"楚悼王现在对吴起有些刮目相看,可是,下一步怎么做呢?

"诸侯们的土地拿回来了,可是这还不够。大王,你知道吗? 现在楚国的官民比例比魏国高出二十倍,比齐国高出三十倍,平均十几个老百姓就要养一个官员,这怎么养得起? 不仅官员作风懒散,效率低下,还存在因人设官现象,甚至有大量的人吃空饷。所以,我们必须要裁撤冗官,削减开支,提高官员的办事效率了。"吴起又抛出一个重磅炸弹来。

楚悼王立即表示支持。

于是,吴起在楚国展开大规模的裁员行动,撤销大量的部门和职位,非关键岗位降低薪水。

一时间,大量官员失业。

"好日子一去不复返了。"官员们发出如此哀叹。

没有人敢公开表示不满,否则也会被发配到边远山区开荒种地。

整个既得利益阶层被吴起掀翻了,整个楚国上层都在诅咒吴起,甚至,有人布置了对吴起的暗杀。

十四

一年时间过去,楚国变得富裕了,国家有钱了。

"现在该怎么办?"楚悼王的日子越过越舒爽,腰包满了,说话也有底气了。

"俗话说,饱暖思淫欲。"吴起回答。

"对对,那什么,令尹的意思,要为寡人选美?"楚悼王问。不过他对选美的兴趣不大,因为最近总是腰疼。

"俗话还说:强壮想打人。"

人,不论什么得到了充实,总是想要发泄出去。国家强大了,当然就想扩张,想宣示自己的力量。

"太好了,打谁? 魏国?"楚悼王来了精神,他是一个喜欢打仗的人。

"别介,魏国太强大,再说还有赵国和韩国帮着,暂时不动他们。"吴起急忙否定了楚悼王的想法,心说我老婆孩子还在魏国呢,就先别扯这个淡了。"依我看,楚国的南面都是蛮子所占,我们为什么不把他们的土地夺过来呢?"

"好啊好啊。"楚悼王觉得这个想法好,可是随后想起一件事来。"可是,楚军的战斗力好像不行啊,别看南面的蛮子们不认识字,可是打仗还是很拼命啊。"

"这个好说,咱们不是收回了很多土地,罢免了很多官员吗?那么多土地那么多空出来的职位都可以拿来给立军功的人啊。"吴起说。办法还是老办法,照搬魏国的军功制,不愁没人卖命。

于是,吴起颁布了军功制。

由于楚国和魏国的情况不同,军功制实际的效果远没有想象中的好。不过不管怎么说,激励作用还是有的。

吴起亲自领军向南方进攻,南方的蛮族当然不是对手,楚军一路南下,从洞庭湖直打到苍梧,楚国国土面积大大增加,人民数量大大增加。

别的不说,吴起开疆拓土的功劳是实实在在的,人们无话可说。

也正因此,楚悼王对吴起更加信任。

从苍梧归来,吴起主持了楚国首都郢都的改建扩建工程,使之成为国际化大都市。

以往,这一类工程都是承包转包,各级卿大夫们从中捞取油水。可是此次,吴起全程亲自督办,卿大夫们没有油水可捞。

"狗日的吴起,什么好处都要自己捞走,自己吃肉,连骨头也不给我们啃。"成威风很恼火,到处散播这样的言论。

"不要乱说,令尹这样做,也是为了国家好。"庄臣也四处这样说,似乎他很支持吴起。

但是,他还是免不了把大家的议论转达给了楚悼王。

于是,楚悼王派人暗中调查修城的款项,最后却发现吴起分文未取,清廉得一塌糊涂。

从此之后,楚悼王对吴起是绝对的信任。

郢都城刚刚改建完毕,北方出事了。

原来,赵国入侵卫国。于是卫国向魏国求救,魏国出兵救卫国,反过来攻打赵国。赵国打不过魏国,于是向齐国和楚国求援。

楚悼王的意思是出兵攻打魏国,趁机夺回大梁等地。

"干掉魏国,楚国就又能称霸中原了。"楚悼王想想都兴奋,这楚齐赵三家联军,肯定能够战胜魏国,一雪前耻。

可是,吴起的想法不同。

"大王,此事要慎重。"吴起说。要攻打魏国,他确实有些投鼠忌器。一来,毕竟魏国是他的老东家;二来,老婆孩子还在魏国;三来,楚军的实力恐怕还是很难战胜魏军;四来,他讨厌赵国。当然,想的是四点,说出来就只有一点了。"楚军虽然战斗力大增,但是魏军毕竟多年征战,战斗力还是在楚国之上的。"

"那,我们就拒绝赵国人?"楚悼王有些失望。

吴起很清楚,如果拒绝赵国人,不仅楚悼王会失望,卿大夫们也就有了攻击自己的理由。所以,既不能拒绝赵国人,又不能直接帮助他们,还要让大家都无话可说。

怎么办?有这样的办法吗?

作为中国历史上排名第二的军事家,这点事难不倒吴起。

"当然不能拒绝,不过,也不能当冤大头替死鬼。"

"那,令尹有什么好办法?"楚悼王又来了精神。

"魏军此时在攻打赵国的邯郸,齐军一定增援赵国。楚军不要北上邯郸,也不必攻打魏国的安邑,我们只需要穿过大梁,驻军魏国的林中,切断魏国首都安邑和邯郸之间的联络,这样,就能造成魏军的恐慌。一旦齐军和赵军在邯郸击败魏军,则我们趁火打劫,夺回大梁。若是齐军和赵军战败,则我们也很容易撤军。这样,楚国不必冒任何风险,坐山观虎斗而进退自如,让他们去狗咬狗。对于赵国来说,我们也是在援助他们,他们也要对我们感恩戴德。"吴起的办法,听上去十全十美,无懈可击。

"高,实在是高。"楚悼王禁不住叫起好来,这样高明的策略,那帮卿大夫真是想不出来的。

吴起一面派兵,一面暗中通知魏国相国公叔痤,说是楚国不能拒绝赵国的求援,但是也不会真正攻打魏国,只是在魏国的地盘上驻军,请魏国放心,也提请魏国避免两国军队之间的冲突。

吴起的这一策略,让楚军既参与其中,又置身事外。赵国感激他们,魏国也感激他们。收放自如,毫无风险,又能坐收渔翁之利。

就在吴起在楚国如鱼得水、春风得意之际,楚国出大事了。

第八章

回到原点

表面风光,但是危机四伏。

表面越是风光,危机就越是四伏。

吴起的一系列变法的确使得楚国的军力强大了许多,但是,在经济上的发展并不明显,百姓没有得到实惠。

"国家没收了那么多土地,可是有一分到我们手里吗?"在幸灾乐祸之后,百姓开始算变法账,发现变法与自己其实没有什么关系,幸灾乐祸固然很快乐,可是吃饭穿衣养老婆孩子才是大家真正关心的。于是,楚国百姓从期待到看热闹,再到冷嘲热讽准备看好戏。

所以,任何变法,不管其初衷是什么,不管怎样顺应民意打击既得利益阶层,如果百姓无法获得实惠,这样的变法最终会被人们所厌弃。

与此同时,尽管军功制推行,可是楚国发动的战争并不多,因此能够立功受赏的人也并不多。

也就是说,新的支持吴起和楚悼王的利益阶层并没有形成。

而既得利益阶层受到沉重打击,他们的怨恨与日俱增,对吴起乃至楚悼王都恨之入骨。

这样,吴起和楚悼王在某种程度上沦为了全民公敌。

十五

不停地有人在以各种方式影响楚悼王,希望他能够手下留情,给大家留条活路。可是,楚悼王是个倔脾气,横下一条心把国家交给吴起打理,其余人的话都当成耳边风。

终于,既得利益阶层意识到:不搬掉吴起背后的大山,就无法阻止吴起变法的步伐,大家的好日子就真的一去不复返了。

怎么办？

庄臣和成威风私下里召集了一帮旧贵族，商讨当前的形势。

"唉，任由吴起这样胡搞下去，国将不国啊。眼看着一个好好的楚国被吴起糟蹋成这个样子，我，我心疼啊。"庄臣装出一副为国家戚戚的样子来，他一向如此，心里想的是自己家的利益，嘴里说的却是国家的前途。

"是啊是啊。"众人附和，然后说了一通咒骂吴起的话。

庄臣早就听腻了这些话，这个时候了，说这些简直就是浪费时间。

"大家看看，我们应该怎样做？"庄臣开始引导。

于是大家又说一堆没用的话，谁也不知道该怎么办。

"干掉吴起。"成威风见大家不上路，只好自己跳出来。

"好啊好啊。"大家都表示赞同，可是怎么干掉吴起，谁来动手等具体事宜上，大家还是一筹莫展。

最终，大家都把眼光集中在庄臣的身上，似乎庄臣是他们的救世主。

"干掉吴起这个坏人当然很好，如果真的能干掉他，就不等你们说了。"庄臣扫视了大家一眼，轻轻叹了一口气，"唉，谈何容易啊。一来，吴起的警惕性很高，身边卫士不离左右，再加上他本人也是武将出身，身手了得。不瞒大家说，我也曾经募集勇士刺杀他，结果还真没人敢接这个活。再者说了，就算真的能干掉吴起，大王还不找我们算账？到时候，只怕大家死得更惨。"

众人沉默了，是啊，干掉吴起谈何容易？其中有些见过吴起的，都直接被吴起的气场所震慑，想想都怕。

一阵唉声叹气。

庄臣摇摇头，心说这些草包真应该是被剥夺爵位的料啊。

眼看着大家束手无策，只有叹息。庄臣给成威风使了个眼色。

"我有个主意。"成威风早就按捺不住了，得到了庄臣的示意，急忙说出来。

"哦？"众人像抓住了救命稻草，都看着成威风。

"干掉大王。"成威风话音刚落，现场立即一片惊叫声，炸了营一般。虽说大家对楚悼王也是恨之入骨，可是要说干掉楚悼王，谁也没想过。

对于这一点，庄臣倒是预料到了。所以他摆摆手，示意大家安静。

"各位还没看明白吗？吴起为什么这么穷凶极恶，不把我们放在眼里？就因为有大王撑腰。没有了大王，他也就完蛋了。所以，我们恐怕也只能釜底抽薪了。"庄臣悠悠地说，语气缓慢而坚决。

"杀大王,那不是大逆不道?"有人高声反对。

"大逆不道,升官发财;赤子忠臣,吃糠咽菜。各位,路都是自己选的,你们看着办吧。"庄臣有些生气,站起身来,不顾众人,走了。

众人都有些傻眼,庄臣可是他们的主心骨,庄臣一走,大家更不知道怎么办。

就在这个时候,角落里传出一个声音:"出多少钱?算我一份。"

干掉吴起不容易,因为要接近他很难。他不爱财,不近女色,几乎没有什么可以利用的弱点。

可是干掉楚悼王就容易得多,他毕竟是大王,他喜欢吃好的喝好的,还喜欢女人,还需要娱乐。所有这些都是他的软肋,都可以利用。

厨师、内侍、卫士、宫女乃至宠臣都可以成为刺杀楚悼王的人,只要他们还有欲望,或者仇恨。

旧贵族们凑了一笔钱,很大一笔钱。对于他们来说,这就是风险投资。弄好了,什么都回来了。弄不好,连本钱都搭进去。

这样的事情,庄臣是不会出面去做的。所以,成威风组成了刺杀楚悼王的小组。

他们首先收买了一个卫士,因为卫士并不住在宫里,而且卫士都是出身贵族,而这个卫士出身旧贵族,家里人也都恨透了吴起和楚悼王。

不过,卫士无法下手,因为还有其他卫士一同守卫后宫。于是,卫士拿了钱,收买了一个厨师。可是,厨师也下不了手,因为每道菜在端给大王之前他必须当着内侍的面自己先尝。于是,厨师收买了一个内侍。可是,内侍也下不了手,他担心自己打不过楚悼王。于是,内侍收买了一个宫女。可是,宫女也下不了手,因为她是女人,怕自己会心软。

层层分包转包之后,钱花得差不多了,可是怎样刺杀楚悼王还是没有谱。

有的事情,看上去能办的人很多,可是实际上一个也办不了。

成威风非常恼火,因为刺杀计划到现在无法实施,出钱的旧贵族们认为成威风是在忽悠大家,是个非法集资的骗子。一些人找上门来要求还钱,否则就去告发他。

成威风被逼得没有办法,于是来找卫士要还钱,否则要去自首,跟卫士同归于尽。卫士没办法,去找厨师;厨师没办法,去找内侍;内侍也没办法,去威

胁宫女。

到最后，所有被逼的人都决定铤而走险了。

卫士在朝廷里攻击楚悼王，结果被其他卫士杀死。

厨师在晚饭里下了毒，自己不得不先尝一口，结果把自己毒死在厨房里。

内侍在伺候楚悼王的时候突然拔出一把刀来，可是毫无武功的他被楚悼王活活掐死。侍女在服侍楚悼王上床睡觉的时候也准备了一把剪刀，可是拔出剪刀之后下不了手，干脆一剪刀把自己捅死了。

楚悼王吓得要命，这半天不到已经遭遇四拨恐怖分子的袭击，身边的人看上去都像坏人，怎么办？哪里最安全？

想来想去，楚悼王决定去一个大家都想不到的地方躲藏，等到天亮再想办法。那么，什么地方是大家都想不到的？

楚悼王有一个小妾名叫曾乙，受宠幸过一段时间之后被打进了冷宫，住在靠近厕所的一处房子里，很久没有宠幸过了。楚悼王认为没有人会想到自己会去那里，于是偷偷地跑去了曾乙那里。

冷宫其实并不冷。

冷宫紧挨着厕所，厕所紧挨着墙。墙的外面，就是巡逻的士兵。

可是，士兵到了天黑就不巡逻了，为什么？因为士兵翻墙进来了，沿着厕所，进入了冷宫。

所以，冷宫并不冷，充满了温暖。

楚悼王鬼鬼祟祟溜进了冷宫，他以为自己会受到欢迎。

士兵吓得半死，他以为楚悼王是来捉奸的，事实上他也确实被捉奸在床。

"大王饶命，大王饶命。"士兵急忙求饶。

"嘘。"楚悼王示意他声音小一点，生怕被人听见。

于是，士兵知道楚悼王不是来捉奸的，而是来避难的。既然如此，怕他个球？不过既然被捉奸了，将来一旦追究起来，只怕小命难保。怎么办？

士兵的武功是很高强的，否则也不会被选中来保卫楚王。

于是，士兵把前面几个人没办成的事情给办了。

这世界上，最危险的一件事情就是捉奸了。

十六

楚悼王驾崩的事情在第二天早上传了出来。

每个人都知道楚悼王是被勒死的,可是每个人都假装以为楚悼王是突发心脏病死的。

究竟是谁杀死了楚悼王?没人知道。因为楚悼王的尸体是在厕所边上被发现的,他究竟在哪里被杀死,谁也不知道。

吴起大为震惊,他知道这是一场典型的政治暗杀。他一边处理楚悼王的丧事,一边进行调查。可是调查的结果令他自己也很困惑,因为几个刺客都已经当场死亡,那么是什么人杀死了楚悼王呢?吴起怎么也猜不到。

但是,吴起知道事情是旧贵族们干的,他准备在为楚悼王下葬之后对他们进行下一步的清算。

与此同时,吴起也加强了自己的安全保卫工作。

终于,到了楚悼王下葬的日子,出殡的地点就在朝廷。

吴起作为令尹将要主持整个下葬过程,所以他来到了朝廷。按着规矩,他的卫士们守在朝廷的外面。

楚悼王的尸体就放在他平时坐的地方,脸上的表情还带着惊恐,脖子围了红色的围巾以掩饰勒痕。

"大王,我会查出凶手,为你报仇的。"吴起对楚悼王说。他是真心的,他始终感念楚悼王的知遇之恩。

楚悼王没有任何反应。

就在这个时候,朝廷外面传来很多人的呼喊声,紧接着是刀剑碰撞的声音。很快,朝廷的门被推开。

旧贵族们拥了进来,看上去足有几百人,而外面的声音听起来至少有上千人。

"你们来干什么?没有命令,谁让你们进来的,都给我出去!"吴起怒喝。尽管当前的形势看上去不好,可是从心底里吴起还是看不起他们,藐视他们。

果然,吴起的气势压倒了旧贵族们,一时间,他们不知道该怎样做。

"吴起,到这个时候,你还敢这么嚣张?"成威风的声音,充满了仇恨。

"谁?刚才谁说话?你哪个单位的?"吴起说。当然,这时候还没有单位的说法,不过就是这么个威胁的意思。

"去你娘的,老子哪个单位的关你屁事。"成威风骂道,之后大声喊道,"兄弟们,报仇的时候到了,射死他。"

说完,成威风拉开手中的弓,一箭射了过来。

箭擦着吴起的耳边掠过,他并没有害怕,但是他知道今天会是个怎样的结局了。

吴起转头看看楚悼王。

"大王,我来了。"吴起轻轻地说。

一支箭扎在了吴起的肩头,紧接着,腿上、胸前都中了箭。

吴起踉跄着到了楚悼王的身边,之后倒在了楚悼王的身旁。

复仇的箭如雨水一般射来,每个人都把随身的箭射了个精光。

吴起的身上插满了箭,楚悼王的身上也插满了箭。

吴起拼尽全力扭过头去看看欢呼中的旧贵族们,微笑着轻轻地说了一句只有他自己能听到的话:"一群傻×在狂欢。"

楚悼王死了,吴起死了。

楚悼王的儿子熊臧继位,就是楚肃王。

楚肃王登基的第一件事就是追谥父亲为悼王,因为父亲死得比较惨。

之后,楚肃王下令把朝廷中的箭拿来数了数,足有上千支。这些箭,有的射在吴起身上,有的射在楚悼王身上,有的射在墙上。

基本上,楚悼王和吴起都被射成了刺猬。

根据箭上的标志,可以判断一共一百多家的人参与了杀害吴起以及箭射楚王,射到楚悼王身上的箭则有七十多家的。

箭射楚王是什么罪?死罪。

于是,楚肃王下令,参与箭射楚王者处以死刑,没收全部财产,其家族男的为奴,女的为娼。

一时间,七十多家旧贵族惨遭灭门。

到这个时候,他们总算明白吴起为什么会倒向楚悼王,也总算明白吴起最后的微笑是什么意思了。

成威风死得很惨,因为他是带头人。

庄臣平安无事,他被楚肃王重新任命为令尹,主持了楚悼王的葬礼。

老政治家就是这样,他们只在暗中负责煽风点火,绝不会冲在最前面。

吴起已经死了,不过因为死前故意倒在楚悼王身上,导致楚悼王被射成刺猬,按照《史记》的说法,吴起被"肢解"。

在庄臣的提议下,楚肃王决定废止吴起的变法,恢复大部分被免去爵位的旧贵族的爵位和封地。

屈宜臼又成了息公,于是他从韩国回到楚国。

就这样,吴起的变法宣告终结,楚国又回到了原来的样子。

从起点回到了起点,毫无疑问,这是一次失败的变法。

第 九 章

总结

李悝和吴起,子夏的两个得意门生,主持了两场变法。其结果是一个成功,一个失败,甚至连命也搭了进去。从结果上来看,当然是李悝更加高明。

在同样的历史时期,为什么几乎同样的变法却有完全不同的结果呢?

有大环境的原因,也有变法者本身的原因。

下面,就来看看吴起变法的经验和教训。当然,主要是教训。

十七

楚国与魏国不同,楚国并没有变法的刚性需求。

从内部来说,楚国地大人少,没有经过大的内乱,因此国内治安并不差,百姓的生活也还不错。所以,人们对于变法并没有期待。

对外来说,楚国尽管在军力上不如三晋,但是并没有到亡国的程度,所丧失的土地原本也不属于自己,要守住自己的国土并不困难。何况,当时北方诸国之间连年征战,根本没有威胁到楚国。从这个角度来说,楚国的卿大夫阶层对于变法也没有兴趣。

实际上,对变法有所期待的几乎就是楚悼王一人而已。从始至终,支持吴起变法的也不过是楚悼王而已。

既然治安没有问题,那么引进《法经》就显得很无聊,漫无目的。

当然,取消贵族三代以上的爵禄对于国家来说是有好处,但要明白的是,这样的做法打击面太大,导致整个贵族阶层的反对,其产生的副作用很可能抵消掉其积极作用。

至于精简机构,裁撤冗官,看上去都是积极的举动,但是与以上的变法相结合,恐怕又会产生巨大的负面作用。

所以,吴起变法费力不少,作用有限。

实际上,如果说魏国是病急用猛药的话,楚国根本就没有急病,顶多患有慢性病。慢性病,自然应该慢性治疗,逐渐调理。

魏国变法,李悝都是直击要害,循序渐进。然而,楚国基本上没有什么致命的要害,要想短期内获得巨大成功本身就是不现实的。

操之过急是吴起变法的一大问题。

因为根本不存在社会治安问题,《法经》的引入是欠缺考虑的。

楚国确实存在一盘散沙的问题,取消爵禄精简机构的强国方向是对的,但是动作过大了。

吴起的军事才能毫无疑问,但是政治才能值得质疑。

首先,他没有弄清楚治理国家首先是治理人。作为一个外来户,仅仅依靠楚王的力量是不够的,他还需要培植自己的力量,这样才能长久下去。

如何培养自己的力量呢?那就是有打有拉,譬如贵族领袖庄臣和屈宜臼,拉拢住他们,就能在很大程度上减轻自己的压力。可是,吴起忽略了这一点。

其次,他没有明白变法是需要节奏的。不错,楚国没有变法的刚性需求,但是刚性需求也是可以创造的,譬如通过事件或者宣传。当刚性需求被创造出来,就是变法出台的时机。

再次,他忽略了对于民意的利用。吴起变法,既缺少刚性需求,也缺乏民意基础。吴起变法似乎并没有给百姓带来实惠,这让百姓的参与热情不高。吴起如果能够把百姓的利益捆绑进来,就等于有了有力的同盟军。同时如果利用宣传工具树立贵族中的坏典型,引导百姓对贵族的仇恨或者抱怨,则吴起的变法一定会得到百姓的支持。

孤军作战,是吴起最致命的问题。

性格的因素也是吴起的一大教训,换句话说,吴起的情商值得商榷。

吴起是一个固执到有些偏执的人,同时非常恃才傲物。

因此,他缺少朋友,不仅在楚国,在魏国的时候也是如此。

对于权力、对于成功,吴起有一种不懈的追求。有追求当然很好,但是太露骨了就有问题。

魏文侯、魏武侯为什么不肯进一步重用他?因为吴起锋芒太露,令人难以放心。

吴起这样的性格,也让他失去了柔性和耐心。他太担心自己的失败,因此难免急于求成,勉为其难,进而失去节奏。

十八

当然,吴起也有他的成功之处,吴起变法也有可以借鉴的地方。

他是一个坚忍不拔的人,不管是出于什么样的动力,吴起研究兵法并且颇有成就,成为与孙武齐名的伟大的军事家,绝不是偶然的。

他是一个有追求的人,从齐国到鲁国,从魏国到楚国,可以说是步步登高,这与他的努力和敬业是分不开的。

但是,不管怎么说,吴起的主要才能都显示在了军事方面。从军事理论到军队训练,再到军事管理、临战指挥,吴起有一整套的理论和高超的操作手法,他所训练的"魏武卒"是当时超一流的军队。

吴起在楚国的变法当然也不是一无是处。

尽管我们说楚国并没有变法的刚性需求,但是如果说为了强国这个目的,吴起的变法是正确的。吴起的变法扎扎实实地强化了楚国的中央政权,某种程度上改变了楚国一盘散沙的状态,这为此后楚国依然有实力对抗其他强国打下了基础。可以说,如果没有吴起在楚国的变法,楚国可能会成为一个大号的鲁国或者大号的宋国,也就是说,国家虽然大,但是没有凝聚力,中央没有号召力,对抗外敌的时候缺乏力量。

吴起变法给了我们一些启示。

当社会主要矛盾激化的时候,变法就是势在必行,不变不行;当社会主要矛盾缓和的时候,变法是要慎重的,或许改良是更好的办法。

要撬动既得利益阶层,需要勇气,更需要智慧,因为他们的力量是巨大的。单单依靠变法者的力量是远远不够的,其最终结果很可能是变法者成为变法的牺牲品,就如吴起一样。变法者所能依靠的除了最高统治者,还需要全民的支持。也就是说,变法需要民意支持,否则,凶多吉少。

第三季

商鞅变法

秦国，一个很悲催的国家。当年西周东迁的时候，有权有势的卿大夫和诸侯们都跟着周平王去了东面，只剩下穷屌丝秦国无依无靠，孤零零地留了下来自生自灭。

当一个人只能靠自己的时候，他往往就能激发出超乎想象的能量。对于一个国家来说也是如此。秦国顽强地与各路戎狄展开了生死较量，结果是秦国人将戎狄们各个击破，最终统一了西部，成为一个强大的国家。与东边窝里斗的诸侯们相比，秦国成功地屏障了西部戎狄对中原的侵扰，这绝对应该提出表扬。

更应该受到表扬的是秦国人对中原先进文化的不懈追求，从春秋时期秦穆公开始，秦国就开始与东边的国家展开交流，当然主要的对象是邻国晋国。然而不幸的是，中原人远比戎狄要狡猾得多，秦国除了心灵和身体一再受伤，几乎什么也没有得到。

到了战国，晋国被肢解为三晋。即使这样，魏国依然欺负秦国，依然横亘在秦国与中原诸侯之间。

然而，越是得不到，越是想得到。越是不明了，越是想知道。

有的时候你不得不相信世道轮回，被晋国欺负了一个春秋的秦国，终于在战国得到了讨回公道的机会。而这，要感谢一个人——公孙鞅。

第 一 章

近邻就是仇人

三家分晋以后的很长一段时间,韩魏赵三家保持着联盟的关系。一来是抱团取暖,二来是出于晋国人的傲慢。

到魏文侯时期,依然坚持着三晋联盟的原则。但是到了魏武侯时期,三晋之间的利益冲突格局逐渐明朗,强大的魏国处处以盟主自居,而赵国和韩国则十分担心魏国对自己构成威胁。因此,三家之间开始尔虞我诈,阳奉阴违。

魏国与韩国和赵国都接壤,俗话说:邻居迟早变仇敌。

魏国与韩国都紧邻着郑国,两国都有吞并郑国的想法。同样,魏国和赵国都挨着卫国,两国也都有吞并卫国的想法。此外,赵国对于魏国吞并中山国一直都感觉很别扭,暗中盘算着搞搞破坏,把魏国人赶回南边去。

以魏国的实力,要拿下郑国和卫国并不困难,为什么不动手呢? 这要从几个方面来分析了。

首先是地缘问题。魏国本来已经与秦国、赵国、韩国三个大国相邻,而自己的地盘又是狭长地带,一旦三面受攻,绝对首尾不能兼顾。如果再拿下卫国和郑国,则将与楚国和齐国直接相邻,同时与五大国相邻,这怎么受得了?

其次是心理问题。魏国实力最强,以霸主自命,以晋国的正宗继任者自命。卫国和郑国实力不济,因此主动投怀送抱,朝拜进贡。在这种情况下,魏国还能灭了人家?

再次是策略问题。什么是霸主? 孤独一人拥有所有,那不是霸主。霸主需要的是一呼百应,有一帮兄弟们鞍前马后唱赞歌。魏国搞过几次聚会,除了韩赵之外,还有一帮小国来抬轿子。若是把小国都灭了,今后场面上还有什么? 所以,留着几个马仔是件很快乐的事情。

但是,对于赵国和韩国来说就完全不同,卫国和郑国都是魏国的马仔,看

着就讨厌。关键的是，分明在自己的嘴边却不敢啃，十分窝火。所以，两家都在暗中筹谋，想要吃掉卫国和郑国。

这一点，就像一个贵妇人和两个流浪汉在路上遇到一条贵宾犬，贵妇人想的是收养这条狗，以后牵出去很有面子很有款，而流浪汉想的是把狗牵到没人的地方宰了吃肉。

一

魏武侯二十一年，魏武侯决定攻打楚国鲁阳，以便扩大自己在东面的地盘。只不过这一次魏国没有邀请韩国和赵国助拳，完全靠自己。

楚国也并非软蛋一个，双方在鲁阳形成僵持局面，魏国尽管占据上风，可是攻难守易，一时也无法拿下鲁阳。

就在这个时候，韩国国君韩哀侯看到了机会。

在一个只有半个月亮的晚上，韩国人悄悄地出了虎牢关，发动了战国以来的第一场闪电袭击。郑国人原本以为有魏国罩着，韩国人就算吃了狗胆也不敢动自己，因此完全没有设防。

结果，一个晚上，韩国占领了郑国首都荥阳，俘虏了郑国国君及其所有的老婆。

之后，韩哀侯派出使者前往魏楚战场前线，向魏武侯通报了韩国灭掉郑国的事情。当然，韩国使者没傻到要说"我们趁您老人家不在家，把您的马仔给灭了"。韩国使者是这么说的：韩国国君及韩国人民支持魏国为了保卫国家所进行的正义斗争，并预祝魏国取得胜利。可恨的是，郑国人在关键时刻两面三刀阳奉阴违，暗中勾结楚国人，妄图对魏国不利。我韩国得知后采取了果断的行动，一举歼灭了郑国叛徒集团，粉碎了他们的阴谋。为了防止一小撮郑国叛徒兴风作浪，我国特决定将国都从翟阳迁至荥阳。作为魏国的坚定盟友，我们将全力协助魏国，防止楚国从魏国身后包抄魏国。最后，再次预祝魏国获得全面胜利。

明明是偷袭了郑国，还恶人先告状，可现在是死无对质。此外，韩国使者最后的一段话意思很明白：要是魏国敢干我们，我们就和楚国联合，前后夹击你们。

听完韩国使者的一番话，魏武侯气得差点跳起来。可是此时此刻，又真不能和韩国翻脸。

就这样，魏武侯只好吞了这只苍蝇。

好在，魏国最终战胜了楚国，拿下了鲁阳，算是得到一点心理补偿。但是从此之后，魏国和韩国之间的关系接近破裂，互不往来。

赵国眼看着韩国吞并了郑国，也坐不住了。第二年攻打卫国，占领了卫国部分领土。这一次，魏武侯终于忍无可忍了，如果再沉默，如果再不出手，谁还将他放在眼里？于是，魏军出动攻打赵国，自然是实力更强的魏国获胜，将被赵国夺取的土地抢回来还给了卫国。

至此，魏国与赵国公开翻脸。

三晋联盟解体了。

历史已经证明、一再证明、正在证明并且还将证明，任何邻国之间，除非实力相差悬殊，否则必将成为仇敌。

俗话说：远亲不如近邻，近邻就是仇人。

魏武侯在位二十六年薨了，死于脑溢血。

因为死得突然，魏武侯忘了做一件事，一件非常重要的事，那就是立太子。

按着规矩，魏武侯早就应该立太子，而太子就应该是嫡长子魏罃。然而在当时的国际形势下，魏武侯认为立长不如立贤，哪个儿子更贤能就立谁，这样才能保证这个国家能够立足下去。在这一点上，魏武侯与他的父亲魏文侯是一脉相承的。所以，魏武侯一直在考察大儿子魏罃和二儿子魏缓，一直没有确立谁做太子。

魏武侯以为自己的做法很好，可是对于卿大夫们来说却是另外一回事。俗话说：干革命要跟对人。太子没有确定，让卿大夫们跟谁？所以，大家只好赌，有的站在魏罃这一队，有的站在魏缓这一队。倒不是谁更贤能就跟谁，而是谁更有可能当太子就跟谁。于是，想不拉帮结派都没有可能。

再说魏罃和魏缓两兄弟，就算他们之间没有争夺宝座的想法，可是扛不住那么多追随者的忽悠挑拨和不停的励志教育，最终兄弟两个还是反目成仇，要为争夺宝座而骨肉相残。

当时，国相公叔痤站在魏罃这一队，魏武侯最宠信的大臣王错站在魏缓这一队。从这个角度说，似乎魏罃贤能一些，但是魏武侯更喜欢魏缓一些。

魏武侯薨了，两兄弟之间的血腥竞争直接就摆到了台面上。

因为有公叔痤的支持，魏罃首先动手。魏缓依赖的王错不过是魏武侯的宠臣，讨好主子一套一套，动手能力不行。所以眼看着魏罃占了先手，怎么办？

"去他娘的，跑吧。"王错先跑了，跑也不会跑，跑到韩国去了。

魏缓一看大事不妙，也只能跑了，他聪明一点，跑到了实力略强的赵国。这样，魏罃继位，就是魏惠侯。

二

俗话说：不怕没好事，就怕没好人。

公孙颀是宋国人，目前在赵国北漂，一直没什么机会混进上层社会。听说魏缓来赵国避难，知道自己的机会来了。

于是，公孙颀托人求见赵国国君赵成侯。

"主公，机会来了，还在睡大觉啊？"公孙颀见到赵成侯，兜头就这么一句。

"睡大觉？没有啊，我早就起来了。"赵成侯觉得挺奇怪，自己分明没有睡大觉啊。

"咳，我就是这么个意思。机会来了，如果不抓住，不就等于睡大觉？"公孙颀要的就是这个效果，要让赵成侯打起精神来。

"什么机会？"果然，一惊一乍之下，赵成侯来了精神。

"魏缓啊。"

"魏缓，魏缓是谁？"赵成侯有些迟钝，一时没有想起来。

"咳，魏武侯的二儿子啊，现在在赵国避难呢。"

"哦。"赵成侯算是有点印象。

"这是咱们削弱魏国的好机会啊，魏罃虽然已经继位，可是魏缓在魏国还有不小的势力和不少追随者。我们何不趁着这个机会，联合韩国一起讨伐魏国。对外就声称魏缓才是魏武侯确立的太子，魏罃不过是个篡位者。"

赵成侯一听，这果然是个好主意，这样就等于赵国韩国联合魏缓对付魏罃，取胜的把握还是比较大。

于是，赵成侯派公孙颀前往韩国，说动韩国一同行动。

果然，韩懿侯也正想要削弱魏国，被公孙颀一通忽悠，毫不犹豫地答应和赵国联手的建议。

于是，赵韩联军，再加上魏国国内的魏缓余党做内应当魏奸，一同讨伐魏国。

匆忙之间，魏罃和公叔痤领军在上党迎战韩赵联军。结果惨败，死守上党，韩赵联军则将上党围了个水泄不通。

魏罃和公叔痤一筹莫展，不要说此时无法突围去向其他国家求救，就算能够求救,哪个国家会来救自己?秦国?齐国?还是楚国?到了这个时候,才后悔得罪太多人了。

上党不是晋阳,要守,是守不了多长时间的。怎么办?还真没办法。

可是就在这个时候,有人打起了小算盘,谁?赵成侯和韩懿侯。要说打小算盘也没什么大不了,麻烦的是,这小算盘是各打各的。

论实力,韩国是最弱的。因此,韩国既担心魏国太强,也担心赵国太强,最好是大家都弱一点。所以韩国的想法是干脆把魏国一分为二,魏罃和魏缓各占一半,这样大家就都弱了。赵国的想法不一样,因为魏缓在他们手中,他们的意思是干掉魏罃,然后立魏缓为魏王,先让魏缓割一部分土地给赵国,然后慢慢吞并整个魏国。

小算盘打完,韩懿侯就直接去找赵成侯了。

"那什么,打虎不要打着,赶人不要赶上。我看,差不多了,干脆让魏罃和魏缓平分了魏国,这样,他们的实力削弱了,我们的日子就好过了。"韩懿侯开门见山,说了自己的想法。

"我靠,那我吃饱了撑的来打魏国?"赵成侯一听就不高兴了,出了半天力,自己什么好处没捞到,"不行,我就要干掉魏罃,扶持魏缓,让他割地给我们。"

两人为此争执起来,结果自然是谁也不能说服谁。

韩懿侯回到自家大营,闷闷不乐,越想越觉得自己是在给赵国人当炮灰,想到后半夜,一拍大腿:"干他娘,老子撤了,让他玩去。"

到第二天早上,赵国人发现韩国人已经走了。

"韩国人跑了?"

"韩国人跑了!"

赵军大营炸了营一般,因为谁也不知道韩国人为什么突然跑了。

"韩国人撤了?"

"韩国人撤了!"

城里,魏国人也炸了营,没有韩国人,魏国人对赵国人还是信心十足的。

现在,赵成侯有点傻眼,也跟着韩国人撤吧,太没面子,实在太没面子。自己跟魏国硬扛吧,还真心里没底。

"打狗日的赵国人。"魏国人不用动员,杀出了上党。

原本就犹疑的赵国人根本无心迎战,纷纷溃逃。

魏缓阵亡,好在,赵成侯逃回了赵国。

魏罃,现在可以正式称为魏惠侯了。

魏国随后展开了对赵国和韩国的报复,分别击败两国。但是,报复的快感只有一时,后果却很严重。

魏国与韩赵两国成为仇敌之后,秦国、齐国、楚国都看到了向魏国复仇的机会。于是,魏国终于陷入了当年魏文侯所最担心的境况:四面都是敌人。

从魏惠侯登基到魏惠侯六年,魏国与周边的韩国、赵国、秦国、齐国、楚国之间战事不断,疲于奔命。而战争的结果也不再是魏军所向披靡,而是互有胜负。

且看《史记·魏世家》的记载:"魏惠侯二年,魏败韩于马陵,败赵于怀。三年,齐败我观。五年,与韩会宅阳。城武堵。为秦所败。"

这算是不完全记载了,基本上,魏国没有清闲的时候,四面八方的敌人轮流过招。

终于,有人受不了了?谁,国相公叔痤。老爷子六十多了,身板还算硬朗,可是整天操不完的心,动不动还要率军出征,真是劳心劳力。

"主公,我提个建议吧。"公叔痤思考了很久,觉得应该提出来了。

"您请讲。"魏惠侯很尊重公叔痤。

"你看,咱们魏国是个狭长的国家,常常是首尾不能相顾。因此,定都在哪里就很有讲究。如今,我们定都在安邑,靠近蛮夷的秦国却远离中原腹心。秦国这样的国家偏僻荒蛮,战胜了它却很难占领它,占领了它也很难保有它。所以,不如迁都到中原,而筑长城隔绝秦国。"公叔痤的意思就是迁都,把重心放在东边。

"好主意。"

于是,魏国迁都大梁,也就是后来的开封。

大梁本是郑国的地盘,被楚国夺走,再被魏国夺走。

现在,魏国和韩国都将首都迁到了原先郑国的土地。

第 二 章

公孙鞅

长期以来,魏国人就面临一个难题:地域狭长,首尾不能相顾,该把重心放在哪个方向?

一开始,魏国人是把重心放在西面的,这才有了李悝和吴起先后主政西河。这个时候,魏国的国都在安邑,并且晋国的中心在新绛。为了周边的安全,魏国只能向西拓展。

但是,秦国与魏相邻的地方很难让魏国感兴趣,那里不仅是一片黄土,而且百姓愚昧文化落后,魏国人甚至都不知道抢下这块地盘是财富还是累赘。相比较,东方的齐国、楚国、卫国等都是繁荣发达的所在,咬一口满嘴流油的猎物。

所以,到了魏武侯的时代,魏国人的重心就已经逐步东移,对秦国失去了兴趣甚至防备。魏国坚持要拿下大梁及其周边地区,实际上早就做了迁都的准备。

不仅魏国东迁,韩国也东迁,北方的赵国同样从晋阳迁都邯郸,三晋的眼中都盯着富庶繁荣的中原。并且,三个国家进行了一些领土交换,以便自己的国家更整齐。

在三晋眼中,中原就是一块大肥肉。

但是他们没有想到,在秦国眼里,三晋也是块大肥肉。

西北狼就是这样:你不打他,他依然要咬你;你把屁股对准了他,他一定会咬你的屁股。

谁也不能断言魏国人的东迁是错误的战略转移,但是,这客观上为秦国人的东进创造了条件。

三

魏惠侯九年的时候,相国公叔痤病危了。

魏惠侯亲自登门看望,并且向他咨询继任人的问题。

"恕我直言,相国您万一鞠躬尽瘁了,这相国的职位,您认为谁比较适合?"魏惠侯问。他倒是非常尊重公叔痤。

公叔痤想了想,干咳了两声。

"主公,也恕我直言,这满朝文武,真没一个行的,谁行呢? 我这里有一个中庶子,名叫公孙鞅,卫国人,这小子行。主公要是信我的,可以把国家交给他打理,他比我行。"公叔痤推荐了公孙鞅,那么中庶子是个什么东东?

干儿子? 错。

私生子? 错。

中庶子就是跟班,要是黑社会老大的中庶子,那就是马仔。

魏惠侯一听,什么? 你说我的大臣们都是白菜,你一个跟班就比大家强?

"老痤啊,你一向大公无私,怎么最后晚节不保,夹带私货呢? 你是卫国人,这公孙鞅又是卫国人,难不成是你的私生子?"魏惠侯这么想,可是没有这么说。尽管没有这么说,表情上还是这样的表情。

公叔痤看在眼里,知道魏惠侯对公孙鞅并没有多大兴趣。想想也是,平时不推荐,到了这个时候才推荐,什么意思?

所以,公叔痤挤出一点笑来,尴尬的笑。

"对了,主公,你要是不想用他,那么,要么杀了他,要么囚禁他,不能让他离开魏国。"公叔痤又提出一个建议来。

"啊,相国,我看你的身体好得很,你一定能好起来的。啊,那什么,我要回去接孩子了。"魏惠侯支吾敷衍了几句,走了。

一出门,魏惠侯就对随从们感慨:"唉,相国看来真是病得不轻啊,一开始要我重用一个人,然后又建议我杀了这个人,这,这不是老年痴呆加神经病吗?"

一路感慨着,魏惠侯走了。

公叔痤闭上了眼睛。他不是永远地闭上了眼睛,而是太累,他需要闭上眼睛思考,以及回忆。不论是思考还是回忆,都是有关公孙鞅的。

公孙鞅是卫国的公族,看名字就知道是某任国君的孙子。如果放在三百年前,那就算是生在金银窝了。可是现在不行了,卫国的地盘已经很小了,公子公孙们却有太多。国君在外国人面前都要装孙子了,国君的孙子基本上也不值几文钱了。

所以,公孙鞅这个公孙当得很没劲,都不好意思说自己是公孙。不过,公孙鞅很喜欢学习,因此拜了子夏的学生尸佼为师,说起来,公孙鞅还是李悝、吴起、公叔痤的师侄。尸佼是个著名的杂家,什么都教,公孙鞅就什么都学。不过,他最感兴趣的还是刑名法术之学,最佩服的就是师伯李悝和吴起,很用心地学习他们的事迹和理论。

看看学得差不多了,公孙鞅决定要发挥一下自己的学问。可是,在卫国没有机会,怎么办?他决定前往魏国投奔师叔公叔痤。论起辈分来,公叔痤还是他本家叔叔。

就这样,公孙鞅来到了魏国,投奔了公叔痤。

"叔,我给你带烧饼来了。"这是公孙鞅第一次见公叔痤说的第一句话。

"你是我侄子?"公叔痤有点错愕,没见过这个侄子啊。

于是,公孙鞅介绍了自己的身世,证明自己真是公叔痤的侄子。

公叔痤现在相信无论从哪个方面来说,眼前这个年轻人都能算是自己的侄子。不过,他的错愕随着公孙鞅的自我介绍而越来越大,因为从公孙鞅的眼神中和表情中,他分明看到的是第二个吴起。

公孙鞅的眼中,带着一种常人所没有的对于成功的渴望,带有一种强烈的自负或者自信。除此之外,他的眼中还带着某种怨恨以及为了成功不顾一切不惜代价的决绝。

"你,为什么来投奔我?"公叔痤一字一顿地问。

"我不愿意像他们一样浑浑噩噩地过一辈子,不愿意像他们一样提心吊胆地过一辈子。我要像叔一样,用自己的能力开创自己的一片天地。"公孙鞅坚定地回答,并且在提到"自己的能力"时加重了语气。

"吴起。"公叔痤自言自语,公孙鞅就是第二个吴起。

"叔,你说什么?"公孙鞅没听清楚,问道。

公叔痤没有立即回答他,过了片刻才说:"啊,这样吧,既然你是我的侄子,那就住下来,之后怎样,咱们慢慢来。不过,以后你还是别叫我叔,叫相国好了。"

公孙鞅看上去似乎略略有些失望,因为公叔痤并没有答应他什么。不过反过来说,至少公叔痤答应收留他,这已经可以满足了。

于是,公孙鞅住了下来。

公叔痤给了公孙鞅一个职位:中庶子。理解为助理也好,理解为跟班

也好。

公孙鞅这个跟班与其他的跟班大不一样,其他的跟班把主要精力都用在如何服务公叔痤上了,甚至有些人专门拍马屁。而公孙鞅不一样,他的主要精力用在了研究《法经》上,并且对吴起在楚国颁布的法令非常感兴趣。

公叔痤暗中关注着每一个跟班,有的具有大夫的潜能,他会找机会推荐给国君;有的仅仅只有做家臣的能力,那么就给他们一个合适的位置;有的根本就不适合出来混,就劝他回家种地或者经商。

基本上,有个两三年,一个跟班的前途确定了,也就纷纷离开或者转岗了。可是,公孙鞅当了三年跟班,依然是个跟班。

难道是公叔痤不喜欢公孙鞅?不是,公孙鞅非常聪明,公叔痤平时就很喜欢和他聊天,吩咐他做的事情也都一定做得很好。那么,是公叔痤不信任公孙鞅的能力?更不是,公叔痤常常找公孙鞅讨论国家大事,有的时候甚至是向他请教,并且发现他往往比自己高明。

那么,为什么三年过去,公孙鞅还只是个跟班?

公叔痤有顾虑。

公孙鞅不是不聪明,而是太聪明;公孙鞅不是没能力,而是太有能力。

那么,公叔痤很害怕公孙鞅抢了自己的位置?不是,公叔痤不是个恋权的人,他很希望有人超过自己。

那么,公叔痤的顾虑在哪里呢?

在公叔痤的印象中,尽管师父子夏并不泥古,强调切问而近思,可是对于周礼还是相当敬畏。而师兄李悝尽管在魏国变法,依然强调周礼的作用。即便是吴起主张激进的变法,也不敢否定周礼。

然而,公孙鞅对于周礼所持的是一种蔑视的态度,这让公叔痤感到有些惊恐。他不知道,如果一个国家失去了周礼,和蛮夷国家还有什么区别?

在犹疑之中,公叔痤三年之中没有举荐公孙鞅,也没有赶他走。直到自己的身体眼看不行,这才向魏惠侯举荐,不过这种举荐并不坚决,魏惠侯稍有质疑,就立即收了回来。

四

公叔痤的病没有能够熬过冬天。

公叔痤一死,门客们就只能作鸟兽散了。

参加完公叔痤的葬礼，公叔痤的门客们纷纷离去。

公孙鞅走在大梁的街头，天上下着小雨，他全不在意。

"苍天啊，大地啊，为什么这样对我？"公孙鞅仰天长叹，他曾经以为凭借自己的才能，一定能够在魏国谋个一席之地。可是，如今竟然要流落街头，不知道明天的早餐在哪里。

该去哪里？

回家？公孙鞅是绝对不会回家的，他丢不起那个人，他不愿意让那些他瞧不起的人瞧不起他。

那么去哪里？如果连魏国都找不到自己的位置，还有哪里能？

公孙鞅信步走进了一个酒肆，他要在这里灌醉自己，麻痹自己。

酒肆里人很多，公孙鞅选了角落里的一个座位坐下，要了酒，开始喝起来。可是刚刚一碗酒下肚，就听到邻桌的人在大声说什么，公孙鞅禁不住听起来。

"兄弟，去秦国不？"甲说。

"去秦国干什么？"乙说。

"我听说秦国开始向天下招贤呢，有机会啊。"甲说。

"招贤？招什么贤？"

"秦国国君说了，自从秦穆公以来，晋国和魏国连番欺压他们，把他们河西的地方都给占了，如果谁能够有强国的办法，帮助秦国强大起来，夺回西河，洗雪耻辱，就能高官厚禄，甚至封赏大片土地。怎么样？去不？"甲说。

"秦国人是野蛮人，说话不会算数的。"

"怎么不算数？我听说，一个叫作景监的从魏国去的人，现在就大受重用，混得风生水起，十分受秦国国君的信任，还娶了十个老婆呢。"甲说。

"哈哈哈哈……"乙笑了。

后面的话公孙鞅都没有听进去，因为他已经起身走了。

景姓是楚国的名门大姓，出于楚平王庶长子子西。因为子西有恢复楚国的功劳（详见《说春秋之五·吴越兴亡》），后代颇受优待。

原本，景家后人在楚国呼风唤雨，活得十分自在。可是自从吴起来到之后，好日子算是到头了。作为既得利益阶层的代表性家族，景家受到的打击也最大，多数人的爵位被取消。

景监的父亲平时就走马斗狗好吃懒做，虽然靠着祖上的福荫吃香喝辣，

可是不懂得理财,家里也没有什么积蓄。到爵位被取消之后,家里立即就紧张起来。由于公开对抗吴起的变法,家产又被查封。于是,景监的父亲在楚国无法立足,只得逃往魏国谋生。

景监随父亲来到魏国的时候还是个小孩,好容易长大了,靠着熟人介绍,成为公叔痤的门客。

公孙鞅在公叔痤这里认识了景监,不过两人也就是点头之交,因为公孙鞅根本瞧不起他,认为他狗屁本事没有,就知道吃喝玩乐胡乱忽悠。

景监很快在公叔痤这里混不下去,公叔痤看他根本不是做大夫的材料,打发他回家了。没办法,景监买了一条狗,开始在街头斗狗,结果主人怂包,狗也不争气,屡战屡败,狗屁股被咬没了。景监的屁股大了——一屁股的债。实在还不上债来,怎么办?跑啊。

于是,景监就跑到秦国来了,可怜那条狗被炖成了狗肉煲,这是后话。

为什么景监跑去秦国呢?因为这是个荒蛮国家,债主不至于追来。

景监跑到秦国的事情,公孙鞅也听说过,当时还想这个蠢怂到了秦国也是喂狼的料。后来也有人说景监在秦国混得不错,公孙鞅怎么也不相信。

如今又听到有人说景监在秦国混出名堂来了,公孙鞅相信了。

公孙鞅决定去秦国,一刻也不耽误。

之所以去秦国,一来是相信自己比景监强,应该能混出来;二来是有景监在那里,老乡见老乡,怎么也能帮个忙。

至于秦国的荒蛮,公孙鞅倒不在意。

"荒蛮怎么了?荒蛮才好忽悠呢。"公孙鞅这样对自己说。

第 三 章

无效的忽悠

公孙鞅来到了秦国,到了秦国首都栎阳,发现这里远远没有大梁那样繁华。

"我是魏国来的。"有人问公孙鞅是从哪里来,公孙鞅这样回答。

"奶奶个怂的。"问的人就会这样来一句,然后几乎用仇恨的眼光瞪着公孙鞅。

如果是在餐馆里说自己是魏国来的,基本上,这顿饭是吃不好的,要么被直接赶出来,要么给的量少很多,公孙鞅甚至怀疑店家在饭里吐了口水。

公孙鞅不是傻瓜,他很快就明白秦国人为什么这样仇恨魏国人,就像卫国人仇恨赵国人一样。世代遭受欺压,能不仇恨吗?

于是,再有人问起自己从哪里来,公孙鞅就这么说:"卫国啊,不是东边那个魏国,是保卫的卫那个卫国。"

"还有这么个国家?奶奶个怂的。"问的人就不会用仇恨的眼光看他,只是好奇还有个卫国。

"请问,景监大夫的家住在哪里?"公孙鞅逢人就问,终于,三天之后,找到了地方。

五

人要倒霉,放个屁扭了腰。人要时来运转,扭个腰都能流行大半年。

一年前景监来到了咸阳,身无分文举目无亲,眼看就要睡桥洞吃剩饭,最后落得与自己的狗同样的下场,谁知道恰好这个时候秦孝公发布命令全球招贤,尤其欢迎来自东方的人才。于是,景监直接去应聘,号称自己就是因为热爱秦国才从魏国来,就是要为秦国的崛起而添砖加瓦奋斗终生。

景监长期在街头混,嘴皮子十分利索,因此当即被当成来自东方的大号

人才推介给了秦孝公。景监万万没想到自己时来运转了,竟然能够见到秦国的国家元首了。

俗话说:外来的和尚好念经。当然,那年头还没有和尚。

不管怎样,秦孝公非常重视景监这个外国人才,他认为这至少证明自己的魅力还能够吸引到"歪果仁"。

秦孝公和景监面谈的结果是非常满意,景监声称自己原本在魏国混得很好,甚至魏国国君也准备任命他为大夫,可是他就是看不惯魏国人这么多年来欺压秦国人,所以毅然决然拒绝了魏惠侯的挽留,义无反顾地来到了秦国。

"魏国人治理国家的那一套我全都明白,我有信心有能力让秦国繁荣昌盛起来。"景监一通忽悠,懂的不懂的似懂非懂的凡此种种都是张口就来,秦孝公听得眼冒金星心花怒放。

"哎呀俺的老娘啊,你就是俺传说中的管仲吧?"秦孝公什么时候见过这样的大号人才? 当即决定任命景监为大夫。

就这样,景监在秦国当上了大夫,十分受秦孝公的宠信。

转眼一年过去,尽管景监没能改变秦国,可是因为情商超众,跟秦孝公身边的人都建立了良好关系,所以秦孝公依然十分信任他,有事没事请他吃饭。

公孙鞅找到了景监的家,高门大户,门口一对狮子,石头的。一条大狗,活的。狗的绳子牵着两个士兵,士兵的眼睛比狗瞪得还大。

"你干什么的?"两个士兵问,眼光带着警惕。

"那什么,找景监大夫。"公孙鞅小心翼翼地回答,尽管在心里骂这两个士兵还不如这条狗。

"有预约吗?"

"预约?"公孙鞅心说见这个小流氓竟然还要预约了,真他妈见了鬼了。"没有。"

"那改天来吧。"

"我操……"公孙鞅脱口而出,不过只说出来一个字,后面的被咽了下去,改成了:"我从魏国来,是他的老朋友了,麻烦通报下。"

"别开玩笑了,景监大夫说他在魏国没有朋友。"

公孙鞅哭笑不得。是的,他知道在公叔痤的门下,有两个人是没有朋友的,一个是以坑蒙拐骗著称的景监,一个是以睚眦必报著称的公孙鞅。

"那,那就说没有朋友的公孙鞅来找没有朋友的景监行不?"公孙鞅说,抱着最后的一点希望。

"你是公孙鞅？你等等，我给你通报去。"士兵们眼前一亮，其中一个进去通报了。

为什么？公孙鞅瞠目结舌。难道，两个没有朋友的人天然就是朋友？

景监倒是挺欢迎公孙鞅，通常在街头混出来的人都是比较热情的。景监虽然是秦孝公面前的红人，可是心里很瞧不起秦国人，他认为秦国人土拉吧唧，不懂得生活还脾气死倔。他倒是希望有魏国的人来，至少能有些共同语言。

所以，尽管景监跟公孙鞅也就是点头之交，此时此刻，也想见见他，顺便炫耀自己的成就。

两人见面的时候都有些激动，好像是他乡遇故知的意思。其实，都是装的。

装了一阵之后，还是进入正题。

"鞅，你来秦国干什么？"景监问，其实猜也猜到了。

"监，我听说秦国广招人才，又听说你在这里，因此前来，想通过你在秦国谋个前途。"

"哈哈哈哈，哈哈哈哈……"景监笑了，他知道公孙鞅从前瞧不起他，所以这个时候他是不会帮忙的，"鞅啊，我知道你的才能比我高太多了，我要是推荐了你，到时候都是你的了，我怎么办？帮你？我傻啊？"

公孙鞅有些失望，不过令他感到欣慰的是，至少景监这个人还挺诚实，有话直说。要是遇上那种伪君子，还真不如遇上这样的真小人。

对付伪君子，公孙鞅没把握；可是对付真小人，公孙鞅倒觉得比较简单。因为小人所关心的无非就是自己的利益，把利益敞开来说清楚了，问题也就解决了。

"你以为你不傻吗？"公孙鞅反问，越是处于不利位置，就越是不能示弱，越是有求于对方，就越是做出瞧不起对方的架势。

果然，景监有些意料不到，顺口说出："我怎么傻？"

公孙鞅就等着景监问这句话，现在，谈判进展到了公孙鞅的节奏。

所以，一个好的谈判者，千万不要顺着对方的话去反问。

"你听说过管仲和鲍叔牙的故事没有？"公孙鞅问。

"什么故事？你说说？"

公孙鞅就把管仲和鲍叔牙当初为什么要分头辅佐公子纠和公子小白的故事说了一遍,然后说:"聪明人不能一个人干,要两个人干,这样才能够互相关照。不说别的,就说说你吧。你肚子里那点材料,别人不知道,我还不知道吗?时间久了,秦侯还看不出来吗?到时候你不受宠了,原先嫉妒你的人就该收拾你了,那时候,谁来帮你?"

景监想想,似乎也是这么回事。

"现在你还能忽悠秦侯,你不趁着现在赶紧向秦侯推荐个人,以后可就没机会了。再者,你不推荐人,人家其他人也会推荐人。到时候人家推荐的人上位了,人家还能感激你?相反,如果你推荐了我,秦侯重用了我,一来你有推荐贤才的功劳,二来今后有我和你互相关照,那不是终身受用无穷?这个道理,难道还要我跟你说吗?"公孙鞅见景监一步步上套,自己就一步步紧逼。

"是哦!"景监被公孙鞅说服了。

"监,怎么好像你的手下都知道我,难道你经常提到我?"公孙鞅有些得意,自然而然觉得景监应该很佩服自己,因此趁机来印证一下。

"哈哈哈哈,哈哈哈哈……"景监又大笑了起来,笑得前仰后合,最后忍住笑说,"我经常跟我的兄弟们说我在魏国就是个混混,人缘差到狗都不理我。可是我说还有一个人人缘比我还差,什么时候万一他来了,我一定让大家认识一下他。我说的就是你啊,哈哈哈哈……"

"哈哈哈哈……"公孙鞅也笑了。

从那天起,公孙鞅就住在景监家里,景监对他好吃好喝好招待,一边等待机会推荐他去见秦孝公。

公孙鞅忽悠住了景监,对他的手下完全不放在眼里,吆三喝四,当成自家的奴仆一样。

"狗日的,果然人缘很差。"景监满府上下都感受到了公孙鞅的人品,实在是太差,就连狗看见公孙鞅都不叫,不知道是讨厌他还是怕他。

六

十天之后,景监终于找到了机会,向秦孝公推荐了公孙鞅。自然,他把公孙鞅吹嘘得花儿一般,让秦孝公大感兴趣。

在一个乌云密布的日子里,公孙鞅兴奋而又紧张地来见秦孝公。

秦孝公对于公孙鞅的到来还是非常欢迎的,此前景监的一番忽悠还是颇见成效的。

"先生何以教我?"双方坐定之后,秦孝公以一句传统客套开头。通常,国君会见客人都会先来这么一句。

"我在魏国听说贤侯广招天下贤士,因此不远千里来到秦国,虽然我才能一般,也想要为您的宏图大志出一分力。"公孙鞅也是传统开场,假装谦虚一回,这是固定套路。

"那,你说,我听着。"秦孝公说。最近这几年外国忽悠客见多了,基本上也都是这样的开头。

"那,我就说了。"公孙鞅原本希望双方能有些互动,这样自己可以了解对方的真实想法,然后对症下药。如今这个"你说我听着"的模式下,只能自己发挥,看能不能挠上对方的痒痒肉了。

秦孝公点点头,没有说话。

公孙鞅理了理思路,目前这样的状况是实在没有想到的,那么,下一步可能是两种结果。第一种就是对方跟着自己的思路走,被自己带进玉米地里,然后对自己言听计从;第二种就是对方早有自己的想法,若是自己的说法不符合对方的预期,则会被轻松否决掉。

那么,秦孝公会是哪一种人呢?公孙鞅不清楚,也没有时间去思考了。怎么办?除了撞大运,没有别的办法。

怎样撞大运?公孙鞅决定采取迷宗大忽悠的方式,就是什么都往大里讲,往云里雾里去讲,有没有用没关系,关键是不犯错,给自己留下转圜的余地。

"贤侯,在下看您天庭饱满地阁方圆,凤眼剑眉,目光炯炯,浑然有帝皇之相,隐隐有经天纬地的志向。恕我直言,只要贤侯愿意,那就是三皇五帝重生,前途不可限量。"这一通马屁是纯粹的马屁,毫无遮掩直来直去。

秦孝公微微一笑,没有说话。

公孙鞅弄不懂这微微一笑的意思,既然开了头,也只能继续下去。

"那么,如何达成三皇五帝的事业呢?两个字:牺牲。"

秦孝公的眼中似乎有些疑惑,依然没有说话。

"什么是牺牲呢?就是把天下人的利益放在自己的前面,这样,天下人就会拥戴您,您就能一呼百应,足不出户而天下归心。譬如,神农尝百草,死过几回都不知道。再譬如大禹治水三过家门而不入,十三年不回家,再回家的时候,孩子都十一岁了……"公孙鞅滔滔不绝,几乎把整个上古历史都说了一遍。

说到后来，公孙鞅刹不住车，直到一旁的侍者打断他："先生，您小声点，别把主公吵醒了。"

"你推荐的是个什么怂人哪？一水的空话套话，满嘴跑火车，教我牺牲自己？还说什么大禹治水十三年不回家，回家的时候孩子都有一堆了，这不是胡说八道吗？这样的人能用吗？"秦孝公对景监非常不满，当面怒斥了他。

景监赔着笑脸，十分尴尬。

回到了家里，景监立即把公孙鞅给叫来了。

"你给我滚。"景监几乎要这样说，可是强行忍住了，他换了一种比较委婉的说法："老鞅啊，你都说了些什么乱七八糟的，主公很生气啊，把我都痛骂了一顿。算了，你在秦国是没什么好想的了。"

景监说完这话，就等着公孙鞅赔礼道歉，然后识相地灰溜溜滚蛋了。

公孙鞅知道自己应该滚蛋，可是就这样滚蛋实在不甘心，再要找这样的机会恐怕也很难。所以，就算厚着脸皮，就算被骂不要脸，也要坚持下去。

"不要气馁，不要气馁。"公孙鞅先来个反客为主，好像这事情不是自己对不起景监，而是景监对不起自己，"其实吧，我呢就是跟秦侯讲了成就帝业的道理，可是他吧，境界真没到那一步，不碍事，下次，我一定让他听得眼前一亮。"

"眼前一亮？这次主公差点都眼前一黑了。我看，你还是回老家去吧。"景监见公孙鞅不自觉，索性直接逐客了。

"你这你这是怎么回事呢？失败是成功他娘嘛，失败了怕什么？重新来就是了。什么事情是一蹴而就的？你多点耐心好不好？"公孙鞅厚着脸皮，半是央求半是说理，就是不肯走。

随后，公孙鞅说了大量的失败之后坚持不懈最终获得成功的例子。

"监啊，听过那首歌吗？不经历风雨，怎么见彩虹？没有人能随随便便成功。我这第一次对秦侯摸底，所以先试探一下他。说起来，这也不能怪我啊。你跟他这么长时间了，我问你他的目标是什么，你不是也说不上来吗？现在我就这么一次见面，至少我知道他对帝皇的事业没兴趣了，这不就是成功的一个方面吗？"公孙鞅唱一阵说一阵，根本不给景监思考的机会。

景监被说得有些心动，勉强答应让他留下来。

"那行吧，你觉得待着还有希望，那就待着吧。"

又过了十天,趁着秦孝公心情好,景监再次推荐公孙鞅,说是这小子上次准备得不充分,但是确实很有才,而且被主公您的风采折服得五体投地,说要是能为主公您效力,就是死也甘心了。

景监的一通忽悠都是顺口而来,说得秦孝公心里很舒服,心说闲着也是闲着,让他来吧。

于是,公孙鞅有了第二次机会。

这一天,阴有小雨。

这一次,公孙鞅决定不再说什么帝皇的志向了。是啊,什么世道了,谁还会当什么神农大禹啊?谁当谁被灭,谁当谁傻×。

所以,公孙鞅决定退而求其次,降低点标准。

"先生何以教我?"双方坐定之后,秦孝公还是这么一句。

"那什么,三皇五帝太久远了,没意思。今天,我想给贤侯讲讲怎样称王,就像当初的周文王周武王一样,建立不世的功业,让天下太平,百姓富裕。"公孙鞅偷眼看看秦孝公,发现秦孝公还是微笑。

这微笑是什么意思?公孙鞅还是搞不懂。不过既然开了头,也只好说下去了。

"那什么,要成就王业,最根本的是什么?就是以德治国,身先士卒,以身作则,要老百姓做到的,自己先做到,这样,不用下命令,老百姓就会按照正确的方向走下去,天下就会归心,诸侯都会归顺……"公孙鞅刹不住车,讲完文王讲武王。

"哈——"秦孝公打了个长长的呵欠,"先生回家接孩子去吧,我要吃饭了。"

"阿监,你这个朋友很差劲呐。"秦孝公再次对景监表示不满,不过语气上没有上一次强烈。

景监回到了家里,立即把公孙鞅给叫来了。

"你给我滚。"景监这次是真这么说的,他对公孙鞅已经没有什么耐心了。

"监,别这样行吗?我这次给秦侯讲的是王道,可是秦侯还是没兴趣。这没关系啊,下次我给他讲霸道行不?"公孙鞅赔着笑脸说。

"讲个屁道,再让你讲下去,秦侯都该让我滚蛋了。"景监这次算是下了决心。

"监,再给次机会嘛。就算是老朋友不远千里来看你,你还能赶老朋友走

291

吗？这要传出去，你多没面子？再者说了，前面输得越多，后面挣回来的越多。你是个赌博大师，难道不知道这一点？监，怎么说，你也不能让我露宿街头吧？"公孙鞅现在开始哀求景监，他的想法是，只要不把我赶出去，只要我还能住在他家，就还有机会让他帮自己约见秦孝公。

景监此时的火气已经消了不少，想了想，如果真的赶走了公孙鞅，传出去还真不是好名声，秦国人也会笑话他向秦孝公推荐了一个怂货。

"算了算了，看在故人的面子上，你住着吧。"景监松了口，反正无非就是多一个人吃饭，就当喂狗了。

公孙鞅千恩万谢，说些就知道阿监是个重感情的人等等废话，心里却在恨恨地想："阿监阿监，要是老子被秦侯重用了，让你从阿监变太监。"

就这样，公孙鞅继续住在景监的家里，每天千方百计向景监面前凑。而景监的家人和手下越发讨厌他，公开羞辱他。对这些，公孙鞅表面不在乎，都记在心中。

转眼过去一个多月，天气渐渐寒冷，公孙鞅还穿着薄衣，每天要靠搓手和跑步取暖，十分辛苦。

就在公孙鞅渐渐有些熬不住，想要打退堂鼓返回老家卫国的时候，机会来了。

这一天秦孝公待着实在无聊，听歌看跳舞泡妞都提不起精神来，突然想起公孙鞅来："别说，这小子还真能侃，叫他来侃着玩？"

秦孝公的意思，拿公孙鞅来打发下时间。

"监，你的朋友呢？叫他来聊聊。"秦孝公给景监下了命令。

景监不知道秦孝公什么意思，也不敢问，只是心中庆幸还好没把公孙鞅赶走。

"鞅，看在多年老朋友的份上，我这些天在主公面前拼命说你好话。现在，终于，主公说再给你一个次机会，这一次，如果再不行，就什么也别说了，我直接放狗赶人了。"景监把好人自己做了，然后发出警告。

"多谢多谢，监啊，你不是我的朋友，你简直就是我亲大爷啊，比我亲大爷还亲哪。我要是发达了，一定好好报答你。"公孙鞅喜出望外，忙不迭道谢，"那什么，要是这次还不行，不用你赶，我直接就去跳黄河了。"

第 四 章

辩论会

公孙鞅做了充分的准备,既然帝业和王业不是秦孝公感兴趣的,那么就只能用霸业来忽悠他了。如果秦孝公连霸业都不感兴趣,那只能说明他所谓求贤不过是叶公好龙,他就只配景监这样的人才了。

公孙鞅再次见到秦孝公,秦孝公竟然笑脸相迎,因为他看着这个大忽悠觉得挺有意思,找这么能忽悠的还真不容易。

"先生何以教我?"话还是那句老话,可是意味有些不同,前两次秦孝公这话说得比较严肃,是真准备倾听的。可是这一次的声调有些轻佻戏谑的意思,就是想看看这位大忽悠的表演。

公孙鞅自然发现了其中的变化,一开始有些失望,不过随后反而觉得这样能让自己放轻松些:你把我当小丑,我就把你当猴。

有了这样的心态,公孙鞅的表现就完全不同了。

七

"贤侯,这次,我想来说说怎样成就霸业。说到这里,咱们先来看看这个霸字怎样写。上面是个'雨',下面是一个'革'和一个'月',贤侯我问您,这一个人在下雨天躺在皮草垫子上,这事情还是每个月来一次的,这是什么事?"公孙鞅问,卖个关子。

"嗯?还躺在垫子上,每个月来一次?每个月来一次?对了,是女人的月事。"秦孝公想了半天,想不出别的来。

"你看你看,我就知道您会想歪。这一个月来一次的,是水费单、电费单和煤气单啊。"

"哈哈哈哈……"秦孝公笑了,这个段子没听过,真新鲜,"可是,为什么这送水费单的非要下雨天来呢?"

"因为女主人下雨天肯定在家卧着呢。"

"哈哈哈哈……"秦孝公又笑了。

气氛异常轻松起来。

当然，那年头没有水费电费煤气费，更没有水费电费煤气费的单子。但是那时候有那时候的段子，公孙鞅长期混迹在市井文化发达的卫国和魏国，段子一抓一大把，随便说一个出来，都让土不拉几的秦孝公笑得前仰后合。

于是，在段子之间，公孙鞅把春秋五霸的事迹介绍了一遍。

"要称霸，信用是最重要的。信重于天下，则霸业可成。"公孙鞅最后这样总结，算是非常到位了。

可是。

可是。

可是。

秦孝公笑是笑了，高兴也高兴了，却似乎对霸业毫无兴趣。

"先生真是滑稽过人，见识过人，博览群书，有机会再来聊聊。"秦孝公说，却没有丝毫要任用公孙鞅的意思。

公孙鞅的笑容僵硬地凝结在脸上，这一刻他觉得自己就是个蠢怂，就是个小丑。

他自顾自地摇了摇头，眼光扫视了整个大殿。他知道，这是自己最后一次来这里了，所以他要审视一遍。而此前，他都紧张得不敢随便看。

山重水复疑无路，柳暗花明又一村。

当公孙鞅的眼睛扫视到左侧的时候，他突然眼前一亮。于是他立即去审视右侧，眼前再次一亮。

"贤侯，我还会来的。"公孙鞅很自信地说，并且，他的笑容变得自然起来。

秦孝公没有注意到这一点。

那么，是什么让公孙鞅两次眼前一亮？

"嗯，你的朋友还不错，挺能聊的，天南海北无所不知啊。"秦孝公这一次的反应不错，至少对公孙鞅的评价成了正面。

景监原本就准备着再被秦孝公痛斥一顿，然后回到家里二话不说，直接放狗赶人了。如今听到秦孝公这样的反应，倒有些出乎意料。

"嘿嘿，他是个很博学的人呢。基本上，我们两个当时在公叔痤手下就算是南北双雄了，就属我们学问大。唉，主公，学问大受排挤啊。"景监顺着秦孝公的杆子往上爬,一边也表扬一下自己。

回到家里,景监迫不及待地把秦孝公的话转告了公孙鞅。听完景监的话,公孙鞅决定趁热打铁。

"监啊,不瞒你说,这一次我给秦侯讲的是如何成就霸业,把他都听傻了。现在,我有十足的把握让他任用我了。怎么样,再帮我约一次?"

"好。"景监答应得很爽快。

三天之后。

第四次,这是第四次约见。

俗话说:事不过三。

可是,不寻常的人注定不会遵循寻常的规律。

"先生这次来,准备讲什么?"秦孝公问,看见公孙鞅就想起那些好笑的段子来,忍不住就想笑。

可是这一次,公孙鞅不想再说段子了,讲段子本是景监这类人干的事,自己来秦国不是为了讲段子的。

"贤侯,这一次我只说两个字,您要是认同,我就接着说。您要是没兴趣,我立马从您面前消失,从秦国消失。"公孙鞅严肃地说,用古文来说,那就是"正色道"。

"哦?"秦孝公倒有些意外,之后又笑了,这两个字的段子会是怎样的呢?"说吧。"

公孙鞅故意沉吟了一下,扯了扯衣服,然后把眼光放到了秦孝公的身后,做出一副目光深邃的样子。

之后,公孙鞅说出了改变历史的两个字。

"复仇。"

公孙鞅话音刚落,就看见秦孝公的脸色骤然一变,腾地跪坐起来,眼前发出一道亮光。

眼前一亮,秦孝公眼前一亮。

眼前一亮,公孙鞅也是眼前一亮。

之后,轮到秦孝公展示深邃的目光了。他陷入了回忆和想象,趁着这个当口,来说说三天前究竟是什么让公孙鞅眼前一亮并且陡然开窍的吧。

三天前,公孙鞅绝望之中扫视两个侧面。

眼光来到左面时,骤然看到墙上三个大字:绝秦书。

"绝秦书"三个大字的旁边是密密麻麻的字,写满了一道墙。毫无疑问,那是《绝秦书》的全文。

《绝秦书》公孙鞅自然是知道的,他甚至能够全文背诵。这是当初晋国人写给秦国人的,虽然文采飞扬,可是全篇颠倒黑白篡改历史,将晋国对秦国的种种背信弃义恩将仇报都说成了秦国的过错。

再望向右侧,只见墙上罗列着晋国和魏国侵略、欺骗秦国的每一次事件,也是密密麻麻写满了一墙。

血泪史,绝对的血泪史。

仇恨史,绝对的仇恨史。

耻辱史,绝对的耻辱史。

卧薪尝胆也不过如此,而秦国国君世世代代每天都要面对这样的耻辱,这累积起来的仇恨该有多么深刻。

这个时候,公孙鞅知道自己错了,错得离谱,自己犯了当初吴起在齐国同样的错误:在一个富民的国家里谈强国;在一个娱乐的国家里谈战争。

而自己,在一个满脑子只有仇恨,整个心思都在想着复仇的秦孝公的面前,却大谈帝业王业霸业,自己不是脑子进水了吗?

一个职业经理人推销自己的时候,不是卖弄自己的才能,而是展示老板需要的才能。

也就是在意识到自己错误的时候,公孙鞅知道自己要成功了。

所以,任何时候不要抱怨老板有眼无珠不识人才,而要想想你所展示的才能是不是他所需要的。

"先生,说吧,我听着。"秦孝公用渴求的眼光看着公孙鞅,他被公孙鞅触碰到了 G 点,已经有些身不由己了。

"欲复仇,先强兵;欲强兵,先重农;欲重农,先愚民;欲愚民,先变法。"公孙鞅一字一顿地说。这二十四字方针是他这三天来深思熟虑的成果。

"好。"秦孝公眼前一直亮着,几乎要亮瞎眼的架势。

于是,公孙鞅从变法开始说起。他知道,要抓住秦孝公的注意力,就要从最猛的料开始。

公孙鞅先说李悝在魏国的变法,当然第一个话题就是《法经》,其后开始讲军功制。公孙鞅一条条摊开来讲,条分缕析,梳理得失,成功之处为什么成功,不足之处为什么不足,都解说得清清楚楚。之后,又开始讲吴起在楚国的变法,哪些是适合楚国的,哪些是操之过急的,进而分析吴起在楚国变法失败的原因。

讲完这些,见秦孝公听得发呆,于是开始讲夏商周三代的变法,不同的朝代使用不同的统治方式,因此没有必要拘泥于古人,拘泥于过去,等等。

就这样,公孙鞅给秦孝公连讲了三天三夜,饿了就吃饭喝酒,边吃饭喝酒边讲。困了就躺在地上睡觉,醒过来接着讲。

最后,讲到公孙鞅嗓子发炎,这才作罢。

"复仇的日子就快到了。"最后,秦孝公如此总结。

八

秦孝公对公孙鞅所说的变法非常感兴趣,可是在具体实施之前,还要找几个人来商量下。找什么人呢? 景监自然是不行的,秦孝公找了自己的两个老师。

秦孝公的老师一个叫甘龙,一个叫杜挚。甘龙是当年周王室叛乱的王子带的后人,当初王子带被杀,后人逃到了秦国避难,因为王子带当初被奉为甘公,后人就以甘为姓。杜挚的祖上则是周王室的大夫,后来周朝东迁,他们家就留在镐京,成了秦的臣民。这两个人都有些家传的学问,因此在秦孝公还是太子的时候做了秦孝公的老师,讲解周礼。

"两位老师,最近一个从魏国来的人名叫公孙鞅的,跟我说要变法。变什么法呢? 就是魏国的李悝变法和楚国的吴起变法那样的变法,而且更加超前。我是很感兴趣,不知道两位老师怎么看?"秦孝公大致介绍了公孙鞅变法的想法,要看两个老师的意见。

"我反对。"甘龙说。

"我也反对。"杜挚说。

"为什么?"

"我们秦国原本是个蛮夷国家,后来秦穆公的时候决心向中原国家学习,成为一个文明的周礼国家。这么多年来,经过世世代代的努力,我们终于有点文明国家的模样了。可是,如果按照公孙鞅的变法,我们就又回到了野蛮时代,那岂不是前功尽弃?"甘龙和杜挚这样说,他们都是秦国推行周礼的主要执行人。

秦孝公沉吟了片刻,事实上他早就猜到了两位老师的意见。

"这样吧,你们说的也有道理,而公孙鞅说的也有理,不如你们在一起辩论一次。"秦孝公最终作出这样的决定。

辩论会只有四个人参加,公孙鞅为甲方,甘龙和杜挚为乙方,裁决者自然是秦孝公。

于是,中国历史上一场著名的辩论开始了。

公孙鞅首先阐述自己的观点,锋芒毕露地说:"疑行无名,疑事无功。且夫有高人之行者,固见非于世;有独知之虑者,必见敖于民。愚者闇于成事,知者见于未萌。民不可与虑始而可与乐成。论至德者不和于俗,成大功者不谋于众。是以圣人苟可以强国,不法其故;苟可以利民,不循其礼。"

这段话的大意是:如果什么事情连自己都犹犹豫豫,那就没人相信你;如果做起事情来首鼠两端,那就一定会失败。有远见有担当的人,肯定不能被普通人所理解。愚蠢的人只看到事情成功的时候,智慧者才能在事情成功之前发现端倪。老百姓只能和他们享受成功,而不能和他们策划开始。高人和俗人肯定说不到一块,成大事的人不会跟平庸的人商量。所以,只要能够强国,又何必拘泥于旧法?只要能够利民,又何必遵循以往的章程?

这段话,咄咄逼人,甚至有些羞辱人。

甘龙和杜挚有些恼火,眼前这个狂妄的年轻人还没有开始变法就这样不把别人放在眼里,一旦他掌握了大权,岂不是要骑在众人的头上拉屎?两人正准备反唇相讥,呵斥公孙鞅,可是看到秦孝公的反应,忍住了。

秦孝公怎样反应?

"嗯,说得不错。"秦孝公点点头,赞许地说。

甘龙和杜挚交换了一下眼神,这个时候他们已经无法用严厉的态度斥责公孙鞅。

甘龙率先开始乙方的陈述:"不然。圣人不易民而教,知者不变法而治。因民而教,不劳而成功;缘法而治者,吏习而民安之。"

甘龙毕竟是秦孝公的老师,毕竟是讲究周礼的人,因此说话尽量客气一些,他的意思大致是:我不同意他的看法,圣人教化百姓而不是改变他们的习俗,智慧的人不通过变法来治理国家。顺应百姓的本性去教化他们,不用费事就能成功。按照已经有的法律去管理百姓,官吏轻松百姓也适应。

第一轮交锋,应该说公孙鞅明显占据上风,甘龙所讲的固然不错,可是毕竟空洞了一些。

秦孝公没有发言，也没有反应，只是看看公孙鞅。

很明显，秦孝公对甘龙的说法兴趣不大。

看到了秦孝公的反应，公孙鞅得到了鼓励，决定进一步加强火力："龙之所言，世俗之言也。常人安于故俗，学者溺于所闻。以此两者居官守法可也，非所与论于法之外也。三代不同礼而王，五伯不同法而霸。智者作法，愚者制焉；贤者更礼，不肖者拘焉。"

典型的人身攻击开始了，完全没有顾忌。通过人身攻击来进行辩论，大致就是从这一次开始的。

公孙鞅的大致意思是：老龙你的说法，真是懒婆娘的裹脚布又臭又长。寻常人安于现状不愿意变化，所谓学者沉溺于自己所学的那点知识。你们这类人也就是老老实实墨守成规，跟你们谈论法之外的事情，那就是对牛弹琴。夏商周三代，谁遵循谁的礼了？春秋五霸，难道采用同样的方法？智慧者创造方法，愚蠢者受制于别人创造的方法。贤者随时变换方法，只有蠢怂才会作茧自缚。

甘龙被公孙鞅一顿人身攻击，脸上红一阵白一阵，有些恼羞成怒。

杜挚也非常气愤，不过这个时候，风度还是要的，所以很斯文地辩论道："利不百，不变法；功不十，不易器。法古无过，循礼无邪。"

啥意思？大致是：好处达不到百倍，就不要变法；功效不能提升十倍，就不要更换工具。按照古人的方法治理国家没有错，遵循周礼没有错。

基本上，就是背课文喊口号。

公孙鞅心中暗笑，看来这秦国真是没什么文化也没什么交流，这样过时的辩论方法竟然还在使用。

"治世不一道，便国不法古。故汤武不循古而王，夏殷不易礼而亡。反古者不可非，而循礼者不足多。"公孙鞅硬邦邦地反驳杜挚，气势十足。大致的意思是：治理天下没有一成不变的原则，国家要发展不能因循过去的做法。所以，商汤和周武王没有因循过去而夺得天下，夏桀和商纣王保守不变而失去天下。变法的人不能反对，因循守旧的人不值得肯定。

基本上，也是一通口号。但是，在占尽上风的情况下喊口号类似胜利宣言。

甘龙和杜挚还想说什么，秦孝公摆摆手制止了他们。

"善！吾闻穷巷多怪，曲学多辩。愚者之笑，智者哀焉；狂夫之乐，贤者丧焉。拘世以议，寡人不之疑矣。"秦孝公做了总结性发言，大致意思是：我听说

穷光蛋的穷讲究多,歪门邪道的歪道理多。愚蠢的人以为很得意的事情,智慧者就会觉得很悲哀;脑子有病的人高兴的事情,贤能的人就会遭殃。鞅所说的道理,我是认同的。

"我宣布,辩论会结束,公孙鞅获胜。"秦孝公宣布了结果,同时也宣布了秦国的变法即将开始。

一个新的时代就要开启了。

这是一个好时代,还是一个坏时代?

第五章

改变历史的木头

历史,并非总是前进。

历史,不是铁轨上的列车,不管曲折与否,总是在前行。

历史,不是登山,因为历史没有尽头。

历史,不是逆水行舟,因为历史不会身不由己。

历史,就是一条条岔路,选择哪一条路,通向哪里,谁也不知道。

公孙鞅将秦国领入了这样一条岔路,之后秦国将中国赶进了这条岔路,之后的两千多年来,中国就走在这条岔路上。

每一条岔路,都被走在这条路上的人以为是金光大道。

九

公孙鞅被任命为左庶长,全盘主持秦国变法。

"变法的目的是什么?"公孙鞅问秦孝公。

"向三晋复仇。"秦孝公说。

"好,主公,您随时记住这一点。只要随时记住这一点,就能保持清醒,坚定决心了。"

"好。"

"要复仇,靠什么?靠战争。要取得战争胜利,靠什么?靠军力,靠国力。如果没有军力和国力,所有的复仇都是空喊,所有对晋国人的仇恨和谩骂都是懦弱无能的表现。"

"你说得对。"

"如何提升国力?如何提升军力?发展农业。粮食充足了,人心就稳定了,打起仗来就不会慌,就算是持久战也有足够的储备。"公孙鞅的观点,首先是要解决粮食问题。

"说得好。"

"老百姓,就是一群蠢怂,不能对他们太客气,不能对他们太好。要用严厉的刑法来惩罚他们,让他们老老实实种地。"

"太好了。"

"那,咱们开始吧。"

"好,你看怎么开始?"

"我需要一根木头。"

公孙鞅需要一根木头。

在公孙鞅的眼中,百姓跟木头也没有什么区别。

头天晚上,左庶长公孙鞅在都城南门放了一根木头,大致一人多高。

上午的时候,人来人往。公孙鞅宣布:"看见这根木头没有?谁能把这根木头搬到北门,赏十金。"

十金可不是个小数目,够娶两个老婆了。

顿时,许多人围过来看热闹。那时候,看热闹还不算犯罪。

吸引力不小,可是没有人敢贸然挺身。

"天上不会掉馅饼啊。"

"世上没有免费的午餐。"

"被骗的都是因为贪婪。"

人们说着各种名言警句,告诫自己要小心,江湖上有骗子,朝廷里的骗子更厉害。所以,尽管是左庶长这么个东西搞这样的活动,也有可能是个陷阱,还是小心一点好。

一个上午很快过去,看热闹的越来越多,可是上来扛木头的一个也没有。

公孙鞅有点急了,如果这第一个活动就夭折了,后面还怎么整?

"二十金,将木头搬到北门的赏二十金。"吃过午饭,公孙鞅加码了。

人群一阵骚动,骚动之后,还是没人行动。

"奶奶个怂,看来秦国人被忽悠怕了,什么都不相信了。"公孙鞅自忖,决定再次加码。"三十金了啊,机会难得啊,走过路过不要错过啊。"

又是一阵骚动,还是没人行动。

"吓死胆小的,撑死胆大的啊,四十金了啊。"公孙鞅再次加码。

人群炸了营一般,这诱惑实在太大,人们终于有些把持不住了。

可是,有人蠢蠢欲动,还是无人行动。

"五十金。"公孙鞅继续加码,如果再没有人行动,就只能安排托了。事实上,公孙鞅早已经派了便衣人员混在百姓当中,万不得已就出来充当托的角色。

人群沉默了,到了五十金的时候,多数人已经断定这就是一场骗局了,因为搬一块木头无论如何没有理由给这么多报酬。

但是,也有人心动了。

"奶奶个怂的,五十金哪,万一真给了呢? 老子豁出去了。"人群中,一个名叫臭球的人这样说,随后挤出了人群,大步走向那根木头。

"重赏之下,必有勇夫。"公孙鞅对自己说。

臭球是个野人,生下来就父母双亡,靠着乡亲们的周济活了下来。后来,到大夫祝欢家中当了个伙计,专门杀猪宰牛。

这一天,臭球恰好没事,于是出来转转,见这里热闹,就凑了过来。

臭球在众人的注视中将木头扛到了自己的肩膀上,平心而论,木头并不重,自己能够一口气扛到北门。

有官兵在前面开路,臭球顺着官兵的路向前走,而看热闹的人群也都跟在后面,一边走,一边猜测臭球会是个怎样的下场,准备着幸灾乐祸带来的快感。

臭球没有想那么多,渐渐地他感到木头有些重量了,汗水也出来了。不过,他还是稳稳地将木头扛到了北门,放在了官兵指定的地方。

北门外早已经搭建了一个高台,公孙鞅这个时候已经在高台上。

臭球被带到了高台上,公孙鞅当众将五十金交到了他的手上。

围观的人们失望了,因为他们的判断被证明是错误的,他们所期待的幸灾乐祸的机会没有到来,他们失去了轻松得到五十金的机会。

"乡亲们,我公孙鞅说话是算数的。"公孙鞅说话了,下面一片静寂。

人们在等待着公孙鞅宣布谁能把木头搬回南门,就能得到五十金的奖赏,准备到时蜂拥而上。可是,机会从来只给第一个尝试的人。

"我公孙鞅说话是算数的,我宣布,秦国将公布《秦律》。"公孙鞅宣布。

现在,每个人都知道公孙鞅说话是算数的,每个人都在期待着《秦律》的发布,因为每个人都以为那是另一根能够让人轻松发财的木头。

那是一根木头,可是,那不是发财的木头,那是一根可以一击致命的大棒。

十

人们每天都会到城门来转一转,期待着另一根木头的出现。

到第三天的时候,木头真的出现了。不过,这一次的木头不是用来扛的,而是用来看的。

每一个城门外都竖立着一根巨大的圆木,圆木上都刻着字,最上面的是两个大字:秦律。

人们兴奋地围观起来,这些年来,由于官方的大力推广,老百姓们的识字率大幅提升,因此人们已经能够看懂上面的字。

然而,当人们弄清楚上面的内容的时候,就不再兴奋,而是一阵叹息和愤怒的骂声。

人群渐渐散去,没有人再对木头抱有期待。

《秦律》是公孙鞅变法的第一根木头,确切地说是第一根大棒。

公孙鞅从魏国来的时候,唯一的一件行李就是魏国的《法经》。

公孙鞅把《法经》改为《秦律》,其比较具体的变化就是,条文更加详细了,特别是刑罚的部分,刑罚的标准更加严苛了,覆盖的范围更加广了。

严苛到什么程度?范围广到什么程度?举个例子,《秦律》里有弃灰罪,规定将自家的灰抛到道路上的,砍手。基本上,如果放在今天,就是所有不爱护公共卫生的,譬如乱扔垃圾的都要砍手,那如果是随地小便呢?不用说了,割小鸡鸡。

《法经》的原则是轻罪重罚,《秦律》则是重上加重。

对于轻罪重罚,《商君书》中有比较详细的解说,这些解说或许源自当初的李悝,但是更可能是公孙鞅的发展。

这里,摘录几段原文。

以刑去刑,国治,以刑致刑,国乱。故曰:行刑重轻,刑去事成,国强;重重而轻轻,刑至事生,国削。刑生力,力生强,强生威,威生惠,惠生于力。举力以成勇战,战以成知谋。

译文:用刑罚消除刑罚,国家就能大治;用刑罚招致辞刑罚,国家会混乱。所以说:加重刑于轻罪,刑罚就是不用也能将事情办成,这样的国家才能强大;重罪重罚,轻罪轻罚,用刑轻重不一,即使用了刑罚,犯法的事情却不断发生,国家会被削弱。重的刑罚产生实力,实力能产生强大,强大能产生威力,威力能产生恩惠,恩惠从实力中产生。崇尚实力能用来成就勇敢作战,作战才能产生出智慧和计谋。

罚重,爵尊;赏轻,刑威。爵尊,上爱民;刑威,民死上。故兴国行罚,则民利;用赏,则上重。法详,则刑繁;法繁,则刑省。民治则乱,乱而治之,又乱。故治之于其治,则治;治之于其乱,则乱。民之情也治,其事也乱。故行刑,重其轻者,轻者不生,则重者无从至矣,此谓治之于其治者。

行刑。重其重者,轻其轻者,轻者不止,则重者无从止矣,此谓治之于其乱也。故重轻,则刑去事成,国强;重重而轻轻,则刑至而事生,国削。

译文:刑罚重了,爵位显得尊贵;奖赏少了,刑罚才更威严。爵位尊贵,这是君主爱护民众;刑罚有威严,民众才能拼死为君主效命。所以强盛的国家使用刑罚,民众就能被君主役使;施用奖赏,那么君主就会受到尊重。法令周详,那么刑罚就会繁多;法令简明,那么刑罚就会减少。民众不服从管治,国家就会混乱,混乱了又去治理它,就会更乱。所以治理国家要在社会安定的时候,那样才能治理好。在它混乱的时候去治理,就会更乱。民众的心情本来希望国家安定,他们做的事情却是使国家混乱。所以使用刑罚,对民众犯的轻罪施行重的刑罚,那么轻微的犯罪就不会发生,严重的犯罪就不能出现了。这就叫在国家安定的时候去治理。使用刑罚,犯重罪的重罚,犯轻罪的轻罚,那么轻微的犯罪不能制止,严重的犯罪就更无法制止了。这就叫在民众乱的时候去治理。所以轻罪重罚,那么刑罚能预防而事情也能办成,国家就会强大;使用刑罚有重有轻,那么刑罚虽然用了,犯罪的事却仍然发生,国家就会被削弱。

《秦律》的颁布令秦国人民很不爽,令士这个阶层很不满,也令秦国的卿大夫阶层非常不满。但是,公孙鞅说了:人家魏国强大就是靠轻罪重罚,就是靠《法经》。

所以,大家也没什么好说的,毕竟大家都是本地秃,人家公孙鞅才是洋和尚。

"如果谁再说三道四,就是破坏秦国的强国梦,就是破坏我们的复仇大计。"秦孝公也及时出来站台,两顶大帽子一扣,谁还敢说一个不字?

因为有了最早的那根木头的示范作用，人们知道公孙鞅是个说话算数的家伙，所以尽管大家对于《秦律》都很不满，却不敢去触犯。当然，有胆大的或者根本不知道《秦律》的人触犯了《秦律》，立即遭到重罚。这样，人们更加坚信公孙鞅这个家伙的执法力度是空前的。

《秦律》执行得不错，可是，并没有达到公孙鞅想象中的效果，自然也就难以令秦孝公满意。

"鞅啊，《秦律》公布已经有半年了，可是农民种地的积极性还是那样啊，农业大发展看不到苗头啊。"这一天秦孝公对公孙鞅说，语气尽管很温和，可是暗含的不满也是清清楚楚。

"这个，没关系，我还有下一步呢。"公孙鞅说。

他真的有下一步？他真的有。

其实这半年来公孙鞅也在反省，他在反省为什么当初《法经》能够改变魏国，能够让魏国的农业得以发展，可是《秦律》为什么在秦国就没什么作用呢？

一直想到昨天晚上，公孙鞅蹲坑的时候还在想，越想越想不出个所以然来，反而想得自己昏昏沉沉，一个趔趄，险些掉进粪坑里。

公孙鞅惊出一身的冷汗，心说要是自己淹死在粪坑里岂不是很没有面子。他凝视着粪坑，不禁感慨起来："唉，这些大粪，对于我们来说就是废物，可是对于农民来说，就是肥料。"

说到这里，公孙鞅眼前一亮，他突然明白了。

《法经》为什么能够改变魏国？因为魏国大量破落的士成为犯罪分子，《法经》的施行逼迫他们不得不改邪归正，不得不从事农业劳动让自己有口饭吃。所以，《法经》既改善了治安，又增加了农业人口，发展了农业。

可是，秦国的情况与魏国不一样，如果说《法经》是魏国的肥料，那么，《秦律》几乎就是秦国的废料了。为什么这么说？

秦国尽管在文化上比较落伍，但是民风淳朴，社会治安相当不错。所以，《秦律》并没有让秦国的社会治安有什么更好的变化。

同时，秦国是没有经过内乱的国家，也没有类似晋国六卿这样的大家族产生，自然也就没有大家族的覆灭。因此，秦国的士的数量并不是特别大，并且没有破落到过不下去以至于要当流氓强盗的地步。这就意味着，《秦律》基本上不能增加秦国的农业人口。

第一棒打空了，怎么办？

找到了问题的症结，办法总是有的，尤其对于公孙鞅来说。

第 六 章

上山下乡运动

一个月后,公孙鞅变法的第二根大棒下来了。

这第二根大棒叫作《垦草令》。

《垦草令》是干什么的? 垦草的?

《垦草令》是发展农业的一道命令。

《垦草令》的本质是什么? 就是要让士和商两类人都去种地。

"主公,当年李悝在魏国变法也曾经大力发展农业,不过魏国的情况与秦国不同。魏国地小人多,发展农业主要靠精耕细作。而秦国不同,秦国相对来说人少地大,待开垦的荒地很多,原先放牧的草地很多。所以,秦国需要的是动员力量开垦荒地,变草为苗。"

"嗯,你说得对。我立即下旨,动员大家都去垦草。"

"主公,要是动员好使,还要变法干什么?"

"嗯,你说得对。你说说,该怎么整?"

"主公,咱们简单算算。秦国人呢,除了卿大夫,无非也就是士农工商这四大类,其实,只要农工两类人就够了。所以,咱们要把士和商人都赶去开荒种地。"

"嗯,你说得对。怎么个赶法?"

"变法啊。"公孙鞅说,之后,拿出了他准备好的《垦草令》。

十一

公孙鞅为什么盯上了士和商这两类人呢?

在秦国,士尽管不算破落,可是日子过得也不轻松,那点禄田也就是刚好填饱肚子,来个亲戚朋友什么的就得勒紧裤腰带了。所以,士一般都会找点事情干。士们一般的出路在两个方向,一是进入衙门当差,二是到卿大夫家中当门客。当然,也有的在社会上混黑社会,可是比例很小。

可是,无论在衙门还是在卿大夫家中,士们真正也干不了太多的事情。秦国的衙门通常规模都比较大,主要目的就是要安置这些士,说白了就是为了提高就业率。问题是,衙门里人多了,事情却没有多少,结果就是没几个人干正事,大多数人大多数时间无所事事,就跑到乡里去吹毛求疵,这家店多了几个苍蝇,那户人少了几块砖头等等,刁难敲诈,折腾老百姓。最后,就是农民被折腾得没什么心思种田了。

而在卿大夫家,实际上也就是充当排场的时候有用,平时就是吹牛聊天。问题是,卿大夫们要养着他们,怎么办?提高农民的地租。其结果,又是损害农民的种地积极性。

而商人呢?公孙鞅早在卫国的时候就看商人不顺眼,卫国是个商业发达的国家,商人们富得流油,这让公孙鞅这个公孙心里很不平衡,没有羡慕没有嫉妒只有恨了。他早就想收拾商人们,现在机会来了。

《垦草令》并不是一根单纯的大棒,还配了一根胡萝卜。胡萝卜是给农民的,大棒是砸向士和商的。

先来看胡萝卜。

农民每年要交的粮食分为税、赋两种,税是交给国家的,赋是交给封地主的,如果你的地是转租来的,还要给上家交租。

过去,税赋都是固定的。后来,税依然固定,赋则上下浮动,当然,主要是向上浮动。丰年的时候赋上涨,灾年的时候税不变,总之无论什么年头,日子都不好过。所以,农民的怨气很大。

公孙鞅的《垦草令》规定,农民的税负根据每年的产量来计算,这样百姓承担的赋税才会公平。百姓的负担公平,就会热爱自己的职业,努力种地,努力开荒了。

事实证明,这一点受到广大农民的热烈欢迎。

"秦国农民吃得饱,全靠国家政策好。"秦国农民由衷地说。

胡萝卜奏效,再来看看大棒。

"变法如果不先变衙门,那就不是变法,而是变戏法,是糊弄老百姓。"公孙鞅这样说。

公孙鞅说到做到,秦国各级衙门裁员一半,裁下来的人去开荒种地,留下来的人必须做到当天的事情当天完成,如果做不到,也去开荒种地。

衙门立即乱了营,从前总是说人手不够,总是说事情干不完,总是发加班费,总是申请追加公车公费。如今好了,一刀切下一半的人,事情还是原来的事情,而且效率要提高百分之三百,干不干? 不干种地去。

衙门里怨声载道。

"官不聊生啊,活不下去了。"衙门的人都这么说。

说是这么说,谁也不愿意去开荒种地。

于是全秦国人民都发现,衙门的人少了,可是效率却高了很多。更可喜的是,衙门里到乡里考察视察检查的人少多了,各种莫名其妙的刁难折腾少了,大家终于可以集中精力种地了。

衙门里人浮于事坑害农民的问题解决了,公孙鞅还要解决那些在卿大夫家当食客的士们的问题。

《垦草令》规定卿大夫家中必须缴纳人头税,按照家里门客的数量来缴。这样一来,卿大夫们养门客的费用大大增加,于是许多门客被驱逐,只好去开荒种地。

就这样,公孙鞅双管齐下,驱使大量的士开荒种地,成为农民。

解决了士的问题,再来看怎样解决商人的问题。

《垦草令》规定商人不准卖粮食,农民不准买粮食。也就是说,粮食是国家专营。这样,倒腾粮食的商人就没出路了。

针对那些实力比较雄厚的商人,官府会根据商人家的人口数量向他们摊派徭役,让他们家中砍柴的、驾车的、供人役使的、做僮仆的人都一定要到官府登记注册,并且按名册服徭役。这样,商人的负担就会非常重,人们也不会愿意去他们家里干活了。

对付小商小贩,《垦草令》也有相应规定。

加重关口、集市上商品的税收,那么做小买卖的商人就没戏了。同时宣布,国家统一管理山林、湖泽,那么那些卖鱼卖虾卖山珍的就失去了饭碗,靠什么维持生活呢? 开荒种地。

与之相应的,提高酒肉等奢侈品的价钱,加重收取这些东西的赋税,让赋税的金额高出它的本钱十倍。这样,农民不能纵情饮酒作乐,只能专心种地了。商人也彻底没了机会,也只能开荒种地了。

基本上,这就算是最早的上山下乡运动了。

十二

《垦草令》的颁布遭到的反对声远远大于《秦律》,因为这实际上触动了秦国的社会基础。

士是国家政治的基层力量,而商人是国家财富的掌握者,他们都有着广泛的社会基础和活动能量。

很多人对《垦草令》中驱使士和商人开荒种地的规定表示反对,一些卿大夫引经据典地阐述士的重要性和商人的不可或缺。

"鞅啊,咱们是不是做得太过了?"秦孝公也有点动摇了,毕竟反对的声音太多了。

"主公,别听他们的,他们是怀有私心哪,士们怂恿他们,商人们收买他们,所以他们都来说《垦草令》的坏话。"公孙鞅心里也有点打鼓,可是还要表现得坚定无比。

"那,那先试试看吧。"秦孝公没有否定,也没有肯定,反正有些犹豫。

三个月后看效果,应该说有好有坏。

好的方面是农民的种地积极性明显提高,一部分士和少量的商人开始开荒种地。

坏的方面是一些士选择了离开秦国,前往东方发展。而商人的表现更加激烈一些,一些富有的商人开始转移财产到国外,其中的一部分甚至移民了。

换句话说,大家用脚投票了。

粮食能多收多少还不知道呢,人和财产倒先流失了不少。

公孙鞅有些恐慌了,这样下去,恐怕离卷铺盖走人不远了。

"鞅啊,据说,士和商人们最近移民的不少啊。"秦孝公自然知道,所以找来公孙鞅问询。

"那什么,这个,最近这个留学的热潮比较高,士们都想出去镀个金什么的,将来好回来报效国家。"公孙鞅狡辩说。

"那,商人们转移财产是怎么回事?"

"这……"公孙鞅现在无话可说了。

"别的我不管,你能不能告诉我,怎样才能阻止他们移民,怎样才能阻止他们转移财产?"秦孝公有些恼火,变法进行到现在,倒有些进退两难的意思了。进吧,有风险;退吧,太没面子。

"这,我有办法。"公孙鞅说。其实,他真没办法。

不管怎样,公孙鞅灰溜溜回到家里,绞尽脑汁,要解决人和财产流失的问题。

公孙鞅又来到厕所蹲坑,他觉得这是一个开启思维的好地方,这里味道足而且很安静。

很快,他想到了办法。

第二天,公孙鞅去见秦孝公。

"主公,我给您讲个故事。"公孙鞅说,他知道要铺垫一下。

"哦?"

公孙鞅讲的是当年伍子胥的故事,说的是伍子胥如何率领吴国军队占领楚国,为父亲复仇的故事。

说到伍子胥鞭尸楚平王,被申包胥谴责,伍子胥回应说:"吾日暮途远,吾故倒行而逆施之。"

"主公,咱们现在的变法也是这样,日暮途穷,逆施倒行。不要管别人说什么,咱们要坚持啊。"公孙鞅最后落到了这里,意思是不要听信寻常人的话。

秦孝公对这句话没什么兴趣,倒是对伍子胥非常敬佩。

"伍子胥真行,男子汉大丈夫,有仇不报,枉为人也。狗日的晋国,我们要报仇。"秦孝公一门心思想的还是报仇,猛然想起秦国也曾经帮助楚国复国,于是又加了一句,"楚国也是个忘恩负义的国家,东边就没有好人。"

"主公,我们要复仇啊。"公孙鞅做出一副很激动的架势来,其实他跟晋国和楚国都没有仇。

"说吧,怎么整?"说到复仇,秦孝公对变法又来了劲头。

"我想说说怎样阻止人和财产流出。"公孙鞅进入正题,之后提出了他的方案。

首先,不要为那些从国外回来的所谓"海归"封官加爵,要让人们知道到国外不是去镀金而是去抹灰,这样,很多人就不会出去了。

其次,关闭所有的旅馆,让开旅馆的都去开荒种地。没有旅馆了,商人们就没有办法出行了,也就没有办法转移财产了。进一步,要禁止百姓自由搬迁。这样,他们就只能专心种地了。

"好,就这样了。"秦孝公同意了。

基本上,这就是算是中国最早的闭关锁国了。

十三

商鞅变法的第三根大棒出台了，这一下，就像在公共粪坑里扔了一块大石头，顿时激起了公愤。

原来，秦国地处偏远，教育水平低下，卿大夫家通常会送家中子弟去国外留学。如今，一道命令下来，今后的海归概不录用，这不是毁了大家的上进之路吗？

秦孝公的太子名叫嬴驷，只有十九岁。太子的两个师傅名叫公子虔和公孙贾，两人也都是国学宗师。两位老师对于公孙鞅的第三根大棒尤为不满，为什么？因为他们就都是海归，他们的儿子也都是海归。

"太子啊，这个卫国人纯粹就是在胡来嘛。闭关锁国是一定要落后于世界的，老百姓连出行搬迁的权利都没有了，这哪里是一个正常国家应该做的呢？我们秦国经过这么多年努力，文化水平好不容易有了一些进步，这下就前功尽弃了。太子啊，你应该去劝劝你爹啊，他好像有点走火入魔了。"公子虔和公孙贾都是秦国著名的大儒，跟国外的一些大儒都有往来，很重视文化知识和国人的权利。

"那，好。"太子血气方刚，他早就看不惯公孙鞅了。

于是，太子去见父亲，恰好公孙鞅也在。

"爹，我觉得最近的变法有问题。"太子也不讲究什么策略，上来就直说。

秦孝公看看公孙鞅，发觉公孙鞅有些尴尬。

"那，你说什么地方不对啊？"秦孝公问太子。

于是，太子一股脑儿将两个师傅所说的那些都说了出来。

"鞅，你觉得太子说得对吗？"秦孝公没有回答太子，而是问公孙鞅。

公孙鞅现在有些难受，他不敢直接反驳太子，可是又不能说太子说得对。怎么办？公孙鞅沉吟了片刻，终于想到了措辞。

"主公，太子所言非常有理，说实话，我也很希望秦国能够更有文化。可是，在有文化和复仇之间，我们选择哪个？如果我们选择向东方国家学习，那我们只能永远跟在他们的后面，永远受欺负。所以，我们必须采取一些不寻常的手段，才能实现复仇大业。这个，主公，您看呢？"公孙鞅没有正面回击太子，到最后还把皮球踢给了秦孝公。

"嗯。"秦孝公点点头，显然他的选择是复仇。

太子看到父亲站在了公孙鞅的一边，很是气愤，脱口而出："照公孙大夫的话说,那不如干脆禁止诗书,什么也不让大家学了。大家当文盲,不是更好忽悠?"

太子说了一段气话,被秦孝公狠狠地瞪了一眼。

"好了,你下去吧。"秦孝公打发太子走了。

可是,公孙鞅眼前一亮。

"主公,我觉得,就按照太子所说的办。"公孙鞅说,带着得意的笑容。

"什么?难道,太子几句话就让你退缩了?"

"不是,我说的,是太子最后那几句话。"公孙鞅解释,看秦孝公还有点不明白,于是笑着说,"太子刚才不是说吗,干脆禁止诗书。我觉得,这个可以有。"

"为什么?"

"一来,读书人读一点书就总是喜欢卖弄,因循守旧,什么新事物都看不惯。主公您看,咱们这几次变法,都是什么人在反对?就是那帮读书人。他们引经据典,蛊惑人心。如果我们禁绝诗书,那么老百姓就什么都不知道,就更容易糊弄了。同时,我们再禁止读书人四处游说,老百姓也就不会受到蛊惑了。再说了,读书人多了,种地的人就少了,读书还消耗时间精力,有这时间,去种地多好啊。"

"嗯,这个想法好。"秦孝公竟然同意了。

第二天,公孙鞅公布了新的法案,在全国范围内禁止教授学习诗书,现存的诗书必须上缴。

"这是太子的建议。"公孙鞅竟然将这注定挨骂的事情扣在了太子的头上。

这一次,卿大夫阶层真的是忍无可忍了。知道的说是公孙鞅的坏主意,不知道的就算到了太子的头上。

太子平白被泼了脏水,可是又不好去父亲面前解释。于是,太子在几乎所有的场合抨击变法,抨击公孙鞅。俨然,太子成了反对变法的领头羊。

公孙鞅感受到巨大的压力,如果任由太子这样下去,变法恐怕就只能中途而废了。

思前想后之后,公孙鞅决定要解决这个问题。

"主公,我,我干不下去了。"公孙鞅先玩悲情。

"为什么?"

"太子带头反对变法，您说，我，我还能干下去吗？"

"太子带头？好，我批评他，让他闭嘴。"

"闭嘴？他闭了嘴，别人还会说的。主公，您还是让我走吧，我回卫国去当农民伯伯算了。"公孙鞅说着，两行热泪下来了。

"那，你说怎么办？"

"王子犯法，与庶民同罪。根据《秦律》，任何人反对变法，都要处以死刑。"

"啊，难道，要杀太子？"秦孝公有些惊讶，杀儿子这样的事情可不是好玩的。

"主公，我知道太子年龄小受人蛊惑，可是，他的两个师傅难辞其咎啊。太子犯法，两个师傅要承担。"公孙鞅提出了一个解决的方案，事实上从一开始他就没有准备真的对付太子。

"嗯，有道理。"秦孝公点点头，太子的两个师傅虽然也都是亲戚，可是毕竟不是自己亲儿子，"那，杀了他们。"

"不。"公孙鞅摇头了。

公孙鞅觉得杀了他们太便宜他们，他要羞辱他们。

按照周礼，卿大夫是有尊严的，可杀不可辱。

所以，公孙鞅决定不杀他们，而是羞辱他们。

第二天，公孙鞅召集卿大夫们到朝廷，宣布对"煽动群众反对变法，蓄意破坏复仇大计"的太子的师父公子虔和公孙贾进行惩处。

"公子虔，劓；公孙贾，黥。"公孙鞅话音刚落，满座哗然。

劓，音义，割鼻子的刑罚；黥，音晴，文身的意思，不过是文在脸上，是一种刑罚。

这两种刑罚，不仅仅是伤害一个人的肉体，更是摧残一个人的自尊。

按照周礼，刑不上大夫，即便是卿大夫犯了死罪，也都是给他自杀的机会，留下他的自尊。而这类肉刑，是绝对不会在卿大夫身上施行的。

公子虔和公孙贾万万没有想到会是这样，当场瘫坐在地。行刑手们并不客气，三下五除二切了鼻子黥了脸。公子虔和公孙贾羞愧难当，一个捂着鼻子，一个蒙着脸，灰溜溜回家去了。

从那以后，公子虔和公孙贾自感没脸见人，杜门谢客，成了宅男。

第 七 章

恐怖统治

自从公子虔和公孙贾受刑之后，再也没有卿大夫敢于公开反对变法了。但是，卿大夫们对公孙鞅的仇恨与恐惧成正比，都是与日俱增。

空气中弥漫着仇恨和恐惧混合的味道，令人恶心。

公孙鞅也感到恐惧，因为从每个人的眼神中，他都能看出他们恨不得杀了自己。所以，他配备了强大的警卫力量，出门必是战车保护的车队。在家中，每个人都被怀疑，每个人都不得随意接近他。甚至睡觉，都要八个警卫彻夜保护。

然而，即便如此，公孙鞅还是险些遭到暗算。

公孙鞅每次吃饭之前，都要让厨师先尝，以免饭菜里放了毒药。每次上厕所，都会让卫士进去检查一遍，看看是不是埋伏了刺客。

这一天，照例又是让卫士先去厕所里侦查了一遍，之后，公孙鞅才去。他现在养成了在厕所思考问题的习惯，有的时候不蹲在坑上不闻着味就完全没有灵感。照例，公孙鞅蹲在坑上想问题。想着想着，突然一声巨响。

厕所的顶塌了，梁木砸了下来，沿着公孙鞅的额头砸了下去。屋顶上的土木落了一地，可是竟然出奇地都没有砸在公孙鞅的身上，只是溅了他一屁股的屎。

卫士们看见，七手八脚将公孙鞅救了出来。

这是纯粹的事故？还是一次有预谋的暗杀？

公孙鞅展开了调查，调查的结果是没有结果，除了专门负责淘厕所的仆役被屈打成招，没有任何其他线索。于是，公孙鞅悄悄地处死了淘厕所的仆役，将这整件事情隐瞒了下来。

"揭发有功。"公孙鞅在调查的过程中号召大家揭发，因为他相信群众的眼睛是雪亮的。可是，竟然没有人揭发。

事情过后,出于对自身安全的忧虑,公孙鞅开始反思整个调查过程中的不足,因为他坚信这就是谋杀,而且一定有人事先知道。可是,为什么没人揭发呢?

再想想,他突然觉得事后的调查实际上没有意义,事前的预防才是最重要的。就像这次,如果自己被砸死了,就算事后抓到真凶又能怎样呢?

那么,如何才能预防呢?

公孙鞅想到一个令他自己都兴奋的方法。

十四

"主公,虽然已经下令任何人不得妄议变法,可是我听说还是有很多人在暗中反对变法,诋毁主公,甚至策划要派刺客对主公不利。主公,您要注意安全啊。"公孙鞅来见秦孝公,绝口不提厕所倒塌的事件,倒是做出很关心秦孝公安全的姿态来。

这一说,恰好说到了秦孝公的心坎上。

实际上,秦孝公尽管不像公孙鞅那样随时担心被刺,但也很担心自己的安全。因为宫里用的小孩和宫外的卫士,都是卿大夫家的子弟。如今卿大夫们纷纷对变法不满,这些子弟是什么想法也就可想而知了。如果有朝一日自己被刺,估计全国人民都要喝酒庆祝了。

"那,你有什么好办法?"秦孝公自然也知道,公孙鞅但凡主动说出口的事情,一定都是想好了答案的。

果然,公孙鞅是有备而来的。

"主公,我在想,如果我们能够随时监视百姓和卿大夫,不就可以防患于未然了?不就可以让反对变法的人闭嘴了吗?不就可以让破坏我们复仇大计的人消失了吗?不就……"公孙鞅还要继续堆砌排比句,被秦孝公打断了。

"鞅,你的意思我明白,可是,衙门都精简了,哪里有那么多人手监视所有人?"

"这个简单,只要让他们互相监督,互相揭发,不就行了?"

"互相监督,互相揭发?嘿嘿。"秦孝公觉得这是天方夜谭,不禁笑了。

可是,当公孙鞅将他的想法说出来的时候,秦孝公的脸色变了,变得相当难看。

"鞅,这,这太不人性了吧?"秦孝公显得有些犹豫不决。

"主公,自古以来,成大事者不讲人性。人哪,都是贱货。你跟他好好说是没有用的,你跟他来狠的,他就服了。"公孙鞅竭力要说服秦孝公,看到秦孝公的眼里露出了不快,这才发现自己刚才的话需要补救,"当然,主公不是贱货。因为,因为主公就不是人嘛。"

越抹越黑,现在秦孝公连人都不是了。

秦孝公黑着脸,没有说话。

"主公是天之骄子啊,是神降大地啊,是……"公孙鞅还要说,被秦孝公打断了。

"鞅,事到如今,恐怕也只能如此了。"秦孝公同意了公孙鞅的建议。

这一刻,公孙鞅的内心实际上五味杂陈。从某种角度来说,他倒希望秦孝公能够否决他的建议,因为他知道,这件事情足以让他遗臭万年。

公孙鞅的第四根大棒令所有人震惊。

新的法律规定,"五家为保,十保相连"。也就是说,五家组成一个"保","保"就是担保的意思,五家中的一家犯罪,如果其余人家没有检举,则与犯罪的一家同罪。十个"保"构成一个集体,由保长管理,互相监督。

这,就是有名的"连坐"。

还有一条规定,有人犯罪,明知而不检举者,同罪;积极检举者,与杀敌同样功劳。这一条,叫作"告奸"。

法令刚出来的时候,大家并不在意。可是,不久之后,人们发现不在意还真不行了。

十五

回过头来,看看当初扛木头的臭球现在过得怎样了。

臭球自从因为扛木头而获得了五十金之后,顿时成了京城的名人,就连祝欢大夫也祝贺他。在祝欢大夫家又干了一阵,因为自己有钱了,于是辞职出来,自己开了个屠宰铺,招了两个伙计,自己当上了掌柜。不过,祝欢大夫家中有猪羊屠宰的时候,依然会叫他回去帮忙,臭球倒也愿意,因为祝欢一向对他也不错。

好日子过的时间不长,麻烦来了,因为公孙鞅发布了法令,酒肉等奢侈品的税负提高了十倍。于是,老百姓能吃得起肉的就少了很多,屠猪宰牛的生意一下子清淡了许多,别说赚钱,就连两个伙计的工资也开不出来了。

许多小商贩混不下去,不得不去开荒种地了。

臭球知道这样下去坐吃山空是肯定不行的,想去郊区买块地吧,可是法律规定了不得随意搬迁。要搬可以,那就去国家给你指定的地方开荒种地。可是,臭球真不想去开荒种地。

一转眼,"连坐"和"告奸"发布了。

臭球的两个伙计叫作张乙和王丙,两人也是整天无所事事,也不知道今后该怎么办。

这一天,又是没有生意,王丙从店里出来到处乱逛。来到城门口,恰好看见一个大胡子大汉在那里大声说话:"狗日的公孙鞅,变个什么狗屁法,真是臭不要脸。"

王丙听得很过瘾。

"兄弟,这小子公然抵制变法,诋毁公孙鞅大人,咱们把他抓起来押送衙门吧。"不知道什么时候,身边钻出一个人来,此人留着一撮山羊胡。

王丙看了山羊胡一眼,摇摇头:"这么缺德的事,你还是自己干吧。"

说着,王丙要走。

山羊胡一把抓住王丙,对着大胡子喊:"兄弟,快来抓住他,此人有奸不告。"

大胡子跑了过来,与山羊胡合力抓住了王丙。

"怎么回事?"王丙高声问。

"少废话,跟我们回衙门。"大胡子喝道,原来,他和山羊胡都是衙役,在这里设了陷阱。

钓鱼执法,这就是钓鱼执法。

看门人目睹了一切,他认识王丙,也认识臭球,于是派人赶紧给臭球送信,说王丙被衙役钓鱼执法,给抓走了。

臭球万万没有想到王丙这个老实巴交的伙计竟然被抓走了。怎么办?想了想,觉得不妨去求祝欢大夫帮忙,怎么说一个大夫的面子应该能够救一个小老百姓的。

于是,臭球切了一块好肉,去求祝欢帮忙救人。

谁知道来到祝欢家的时候,却看见大队的官兵已经将祝欢家包围了,随着吆喝声,祝欢家里的人以及来祝欢家里串门的人都一个个被带了出来。

"怎么回事?"臭球当时有点傻眼,远远地不敢靠近。

一个邻居悄悄地将臭球拉开,告诉他原委。

"说来你还真不敢相信,祝欢大夫的大老婆和小老婆吵架,大老婆嫌祝欢大夫没有帮自己,这不,把祝欢大夫告了个谋反,这下全家都抓进去了。"邻居悄悄地说。

"啊,祝欢大夫多好的人啊,怎么会谋反？这,只凭他老婆一句话,什么证据也没有,就这么抓人了？"

"你真是个老外,自从公孙鞅来了,什么时候抓人要过证据？抓进去直接扔进死牢,根本不审,哪有你辩解的机会？"

"不会吧？"

邻居没有再说什么,悄悄地溜回家了。

就在这个时候,一阵哭喊声传来,一个女人披头散发跑了出来。

这个女人臭球认识,就是祝欢的大老婆,人不算坏,可是缺心眼而且脾气大。

"我不告了,我不告了,还给我老公,还给我儿子。"祝欢的大老婆大声喊着,显然,她反悔了,她一定没有想到自己一时的冲动会有这样的后果。

士兵们将她推倒在地,不去管她。

"我不是人啊,我不是人啊,哈哈哈哈……"祝欢的老婆一边喊,一边笑了起来,她疯了。

臭球也不敢久留,急忙回到自己的铺子里。张乙刚刚睡觉起来,他是个比较懒的人,臭球平时就不大喜欢他。

"不好了,王丙被抓了。"臭球把王丙被抓的事情告诉了张乙,又把祝欢也被诬陷的事情说了一遍,"没人性啊,这什么连坐告奸,真是没有人性。"

张乙原本睡眼惺忪,此时眼前一亮。

臭球在早上醒来的时候发现自己是被吵醒的,之后连裤子也没有穿,就被衙役们给绑了个结结实实。

"为什么？为什么？我认识公孙大人的啊。"臭球没有搞清楚情况,大声问着。

"你被告发了。"一个衙役说。

"告发？告我什么？"

"你告他什么？"门外一个衙役说,随后推了一个人进来。

进来的人是张乙。

"你?"臭球吃了一惊。

"你,你说公孙大人的法律没人性,是不是?"张乙说。

臭球无话可说了,这话他说过,可是他想不到张乙竟然去告发他。

臭球还要质问张乙,却完全没有机会,他被扔到了车上,然后一路押到了死囚牢房。他被扔进死牢中,这才发现这里已经有几十个人,个个都被绑住四肢,就像杀猪的时候绑住猪的四个蹄子,完全没有挣扎的余地。

"我冤枉,我冤枉啊。"臭球声嘶力竭地喊着。

没有人理睬他。

最后他喊哑了嗓子,不得不停下来。这时候他才发现所有的人都已经喊哑了嗓子。

十六

七月份是涨水日子,渭河的水位涨高,水流比平时急了很多。

公孙鞅决定在这个时候处决那些反对变法的人,而这些人多数是被检举揭发的人,其中就包括祝欢、王丙和臭球。

地点就在渭水河边,之所以选择这里,一来是这里比较开阔,能有尽可能多的观众;二来是杀了之后不用费事处理尸体,直接扔到河里就行了。

臭球被押解到了河边,上身绑着,腿上也绑着,不过还能勉强迈开步,这样就不用衙役来抬他了。他一眼看见公孙鞅在台上,这让他想起当初扛木头的那一幕。

"我说话是算数的。"公孙鞅又说了这句让臭球熟悉的话,不过听起来是那么恐怖,"所有反对变法的人,都要受到严厉的惩处。所有检举揭发的人,都会得到奖赏。"

远处的人群中,张乙在看热闹。

观众人山人海,一部分是受刑者的亲戚家属,一部分是告奸者,但是大部分是来看热闹的,他们怀着复杂的心情。

一共七百多人要被处决,没有一个是经过审讯的。为了处决他们,公孙鞅发明了三种刑罚,分别是凿颠、抽胁、镬亨。凿颠就是在脑袋上打洞,抽取脑浆;抽胁就是在胸口下刀,一根一根抽肋骨;镬亨就是煮开水,然后先烫熟四肢,再煮身体。

一声令下,行刑开始。

受刑人发出凄惨的叫声,旁观者中则传出哭泣声和惊讶声。

惨叫声越来越凄厉,还没有执行刑罚的犯人已经被吓昏过去一大半,要用冷水泼头才能醒来。还有直接吓死的,算是免了人间这种登峰造极的痛苦。

观看的人群中已经晕倒了一片,还有当场吓疯的。甚至,连行刑的人也有被吓晕过去的。

哭喊惨叫声惊天动地。

尸体被一个个扔进了渭河,然后被迅速冲走。

观看的人们在离开的时候都脸色惨白,没有人说一句话。

整个秦国陷于恐怖之中。

老百姓、卿大夫都被吓破了胆,就算私下里也不敢说变法一个不字。

可是,一个人愤怒到难以忍受,以至于他顾不上恐惧,要来找秦孝公论理。他,就是甘龙。

甘龙来到的时候,公孙鞅正和秦孝公兴致勃勃地谈论渭河行刑的效果。

"这下,再也不会有人胆敢反对变法了,别说公开说,连想都不敢想了。"公孙鞅得意地说。他感觉自己现在很安全了,因为人们已经被吓破了胆。

"这,老百姓要是都被吓坏了,怎么跟三晋打仗? 怎么报仇呢?"秦孝公问。他所想的,还是复仇的事情。

"主公不必担忧,下一步,就是出台军功制,奖励战功。所谓重赏之下,必有勇夫,复仇的日子不远了。"公孙鞅说,顺口说出了自己下一步的想法。

秦孝公正要说话,看见甘龙大步进来。

原来,甘龙是秦孝公的老师,宫里的人都很熟,他要强行闯进来,倒也没人敢于拦他。

"老师?"秦孝公本能地喊了一声,尽管有些不高兴,还是忍住了。

"主公,我有几句话要来说说。"甘龙尽量压抑住自己的愤怒,轻声说。

"请讲。"

"公孙鞅,"甘龙对公孙鞅说话可就没有那么客气了,不仅语气生硬,还用眼瞪他,"你这个祸国殃民的东西,你这个禽兽不如的家伙。"

"有话好好说,不要骂人嘛。"公孙鞅知道秦孝公站在自己这一边,所以并不怕甘龙。

"公孙鞅,自从你来到秦国,蛊惑主公,就没有干过什么好事。到如今,竟然搞起了连坐告奸,弄得秦国上下人人自危,人伦颠倒,人性泯灭。驱百姓如牛羊,任意屠宰,制造恐怖。卿大夫尊严扫地,百姓恬不知耻。即便是蛮夷也没有到这样的地步,自有人类以来都没有过这样的事情。"甘龙破口大骂。

"老龙,你这么说就没有道理了。我这么做,往近了说,都是为了变法能够顺利实行;往远了说,都是为了主公的复仇梦能够完成。"公孙鞅不紧不慢,不卑不亢地说。

"啊呸!公孙鞅,你一口一个复仇大业,可是百姓在你眼里是什么?在你看来,百姓只需要知道三件事:种地、打仗、生殖。那么,百姓与鸡犬牛羊有什么区别?与禽兽有什么区别?"

"哈哈哈哈,老龙啊,百姓就是鸡犬牛羊,就是禽兽啊。他们不过是国君豢养的走狗,圈养的猪羊。"

"你,你满嘴喷粪。"甘龙气得就差跳起来打公孙鞅了,他转头对秦孝公说,"主公,你看看,你看看,这还是人话吗?"

秦孝公没有立即回答,而是稍稍沉吟了一阵。

"甘龙老师,记得从小您就和杜挚老师教我,除了诗书礼乐,你们教给我的就是仇恨,就是对晋国人的仇恨。所以从小开始,我就立志要向晋国人报仇。可是,如今公孙先生在帮助我一步步实现复仇梦想的时候,您却要出来阻拦,为什么?如果你们不希望看到今天这个样子,当初又为什么要对我进行仇恨教育呢?"秦孝公幽幽地说,不紧不慢却态度鲜明。

甘龙哑口无言了。

一来,他没有想到秦孝公竟然完全站在公孙鞅那一边;二来,秦孝公说得不错,仇恨教育是秦国国君贯穿始终的教育。

看到甘龙的气焰被打下去,公孙鞅更加得意。

"主公,甘龙先生公然反对变法,该当何罪?"公孙鞅展开反击。

秦孝公看了看公孙鞅,再看了看甘龙。

甘龙并没有惧怕,来之前他就做好了最坏的准备。

"算了,老师老了,老年痴呆了。"秦孝公说,他还是决定放老师一马,"老师,回去安享晚年吧。"

第 八 章

复仇开始了

整个国家弥漫着恐惧,恐惧已经占据了人们的整个头脑,于是仇恨反而被忽略。

公孙鞅的车队来到街市的时候,公孙鞅再也看不到仇恨的目光,而是恐惧的眼神。

"乡亲们,你们过得还好吗?变法给你们带来实惠没有?"公孙鞅现在终于敢下车,并且很亲民地询问百姓了。

"好好,好得很。"百姓们都这样回答。除了这样回答,还有什么其他答案吗?

"看见没有,人们都很拥护变法啊。"公孙鞅说。

一些人似乎从中看到了机会,他们认为这个时候主动去向公孙鞅拍马屁应该可以得到比较高的回报。

于是,一些人来到了公孙鞅的官邸,向他表达自己对于变法的衷心热爱:"左庶长大人,变法真是太好了,真是变到了我们老百姓的心上。不瞒大人说,一开始我们确实有抵触情绪,可是后来终于体会到了变法的好处啊。"

可惜的是,他们太不了解公孙鞅了。

公孙鞅的逻辑是:只要我说的,就是你们该做的。你们不能说不好,我也用不着你们说好,我只需要你们闭上你们的鸟嘴。

所以,对于这些主动溜须拍马的人,公孙鞅给他们的回报就是:全部迁到边远地区开荒种地。

从此以后,秦国人再也不敢议论法令。

十七

公孙鞅又陆续出台了一些"深化变法"的法令,依然指向全面发展农业。

公孙鞅规定，禁止音乐和奇装异服，当然，国君除外。那么，农民在外出劳作时就不会看见奇异服装，在家里休息时听不到使人丧失意志的音乐，他们就没有什么奇思妙想，对享受生活没有什么概念，他们的精神和意志就不会涣散，他们的心思一定会专心在农业生产上。

公孙鞅还规定，卿大夫以及宗室贵族家中，除了具有继承权的嫡长子，其余子孙必须承担徭役税赋，与普通人等同。这样，就逼迫他们不得不加入开荒种地的大军之中。

卿大夫和宗室贵族对此恨之入骨，可是有了公子虔和公孙贾的前车之鉴，眼看甘龙都不敢出声了，谁还敢说个不字？

种种发展农业的措施极大地刺激了秦国的农业发展，三年以后，秦国粮食储备大增，耕地面积增长一倍以上。

"鞅，看来发展农业的策略很成功啊，怎么样，可以出兵攻打三晋，实现复仇梦了吗？"秦孝公眼看着变法初步成功，十分高兴，急着要报仇去了。

"主公，心急喝不了热鸡汤啊，别急。咱们的变法虽然成功，可是得罪人也不少，老百姓也未免是口服心不服。贸然出兵，恐怕不妥。"

"那，那该怎么办？"秦孝公有些失望，他一直在盼望着复仇。

"主公您还要强化统治，让大家心服口服，对您既心存恐惧，又感恩戴德，唯您的马首是瞻。那时候，就可以考虑出兵报仇了。"公孙鞅早就想到了这一点，也早就想好了办法。

公孙鞅的办法叫作"利出一孔"，也就是说，所有的利益都要归结到一个地方，自然所有的利益也就只能从这个地方出去。那么，这个地方是哪里？就是国君，或者叫国家。

譬如，商业的利益统统归属国家，副业的利益统统归属国家，甚至，农业的利益也统统归属国家。

公孙鞅规定，百姓家中不得有余粮，口粮之外的粮食全部卖给国家。这样，国家就控制了大家的生存。当粮食歉收的时候，国家会低价卖粮食给你，这个时候你就会感谢国家，感谢国君，发自肺腑地愿意为国效力，为国君献身。

同时，政府还积极包办各种婚姻，让个人生活最大程度与国家相关联，这样就能无时无刻不关注和热爱国家和国君。

转眼又是三年过去，秦国的百姓们开口必谈国君，开口必谈国家，他们可以没有父母兄弟，但是一定不能没有国君；他们可以没有家族和家庭，但是不能没有国家。

"鞅，你真牛啊，这也办到了。"秦孝公非常高兴，又想起报仇的事情来，"怎么样，复仇梦该实现了吧？"

"现在，农业发展了，人心也有了。但是要报仇，还有一件事情要做。"公孙鞅就像个戏法大师，一个一个地抛着包袱，诱使着观众不得不跟进。

"还有？"秦孝公显得有些不耐烦了。

"那，最后一个了。"公孙鞅说，确实是最后一个。

"那快点吧。"

公孙鞅的这一招叫作"军功爵位制"。

十八

"主公，如果换了是您，现在不是国君而是秦国百姓，您的幸福感怎样？"公孙鞅问。

"这……"秦孝公没有想到公孙鞅会问这样的问题，这样的问题他从来没有想过，老百姓过得怎样，关他什么事？不过既然问起来，自然要想想，这也是个有趣的问题。

要说秦国人民幸福吗，还真不知道幸福在哪里；要说秦国人民不幸福吗，那岂不是说自己不是一个好国君？

一时，秦孝公还真没想起来怎样回答比较好。

"主公，说实话就行。"公孙鞅及时提醒，反正这里没有外人。

秦孝公沉吟了一下，实话实说了。

"我觉得吧，秦国百姓真是活得很没劲，每天就是种地种地种地，没盼头没想头没奔头，跟行尸走肉没啥区别。"

"主公，这就对了。"公孙鞅笑着说。

秦孝公愣了一下，把百姓折腾成这样就对了？

"主公，我听说，三年没见过女人的，给他头母猪他也要上。秦国百姓活得无聊，精力无处发泄，只要主公给他们一点奔头，他们就会挤破头皮往上冲。我这里设计了军功爵位制，只要在战场上杀敌，按照杀敌人数的多少晋升官爵，他们还不玩了命地杀敌？一夫拼命，足惧千夫啊。如果咱们秦国都是这些拼命的士兵，何愁复仇大梦不能早日实现？"公孙鞅顺势推出了军功爵位制。

"好，就这么办。"

过去，普通士兵即便是立了战功，只要不是特别重大的战功，都不会获得爵位的提升。为什么这样？因为爵位都被卿大夫及宗亲贵族占满了。而公孙鞅来到之后，免除了大量世袭爵位，腾出了大量空缺。

为了鼓励作战，公孙鞅将爵位拿出来奖赏作战立功者。

军功爵位制共分二十级，分别为：一公士，二上造，三簪袅，四不更，五大夫，六官大夫，七公大夫，八公乘，九五大夫，十左庶长，十一右庶长，十二左更，十三中更，十四右更，十五少上造，十六大上造（大良造），十七驷车庶长，十八大庶长，十九关内侯，二十彻侯。

这里，对其中一些爵位进行介绍。

公士。士兵只要斩获敌人一个首级，就可获得一级爵位（公士）、田一顷、宅一处和仆人一个。

上造。高于公士，田一顷半。做囚犯的父母就可以立即释放。如果他的妻子是奴隶，也可以转为平民。

簪袅，高于上造，仍须服役。

不更。即可免充更卒（轮流服役的兵卒）之意，但其他之役仍须照服。

大夫。进入大夫序列。

公乘。以得乘公家之车，故称公乘。

左庶长。进入卿系列。公孙鞅变法之前秦国有四种庶长：大庶长、右庶长、左庶长、驷车庶长。四种庶长都是职爵一体，既是爵位又是官职。大庶长赞襄国君，大体相当于早期丞相；右庶长为王族大臣领政；左庶长为非王族大臣领政；驷车庶长则是专门执掌王族事务。四种庶长之中，除了左庶长可由非王族大臣担任，其余全部是王族专职。商鞅变法之后，各庶长便虚化为军功爵位，不再有实职权力。

在军中，爵位高低不同，每顿吃的饭菜都不一样。三级爵（簪袅）有精米一斗、酱半升、菜羹一盘。二级爵位（上造）的只能吃粗米，没有爵位的普通士兵能填饱肚子就不错了。

军功爵是可以传子的。如果父亲战死疆场，他的功劳可以记在儿子头上。一人获得军功，全家都可以受益。

俸禄，以实物的形式向各级官吏发放俸禄。主要是粟米，可兑换布匹。有的时候国君还会发给官吏以钱币、黄金，但数量较少，不属于正常俸禄。

俸禄按年发放。俸禄的数量,公士年俸五十石,之后每升一级多五十石,彻侯为一千石。

总之,随着爵位的提升,田宅、俸禄、臣妾等等都有体现,并且爵位可以抵罪。

毫无疑问,只要多立军功,多杀敌人,就能过上体面幸福的生活。否则,就是猪狗一样的无聊辛苦人生。

当然,公孙鞅不会忘记他最擅长的惩罚。

秦国军队按五人为单位进行编制,如有一人临阵脱逃,加刑于其余四人;四人中如果有斩敌首级者,则免罪。每五名士兵中设有屯长,每百人中设有百将,作战中没有斩获敌人首级的,该部队的屯长和百将都要被处死。而麾下士兵斩首满三十三颗,屯长和百将赏赐爵位一级;攻打敌国城池,斩首满八千颗,野战斩首满两千颗,主将都可以获得赏赐。

对于违反军纪、临阵脱逃的官兵,公孙鞅给出了不同的处罚手段。其中,最轻的是鞭打,重一点的是肉刑,削鼻子砍脚割小鸡鸡等等,更重的则是各种残酷死刑,譬如活埋、车裂、弃市、腰斩等等,往往同时伴随家属连坐。

十九

秦孝公八年,也就是公孙鞅变法的第五年,秦国人终于出动了。

对于秦孝公来说,复仇之弓已经拉开。而对于公孙鞅来说,这才是考试的开始,之前所做的一切都只是铺垫。

对于公孙鞅有利的一点是,魏国人已经将重点放在了东部,并且与东部国家战争不断。这样,魏国人的西部力量就不强大。

公孙鞅动员了秦孝公亲自出马,第一个目标是攻打魏国元里。

秦军出征之前,公孙鞅做了两场动员。

第一场,专门讲述晋国人和魏国人如何丧尽天良,长期欺压秦国人,导致秦国人民流离失所,痛苦不堪,脆弱的心灵遭受摧残。这一场,讲得秦国士兵咬牙切齿,发誓要魏国人血债血偿。这,就是仇恨教育。

第二场,公孙鞅详细讲解了军功爵位制,给大家描述了立功受赏之后的美好前景,以及临阵脱逃的悲惨下场。这一场,讲得大家眼前发光,盼望着战斗早日开始。

元里即是少梁,少梁原本是梁国领地,而梁国原本是秦国同宗。可是,梁国最终被魏国所灭,成了魏国的地盘。

三万秦军杀奔元里,元里有魏国守军七千人。

尽管魏军人数处于劣势,可是长期欺负秦国的魏国人认为秦国人就是一帮贪财的蠢怂,永远犯错永远不知道改正的蛮夷,所以,他们根本不把秦军放在眼里。于是,魏军毫不犹豫地迎战。

两军相交,魏国人还是用屡试不爽的老办法引诱秦国人犯错,牛羊衣帛扔了一地,就等着秦国士兵上去哄抢。

可是,这一次魏国人错了。

秦国士兵们对各种财物根本不感兴趣,也不敢感兴趣,因为公孙鞅早就下令,谁敢在战场上抢夺财物,全家腰斩。

秦国士兵们对什么感兴趣?魏国人的脑袋。

在秦国士兵的眼中,对面的魏国人根本就不是完整的人,而是一个个行走的脑袋。而这些脑袋,就是田宅财产,就是老婆孩子,就是幸福生活。现在要做的,就是把这些脑袋砍下来,别在腰间,然后就什么都有了。

秦国士兵们红着眼冲向魏军,还没有交锋,那种气势就让魏国人毛骨悚然。两军交锋,秦国人根本不顾死活,一旦砍翻一个魏国士兵,紧接着就去砍脑袋,然后用头发绑在腰间,再去砍第二个脑袋。这秦国士兵哪里是人,分明是饿极了的狼。

魏国士兵崩溃了,杀人他们未尝不会,可是砍脑袋这样的事情真没干过,腰上拴着个脑袋继续杀人,这得多么大的心理承受力啊?

魏国士兵受不了了,于是纷纷转身逃命。

按着惯例,战胜一方是不追败兵的。可是,秦国士兵们不管这些,眼看到手的脑袋就要跑了,那可不行。

于是,秦国士兵们紧追不舍。

魏国士兵们彻底崩溃了,他们两脚发软跑不动路,只好跪地求饶。

"脑袋!脑袋!"秦国士兵们没有看见活人,只看见一个个脑袋在不停地磕头,所以他们兴奋地上去收割了。

七千魏军,无一逃生。

七千颗人头,无一漏网。

秦军轻松占领元里,将城里所有军民掳回秦国做奴隶,其他能搬走的全部搬走。

剩下的,就是七千具没有头颅的魏军尸体。

小试牛刀,公孙鞅大获成功。

第 九 章

郡县制

元里之战让整个秦国沸腾了,尽管人们不喜欢现在的生活方式,可是能够向魏国人复仇还是令大家兴奋。

立了战功的秦国士兵迅速获得了应得的奖赏,一些人立马过上了传说中的幸福生活。

榜样的力量是无穷的。

现在,秦国的青壮年们都盼望着上战场,盼望着杀人砍头立功受赏,过上好生活。

耳听为虚,眼见为实。秦孝公终于见到了变法之后秦军的战斗力了,这些秦军简直就不是人,而是一群豺狼野兽,这样的军队,谁能够抵挡? 什么战术可以击败他们? 没有。

“鞅,从今天开始,你就是大良造。”秦孝公任命公孙鞅为大良造,尽管这不是秦国最高等级的职位,但是没有人是更高等级的,因此,公孙鞅现在的职位已经是最高等级了。

而且,左庶长不过是行政级别,而大良造是军队级别,是除国君之外的最高指挥官。这意味着,公孙鞅现在是军政一起抓,响当当的秦国二号人物。

“老子终于成功了。”公孙鞅心中暗自高兴,他现在要做的就是帮助秦孝公彻底击败魏国,让魏国人尝尝他公孙鞅的厉害。

二十

大良造公孙鞅为什么没有占领元里?因为他知道魏国还很强大,在这个时候与魏国人决战并不明智。所以,他仅仅把元里之战作为一个测试,一个路演,并不希望因此而把魏国的主要注意力吸引过来。

果然,魏惠侯在得知元里失守之后大吃一惊,但是随后得知秦国人主动

撤军,又松了一口气。为了不影响正在与中原诸国作战的魏军的士气,他甚至下令隐瞒了这个消息。自然,也就没有准备对秦国进行报复。

"鞅,什么时候干一票大的?"秦孝公问。在报仇的问题上,他比公孙鞅更急。

"主公,虽然咱们在元里取得了一个小小的胜利,可是魏国毕竟实力强大,咱们还需要等待。现在的形势是,魏国就像一头老虎,正在与赵国、齐国、楚国、宋国这些野狗们互咬。咱们呢,就是一头狼,远远地躲在老虎的屁股后面,冷不丁地咬他一口。在元里,咱们算是咬了一口。现在咱们要等更好的时机,狠狠地咬他一口,最好能直接咬下他的尾巴。"公孙鞅打了个比方,倒是很贴切。

"好,好,最好直接咬下他的卵蛋,哈哈哈哈……"秦孝公也觉得公孙鞅的比喻很贴切,索性自己又发挥了一下。

"哈哈哈哈……"公孙鞅也笑了。

转眼两年过去,到了秦孝公十年。这一年,魏国进攻赵国的邯郸,齐国和楚国双双出兵救援赵国。

机会难得,机会难得。

这样的机会,自然逃不过有准备的公孙鞅的眼睛。

"主公,机会来了。"公孙鞅把当前的国际形势汇报了一遍,告诉秦孝公这是一个十拿九稳的机会。

"好,打哪里?少梁,还是上地?"秦孝公很兴奋,决定打一个大一点的地方。

"不,安邑。"公孙鞅比秦孝公的胃口更大,要知道,安邑是魏国从前的首都,而且更具纵深。

公孙鞅知道,魏国人眼下根本腾不出手来救安邑,现在趁火打劫绝对是手到擒来。

秦军越过西河,直接包围了安邑。

此时,魏军主力正在攻打邯郸,还要面对齐国援军,而身后是楚军威胁首都大梁。所以,魏军根本无法救援安邑。

从另一方面来说,自从魏国迁都以后,重心到了中原,安邑作为旧的首都已经不再重要,现在也已经衰败得很厉害。

在这样的情况下,安邑守军根本无力对抗秦军,也根本无法守住安邑,再加上知道秦军砍头以及追杀的嗜好,哪里还敢对抗。所以,秦国大军一到,不等开战,安邑守军就大开城门,投降了事。

虽然投降也没什么好果子吃,总好过被砍了头给秦军挂在腰间。

轻松拿下安邑之后,公孙鞅得到了最新的线报,于是决定撤军。

是什么线报让公孙鞅决定撤军?

原来,魏军已经攻占了邯郸,之后与赵国和齐国达成了停战协议,而楚军也已经南撤回国。这意味着,魏国人已经腾出手来,即将转过头来救援安邑。

与魏国精锐作战,公孙鞅并没有把握,毕竟,他并不懂得兵法,而魏军的战略战术一直是领先于其他国家的。

当魏国大军杀到安邑的时候,秦国人已经走了很多天了。

两次攻打魏国,两次大获全胜。这样的战绩,在秦国过去是没有过的,甚至想都没有想过。

"狗日的公孙鞅。"秦国人民都这样说,充满了仇恨和佩服。

最高兴的人自然是秦孝公,连出了两口恶气,心里爽多了,对公孙鞅的欣赏也更多了。

"鞅,咱们什么时候夺回西河?"秦孝公问。两次胜仗固然很爽,可是撤军总是令他感觉不尽兴。

"主公,坐山观虎斗听说过么?别急啊,魏国与赵国、齐国之间迟早还要打,等到两败俱伤,或者魏国被击败的时候,咱们再趁火打劫,不是事半功倍?"公孙鞅倒不急,他看得比秦孝公要远得多。

秦孝公想了想,觉得有理。坐山观虎斗和趁火打劫这样的想法他是从来没有过的,秦国人一向朴实,不会趁火打劫。

"你说得有理,可是,咱们就干等着?"秦孝公问,这些年来年年变法,整得挺热闹,要是突然没事干了,岂不是很无聊?

"怎么会?还有大事要做呢。"

二十一

公孙鞅所说的大事确实是大事。

经过两次对魏国的战争,公孙鞅已经确认秦国具备了向东方发展的实力。

此前,秦国建都在雍,意在全力对抗西戎。如今,西戎都已经成了秦国的

部分,因此,栎阳作为首都就已经显得落伍了。

既然已经确定了东进的策略,那么,国家的重心就应该东移。换句话说,迁都应该提到议事日程上来了。

"为了逐鹿中原,魏国人迁都到了大梁。如果我们要向东发展,雍是不足以为首都的。"公孙鞅分析了形势,提出了建议。

"嗯,你说得对。而且,栎阳地方狭小,城池破旧,就是戎狄水平的大窑子。说句实话,中原国家来个使节什么的,我都不好意思说这就是我们的首都。"秦孝公跟公孙鞅有同感,基本上,公孙鞅说的,就是他想说而没说的。

"所以,我们要新建的都城,一要便利,二要宏伟,三要靠东。总之,按照国际化大都市的标准去建。"公孙鞅早有成竹在胸,说起来,他是见过世面的人。

"那,什么也别说了,选址、设计,都拜托你了。"秦孝公有些急不可待起来,虽然贵为国君,可是国际化大都市他还真没见过。

公孙鞅为秦孝公选定的新都城在咸阳,此地位于泾水渭水交汇的三角地带,都市的垃圾可以随水而去。同时渭河又是一条水上通道,打起仗来,顺流而下,运兵马运物资十分便利。

"好好,老子在上游拉个屎,晋国人就在下游吃,哈哈哈哈……"秦孝公得意地笑了,过去还真没想到这一点。

城市设计上,公孙鞅决定参照鲁国曲阜、卫国楚丘和魏国大梁来进行建造,设计的工匠早已经悄悄请到了,城市模型都有了。当然,宫殿的部分也有专门设计。

"好,太好了,真不愧是国际化大都市啊。"秦孝公也算是开了眼界。

就这样,在公孙鞅的主持下,咸阳开始建设。一年后,咸阳建成,秦国正式迁都。

在迁都的同时,公孙鞅还在秦国主持实施了郡县制。

什么是郡县制?

周朝采取的是分封制,也就是封建制,周王把土地分封给子孙功臣,就是诸侯,诸侯以周王为共主,但是各自国家各自管理,周王不干预。在经济上,周王仅仅收取贡品,象征意义远大于经济价值。

那时候,诸侯国都不大,方圆百里就算大国。

可是,到了春秋后期,经过春秋时期大规模的兼并重组,一些诸侯国变成了真正的大国,这个时候,诸侯国就要考虑大国的统治模式。从周王室的衰微中他们得到一个结论:不能把所有的地盘都封出去,军队一定要掌握。

在这样的想法下,一些国家开始设置县,由国君直接派地方行政长官进行管理。县有两种模式,第一种是没有分封出去的土地,第二种是分封出去了,但是地方管理权不给领主,而是由君主派出人管理。

根据现有记载,最早设县的可能是楚国的楚武王。楚武王灭掉权国,将其改建为县,是为设县之始。楚国最初的县,是封出去的,但是同时派出行政长官。也就是说,被分封者享受土地和人民的收益,但是行政管理归于国君派出的行政长官。这样,就能避免被分封者做大做强,割据一方,分裂祖国。被分封者通常称为公,譬如叶公、息公等,而县的行政长官称为尹。

郡与县又不同,郡最初都是在偏远地方,由于人口稀少地方偏远,这些地方往往不封出去,但是又需要守护,于是成立军事目的的机构,就是郡。由于地小人少,一开始郡的级别地位都低于县。但是随着人口的增加,边境的延展,郡的地位逐步上升,最终超过县并且下辖县。譬如,楚国的宛郡就下辖几个县,郡的长官通常为军事长官,称为守,由国君直接任命。

不管是县还是郡,其行政长官都不具有世袭的权力。

显而易见,郡县制大大提升了国君的集权,也大大提升了国家的整体力量,并且很大程度上避免了国家内乱和分裂。

所以到了春秋末期和战国初期,中原各国纷纷设立郡县。

公孙鞅在秦国推行郡县制,无疑是学习魏国的制度。对于他来说,设立郡县制的目的非常清晰。

首先,打击和限制秦国的旧贵族,也就是俗称的既得利益阶层。这个阶层,是变法的最大对立面,彻底打垮他们,才能让变法持续深入下去。

其次,秦国要东进,必须集中全国的力量,郡县制恰恰能够做到这一点。

所以,当公孙鞅提出郡县制的构想之后,秦孝公全力支持。

秦孝公十二年,秦国开始实行郡县制,把乡、邑、聚等合并为县,建置了三十一个县。县令为一县之长,由秦孝公直接任命,下设县丞掌管民政,县尉掌管军事,此外,还设有管理各种事务的啬夫和令史等官吏,国家对这些官吏实行定额俸禄制。

郡县制之后,由于管理上的便利,公孙鞅对农田进行了统一的重新丈量划分,增加每亩地的面积,扩大农民的耕种面积。与此同时,兴修水利,发展农业。

两年之后,秦国"初为赋"。什么是"初为赋"?关于这一点,历来解释非常多,然而却没有权威的说法。综合各种说法,"初为赋"似乎更应该是"开始征收口赋"的意思,也就是开始征收人头税。

此前,没有人头税,只有按户征收的田税。因此,所有人家,只要儿子还没有成亲,一律不分家。此时按照人头征税,所有男丁成年之后就开始征税。所以,如果一家中兄弟成年之后不分家,人头税就增加一倍。

有了人头税,秦国的税收又多了一大块。

从这一年起,十年的时间里,秦国专心于农业,与各国保持友好关系,甚至率领一些小国朝拜周王。

魏国被彻底麻痹了,各国被彻底麻痹了,天下被彻底麻痹了。

公孙鞅就像一个绝顶的炒股高手,建仓之后便耐心地等待时机。

二十二

公孙鞅始终觉得一个人很讨厌,非常讨厌。

这个人,就是景监。

公孙鞅很享受每个人见到他都像老鼠见到猫的感觉,他觉得这是他成功的标志。可是,只有一个人在他的面前很随便,这个人,就是景监。

因为对公孙鞅有恩,并且自以为两人是老朋友,景监似乎不太把公孙鞅当作秦国的第二号人物,而是当成了哥们,说话也不注意,嘻嘻哈哈甚至勾肩搭背。这让公孙鞅很恼火,有的时候也会很尴尬。不过最让公孙鞅恼火的是,景监还在喝多了的时候揭自己的老底,讲自己当初在魏国怎样混得一屁潦倒,一个朋友也没有。讲公孙鞅当初投靠自己时怎样厚着脸皮求自己,怎样勾搭自己的小女佣,结果被小女佣放了鸽子,等等。

公孙鞅越来越不能忍受景监了,所以他决定实践自己当初暗中发的誓:把景监变成太监。

"景监大夫,很多人想要恢复诗书,其实我也想。可是,我还真不好意思提。你看这样行不,你来向主公提出来,我趁机附和你,这事情可能就成了。到时候,秦国人民都会感激你,功劳也是你的。你看,怎么样?"这一天,公孙鞅挖了个坑给景监去跳。

"鞅,好啊好啊,咱们就该互相配合嘛。"景监还在嘻嘻哈哈,完全没有料到自己正在进入公孙鞅的陷阱。

其结果可想而知,景监傻啦吧唧在秦孝公面前提到了恢复诗书,而公孙鞅却没有如预想般的附和,而是做出大吃一惊的样子。

"啊,景监大夫,你这不是公然反对变法吗?主公,这,这该当何罪?"公孙鞅演得真好,秦孝公竟然完全看不出来。

按照秦律,反对变法就是死罪。

"那,我只好大义灭亲了。"秦孝公表态,为了复仇大业,一个小小的宠臣在所不惜。

"那,我也只好大义灭亲了。"公孙鞅假惺惺地说,好像他跟景监的关系真的很铁一般。

景监当场吓得尿了裤子,想要痛骂公孙鞅,可是他知道这样的结果只会使自己死得更惨;想要争辩,可是其结果恐怕也是死得更惨。

怎么办?景监还算聪明。

"主公,我错了,我错了还不行吗?公孙大人,我错了,我太他妈错了。看在我也为秦国复仇大业出过力的份上,就饶了我吧。"景监这个时候只能哀求了,这大概是唯一可以活命的办法了。

秦孝公没有说话,而是转头看看公孙鞅。

"这样吧,说起来,景监大夫也真是功臣,没有他,我也不可能为主公效力。我公孙鞅不是个忘恩负义的人,我请求主公宽恕他,将爵抵罪。"公孙鞅说得情真意切,似乎真的不是个忘恩负义的人。

秦孝公一时没有答话,该怎么处置景监呢?他没想好。

于是,公孙鞅接着说:"主公,我看,死罪饶过,活罪不免,施以宫刑就算了。"

"嗯。"秦孝公点了点头,算是同意。

就这样,景监成了太监,官爵也被免去,成为庶人。没办法,靠给人帮佣凑活活着。

从那之后,景监再也不多说话。在他的心中,只有仇恨。

第 十 章

朋友啊朋友

秦孝公二十一年,东边终于又打起来了。

魏国再次攻打赵国,赵国再次向齐国求援,齐国再次围魏救赵。

魏军主力回撤救援大梁,却在马陵遭到齐军的伏击,太子申被俘,将军庞涓被杀,全军覆没。

魏国面临亡国危险,魏惠侯向齐国求和。

二十三

"主公,收复西河的机会到了。"公孙鞅得到魏军主力被齐国全歼的消息之后,兴奋异常,立即来见秦孝公。

秦孝公也已经得到了消息,正在幸灾乐祸还没有想到趁火打劫这件事情。

"是哦。"秦孝公恍然大悟,等了十年的机会,终于来了,自己却没有反应过来。

秦孝公任命公孙鞅为主将,率军十万讨伐魏国。

听说要攻打魏国,秦国人民纷纷踊跃报名,不为别的,就为了能够立功回来过上好日子。

"奶奶个怂的,还能出趟国。"有人这么说。是啊,现在出趟乡都难,别说出国了。

托关系找门路,就是为了能够加入秦军。

临行之前,有父亲送儿子的,有哥哥送弟弟的,有妻子送丈夫的,他们都这样叮嘱说:要是不砍几个脑袋带回来,就别回来了。

脑袋,听起来就像土特产一样。

魏国新败,刚刚和齐国签署了丧权辱国的条约,还没缓过劲来,就听说秦国人来了,而且是十万大军。

魏国上下慌作一团,魏惠侯紧急动员,总算是拼凑了八万人的部队,派自己的儿子公子卬率军迎击秦国人。同时,向齐国和赵国求援。

秦、魏两军在安邑相遇。

公孙鞅虽然领兵前来,心里还是有些打鼓,毕竟自己不是做将军的料,手下也没有几个懂打仗的,前面两次胜利都不是真正意义上的大规模对抗,如今魏国军队哀兵前来,自己这两刷子究竟行不行呢?

正在担心,线报来报:"魏国主将是公子卬。"

听说魏国主将是公子卬,公孙鞅笑了。

原来,公孙鞅认识公子卬。

当初,公孙鞅在公叔痤家中做中庶子,经常可以见到魏武侯的儿子们前来。原来,魏惠侯十分敬重公叔痤,也让儿子们有事没事去公叔痤府上转转,多跟公叔痤请教。因此,公子们隔三差五地来。

公子们来了,公叔痤自然要陪,可是不可能每次都陪,也不可能每次都从头陪到尾,因此,难免让一些门客代为陪客,而公孙鞅就经常被派这样的活,因为他学识广,口才好。

公孙鞅陪公子卬的次数比较多,因为公子卬性格比较闷,也很质朴,需要公孙鞅这样话多机变的人去点拨。

所以说起来,两人还算得上是熟人。

"熟人,熟人,坑的就是熟人哪。"公孙鞅自言自语,他已经有了对付魏国人的办法。

公子卬率领着魏军来抵御秦国人,心里也在打鼓。

魏国新败给了齐国,能打的会打的基本上被一锅端,不是战死就是被俘。所以,在实在没办法的情况下,魏惠侯只能派他出来了。可是,对付虎狼一般猎头的秦国人,想想都怕。

"怎么办?"来到前线,公子卬发愁啊。他不知道,其实公孙鞅也很发愁。

正在发愁,突然秦军使者到。看样子,是要约战了。

公子卬整理了一下情绪,装作一副很有信心的样子,把秦国使者请了进来。

"说吧,何时决战?"公子卬问。

"公子,我家主帅托我给您带个话。我家主帅说他在魏国的时候跟公子是朋友,特别佩服公子的人品。如今公子率军前来,我家主帅真不好意思跟

公子开战。所以，我家主帅诚挚邀请公子前往秦营，把酒言欢，再叙前情，交换土特产，签署八辈子友好的互不侵犯条约，然后各自撤军。不知公子意下如何?"秦国使者一口气说完，很恭敬地等待着公子卬的答复。

"啊。"公子卬喜出望外，除了可以不打仗，还感觉自己的人品确实不错。"哎呀，难得公孙先生还记得我啊，公孙先生当年的学问给我留下了非常深的印象啊。那什么，定的什么时间?"

"明天中午怎样?"

"好啊，一言为定，不见不散。"

事情就这么定了，秦国使者完成了任务，高高兴兴回去了。

"这下好了。"公子卬十分高兴，以为万事大吉。

"公子，我看，这宴席不能去，公孙鞅这人不是什么正人君子，一定有阴谋。"副将魏错急忙劝止，他算是比较有经验的人，做事比较小心。

"怎么会? 我跟他可是老相识了，他不是那种人。"公子卬不听劝阻，执意要去。

没办法，魏错拦不住公子卬，只好精心布置防守，以防万一。

公子卬如约来到了秦军大营，看见秦军将士，公子卬不禁一阵阵胆寒，从秦军将士的眼中，他看到一个个如饥似渴的眼神，像猎鹰盯着地上的兔子。

"在他们的眼中，我不过是个能移动的脑袋吧?"公子卬想到这里，不禁打了一个寒战。

公孙鞅在中军大帐前迎候，看见公子卬来到，热情地迎了上去。

"公子，真是想不到啊，我们竟然又见面了。哎哟，胖了，高了，比以前更帅了。"公孙鞅一连串的寒暄，就像个多年未见的老朋友。

"我们好像没有这么熟吧?"公子卬暗想，可是表面上还要做出感慨的样子。"是啊是啊，时间过得真快啊，在秦国还过得习惯吧?"

两人虚情假意地互相问候一番，手把手进了大帐。大帐里，酒菜早已经备好。两人相互谦让着入了席，把酒言欢。

公子卬的随从们则被安排到旁边的军帐中喝酒，自有秦国的军官陪同。

看到公孙鞅的热情，公子卬更加放心了。

两人谈论了一些两人都认识的人的情况，又说了些魏国的事情，总之就是瞎扯淡一阵。终于，酒足饭饱，开始进入正题。

"公孙先生，那，咱们是盟誓，还是就这么口头说说?"公子卬问起和平协议的事情来，毕竟这才是今天来的目的。

公孙鞅没有回答，而是站了起来，在大帐里走了一圈，又走回来，这才说话，但是已经变了一副面孔。

"公子啊，看来，你还是太年轻太幼稚，想法太简单，你明白吗？"公孙鞅居高临下，以一副教训的口吻说。

"什么？"公子卬没有回过神来。

"作为一个长者，我必须告诉你这一点，必须告诉你生活的真相。"

"什么一点？什么真相？"公子卬更糊涂了。

"熟人是用来坑的，朋友是用来背叛的。"

公子卬一愣，现在他大概知道是怎么回事了。

"你，你在开玩笑？"公子卬还心存侥幸。

"谁跟你开玩笑？来人，拿下。"公孙鞅彻底翻脸，一声令下。

大帐内的秦军卫士一拥而上，像老鹰捉小鸡一般捉住了公子卬。

"公孙鞅，你，你是个什么狗屁长者，你，你，你老不要脸。"公子卬愤怒了，愤怒甚至盖住了恐惧。

"哈哈哈哈，人嘛，总要有个一技之长嘛。"公孙鞅大笑起来，看着出离愤怒的公子卬，他觉得很好笑。在秦国这么多年，他已经没有任何同情心了。

公子卬气得满脸通红，已经说不出话来了。

公孙鞅走近公子卬，贴近他的耳朵，轻轻地说："公子，你应该感谢我，至少，你还活着。想想你的手下吧，他们很快就要变成无头的尸体了。"

说完，公孙鞅一转身，大声下令："传我的号令，准备出击，攻打魏军大营。"

魏错是个宿将，他很担心公子卬会掉进秦国人的陷阱。所以，在公子卬去赴宴之后，魏错就开始布置防守，提防秦国人的袭击。

眼看到了下午，还不见公子卬回来，魏错就感觉到形势有些不妙。正想派人去探看，就看见二三十个大汉光着屁股狂奔而来，无一例外地用手捂着脸。

"什么人？"魏错吃惊。

等到大汉们跑近了，魏错才发现这些光屁股大汉竟然是公子卬的卫士们。别说，脱了裤子，还真不容易认。

"你们捂着脸干什么？"魏错大声问。

于是,卫士们把手都拿了下来。

魏错大吃一惊,每个卫士的鼻子都被削掉了,手拿掉,满脸是血。

"啊,怎么回事?"魏错急忙问。

卫士们没有了鼻子,说出话来嗡嗡作响,不过最后总算说明白了。

原来,公孙鞅将他们全部捉拿,削了鼻子,放了回来,而公子卬已经被秦国人扣留,生死未卜。

"啊!"魏错倒吸一口凉气,立即下令全军准备战斗,他知道,秦国人就要来了。

主将被扣,卫士们都被削了鼻子的消息迅速在魏军中传开,军心立即动摇。

终于,秦军杀到了,铺天盖地杀到,喊杀声震天动地。

魏军的抵挡根本不起作用,秦军如同群狼扑向羊群一般凶猛和兴奋。

魏军大败,要不是夜色很快来临,这就又是一次全军覆没。战斗结束的时候,魏军留下了四万具尸体,无头的。

公孙鞅并没有继续前进,因为他知道,在东方国家的眼中,秦国就是蛮夷国家。所以,即便魏国和赵国、齐国等国家刚刚经历了战争,但是,他们都不愿意看见秦国欺负魏国。所以,如果继续前进,秦国面对的将不仅仅是魏国的抵抗,还有齐国、赵国、韩国以及楚国的阻击。

所以,公孙鞅决定停止进攻,这样既能保持威慑,又不至于和天下的大国们直接对抗。

与此同时,公孙鞅派出了使者去见魏惠侯,提出了停战的条件:魏国归还侵占秦国的土地,秦军撤军并释放公子卬。

很快,魏国人给了答复:接受全部条件。

除了接受条件,魏国人还有什么选择吗?

二十四

秦国一举收回了被魏国侵略的土地,西河地区大部分成了秦国的地盘,其余的也都在掌握之中。

公孙鞅成了秦国的大英雄,他让秦孝公实现了复仇梦。

"鞅,你真牛,我封你为关内侯。"秦孝公非常高兴,将公孙鞅封为侯,地盘尽管不大,也就是区区十五邑,可是地位仅次于秦孝公了。

由于封地在商,公孙鞅此后被称为商君,后世则称之为商鞅。

在此以后,我们称公孙鞅为商鞅。

仗着秦孝公的宠信,商鞅不将任何人放在眼中。在他的眼中,他与任何人的关系都是法律关系,谈不上私人之间的感情。事实上,在经历了商鞅和景监以及商鞅和公子卬之间的事情之后,谁还敢跟商鞅交朋友?

商鞅注定是一个没有朋友的人。

所以,商鞅最喜欢做的事情就是待在自己的封地里,随意号令自己的手下,享受着君主一样的威风和生活。

他喜欢这样的感觉,他喜欢让别人畏惧他。

终于有一天,商鞅做了一个梦,梦见自己小的时候,有一次同宗族的小伙伴们一同出去玩,大家玩起了捉迷藏,商鞅来捉其他小伙伴。结果呢? 商鞅找了半天没有找到一个人,原来,大家都不喜欢跟他玩,所以用这个办法甩掉,悄悄地去别的地方玩了。

"怎么没人跟我玩?"知道真相的商鞅哭了,哭得很伤心,以至于醒了过来。

"我难道就注定不会有朋友吗? 我这么大的成就难道就没有朋友吗?"商鞅自问。

世界上,许多事情是可以靠权力来得到的,可是唯有朋友是靠权力得不到的。当然,这里指的是真正的朋友,不是酒肉朋友狐朋狗友。

商鞅是个好强的人,他决定要找到一个朋友,以证明自己的能力。当然,他确认自己根本不需要朋友。

可是他很清楚,在秦国他是不可能有朋友的。因为秦国人对于他的态度分为三种:第一种是惧怕他的人,第二种是仇恨他的人,第三种是惧怕并仇恨他的人。

这三种人能够成为朋友吗?

显然不能。

以恐怖的方式对待他人的人,是不可能有真正的朋友的。

商鞅决定找一个外国朋友。

商鞅听说魏国有一个贤人名叫赵良的,这个赵良非常高傲,连魏国国君请他他也不去。

"就是他了,老子跟他交朋友。"商鞅决定了。他决定的事情,是一定要做

到的。他要做到的事情，是一定有办法的。

商鞅的家中有一个养马的奴仆叫做孟兰皋，是当初从安邑掳来的魏国人。不知道怎么回事，商鞅知道他是赵良的朋友。于是，商鞅派人前往魏国，找到了赵良。

"商君想见你，你去，可以带孟兰皋回来。你不去，下次我把孟兰皋的人头送来。"商鞅的使者这么说，直截了当的恐怖手段。

赵良想了想，答应了。

家里人劝他不要去，提醒他公子卬的教训。

"不，商鞅做事固然没有底线，可是对他没好处的事情他是不会做的。扣押我，或者杀死我，对他有任何好处吗？"赵良说，他决定去救老朋友。

赵良来到了商，果然，商鞅对他非常客气，热情地招待了他。

"阿良，我希望和你交个朋友，怎么样？"商鞅问，尽量地让自己不那么盛气凌人。

"哎哟，那我怎么敢？孔子曾经说过：'推贤而戴者进，聚不肖而王者退。'您这么伟大正确，我这么没出息，怎么有资格跟您做朋友呢？"赵良来个不卑不亢，直接拒绝。

商鞅有点傻眼，换了从前，直接推出割鼻子挖眼。可是如今这样做的话，就显得自己太无能了。

"我治理秦国治理得怎么样？啊，牛吧？"商鞅说。最近这些年他说话都是这个调调。

"古人说过：'反听之谓聪，内视之谓明，自胜之谓强。'虞舜说过：'自卑也尚矣。'自己说自己牛，那不是真牛。您倒不如说说自己有哪些功绩，事情明摆着的，又何必问我呢？"赵良就是不顺着商鞅的话说，但是又很得体。

商鞅想了想，想发火，可是又好像无从发起。

"那好，那我就说说。"商鞅开始说自己的功绩，可是真说的时候，似乎又说不出什么来，吭哧了半天，终于说出几条来。"当初秦国就是戎狄的习俗，野蛮落后得很呐，一家人睡一间屋子，啊，我来之后，都让他们分家了。啊，那什么，我营建了秦国的新首都，宏伟高大，都是按照鲁国、卫国这样国家的模式来的。啊，那什么，那什么就不说了。总之吧，国家强大了，人民幸福感很高。你说，我跟当年百里奚相比，是不是好太多了？"

赵良这次没有直接回答,他沉吟了一下。

"千羊之皮,不如一狐之掖;千人之诺诺,不如一士之谔谔。武王谔谔以昌,殷纣墨墨以亡。"赵良一段话下来,意思就是说"恕我直言"。"咱们先说好,我实话实说,你不能给我安罪名。"

"那怎么会?俗话说得好:良药苦口利于病,忠言逆耳利于行。您的话,就是我的良药,尽管说,咱们今天是畅所欲言,我绝不会给你加罪。"商鞅当场承诺。

商鞅的话可以相信吗?赵良笑了笑。

"当年百里奚辅佐秦穆公的时候,对外帮助晋国帮助楚国,得到了国际上的赞扬。对内全心全意为人民服务,自己的吃住非常简单,却很关心百姓的疾苦。他出门就是一辆车,绝不扰民。到他去世,秦国人民都痛哭流涕,像死了亲人一样。而如今您呢?不带十辆战车保护自己就根本不敢出门,国家强大了,可是人民受苦了,你用酷刑恐吓人民,用愚民政策愚化人民,对卿大夫缺少起码的尊重。百姓没有迁徙自由,没有言论自由,没有聚会自由,什么自由也没有,就像牛羊猪狗一样生活,可是你竟然说他们幸福感提升,你愿意过那样的生活吗?可以说,你的周围都是敌人,你一个朋友也没有。恕我直言,如今就是秦侯罩着你,若是有一天秦侯薨了,你想求个全尸恐怕都难。依我看,不如趁早归隐山林,找个凉快地方开荒种地,自食其力,说不定还能逃过大难。"赵良一番话说下来,毫不留情。

商鞅的脸色变得十分难看,若是放在从前,谁敢说这样一番话,那真是活腻了。不过今天,他让自己忍着。

"哈哈哈哈,哈哈哈哈……"商鞅大笑起来,以掩饰自己的尴尬和愤怒。

他腾地站了起来,在屋子里来回走了两趟,突然站住。

"你给我走。"商鞅指着赵良,愤怒地说。

赵良什么也没有说,站起身来,也不施礼,转身就走。

到了院子里,车已经在那里,孟兰皋已经坐在车上,看见赵良出来,想要下车打个招呼。赵良摆摆手示意他不要下来,自己则一跃上车。

"走。"赵良对御者说。

第十一章

陌路逃亡

一段时间里,商鞅的心情不太好,赵良的话让他觉得很堵心。有的时候想想,都后悔当初放走了赵良,应该把他砍成肉酱。

商鞅不高兴的时候,所有人都更加小心。可是即便大家都很小心,还是有几个倒霉蛋被商鞅找罪名给处死了。当然,死法是比较悲惨的。

过了一段时间,商鞅基本上淡忘了赵良这件事,心情也就渐渐地好了起来。不过有一件事情始终萦绕在他的心头:秦孝公万一死了,我怎么办?

"料那帮吓破胆的人也不敢把我怎么样。"商鞅这样安慰自己。

相比于在咸阳陪着秦孝公,商鞅更喜欢回到自己封地上,毕竟这里自己是老大,可以为所欲为,胡作非为。

所以,有事没事,商鞅隔段时间就回到自己的封地上过君主一样的日子。

天有不测风云。

二十五

就在赵良来过之后半年。

这一天,商鞅在封地享受着人生。突然,商鞅布置在秦孝公后宫的内线火速来报:"大良造大人,秦侯他,他,他……"

来人不敢说下去了。

为什么不敢说下去?

因为是个坏消息,坏消息会让商鞅生气,谁让商鞅生气商鞅就会杀谁。

"秦侯他怎么了?"商鞅急切地问。

"他,他,他永远离开我们了。"来人最终还是说了出来,不说出来死得更快。

"啊。"商鞅倒吸一口凉气,这太出乎意料了,"怎么说没就没了?前两天见他还是好好的啊?"

商鞅的心情非常不好,他很生气,他开始手摸剑柄。

"大良造大人,我,我,我……"来人本来想说"我要去接孩子了",可是这个时候这么说,连孩子都没命了,所以他说:"我还要回去继续探听消息。"

商鞅原本想要杀了他,可是听他这么说,觉得他还有用。

"那,赶紧去吧。"商鞅放过了来人,然后大脑急速地转着。怎么办?

秦孝公确实死得很突然,突然到没有人能够预料到。

昨天晚上还在看歌舞表演,宠幸贵妃,今天早上就已经凉了。

后宫里哭声一片,不是因为秦孝公的死而悲伤,而是因为谁也不知道自己会不会殉葬。但是,有些人是注定要殉葬的,譬如昨晚刚被宠幸的贵妃,譬如昨晚刚刚表演完的歌舞演员,譬如负责给秦孝公看病的御医,他们都注定成为殉葬品。

消息很快传了出去,整个咸阳城迅速知道了秦孝公驾崩的事情。

人们都很高兴,因为人们早就盼望着他驾崩。可是,人们没有庆祝,因为没有酒没有肉没有音乐。人们也不能聚在一起谈论这件开心的事情,因为聚会是会被砍头的。

甚至,在家里,人们也不敢表现出很高兴的样子,因为老婆孩子都可能去告密。

所以,人们只能等到晚上,天黑之后上了床,在梦里乐和乐和。

太子在第一时间被通知到,他立即派人通知自己的老师,就是公子虔和公孙贾,他们已经很多年不出门了。

两个老师出门了,报仇的机会就要到了。

卿大夫们纷纷来到朝廷,报仇的机会就要到了。

太子被拥立为国君,就是秦惠公。

而这个时候,大良造商鞅还在自己的封地。

秦惠公坐在国君的宝座上,当然严格意义来说他还不是国君,必须要等到父亲下葬之后。不过,这个时候他已经可以发号施令了。

他知道自己第一件事要做什么,而且知道必须立即去做,否则等到商鞅来了,就不知道会发生什么了。

"大良造为什么没有来?"秦惠公煞有介事地问。

"他在商地。"有人回答。

"作为大良造,国家发生这么大变故,竟然不在咸阳,太过分了。"秦惠公严厉地说。

下面,每个人都松了一口气,汇集在一起,松了一口大气。

"是啊,太过分了,他总是不在朝。"有人附和。

"据说,他在商地使用诸侯的礼啊。"

"这不是叛逆吗?"

"听说,他想谋反。"

"据说武器都准备好了。"

"好像还要勾结魏国。"

"说是要攻打咸阳。"

……

每个卿大夫都在做同样的事情:置商鞅于死地。

其实,每个人的想法都和秦惠公一样:要尽快行动,否则商鞅一来,大家都吓死了。

很快,大家达成了一致。

"看来,商鞅谋反是不争的事实,立即缉拿商鞅。"秦惠公也松了一口气,既然大家都支持自己,对付商鞅已经没有问题了。

终于,欢呼声起来了。

多少年了,人们就没有欢呼过。

二十六

商鞅很后悔自己没有在咸阳,否则,他应该可以掌控全局的。在秦国百姓和卿大夫眼里,秦孝公只是个摆设,真正可怕的是商鞅。所以,只要商鞅在人们面前一站,人们就会不寒而栗,乖乖地服从。

可是现在,时机已经不对了。如果让太子和群臣们互相串联,合起力来,那就什么都晚了。

果然,很快又有人来报告:"大良造大人,大事不好了,新任国君信了群臣的谗言,说您造反,要来捉你了。"

商鞅苦笑了笑,挥挥手,让来人走了。

他已经没有心情杀人了,他知道,麻烦真的来了,新任国君不是信了谁的谗言,而是他本来就要对付自己。

而自己,一个朋友也没有。

"赵良啊,我真该杀了你。"商鞅自言自语,他有些恼火赵良的话这么快就应验了。

咸阳是不能去了,去就是送死。

唯一的办法就是逃命。逃去哪里?

商鞅决定逃去魏国。

"快走。"商鞅叫御者套了车,带了一个随身的勇士,出发了。

老婆孩子们呢? 去他的老婆孩子吧。

商鞅担心人多目标大,因此一人逃命了。

一辆车果然逃得快,早上出发,下午就到了魏国边境。

"什么人?"那时候没有严格的边境,甚至没有关卡。只不过近些年来秦国攻打魏国,魏国提高了警惕,才在秦国进入魏国的道路上设了关卡,守关的士兵会进行盘问。

这个时候,商鞅其实有两种办法可以进入魏国。

第一种办法,根本不走大路,走小路或者步行穿过麦田,没人管你。

第二种办法,声称自己是去魏国做生意、探亲、旅行、游学等等,说什么都行,一定放行。

而唯一一种无法进入魏国的可能就是:我是商鞅,我要避难。

让商鞅后悔一辈子的就是,他竟然选择了这唯一的一个被拒绝入境的方式。

"我是商鞅,快让我进去。"商鞅这样说。他习惯了,他认为自己的名字如雷贯耳,不仅秦国人民望风披靡,就是魏国人听了,也要待若上宾,恭恭敬敬请他过去。

"什么,你是商鞅?"原本还打不起精神的魏国士兵瞪大了眼睛,仔细地端详商鞅几眼,然后提高了声调,"你这怂还敢来魏国? 你找屎啊?"

商鞅的脸色变了,这样的话才是找屎,而且是全家找屎。

可是很快他意识到,今非昔比了,装孙子的时候到了。

"兄弟,你错了。我是被秦国那帮畜生陷害,投奔魏国来了。说实话,我早就看那帮蛮夷不顺眼了。那什么,我想去见魏侯,帮助魏国强大起来,重新夺回西河。"商鞅开始侃侃而谈,企图打动军士。

"忽悠,接着忽悠,你这种人的话谁还敢信? 谁敢说你不是秦国的奸细。"军士不为所动,坚持不让他入境。

早有人通报了守边的将领，于是将领匆匆忙忙赶到。

"将军，还是跟你说吧，我，我要投奔魏国，为魏国的强大奋斗终生。"商鞅又开始表白，他以为将领好说话一些。

"操你妈的，去你妈的，滚你妈的。"没想到的是，将领更加态度坚决，以三妈相对。

"你你，你怎么这么粗鲁？还讲不讲周礼了？"商鞅很气愤，这也太没礼貌了。

"讲周礼？你的嘴里也好意思说周礼二字？告诉你，要不是我们讲周礼，就该现在把你砍了，而不是跟你废话。"将领的火气也很大，他的兄弟就死在秦国人的手中，连脑袋也被割走了。

"你你，我落难来投，依据周礼，你们不能拒绝。"商鞅这时候强调周礼起来，倒也说得自然。

"周礼，是给知道羞耻的人用的。可是，你就是个骗子、流氓，是个畜生，对你，讲什么周礼？滚，滚得远远的，老子可是随时会后悔的。"将领拔出了剑，一脸的杀气。

商鞅被吓住了，他知道，再纠缠下去，恐怕真的要没命了。

现在，商鞅又回到了秦国境内。

他其实可以抄小路进入魏国，可是现在他真的不敢了，他感觉到魏国人对他的仇恨甚至超过秦国人，进入魏国将没有活路。

唯一的办法，去楚国。不过，去楚国，要在秦国境内走很长一段路，这很危险。但是，还有别的办法吗？

很快，天色黑了下来。

前面，是一处旅店。

在秦国，私人开的旅店早就被查封了，只有公家开的。可是公家的旅店耗费公帑并且服务低下，于是商鞅下令公家的旅店雇佣原先的私人店主，各占股份。于是，就成了公私合营。

所有的旅店，都是公私合营。

商鞅来到旅店要求住宿，钱是有的，而且很多。

"单位介绍信。"店主说，伸出手来。

"单位介绍信？没有。"商鞅说。

"没有？那没办法，商君的规定，没有单位介绍信，一律不许住店。"店主人面无表情地说。

"那，忘了不行吗？我多给钱行不行？"

"忘了？关我什么事？多给钱？命重要还是钱重要啊？快走快走。"店主人毫无通融余地。

"你看，我怎么说也是个长者，这么大岁数了，总不能让我在野地里吹凉风吧？啊，总该有点人性吧？总该有点同情心吧？"

"没有，当个秦国人，会种地会生孩子会砍头就行了，别的啥也没有。我告诉你，再不走，老子报警了，到时候砍你的头就别怪我。"店主人说得十分决绝，毫不做作。

商鞅还想说点什么，御者和卫士将他拉开了。

"主公，别说了，没用的。"御者和卫士说。

"唉，想不到，我颁布的法令竟然恶劣到这个地步啊。"商鞅慨叹，到这个时候他总算亲身感受到了自己的暴政在百姓身上是什么感觉了。

从前，他去哪里都是豪车豪宅，军队护送，自然无法体会到百姓的不便。

旅店是不能住了，怎么办？

商鞅想起自己从前在魏国的时候所听说的关于秦国民风的事情，说是秦国人十分淳朴好客，但凡投个宿吃个饭之类，百姓都是热情接待，不收分文。

"嗯，我们不妨去百姓家中投宿。"商鞅说。御者和卫士互相看看，欲言又止。

于是，商鞅去附近的村子投宿，却发现家家户户大门紧闭。前去敲门，没有一家开门的。

"这是怎么回事？"

"主公，这是你的命令啊。天黑之后必须家家闭户，不得上街。"御者和卫士说。

商鞅傻了眼。

在树林里住了一夜，第二天上路。

人困马乏。

走到中午，商鞅已经是饥肠辘辘，口渴难耐。

眼看着路过一个村庄，商鞅决定去讨些吃喝。

来到一户人家，敲开门，开门的是个五十岁上下的汉子。

"我们路过这里,饥渴难耐,能不能给点吃的?买也行。"商鞅说。

"不行,我家的口粮就够自家吃的,不能给你。"

"我给钱啊。"

"钱?钱有个屁用,有钱去哪里买粮食啊?"

"那,给口水喝行不?"

"凭什么给你,走走走走。"汉子说着,将商鞅推开,闩上了门。

商鞅无语,这个国家的民风成了这样,为什么?

一行三人上了车,一路无话。

可是,马受不了了。

来到一户人家外,墙外堆着一堆干草。四匹马看见草,一拥而上,也不管御者如何吆喝,大口大口吃起来。

主人听到声音,开门出来,看见马在吃草,大声喊起来。

"抓贼啊,抓贼啊。"主人喊声一起,整个村子的人都来了。

原来,按照《秦律》的规定,见贼不抓,与贼同罪。

任商鞅一行人怎样解释,全村人都不听,将一辆马车连同三个人都押到了县衙。

"按《秦律》,偷吃草料者,马充公,马主人砍手。"县令大声宣布。

"我靠,这什么怂法律啊。"商鞅禁不住脱口而出。

"你是什么人?妄议《秦律》,罪当斩首。"县令大声说道。

商鞅傻眼了,彻底傻眼了。

制定恶法的人,只有当恶法用在自己头上的时候,才会后悔。

"那么,谁是马的主人?"县令问。

"他。"三个人同时回答,不过商鞅指着御者,而御者和卫士指着商鞅。

生死关头,谁还顾得上谁?

到了这个时候,商鞅知道只有冒险一搏了。

"县令,我是大良造商君大人,难道你不认识我了?"商鞅大声说。他在赌,赌县令还不知道自己已经完蛋了。反正,不赌也是个死。

"啊。"县令大吃一惊,他一开始就觉得这个人怎么这么眼熟,没想到竟然是大良造商鞅。再想想,四匹马的豪华马车,几个人家用得起?可是,一向不带卫队不出门的商鞅,为什么这次轻车简从了呢?

不管想明白没有,县令都吓得半死。他急忙施礼,小心地问:"我,我有眼不识泰山啊,大人恕罪。"

"嗯,这不怪你,我这次是微服私访,你认不出来不是你的错,只能说明我化装化得好,哈哈哈哈……"商鞅内心禁不住一阵得意,看来赌对了。

"那,大人有什么指示?"

"少废话,好酒好肉上来,我们饿了。"商鞅也知道应该赶快走,可是一来那样容易露馅,二来确实饿得屁眼快贴到喉咙,所以决定吃饱了再走。

饭菜很快做好了,县令亲自张罗。

就在开饭的时候,突然,一队官兵来到。

县令迎了出去。

"传秦侯令,大良造商鞅阴谋造反,又畏罪潜逃,着各县提高警惕,严加缉拿。"官兵首领宣布。

县令笑了。

第 十 二 章

商鞅其实并没有死

捉到商鞅的消息迅速传开,整个咸阳乃至整个秦国都沸腾了,人们咬牙切齿,幸灾乐祸。

"终于要报仇了。"秦国人民都这样说。对他们来说,他们对商鞅的仇恨远远超过对晋国以及魏国的仇恨。

"怎样处置这个蠢怂?"大家都在讨论这个话题。

"他怎么对待我们,我们就怎样对待他。"大多数人这样说,他们期待着看到商鞅被残酷杀死的场面。

二十七

甘龙已经年过八十,老朋友杜挚则早在十年前就已经郁郁而终了。因为反对商鞅的变法,甘龙的级别和待遇这些年来一直在下降,现在也就是仅仅能够勉强度日而已。除了长子长孙还能与自己住在都城,其余的子孙都被赶去边境开荒种地了。

对于商鞅,他是恨之入骨的。他唯一能做的,就是盼望商鞅能够死在自己前面,自己能够亲眼看见秦国拨乱反正,秦国人能够重新过上人的生活,自己的子孙后代能够有安稳日子过。

这一天他突然听说秦孝公薨了,他的心头有些不是滋味,毕竟那是他的学生。可是他不敢去吊丧,因为他现在的级别已经没有资格去,万一遇上商鞅找茬,那就真是自找没趣了。

可是,不久之后,他听说商鞅被以叛国罪捉拿回来了。

"这个恶魔终于要被除掉了。"甘龙心中一阵安慰,十分快意。可是立即,他开始担心起来。

于是,甘龙匆匆忙忙赶到了朝廷,他觉得这个时候他该说些什么。

　　来到朝廷,发现里面已经来了二三十号人,十分热闹。秦惠公也在,听着众人的议论。看见甘龙来到,人们都纷纷跪坐起来行礼,连秦惠公也是如此。毕竟,甘龙是秦孝公的老师,一向都是德高望重。

　　早有人腾出了地方,请甘龙坐在了最前面,直接面对着秦惠公。

　　"主公,我听说捉回了商鞅,不知道,主公准备怎样处置?"甘龙开门见山地问,他现在只关心这个事情。

　　"这不,大家正商量这件事呢,您看呢?"秦惠公问。

　　"依我看,商鞅固然罪该万死,可是毕竟是秦国的大良造。依据周礼,刑不上大夫,主公应该给他一个体面的死法。"甘龙说。他的意思非常清楚,就是秦惠公赐药,或者赐剑,或者赐绢,让商鞅喝药或者自刎或者上吊而死。

　　甘龙的话音刚落,整个朝廷一片哗然。

　　"老东西老年痴呆了吧?"人们都这样想。

　　"不能这么便宜了他。"有人不待秦孝公发话,忍不住大声说出来。于是,其他人也忍不住说出来:"他何尝把我们当人? 我们为什么又要把他当人?""不杀他不足以平民愤。""这样的恶魔,不能够轻饶。""他杀害别人的时候,怎么就没有想到这一天?""这个没人性的东西,该让他也尝尝惨死的滋味。"

　　除了甘龙自己,人人都反对甘龙。

　　秦惠公始终没有说话,他在思索。等到大家高声争吵了一阵之后,秦惠公才摆摆手示意大家闭嘴。

　　"两位老师,你们看呢?"秦惠公问。

　　直到这个时候,甘龙才发现公子虔和公孙贾今天来了。

　　这倒不是甘龙老眼昏花,甚至也不是因为他匆忙落座而不及细看,而是他根本不可能认出公子虔和公孙贾来。

　　自从受刑之后,公子虔和公孙贾就都闭门谢客,足不出户了,他们的自尊已经遭到了摧残,无法面对外人。所以这么多年来,除了学生秦惠公有时登门看望之外,其余的人都没有见过他们,基本上已经忘了他们长什么样子。

　　但是即便是记得他们的样子,也无法认出他们来,倒不是因为他们失去了鼻子以及脸上刺了字,而是他们都用布裹着脸,只露出一双眼来。

　　"用他自己的方法来羞辱他,用最残酷的方式来处死他。"公子虔的声音,咬牙切齿,一字一顿,充满了仇恨,尽管人们看不到他的表情。

　　"不可,我们之所以痛恨商鞅,就是因为他废弃了周礼,用酷刑用恐怖来对待我们,对待秦国百姓。我们如果用他的方法来对付他,和他又有什么区别呢？"甘龙立即表示反对，这是他最担心的事情。

"不，甘龙，你没有受刑，你不知道失去尊严的生不如死的滋味。被魔鬼折磨的时间长了，自己的内心也会充满魔鬼。孔子说过，以德报怨，何以报德？对商鞅这样的魔鬼，不要谈什么周礼。"公孙贾的声音，同样充满了仇恨。

甘龙还要说什么，却被一个声音打断了。

"甘龙先生，你也是商鞅的受害者啊，难道你不仇恨？"一个声音说，充满了不满。

之后，甘龙再也没有说话的机会，因为每个人都开始指责他。

"腐儒，什么时候了还要装清高？"

"商鞅这样无耻的人会自杀吗？他一定会想办法逃跑，今后找机会来报复我们的。"

"轻饶了他，百姓也不会答应的。"

"我爹死在他的手上，死得好惨，不重刑杀他，我死不瞑目。"

……

一时间，群情激愤。要不是在朝廷，大概甘龙就要被群殴了。

甘龙无法说话，即便说话，也因为音量不够而根本没人能够听见。即便有人能够听见，也不会有人赞同，徒然招来更激烈的反驳和斥责。

"咳咳咳。"甘龙急得咳嗽起来，伴着咳嗽声，人们的声音总算低了下来。

秦惠公摆摆手，再次示意大家安静。

于是，人们用愤怒和鄙夷的目光瞪着甘龙，闭上了嘴。

"众怒难犯，天谴难逃。三天之后，西门外处决商鞅，明正其罪，五马分尸。"秦惠公缓慢而坚定地说。

人群沸腾了，人们开始欢呼。

就在人们的欢呼声中，甘龙撑持着站了起来。

"以暴易暴，何以止暴？欢呼吧，很快你们就会后悔的。"甘龙说，像是对大家说，又像是自言自语。

大概没有人听到他的话，也根本没有人想听到他的话。

甘龙向秦惠公躬身行礼，然后转身走了。

愤怒失望的甘龙在走出朝廷的时候忘记了脚下还有门槛，结果被绊倒在地。等到被扶起的时候，他已经断气了。

甘龙，最终还是死在了商鞅的前面。

二十八

秦国都城的西门，还是西门。

当年，商鞅变法就是从西门开始的，尽管此西门非彼西门。

咸阳城的百姓们早已经涌到了西门外，他们在盼望着那个激动人心的时刻。只是，他们无法喝酒庆祝，因为酒早已经被禁绝，只有官府才有。

为了让大家都能看到商鞅受刑，秦惠公特地下令修建了高台。

午时三刻，西城门大开，三乘战车出来，紧接着是一辆超大的囚车，车上一根木桩竖立着，就是当年商鞅树在西门的那根木头。木头上绑着一个人，不用说，这个人就是商鞅。

人群哗动起来，纷纷去看商鞅。

商鞅早已经没有了昔日颐指气使的气势，像条死鱼一样被绑在木头上，能耷拉下来的地方都耷拉了下来，感觉浑身的骨头都已经散架。尽管穿着衣服，衣服上全都是血，脸上的伤疤看得清清楚楚，鼻子已经被削掉，眼睛眯缝着。

囚车在刑场内绕了一圈，目的是让大家都能看到商鞅的惨样。实际上，这些天来，酷吏们变着花样用商鞅公布的各种酷刑折磨他，基本上到现在他已经奄奄一息了。

阳光普照着，光线分外好。

突然，商鞅抬起头来，拼命地睁开被血水糊住的眼睛。这是他第一次在囚车上看大家，自然也是最后一次。

他没有表情，事实上他的脸早已经被酷刑打得失去了知觉，不可能有任何表情。

他发现没有人同情他，甚至没有人被他的惨样所吓坏。他知道，经过这么多年的酷刑，秦国的百姓们对于各种残暴都已经习以为常了。

他发现每个人对于自己的死都是兴高采烈，这至少证明自己不同于他们。

苍蝇在商鞅的头上转悠，它们对他的血感兴趣。

商鞅似乎想张开嘴说点什么，最终他还是没有做到这一点。

在这生命的最后时刻，商鞅在想什么？

没有人知道。

只有他自己知道，或许连他自己也不知道。

所以，我们只能猜测。

他在后悔？他后悔自己来到了秦国，后悔自己的变法得罪了太多的人？后悔自己失去了警惕？如果当初不来秦国，虽然没有种种风光，可是至少可以像个百姓一样活下去，也许在魏国混个大夫，还能过上不错的日子。

他在忏悔？他忏悔自己不该杀那么多人？他忏悔自己不应该摧毁人们的自尊？他忏悔自己不应该摧毁秦国的文化？如果当初自己能够考虑到别人的感受，考虑到别人的痛苦，就不会招致这样多的仇恨和如此残酷的报复了。

他在惭愧？他惭愧对景监的恩将仇报？他惭愧欺骗了公子卬？他惭愧杀死了那么多魏国的士兵和百姓？如果他的人品能够好一些，也许他就可以逃到其他国家去了。

但是，我们相信，商鞅唯一不会有的就是恐惧。因为这个时候对他来说，死就是解脱，无论以什么样的方式去死。

囚车终于来到了行刑台前，四个军士将商鞅从木头上解下来，扔到了台上。商鞅哼了一下，他感觉到痛，实际上很痛。不过，他已经习惯了痛，所以感觉到的痛并非不能忍受。

五匹马在行刑台下的五个方向上，每匹马的脖子上有一根绳子，五个军士将绳子分别绑在了商鞅的四肢和脖子上。

五马分尸。

在商鞅的《秦律》中有五马分尸，不过这是第一次使用。商鞅自己也没有想到的是，自己制定的刑律，现在要由自己来亲身示范了。

马鞭的声音响起，商鞅知道，解脱的时候到了。

商鞅笑了，他的嘴角轻轻抽动了一下，然后在心中幸灾乐祸：蠢丛们，我走了，而你们还要在我设计的恐怖陷阱中煎熬下去。

血光飞溅。

商鞅被五马分尸，商鞅全家连坐，均被腰斩。

卿大夫们和公族们兴高采烈，以为失去的就将回来。

景监也听说商鞅被处死的消息，他高兴坏了，原本他以为自己就要悲惨地了此余生，现在看来，自己要翻身了。

景监换了一身还算干净的衣服，一路小跑来到了朝廷。

朝廷，上百名卿大夫和贵族来见秦惠公，请求废除新法，恢复旧制，彻底肃清商鞅流毒。

这个时候，卫士来报："主公，景监求见。"

"景监?"秦惠公想了想，他还记得景监，超级会讲段子的家伙。

"他跟商鞅可是死对头。"有人替景监说话，看来他还是有朋友的。

"死对头? 如果不是他举荐，商鞅怎么能够被重用? 他就是引进奸人的首恶，你要不说，我真还忘了。既然说起来，我又怎么能放过他呢?"秦惠公说完，命令手下，"来人，传我的令，景监举荐奸人，与奸人同罪，明日处决，斩首示众。"

景监的朋友吓了一个哆嗦，哪里还敢再为景监求情?

可怜景监，这辈子倒霉就倒霉在认识商鞅了。

对于杀景监，大家也没有什么想法，因为大家原本就不喜欢他。

"主公，废除恶法，顺应民意吧。"卿大夫们纷纷提出建议。

"恶法? 怎么个恶法?"秦惠公并不急于表态，而是淡定地反问。

于是，大家开始罗列商鞅变法中的各种抹杀人性戕害百姓的地方。说到商鞅焚诗书的时候，秦惠公突然来了兴趣。

"你们说要解禁诗书，可是，诗书早就被焚烧光了，解禁又有什么用?"秦惠公问。

"不瞒主公，我家里还藏了一些。"一位大夫说。

"我家里也还有。"又有人说。

一时间，家中还藏有诗书的竟然有二三十人之多。

秦惠公大致地点了点人数，回头问："根据《秦律》，私藏诗书是什么罪?"

"主公，私藏诗书是死罪，全家籍没为奴。"内侍回答。

"好，照办吧。"秦惠公轻轻地说。

傻眼了，刚才说自己家中还有诗书的顿时傻眼了。

卫兵们毫不犹豫，将家藏诗书的大夫们统统抓走。

顿时，整个朝廷内鸦雀无声，人们恐惧到了极点。

秦惠公站了起来，在大殿里来回走动了两回，突然站住。

"商鞅其人，该杀;商鞅其法，挺好。"秦惠公斩钉截铁地说。

这一刻，大家的感觉是:商鞅其实并没有死。

第 十 三 章

千秋功过谁评说

毫无疑问,商鞅改变了秦国,改变了中国,也就改变了中国的历史。

从商鞅变法开始,就奠定了此后中国几千年的道路。换言之,此后的几千年来,都是在商鞅指引的大道上奔驰着。

商鞅,由位极人臣权重天下,到身败名裂五马分尸,悲惨的结局从一开始就已经注定。而秦国,其命运与商鞅并没有什么两样,在统一中国之后很快灭亡。而中国的历朝历代也与秦国一样,强盛然后灭亡。

从商鞅变法开始,中国的历史就走进了一个死循环。

商鞅,在过去被我们称为中国历史上最伟大的法家。

然而同时,他也被称为中国历史上第一个酷吏。

是非功过,自有后人评说。

二十九

在中国的历史上,历来分为"商粉"和"商黑"。

"商粉"的阵容十分强大。

秦代的李斯是一个著名的商粉,他这样说:"孝公用商鞅之法,移风易俗,民以殷盛,国以富强,百姓乐用,诸侯亲服。"(《谏逐客书》)

汉代的桑弘羊也是个著名的商粉,他这样说:"昔商君相秦也,内立法度,严刑罚,饬政教,奸伪无所容。外设百倍之利,收山泽之税,国富民强,器械完饰,蓄积有余……夫商君起布衣,自魏入秦,期年而相之,革法明教,而秦人大治。故兵动而地割,兵休而国富……功如丘山,名传后世。"(《盐铁论·非鞅》)

宋代的王安石同样也是商粉,他这样说:"自古驱民在诚信,一言为重百金轻。今人未可非商鞅,商鞅能令政必行。"(《商鞅》)

当代的毛泽东更是著名的商粉,他这样说:"商鞅是首屈一指的利国富民伟大的政治家,是一个具有宗教徒般笃诚和热情的理想主义者。商鞅之法惩奸宄以保人民之权利,务耕织以增进国民之富力,尚军功以树国威,挛贫怠以绝消耗。此诚我国从来未有之大政策。商鞅可以称为中国历史上第一个真正彻底的改革家,他的改革不仅限于当时,更影响了中国数千年。"

"商黑"的阵容相对来说要弱小得多,并且多半是文人学者。

司马迁老先生就这样说:"商君,其天资刻薄人也。迹其欲干孝公以帝王术,挟持浮说,非其质矣。且所因由嬖臣,及得用,刑公子虔,欺魏将卬,不师赵良之言,亦足发明商君之少恩矣。余尝读商君开塞耕战书,与其人行事相类。卒受恶名于秦,有以也夫!"(《史记·商君列传》)

贾谊先生则这样说:"商君违礼义,弃伦理,并心于进取,行之二岁,秦俗日败。"(《新书·时变》)

"商粉"喜欢宣扬商鞅变法的历史意义,下面来看看他们所说的主要历史意义是什么。

首先,"商粉"给出了一个假设背景:随着封建经济的发展,新兴地主阶级的经济势力和政治势力越来越大。新兴地主阶级纷纷要求在政治上进行改革,发展封建经济,建立地主阶级统治。各国纷纷掀起变法运动,如魏国的李悝变法、楚国的吴起变法等。商鞅变法正是在这种背景下发生。这种社会变革、变法运动体现了生产关系必须适应生产力发展、上层建筑必须适应经济基础变化的规律。

这个假设本身似乎存在问题,新兴地主阶级在哪里?我们从来没有看到过。他们的诉求是什么?我们也从来没有听说过。无论是李悝的变法还是吴起的变法,其中心思想都是改善社会治安,剥夺既得利益阶层的部分利益,实行军功制是为这个"破落贵族阶层"提供机会。新兴地主阶级在哪里?通过变法他们又得到了什么好处?

所以,这个大背景是不成立的。很遗憾,"商粉"出师不利。

意义一

商鞅在经济上推行的重大举措是"废井田、开阡陌"。就是把标志土地国有的阡陌封疆去掉,废除奴隶制土地国有制,实行土地私有制。从法律上废除了井田制度。法令规定,允许人们开荒,土地可以自由买卖,赋税则按照各人所占土地的多少来平均负担。此后秦政府虽仍拥有一些国有土地,如无主

荒田、山林川泽及新占他国土地等,但后来又陆续转向私有。这样就破坏了奴隶制的生产关系,促进了封建经济的发展。

这个说法持续了很多年,用一句话来形容就是"睁着眼睛说瞎话"。周朝的平民阶层分为"士农工商",农民的地位甚至高于工商,怎么就成了奴隶?没错,那时候有奴隶,但是农业的主力不是奴隶。一边说着奴隶制,一边又说着赋税,谁听说过奴隶要交赋税的?还有土地国有制,现在不就是土地国有制?再说土地可以自由买卖这回事,著名历史学家秦晖就曾经撰文批驳:"秦不仅对土地管制得严厉,整个经济政策都是非常强调国家垄断的,强调利出一孔,老百姓家里头不能有余粮,除了口粮以外所有的粮食国家都要收走,民不能积粟等等,它怎么会提倡土地私有制呢?"

所以,不要说什么破坏了奴隶制的生产关系这么虚无缥缈的东西,我们来说说其真实的结果是什么。

"废井田、开阡陌"确实从技术上促进了农业的发展,增加了粮食的产量,增加了国家的赋税。但是,对于老百姓来说,增加了什么呢?没看到。

意义二

商鞅推行重农抑商的政策。这些政策有利于增殖人口、征发徭役和户口税,发展封建经济。

这就不用多说了吧?发展经济是未必的,发展农业倒是可以肯定的。不过其代价是什么?就是商业的完蛋。从古至今,商业才是推动社会进步的最重要因素,不是吗?不要说当今世界是商业社会,就是战国时期,最发达的国家齐国就是商业社会。

周朝平民阶层分为士农工商,商业得到保护和鼓励,我们知道,许多诸侯国在建国之初都和商人签订了条约,国家提供保护和不予干预,后者保证国家的正常商业活动和物资供给。

商业社会带来的是契约精神,这与周朝强调的"信"是一致的。当摧毁了商业,也就必然摧毁了契约精神。一个丧失了契约精神的社会,必然是变态的和野蛮的。

意义三

商鞅变法前,秦国各地度量衡不统一。为了保证国家的赋税收入,商鞅制造了标准的度量衡器,要求秦国人必须严格执行,不得违犯。

度量衡的统一具有以下意义。第一,使得全国上下有了标准的度量准则,为人们从事经济、文化的交流活动提供了便利的条件;第二,对赋税制和俸禄制的统一产生了积极作用;第三,有利于消除地方割据势力的影响;第四,为后来秦始皇统一度量衡奠定了基础。

统一度量衡确实具有积极意义,这一点必须承认。但是,其意义是相当有限的。至今,世界上依然存在公制和英制两种度量衡体系,有什么问题吗?

倒是四点意义令人哭笑不得,商鞅变法之后,秦国人还有什么经济文化交流吗?赋税制和俸禄制的统一跟老百姓有什么鸟关系吗?地方割据势力?在哪里啊?如果前三点都是然并卵,第四点岂不更是然并卵?

当然我们要承认,当中国人可以进行经济和文化交流的时候,统一度量衡是有积极意义的。

意义四

商鞅下令"有军功者,各以率受上爵,为私斗争,各以轻重被刑",以奖励军功而禁止私斗。规定爵位依军功授予,宗室非有军功不得列入公族簿籍。制定二十级爵的做法,意味着商鞅彻底废除了旧世卿世禄制,今后将根据军功的大小授予爵位。

而所谓私斗,并不是指一般人打架,而是指"邑斗"。新法规定不准私斗,目的在于削弱奴隶主的势力,加强封建中央集权。

由于推崇战功,秦国军队的战斗力大大增强。秦国在对外战争中,国力进一步增强,由战略防守转为战略进攻。秦国还用武力逐步占有了土地肥沃、农业发展水平较高的巴蜀地区和盛产牛马的西北地区,社会生产得到迅速发展,从而奠定了秦统一的物质基础。

以功论赏,废除世袭,在这点上,商鞅的做法是值得赞扬的。世袭制度阻碍社会发展,构成了庞大的既得利益阶层,绝对是应当摧毁的。

然而,军功制实际上只是促进了秦国的军事力量的发展,当一个野蛮政权具有了强大的军事力量,对于世界是好事还是坏事呢?

意义五

商鞅在政治方面的重大改革是"集小都乡邑聚为县",以县为地方行政单位,废除分封制。巩固了中央集权的封建统治,削弱了豪门贵族在地方的权力。

现在看来,县制与分封制并没有优劣之分。县制强化了中央集权,有利于整个国家的协调合作,但是抹杀了区域差别,造成了专制统治。分封制更接近于当今的联邦制,而当今的发达国家几乎都是联邦制。

当然,我们不应该以现代的标准评价过去。但是,如果以为巩固中央集权就是进步,那也是毫无道理的。

"商粉"们通常会回避商鞅的暴政,或者轻描淡写,或者玩文字游戏。

譬如这段话:商鞅相秦期间,因执法较严引起秦贵族的怨恨。孝公卒后,太子秦惠王立。公子虔之徒为报夙怨,告商鞅有谋反企图,派官吏逮捕他。商鞅打算逃入魏国,魏人因公子卬曾中其计而丧师,故拒不接纳。

这段话里,将暴力执法称为"执法较严",把当初背信弃义欺骗公子卬,称为"中其计"。

再譬如这一段:商鞅为适应社会政治经济变革的要求,强调教育改革,认为治理国家的根本是重农战,要富国强兵就必须进行法制宣传,培养法治人才。商鞅抨击了提倡以诗、书、礼、乐为教育内容的儒家,主张"燔诗书而明法令",要用鼓励耕战为内容的法治教育代替"先王之教",认为法治是德治的基础。

殊不知,商鞅根本是不讲教育的,也从来不讲德治。

三十

"商黑"在历史上是"弱势群体",因为他们所面对的通常是强势的政治家或者统治者。直到进入了现代,人们在了解了人类进化的历史之后,逐渐摆脱了传统的思维模式,这才重新用现代的思维方式审视商鞅变法的那段历史,及其对后来中国的重大影响。

下面,看看"商黑"们给商鞅的"罪名"。

罪名一:反人类罪。

连坐、告奸、酷刑,这三样构成了恐怖统治的核心,不仅摧残人性,甚至摧毁人性。

《战国策》中信陵君曾对魏王说道:"秦与戎翟同俗,有虎狼之心,贪戾好利无信,不识礼义德行。苟有利焉,不顾亲戚兄弟,若禽兽耳,此天下之所识也。"

商鞅变法后,秦国人与人之间的信任感化为乌有,而亲情、友情、爱情这些人世间美好的东西也都在连坐制度和严刑峻法面前黯然失色了,各种卑鄙无耻、卖友求荣之徒则大行其道,社会风气江河日下,秦国在短短的数年之间就变成了没有人性的禽兽之国。

罪名二:反文明罪。

现代社会,推崇人权和自由,只要有宪法的国家,都规定了人民享受言论自由、旅行自由、结社自由以及有受教育的权利。

可是,商鞅取消了人们旅行的权利、迁徙的权利、言论的自由、聚会的自由和受教育的权利,销毁了诗书,并且公开扬言进行愚民统治。

罪名三:迫害和垄断罪。

商鞅对人民进行迫害,尤其是文化阶层和商业阶层,以各种法令迫使他们放弃自己的生活方式,到边远地区开荒种地。

商鞅将所有利益归于国家,实行"利出一孔",是名副其实的国家垄断。

罪名四:战争罪。

商鞅发起了对魏国的多场战争,战争本身并没有问题,但是,商鞅发起的战争不以战胜为目的,而以屠杀为目的,每场战争都造成大量的人员死亡。

罪名五:法西斯罪。

有人将商鞅变法与希特勒法西斯进行了对照,结果发现二者之间具有惊人的相似。

第一,二者都是仇恨驱动。商鞅变法的目的是秦国向魏国复仇,希特勒同样是利用了德国人对于英国和法国的仇恨。二者都在复仇的驱动下迅速强大,爆发出惊人的力量。

第二,都采取恐怖统治。商鞅有各种衙役,希特勒则有党卫军。商鞅有各种酷刑,希特勒则有集中营。

第三,都采取集权统治。通过县制,商鞅将所有权力集中在秦孝公和自己手中,而希特勒集党政军大权于一身。

第四,都是国家垄断。商鞅将所有资源国家化,而希特勒实行国家社会主义,一切公有化,实际上就是国家垄断。

第五,愚民政策。商鞅取缔一切文化活动和教育活动,希特勒则发动宣

传机器进行仇恨宣传,所有与此不相符的文化都被取缔。

第六,全民皆兵。商鞅变法,就是把老百姓都变成冷血士兵,而希特勒同样如此。

商鞅变法在人类历史上是十分罕见的,他以及他的继承者们将中国的历史彻底改写成了另一个样子。从商鞅开始到秦国统一中国到汉朝继承秦制,商鞅的变法改变的不仅是秦国,而是整个中国。

从商鞅开始,愚民政策成为历朝历代不变的统治策略。于是,人们渐渐失去了创造力,失去了想象力,失去了思想。

从商鞅开始,统治者摧毁了人们的耻辱心、自尊心和自信心,社会道德一落千丈,狗苟蝇营苟且偷生成了社会共识,人们失去了精神,变得猥琐卑鄙和胆怯。

从商鞅开始,商业受到歧视和打压,人们商业意识淡薄,契约精神丧失,社会失去向上的动力和基本的道德。

从商鞅开始,集权专制成为传统,因此统治阶层腐败丛生,失去了自我清理的能力。历朝历代逃不过盛衰灭亡的死循环,正是肇因于此。

最后,让我们以商鞅的一段著名论述来结束。

六虱:曰礼、乐;曰《诗》、《书》;曰修善,曰孝弟;曰诚信,曰贞廉;曰仁、义;曰非兵,曰羞战。(《商君书》)

翻译过来是这样的:

国家有六种虱害:是礼制、音乐;是《诗经》《尚书》;是修养、仁慈,是孝顺长辈、尊重兄长;是诚实有信用,是正直廉洁;是仁爱、道义;是反对战争,是以参加作战为耻。